KB042844

현대 일본의 체제 이행

현대
일본의
체제
이행

T. J. 펨펠 지음 / 최은봉 옮김

을유문화사

역자의 말

　이 책은 T. J. 펨펠의 *Regime Shift: Comparative Dynamics of the Japanese Political Economy*(Cornell University Press: Ithaca and London, 1998)를 번역한 것이다.

　이 책은 20세기 말에서 21세기로 이행하는 일본의 정치와 경제에서 충격적인 동요를 일으킨 변화 양상들을 포착하려고 시도한다. 그런 변화들은 복잡하고 영향력이 크며 확실히 전후에 정착해 온 일본 정치 경제에 있어서 본질적인 변모를 초래했다. 그러나 그런 요소들이 일본의 미래를 과거와 완전히 결별하도록 할 가능성이 있는 것은 아니다. 여기서 강하게 다가오는 질문은 현대 일본의 체제에서 변화와 지속성간에 어떠한 융합이 이루어질 것인가에 관해서이다. 그러면서 이 책은 거기서 읽어 낼 수 있는 일본 정치 경제 체제의 특성이 무엇인가 하는 점에 주로 관심을 둔다.

　우선 이 책의 원서명인 *Regime Shift*를 중심으로 저자가 의도하는 점을 살펴보자. regime, 즉 체제는 system인 체계와 구별된다. 체계가 보다 깊고 폭넓은 구조적 측면을 포괄하는 것이라면, 체제는 일종의 지배의 체계인 system of rule이고 그 아래 정부 및 통치 조직인 governing structure가 놓인다. 전반적 체계와 정부의 통치 조직의 중간의 위치에 있는 체제는 특정 정치체 또는 정치 집단들간에 작동하는 동적인 원칙과 지배의 성격을 규정하는 추상적인 개념이다. 가령, 민주주의적 체제, 권위주의적 체제라고 할 때 그것은 정부의 특성 자체를 말한다기보다는 그 정치체의 지배 양식의 성격을 밝히는 것이다.

이 책에서 일본의 전후 정치 경제의 구조와 과정을 설명하면서 분석의 차원을 체계가 아닌 체제에 둔 것은 일본에서 일어난 변화는 체계 자체의 변화는 아니었다는 데 기인한다. 전후부터 1960년대를 거쳐 1990년대에 이르기까지 몇 차례의 국면적 변화가 과거와는 구별되는 형태로 뚜렷하게 진행되었지만 그렇다고 체계 자체가 탈바꿈한 것은 아니고 그보다는 하위의 단계, 예컨대 정당 지배 체제의 변화처럼 부분적으로만 바뀐 덜 포괄적인 변모 양상이 관찰된다는 전제가 깔려 있다.

한국과 일본을 비교하면 이 점은 보다 명확해진다. 1990년대는 한국에서 선거에 의한 문민 정권의 수립이라는 변화가 있었고 일본에서는 일당 지배로부터 연립 정권의 수립이라는 변화가 있었다. 그러나 한국이 민주화 이행 과정에서 겪은 정치적 변화의 경험은 일본의 정치적 변화와 비교해 본다면 체계적 차원의 변화, 시스템 자체가 바뀐 것에 더 가깝다. 이런 점에서 일본의 정치 경제의 변화를 체제의 차원에서 접근하는 것은 설득력이 있다.

물론 한국에서의 체계와 체제의 변화도 그 성격에 대해 논란이 있을 수 있다. 헌정 체제 자체는 의회적인 구조, 대통령제, 선거제를 바탕으로 하여 기본적으로 1948년에 만들어진 채 형식적·구조적 성격에서 그대로 유지된 것이라고 본다면 체계가 변화한 것은 아니라고 하는 주장도 가능하기 때문이다. 이는 형식적으로는 타협적 관행이 지속되었다는 것을 강조하는 것이지만, 내용적인 면에서는 비민주주의적인 정치 구조와 관행에서 민주적인 방향으로의 변화가 이루어졌으므로 보다 더 질적 차원에서 이루어진 체제의 체계적 변화라고 하는 편이, 한국을 일본과 비교했을 때 보다 더 타당성이 있다. 이 책에서 한일 비교는 시도되고 있지 않지만 중요한 시사점을 제시하고 있다.

이 책에서는 일본과 비교의 대상을 전후 상당 기간 동안 체제의 변화를 겪지 않은 비교적 안정적인 산업화된 서구 민주주의 체제들(미국, 영국, 스웨덴, 이탈리아)로 설정하고 있으므로 체계보다는 체제에 주목하는 것이 그들의 변화를 더 잘 설명할 수 있다는 입장이다. 이처럼 비교의 대상을 선정한 첫번째 기준이 체제의 안정성이라는 차원에서 공통점을 가지고 있는 정치 체제라면, 두번째 기준은 체제의 안정성이라는 범위 내에서 내적·외적 조건 등에 대한 적응 양식의 차이점에 따른 체제별 상이성을 살피는 것이다. 여기서 체제가 안정적이 되도록 그 체제를 받쳐 주는 일종의 삼각대의 개념을 도입하고 있다. 이 개념은 정부-시장, 국내-국제의 양분법적 시각을 확장하고 복합적인 측면의 상호 연관성을 더욱 동적으로 파악하려는 것이다. 그것에는 사회 경제적 연합, 정치 제도, 그리고 공공 정책 양상 혹은 프로필이 포함된다. 이들이 서로 조화를 이루어 일정한 평형점을 유지했을 때 체제들은 안정적이다. 체제의 이행을 종속 변수로 삼고 그것에 영향을 미치는 세 가지 차원의 변수를 설정한 다음, 그 세 변수가 이루는 균형의 삼각대가 체제의 평형성을 유지시킨다고 가정한다. 다시 말해 체제의 이행은 삼각대의 균형이 깨졌으나 아직 새로운 균형에 이르지 못한 상태를 말한다. 1990년대 전후의 일본은 이러한 상태에 놓여 있다.

각 정치 체제가 사회 경제적 연합, 제도, 정책 프로필 면에서 어떠한 형태로 조화를 이루는가에 따라 그로 인해 창출되는 체제 평형성의 모습은 달라진다. 다시 말해, 일본, 미국, 영국, 이탈리아, 스웨덴이 전후 비교적 긴 시간 동안 체제의 안정성을 유지해 왔다는 점에서는 공통적이지만, 그 안에서 체제간 변이성은 매우 광범위하게 나타난다는 것이다. 미국과 영국이 좀 더 균형적으로 남아 있는 반면, 일본, 스웨덴, 이탈리아가 더 유동적 상태이다. 이것은 현재의 모든 변화란 그 체제가 과거에 거쳐온 경로에 의존적이기 때문이다.

또한 한 체제 내에서 역시 시간대에 따른 변화에 초점을 맞춘다. 전후를 한정하여 보았을 때, 일본은 과거나 현재나 다른 서구 산업화 민주주의와는 여러 가지 점에서 매우 구별이 되는 나라이지만, 과거의 일본과 현재의 일본과의 차이란 서구 국가와 일본의 차이만큼이나 크므로, 일본이 다른 나라들과 차이가 있다는 것만 강조함으로써 일본 자체의 시간에 따른 변모상을 간과해서는 안 된다는 점을 강조한다. 체제간의 공간적 차원은 물론, 체제 내의 시간적 차원에서 발견되는 공통점과 차이점을 동시에 설명할 수 있어야 한다는 것이다. 일본이 1960년대에 정착된 이른바 '중상주의의 침투' 또는 '깊이 뿌리 내린 중상주의' 라고 할 수 있는 축에 따라 움직이던 때에 비해 1990년대에는 국제주의적인 지향을 나타내는 일본으로 전혀 다르게 변했고, 이런 변화야말로 위에서 말한 평형의 세 가지 축이 모두 변화한 체제 이행이라는 표현에 어울리는 것이라고 지적한다.

이 책의 원서명인 *Regime Shift*에서 shift는 바뀌는 것을 말하는데 비슷한 단어로는 change, transfer, transformation, movement, mobile, reconstruction, modification 등이 있고, 우리 말로는 이행, 변화, 이동, 전환, 변모, 이전, 변동, 변경, 변질 등에 비슷한 의미가 담겨 있다. 그러나 shift는 전혀 다른 것으로의 포괄적인 질적 변화는 아니다. 수동 기어 자동차의 기어 작동에서 shift라는 말을 쓰듯이 다시 원위치로 돌아갈 수 있는 가능성도 암시하고 있는 작거나 중간 정도의 폭의 변화이다. 바뀌기는 하지만 존속하는 점이 있고, 마치 진자의 운동과 같이 회귀할 수 있는 점도 함께 가지고 있는 경향의 변화인 것이다.

여기서 두 가지 점을 알 수 있다. 하나는 shift라는 단어의 사용으로, 일본의 변화를 주목하는 동시에 그 안에 변화하지 않은 지속적 요소가 있음을 살피고자 하는 저자의 접근 방식이 나타난다는 것이다. 다른 하나는 일본 사회의 변화의 성격에 대한 기본적인 시각, 즉 일본에서의 변화란 역사적으로 볼 때 총체적 · 획기적 · 혁명적인 변화보다는 주로 점진적 · 부분적 · 개혁적 변화였다고 인식하는 것이다. 이에 바탕을 두고 지금의 변화도, 일본 정치 경제 시스템 자체의 변화라는 수식어가 빈번하게 사용되고 있기는 해도, 여전히 기존의 지배적 양식과 완전히 결별한 모습은 아닐 것이라는 잠정적 예측이 깔려 있다.

이런 관점은 일본의 동적 변화를 파악하는 데 매우 유용하지만, 그와 연관된 한 가지 부수적인 질문이 있다면, 그것은 시간대의 비교에 있어서 1960년대와 1990년대를 견주어 보는 것에 대해서이다. 이런 설정은 저자가 1960년대를 분석한 '창조적 보수주의'와 1960년대부터 1990년대에 이르기까지 일련의 정책적 관점에서 분석해 온 저작들, 그리고 그것에 이어지는 1990년대 이후의 변화라는 틀에서 이루어진 것이라고 보이기 때문에 한 일본 연구자로서의 연구 관점의 일관성이라는 면에서 평가할 수 있다. 그렇다고 해도 일본의 체제적 이행을 1960년대와 1990년대로 대비하는 것의 적절성과 혹시 대안적 시기 구분이 가능한 것은 아닌지 하는 점이 논의될 수 있다.

의문에 제기되는 또 다른 점은 문화를 다루는 시각에 대해서이다. 독립 변수, 즉 설명 변수로 다루어지고 있는 사회 경제적 연합, 정치 제도, 공공 정책 프로필에서 문화가 그것을 매개하는 인대와 같은 역할을 하는 것으로 보고 하나의 상수로서 취급한 것 같은 인상을 받게 된다. 이는 자칫 문화를 분석에서 제외한 듯한 느낌을 주는데, 이 점은 일본 정치 연구가 일본만을 단독으로 살피는 사례 연구의 풍조, 즉 일본 특이론을 강조하는 분위기였으므로 이것에서 벗어나 비교 차원의 연구를 중범위 수준의 분석을 통해 시도한 결과라고 생각한다. 또한 저자는 비교 정치 경제적 관점이라는 부제를 명확히 하여 문화의 구조적 분석보다는 정치 경제의 제도적 분석을 하고자 했다. 그것은 이른바 구조적 맥락, 개별적 사건, 그리고 구체적 과정의 상호 연관성을 중시하는 역사적 신제도주의와 맥을 같이하는 분석의 시각이다. 그러나 정치 문화 전반의 추세와 세대

변수를 포함한 하위 문화의 역동적 추이는 단순히 사회 경제적 연합에 종속되거나 정치 제도와 공공 정책에 반영되는 일종의 부수적인 것으로 취급하기보다는 좀 더 비중 있게 다루어야 할 만한 중요성이 있다고 본다. 그렇다면 저자가 제시하는 삼각대를 사각 구도로 만든다든가 하는 구체적 대안의 가능성도 생각해 볼 수 있다.

비교 연구의 중요성은 개별 국가의 독특성을 강조하는 데만 기울거나, 지나치게 단일한 거대 일반 이론화하는 데서 벗어나서, 이 두 가지 연구 방향의 접점을 모색하는 중범위 이론이 될 경우에 연구 대상이 되는 국가에 대해서 가장 적절하게 설명할 수 있다는 입장을 보여 준다. 이는 일본에 대한 연구들이 대개 일본 특이론을 강조하는 경향이 강하여 일본을 객관적으로 이해하는 데 걸림돌이 되어 왔다는 비교 연구자로서의 인식에서 비롯된다고 할 수 있다. 이 책에서는 비교의 범위를 일본과 몇몇 안정적인 서구 산업화 국가들로 정했는데, 그러한 경계는 일본과 비서구 국가들 가운데 일본과 유사한 전통을 공유하고 있다고 상정되는 국가들을 포함하는 것으로 바꿀 수 있으며, 이 경우에도 이 책에서 제시하는 삼각대의 평형성의 유지와 상실이라는 관점에서 분석을 전개해 볼 수 있겠다. 다만 이처럼 비교 연구 대상의 설정 범위가 바뀌었을 때는 시사하는 점이 달라진다. 즉, 일본과 서구 민주주의 국가들을 비교할 경우에는 이 책에서처럼 신제도주의적 접근에 가까운 시사점을 도출하게 될 것이고, 일본과 유사한 전통 문화의 배경을 가지고 있는 비서구 국가들과 비교한다면 보다 더 문화적인 분석이 될 것이다. 후자의 경우에도 분석의 시간대를 현재에 가까운 시점으로 끌어온다면, 분석 결과가 내포하는 시사점은 이 책에서와 같은 신제도주의적 관점에 더 가까운 것이 될 것이다.

이 책의 구성에서 보듯이, 이 책은 일본만을 다루고 있지 않다. 현재 일본의 유동성을 이해하기 위해서는 역사적인 민감성이 긴요하게 필요하다는 것이 저자의 입장이다. 앞서 정리했듯이 저자는 비교 연구의 기제를 동원하여 일본을 설명하고자 하며, 비교의 준거는 서구 선진화된 산업 민주주의 국가들이다. 구체적으로 그는 주로 제2차 세계 대전 이후의 스웨덴, 영국, 미국, 이탈리아를 일본과 비교한다. 그는 마치 중세의 지도 제작자들이 그들이 손쉽게 알았던 지역의 경계를 넘어서는 여백에 다가는 용이나 이상한 괴물 그림을 그려 넣었던 것과 같이, 너무 오랫동안 산업 민주주의의 비교 연구는 일본을 부적합 범주라는 외부의 대열에 방치해 두었다고 말한다. 따라서 이 책은 경험적으로는 이른바 '일본 문제들'을 검토하는 데 주안점을 두지만, 한 나라의 특수성을 넘어서는 비교 관점의 논의를 전개하고자 한다. 저자는 비교 정치학과 비교 정치 경제의 주요 저작들에 힘입어 일본의 문제들과 일본의 선택에 관한 시각을 제시하고자 한다. 이 책이 일본에서 날마다 일어나는 변화 과정의 의미를 추적하는 사람들에게도 도움을 주고, 동시에 북미와 서유럽에 우선적인 관심을 갖는 이론화 과정에 일본을 보다 중요한 위치에 두도록 하는 데도 기여하기를 바란다고 쓰고 있다.

그는 지금 일본이 처한 딜레마를 파악하려면, 왜 전후의 그 긴 기간 동안 일본의 정치 경제가 다른 산업 자본주의 국가들과 그토록 달랐는가에 대해서 반드시 알아야 한다고 말한다. 그리고 현재 유사하게 진행되는 면은 어떤 것이 있는가, 그렇게 유인하는 힘은 어떤 차원의 어떠한 성격인가를 살펴보아야 한다고 말한다. 일본의 민주주의는 38년간의 유례없는 결속된 일당 보수 지배를 낳았다. 일본의 경제는 다른 자본주의 국가들에 비해 거의 두 배에 달하는 성장률을 기록했다. 그러면서 일본의 보수적 통치는 다른 보수적 자본주의 국가들에서처럼 격차가 나는 소득 불평등을 초래한 것이 아니라 사회 민주주의 국가들에 더 근접한 사회 경제적 평등을 가져왔다. 다른 나라의 경우 그러한 결과는 조직화된 노동이 의회를 중심으로 한 입법 과정에 진출해서 가능했는데, 일본에서는 노동 세력이 입법적 정치 과정에서 배제되었는데도 불구하고 그들과 친화적인 사회 경제적 불평등의 감소 정책이 시행된 것이다. 이것은 어떤 이념적 기반이 있었기 때문이라기보다, 집권 자민당의 사회 경제적 연합의 성격에 바탕을 둔 정책 프로필에 따른 것이었다고 본다.

현재 일본의 다양한 변화들은 이와 같이 오래 닻을 내려 왔던 원래의 지점들로부터의 이행이 일어나고 있기에 생기는 것이라고 볼 때 가장 잘 이해된다고 한다. 1990년대 초반경, 일본의 성공은 갑작스런 일당 지배의 종식, 끝없이 지속되던 경제 거품의 붕괴, 증가하는 사회적 불평등으로 모습을 바꾸었다. 수십 년간 일본의 정치 경제가 끊이지 않는 외부 도전의 물줄기에 적응하도록 해 주었던 구조와 관행들이 갑자기 더 이상 적절히 대처할 수 없는 조건들에 직면하게 되었기 때문이다. 새롭게 형성되어 밀려오는 외적 조건들에 적응하지 못하고 일본 정치 경제 제도의 한계와 제도의 피로가 표출되는 과정을, 앞서 언급한 삼각대의 균형을 유지하려는 노력과 그것이 와해되는 과정을 통해서 분석한다.

결국, 이 책에서 제기하는 문제는 이런 것이다. 일본 정치 경제 엘리트들이 1990년대의 격류에 대응해 나가고자 애쓰는 가운데, 그들은 물론, 그들을 지켜보는 사람들은, 그 동안 오랜 시간에 걸쳐 자리를 잡아온 제도들의 활력성에 대해서 기본적인 의구심을 가지기 시작했다. '일본적인 독특한' 제도, 그리고 겉보기에는 매우 뿌리깊게 자리잡은 듯한 제도라는 것들이 '따라잡기식 발전주의,' 냉전, 또는 논쟁적으로 거론되는 '아시아적 가치'와 같은 것들의 가상적 구축물에 지나지 않는 것이었던가? 도저히 깨뜨릴 수 없어 보이던 일본의 제도라는 것들이 글로벌리제이션의 큰 파도 앞에 그리도 힘없이 무너지는 잔물결과 같은 것이었단 말인가? 이는 마치 세계인의 음식 문화에 맥도날드가 파고든 것과 같은 그러한 힘이 일본 정치 경제의 제도와 관행에 똑같은 침식 효과를 내고 있는 것인가?

이러한 광범위한 질문들에 대해서는 일본을 비교 관점에 두고 보아야만 잘 답할 수 있다고 저자는 생각하는 것이다. 다른 주요 산업화된 국가들의 역학에 대한 검토는 일본에서의 변화의 깊이와 방향에 관해 필요한 관점을 제공한다는 것이다. 개별적인 세세한 사건을 이해하기 위해 한 국가만을 파고드는 제한적인 시도들은 광범위한 추세를 포착하기 힘들게 한다. 반대로, 신고전 경제학이나, principal-agent 게임, 혹은 규범적인 민주주의 이론과 같은 편협한 이론적 필터를 통해서 사건들을 걸러내면, 지금 막 일어나고 있는 일들에 대한 현실적인 감각은 없어지고 그런 사건들에 대해 교조적인 논쟁만이 남는다. 일본이 명백히 드러나는 제도 운용의 실패에 직면한 유일한 나라는 아니다. 1980년대 후반과 1990년대 초반 동안 다른 많은 국가들에서도 방향 조정이 이루어졌다. 따라서 다른 국가들에서 거친 이행의 스펙트럼상에서 일본의 경험이 어떤 위치에 놓이는가를 보게 되면 틀림없이 일본만의 구체적 특성을 더 잘 이해할 수 있음은 물론이고, 일본 이외의 국가들에서의 변화에 관해서도 보다 풍성하게 감지할 수 있다고 지적한다.

20세기 후반 자본주의 체제 내에서의 산업화된 국가들간의 수렴 현상을 지적하며 그것을 움직이는 힘은 국제화와 글로벌리제이션이라고 말한다. 저자는 각 국가의 특수한 측면과 모든 국가를 아우르는 지구적 차원의 외부 세력의 영향력이 동시에 가시화되는 면에 1990년대의 시대적 특성이 있다고 하며, 변화의 근원지가 다변화되고 중층성을 보이지만 글로벌리제이션이 압도적인 힘을 발휘하고 있으므로 모순되는 듯이 보이는 이들 변인간의 밀고 당김의 역학이 앞으로 분석되어야 할 과제로 제시된다고 한다.

이 책은 지금까지 알려지지 않은 새로운 경험적 자료들을 발굴하는 데 보다는 참신한 해석을 제시하는 데 더 주력했다. 이 책은 좀 더 본질적인 해석적 직관을 제공하려 했으므로, 광범위한 이야기의 한두 가지 부분적 양상에 치중하는 전문가들은 비록 이 책에서 구체성이 결여된 면이 있더라도 양해를 바란다고 말한다. 동시에 일본의 사회적·경제적 역사에 몰두해 있지 않는 독자들도, 그렇지 않았더라면 친숙하지 않았을 전체적인 조망을 한눈에 볼 수 있는 충분한 사실적 자료와 일본의 정치 경제의 지형 안내도를 발견할 수 있기를 저자는 기대하고 있다. 이런 점에서 볼 때에도 이 책에서 시도하고 있는 설명은 중범위 이론의 정립에 가깝다. 현재 한국 사회에서 일본을 객관적으로 이해하고자 하는 움직임은 있으나 전후 일본의 정치와 경제에 관해서 적절하게 읽을 만한 책이 그다지 많지 않은 것이 사실이다. 비교 관점에서 중범위적 제도주의적 접근을 통해 현대 일본의 정치 경제의 동학을 삼층 구조로 파악한 이 책은 흥미로운 관점을 제시하리라 생각한다.

저자인 T. J. 펨펠 교수는 미국의 일본 연구 권위자로서 현재 University of Washington의 Jackson School of International Studies의 석좌 교수이다. *Policy and Politics in Japan: Creative Conservatism* (Temple University Press, 1982), *Policymaking In Contemporary Japan*(Cornell University Press, 1977), *Uncommon Democracies: One-Party Dominant Regimes*(Cornell University Press, 1998), *Politics of the Asian Economic Crisis*(Cornell University Press, 1999) 등의 저서 또는 공저를 갖고 있다. 이번에 *Regime Shift: Comparative Dynamics of the Japanese Political Economy*를 번역하는 과정에서 저자 펨펠 교수와 가깝게 교류하며 여러 가지의 의견 교환과 도움을 받을 수 있어서 어려움을 겪을 때마다 많은 격려가 되었다. 앞으로 이 분야의 어떤 특정 주제를 중심으로 독자적인 연구도 진행시켜 보고 싶은 역자로서는 이 책을 번역하면서 그 내용을 상세히 이해하는 것만으로도 일종의 사전 작업이 된 셈이지만, 비교 연구, 지역 연구, 일본 연구의 접근 방법과 시각에 대해 펨펠 교수로부터 받게 된 지적 자극은 더없이 값진 밑거름이 되리라는 생각을 한다(참고로 펨펠 교수의 e-mail은 pempel@u. washington.edu이다).

이 책이 한국어판으로 출간되기까지 많은 분들의 도움을 받았다. 우선 책을 읽고 초기에 정리한 서평에 대해서 폭넓은 역사 정치학적 시각에서 논평을 해 주신 글방 회원들의 지적은 단편적으로 치우쳐 있던 역자의 인식을 바로 잡는 데 매우 유익했다. 또한 현대 일본학회의 Japan Study

정례 연구 모임에서 나눈 일본 전공자들과의 대화는 혼자서는 이해가 잘 되지 않았던 부분들을 확인할 수 있게 해 주었고, 영역별 전문성이 다른 여러 일본 연구자들이 밝히는 이 책에 대한 나름대로의 해석을 들음으로써 좀 더 두터운 인식의 기반 위에서 번역을 할 수 있게 되었다. 한림대학교의 동아시아 연구소에서 출판하는 〈동아시아 비평〉 지에 이 책의 서평을 게재할 지면을 허락받아 다양한 의견을 들을 수 있었던 것 역시 균형적인 입장에서 적절할 개념을 선택하여 번역하게 해 주었다. 그러나 신중하고 사려 깊게 책의 내용을 이해하고 번역하려고 나름대로 노력했지만 틀림없이 어디선가 발견될 오역이나 실수 등은 두말할 나위 없이 전적으로 역자의 부족함에서 생긴 것이다. 독자들의 애정 어린 지적과 질정은 책을 다시 다듬게 될 기회에 더없이 중요한 참고가 될 것이다. 이 책의 초고를 정리해 준 강원 대학교 정치 외교학과의 송승룡 군에게 이 자리를 빌려 고마움을 전하고 싶다. 특히 대학생 또는 일반 지성인들이 정치와 사회에 대해 어느 정도의 교양을 유지하면서 쉽게 다가갈 수 있는 책을 만들면 우리 사회에서 넓은 의미의 문화의 질과 수준을 향상시키는 데 기여할 수 있다는 입장에서 처음부터 꼼꼼하게 원고를 읽고 마무리를 독려해 준 을유문화사의 권오상 과장님에게 감사드린다.

2000년 12월
일본 쓰쿠바 대학교 연구실에서
최은봉

한국의 독자들에게

　이 책의 초판이 1998년에 나온 이래로 과연 일본이 실제로 얼마나 변하고 있는가에 대해 연구자들과 정책 결정자들간에 논쟁이 계속되어 왔다. 이번에 한국어판이 나오게 된 것을 계기로, 이 기회에 보다 더 최근에 일어난 일들을 이 책에 담긴 핵심적 주장에 비추어 검토하고, 가능하다면 일본과 한국을 비교해 보는 입장에서 몇 가지 이야기를 하고자 한다. 그다지 놀랄 일도 아니긴 하지만, 최근에 전개된 사건들을 통해서 이 책의 저변에 깔린 핵심적 주장이 기본적으로 옳았음을 확인할 수 있었다. 즉, 일본의 정치 경제가 다른 산업 민주주의 국가들에서 진행된 것과 거의 버금가는 근본적인 체제의 이행을 경험하고 있다는 점이, 이 책이 처음 나온 1998년보다 훨씬 더 명확하게 증명되고 있다는 것이다. 동시에 한국에서 전개된 대폭의 변화들은, 속도 면에서 느리게 진행되는 일본의 변화와는 현저한 대비를 이루는 것으로 보인다.

　우선 첫번째 질문에 해당하는 것으로서, 일본은 여전히 다른 산업 민주주의 국가들과는 비교가 되는 위치에 놓이는 것이 사실이다. 전후 대부분의 기간 동안, 거의 모든 산업 민주주의 국가들은 비교적 높은 수준의 인플레이션을 가져온 케인스적 재정 정책을 추구했다. 비록 다소 명목적인 측면이 있기는 했지만, 시민들의 지출 능력의 지속적인 향상은 가진 사람과 가지지 못한 사람들간의 정치적 긴장을 완화시켜 주었다. 조합주의적 협상 구도는 경제 성장과 정치적 안정의 고양이라는 두 가지 목표를 조화롭게 추진하도록 해 주었다.

일본도 이와 같은 목적을 추구했으나, 전혀 다른 수단을 통해서 그것을 달성했다. 예컨대 일본에서는 예산이 거의 균형적으로 짜여졌고, 인플레이션이 매우 낮았으며 조합주의적 협상이 이루어지는 경우가 있긴 해도 그것은 국가적 차원에서가 아니라 현장 차원에서 이루어졌다. 제2차 세계 대전이 종식될 무렵 일본을 갈라놓았던 정치적 긴장 요소들은 케인스주의나 조합주의를 통해서가 아니라, 국내 보호, 산업 정책, 그리고 수출에 의존한 급속한 성장을 통해서 감소되었다. 제조업 부문의 생산성의 지속적 향상과 상당한 수준의 국제 경쟁력을 갖춘 일본 기업들의 교역을 통한 빠른 속도의 팽창은 일본으로 하여금 40년 동안 OECD 국가들 평균의 두 배에 달하는 성장률을 기록할 수 있게 해 주었다. 결국 고도 성장으로 정부의 자원이 창출되었고, 정치가들은 그것을 활용하여 고도 산업화로 인해 가장 지장을 받은 지역들, 부문들, 산업들에게 '보상을 제공하는' 정책을 추진할 수 있었다.

영국과 미국에서는 마거릿 대처 수상과 로널드 레이건 대통령이 그 나라들이 그 이전까지 추구해 온 케인스적 팽창을 체계적으로 역전시켜서 인플레이션을 과감하게 줄여 나갔다. 두 나라의 엘리트들은 늘 두렵게 인식되어 오던 부자와 빈자간의 계속되는 격차가 생각했던 것만큼 정치적으로 파탄적인 요소는 아니라는 식의 결론을 내렸을지도 모른다. 엄격한 경제적 제재를 수반하는 유럽 금융 통합 역시 회원국들이 동원할 수 있는 정책 대안의 목록에서 케인스적 팽창이라는 수단을 제거시켰다. 이 모든 국가들은 국가의 정치 경제로부터 일련의 체제 이행에 이르기까지 본질적인 구도의 재편성을 경험했다. 물론 각 국가들이 여전히 각각의 특이성을 보유하고 있는 것은 사실이지만, 그럼에도 불구하고 각 국가들에서 이전의 정치 경제의 구도와는 판이하게 다른 새로운 체제로의 이행과 구도의 재편성이 이루어졌다는 것이다.

이에 비해 일본의 정치 경제 체제는 그러한 국가들과는 다르게 형성되었고, 상이한 방식으로 변형을 거쳐 왔다. 일본의 구체제는 케인스주의와 인플레이션에 의해서가 아니라 일본이 세계 자본 시장에 급속하게 통합되면서 침해를 받기 시작했다. 국제 자본 시장에의 편입은 상당수의 일본의 금융 제도들은 물론 다른 제도들의 비경쟁성을 노출시켰다. 그 결과는 어떠했는가? 구체제의 안정성을 침식한 거대한 경제 위기의 발생, 그러나 아직도 그것으로부터 회복하지 못하고 있는 상태에 있는 것이다.

정치에서의 다양한 사건들의 생성과 소멸은 경제에서의 그러한 것들만큼이나 중요하다. 매년 정부 수입의 비약적 증대는, 비교적 큰 대가를 치르지 않고도 경제적으로 낙오된 집단을 잘 감싸면서 경제적으로 잘 나가는 집단들도 결속할 수 있는 수단을 정치가들에게 제공해 왔으나, 경제가 저성장기에 접어들자 더 이상 그러한 일이 불가능해졌다. 자민당의 38년간 정치적 헤게모니가 종식된 것은 그것의 가장 중요한 결과이다. 그 후에도 계속되어 온 저속 성장 또는 성장 정지의 경제는 과거 어느 때보다 정책 결정자들의 선택의 폭을 축소시켰다. 물론 급진적 구조 개혁으로 경제의 저성장을 회복할 수 있었을지는 모르지만, 그런 방안은 유력 정치가, 관료, 그리고 그들의 선거 지지 집단들이 받아들이기 힘든 정치적 비용이 드는 것이다. 반면에 국내 경제를 계속해서 보호하는 것은, 비록 장기적으로 보아 경제적으로 비용을 치르는 것이지만, 경제적 성공 집단과 손실 집단간의 노골적인 분쟁을 누그러뜨려 주면서, 동시에 항상 그런 것은 아니라 해도 유력자들이 그들이 현위치를 지킬 수 있게 해 준다. 그러다 보니 일본의 정치가들은 적어도 현재까지는, 후자의 대안을 선택하고 있는 것이다. 그러한 결과, 사회 경제적 연합과 정당 연합은 정부의 수혜에 의존하는 집단과 그러한 경제 부문을 선호하는 방향으로 확연하게 편향되도록 재구조화되었다. 따라서 공공 정책은 더욱 더 대규모의 적자 지출에 의존하게 되었고, 그로 인해 일본은 장기 공공 부채의 면에서 어떠한 다른 산업 민주주의 국가들에 비해서도 월등히 높은 GNP의 14퍼센트를 상회하는 수준이 되고 말았다. 이런 점에서 일본은 과거와는 달리 현재 다른 나라에서는 지금으로서는 정치적으로 채택이 불가능해진 신케인스주의를 추구하고 있다고 할 수 있다. 현재 일본에서는 보호주의자들이 권력을 보유하고 있는데, 그들의 권력은 경제적 역동성과 미래의 납세자들에게 커다란 부담을 지우면서 유지되고 있는 것이다. 조지 버나드 쇼(George Bernard Shaw)가 언젠가 말한 적이 있듯이, "피터에게 빼앗아 폴에게 베푼 정부는 항상 폴의 지지에만 의지할 수 있다."

이렇게 본다면, 2000년 일본의 정치 경제는 과거 1965년이나 1975년, 혹은 1985년과는 현저하게 다르다. 정당이 동요하고, 선거 제도가 바뀌었다. 정치적 좌파는 그대로 있기는 하지만 무력화되었다. 과거에는 소외되었던 시민 집단들과 NGO들이 새롭게 영향력을 획득하고 있다. 정보 활동의 자유로 관료의 비밀주의의 베일이 벗겨지기 시작했다. 기업의 자율성이 증대하면서 기업이 관료 정책 결정자들에게 스스로 내부 정보를 제공해 오던 관행이 사라지게 되었다. 국가 관료제는 행정적으로 재조직화되는 과정에 놓여 있다. 경제 영역에서도 그 동안 은행, 보험, 증권을 서로 갈라놓았던 칸막이가 없어지면서 재정 부문의 급격한 변화가 초래되었다. 결국 재정 정책과 금융 정책에 대해서 정부가 행사해 왔던 힘이 분산되어 가고 있다. 지주 회사가 다시 등장했다. 거대 기업들의 잇단 실패와 합병, 신생 회사들의 출현과 도산도 늘어가고 있다. 다수의 비일본계 소유의 기업들이 제휴와 인수, 합병을 통해 일본에 진출했다. 많은 부문의 기업들이 생산망을 국제화하고, 이사진을 재구성하고, 노동력 규모를 조정하고, 자금원을 다양화하며, 거대한 양의 기업 상호 소유 주식을 처리하고, 새로운 회계 방식을 채택하며, 국제 자본 비용과 주주의 지분에 민감하도록 기업의 계획을 변경시켜 가고 있다.

그러나 일본에서의 이러한 변화들은, 1997~1998년의 경제 위기 이래로 한국에서 일어나고 있는 여러 변화들에 비하면, 겨우 빙산이 녹는 듯한 속도로 움직이고 있는 것에 불과하다. 한국 전문가가 아닌 필자의 눈에는, 한국은 매우 급속하게 정치 경제적 구조 조정으로 향하고 있는 것처럼 비친다. 수권 정당의 순조로운 교체와 재벌의 발본적 혁신은 일본의 변화에 비교할 때 훨씬 극적이고 뚜렷하다. 특히, 김대중 대통령하에서 추진된 햇볕 정책은 과거의 체제들이 내세워 왔던 강경한 반공산주의 정책으로부터의 현격한 결별이라고 하겠다.

일본과 한국의 정치 경제가 이처럼 현재 재형상화되고 있음을 시사하는 요소들은 이외에도 많이 있지만, 그 모두가 다 쟁점화되는 것은 아니다. 다만 그것이 얼마나 중요한가에 대해 논쟁의 방향이 쏠린다. 필자도 그렇지만, 많은 사람들은 두 나라가 다 과거의 정치 경제 구도에 필적할 만한 새 구도를 향해 근본적인 변모를 경험하고 있다는 주장을 편다. 일본과 한국의 정치 경제 엘리트들, 그리고 평범한 시민들과 이야기를 나눌 기회가 있었는데, 그 때 두려우리만큼 급격하게 사회를 뒤흔드는 것 같은 빠른 속도의 소용돌이의 한 가운데 그들이 서 있다는 느낌을 가지고 있다는 사실을 알았다. 반면, 여전히 뚜렷한 인상으로 각인되어 있는 과거의 지속성 앞에서 현재의 이러한 변화들이란 별로 중요하지 않은 것이라고 생각하는 입장도 있다. 그러나 이 두 가지 시각은 어느 것이 맞고 틀리고의 문제가 아니라 둘 다 동시에 부분적인 사실을 포함하고 있다고 할 수 있다. 일본의 변화가 어떤 사람들에게는 불안할 정도로 빠르게 느껴지기도 하지만 어떤 사람들에게는 참을 수 없이 느리게 느껴지기도 할 것이다. 물론 한국의 변화는 전체적으로 일본에 비해서는 매우 급속하게 진행되고 있다. 그러나 분명히 현재의 한국과 일본, 두 나라 다 더 이상 지난날의 한국과 일본이 아니며, 바람직하게는 이렇게 되어야 한다고 비판적 시각에서 제시하는 이상적인 모습과도 상당히 동떨어져 있다. 따라서 양국의 변화를 중심으로 하여 그것의 균형, 측정, 그리고 비교에 대한 주요한 논쟁은 앞으로도 지속될 것이다.

대체로 어떤 한 나라의 정치 경제의 변화는, 성경의 창세기에 묘사된 총체성 및 완결성과 유사하다기보다는, 사회적 다윈주의(Social Darwinism)에서 제시하는 것과 같은 속도로 진행된다. 즉, 복잡한 사회 경제적 변화가 제도적으로 깊이 뿌리를 내리기까지의 과정은, 세리였던 사울이 일순간 기독교 전도사 바울로 개종하는 것과 같이 일거에 일어나는 변화와는 달리, 매우 긴 시간에 걸친 변화의 경로를 밟는다. 마찬가지로 일본과 한국은 지속성과 변화가 혼재하여 나타나는 훨씬 복잡한 과정을 앞으로 더 거칠 것이 틀림없다. 다만 필자가 보기에는, 당분간 일본에서는 정당과 선거 분야의 변화보다는 경제 분야에서의 변화가 더 가시화될 것 같다. 그 동안에도 선출 정치가들과 관료들보다는 기업 간부들과 금융 기관의 기관장들이 구태를 벗어 버리고 새로운 것을 취하려는 의지를 더 적극적으로 보여 주었다. 한국에서는 정치적 변화와 경제적 변화 간의 불균형이 일본에 비해 덜 뚜렷이 드러나는 것 같고, 정치에서이건 경제에서이건 변화가 거의 매일 매일을 단위로 하여 일어나는 듯하다. 그러나 궁극적으로 두 나라에서 다 틀림없이 정치와 경제간의 갈등, 그리고 승자와 패자간의 긴장이 긴급한 해결을 요구할 것이다.

여기서 우리에게 도전이 되는 질문은 한국과 일본 두 나라가 어떻게 하면 양자의 균형을 찾아갈 수 있겠는가 하는 점으로 귀결된다. 과연 일본에서 현재 천천히 진행되고 있는 선거와 정당 정치가 빠르게 변화하고 있는 경제 구조에 부응하게끔 되어 갈 수 있을 것인가? 아니면, 자본주의의 창조적 파괴에 수반되는 정치적 고통에 대한 혐오로 말미암아 경제적 역동성이 속박당하고 말 것인가? 아마도 한국은 정치적·경제적 변화의 전선으로 더욱 달려갈 것으로 보인다. 이런 한국에서, 저항의 제 세력들이 변화 과정의 한두 갈래의 속도를 늦추는 방향으로 움직이지는 않을 것인가? 혹은 현재로서 가장 가능성이 있어 보이는 전망이지만, 한국과 일본, 두 나라 모두 정치와 경제 두 영역에서 고도로 복잡하고 역동적인 상호 교환의 역학이 지속적으로 작동하지는 않을 것인가? 이런 의문들은 여전히 남는다.

이번에 최은봉 교수의 번역을 통해 필자의 책이 한국에 소개될 수 있게 되어 대단히 기쁘게 생각한다. 현대 일본의 정치 경제 체제의 구조와 변동에 대해 관심을 갖고 있는 사람들이 흥미를 가지고 많이 읽었으면 하는 기대를 해 본다. 또한 정치 경제 체제의 이행에 대한 비교 분석에 관심을 갖고 있는 독자들이 있다면, 이 책이 그들의 지적 지평을 넓히는 데 도움이 되기를 바라고, 한국과 일본간의 비교 연구, 혹은 한국이나 일본과 다른 나라간의 비교 연구를 충실하게 할 수 있게 만드는 데도 기초적인 자료가 될 수 있었으면 한다. 한국의 독자들과 이렇게 만나게 되어 매우 반갑고, 번역하는 데 애를 많이 쓴 최은봉 교수와 출판이 가능하게 해 준 을유문화사에 감사를 드린다.

시애틀과 도쿄에서
T. J. 펨펠

머리말

변화는 마치 쐐기풀과 같아서 그것이 고조될 때는 파악하기가 어렵다. 지진과 같은 것이든 사소한 것이든, 어떠한 변화가 한참 진행되는 정점에 있을 때는 무작위성, 강고함, 복잡성이 뒤섞여 드러나서 감지의 어려움에 압도되기 쉽다. 또한 도저히 놓칠 수 없는 새로운 요소가 있는 경우조차도, 그 새로운 요소를 아무것도 아닌 것으로 간주하고, "변화가 있는 만큼 변하지 않는 것도 있다"는 일종의 만고의 진리로 귀착해 버리는 경향이 있다.

이 책은 20세기 말에 일본의 정치와 경제에서 동요를 일으킨 변모상들을 포착하려고 시도한다. 그런 변모들은 복잡하고 영향력이 크며 일본의 정치 경제에 본질적인 변화를 초래했다. 그러나 그런 요소들이 일본의 미래를 과거와 완전히 결별하도록 할 가능성이 있는 것은 아니다. 여기서 의문시되는 것은 변화와 지속성간에 어떠한 융합이 이루어질 것인가에 관해서이다.

현재 일본의 유동성을 이해하기 위해서는 역사적인 상황에 민감할 필요가 있다. 지금 일본이 처한 딜레마를 파악하려면, 왜 전후의 오랜 기간 동안 일본의 정치 경제가 다른 산업 자본주의 국가들과 그토록 달랐는가에 대해서 반드시 알아야 한다. 일본의 민주주의는 38년이라는 유례없이 긴 기간 동안 철저한 일당 보수 지배를 낳았다. 일본의 경제는 다른 자본주의 국가들에 비해 거의 두 배에 달하는 성장률을 기록했다. 그리고 일본의 보수적 통치는 다른 보수적 자본주의 국가들에서처럼 격차가 나는 소득 불평등을 초래한 것이 아니라, 사회 민주주의 국가들에 더 근접한 수준의 사회 경제적 평등을 가져왔다. 현재 일본의 변화는 이전에 닻을 내리고 있었던 지점으로부터의 이행이라고 볼 때 가장 잘 이해할 수 있다. 1990년대 초반, 일본의 성공은 갑작스런 일당 지배의 종식, 끝없이 지속되던 경제 거품의 붕괴, 사회적 불평등 증대로 모습을 바꾸었다. 수십 년간 일본의 정치 경제가 끊임없는 외부의 도전에 적응하도록 해 주었던 구조와 관행들이 갑자기 더 이상 대처할 수 없는 조건에 직면하게 되었다. 일본의 정치 경제 엘리트들이 1990년대의 격류에 대응해 나가고자 애쓰는 가운데, 그들은 물론 그들을 지켜보는 사람들도 그 동안 오랜 시간에 걸쳐 일본에서 자리를 잡아 온 제도들의 활력성에 대해서 기본적인 의구심을 가지게 되었다. '일본적인 독특한' 제도, 즉 겉보기에는 매우 뿌리깊게 자리잡은 듯한 그 제도라는 것이 '따라잡기식 발전주의', 냉전, 또는 논쟁적으로 거론되는 '아시아적 가치'와 같은 것의 가상적 구축물에 지나지 않는 것이었던가? 도저히 깨뜨릴 수 없어 보이던 일본의 제도라는 것이 글로벌리제이션의 파도 앞에 그리도 힘없이 무너지는 잔물결과 같은 것이란 말인가? 세계의 식습관을 맥도날드화한 것과 같은 힘이 일본 정치 경제의 제도와 관행에도 침투하고 있는 것인가?

이러한 광범위한 질문들에 대해서는 일본을 비교 관점에서 보아야만 답할 수 있다. 다른 주요 산업화된 국가들에서의 역학은 일본에서의 변화의 깊이와 방향을 이해하는 데 도움이 되는 관점을 제공한다. 개별적인 사건을 자세히 이해하기 위해 어떤 한 국가만을 주목하는 시도들은 제한적이어서 광범위하게 추세를 포착하기 어렵게 만든다. 반대로, 신고전 경제학이나, 주인-대리인(principal-agent) 게임, 혹은 규범적인 민주주의 이론과 같은 편협한 이론적 틀을 통해 사건들을 걸러내면, 지금 막 일어나고 있는 사건에 대한 현실적인 감각은 없어지고 원론적인 논쟁만 이 남는다. 일본이 명백히 제도 운용의 실패에 직면한 유일한 나라는 아 니다. 1980년대 후반과 1990년대 초반에 걸쳐 다른 많은 국가들에서도 방향의 조정이 이루어졌다. 따라서 다른 국가들에서 이루어진 이행의 스 펙트럼상에 일본의 경험이 어떤 위치에 놓이는가를 살펴보면 일본만의 구체적 특성을 좀 더 잘 이해할 수 있음은 물론이고, 일본 이외 국가들의 변화에 관해서도 보다 잘 파악할 수 있다.

마치 중세의 지도 제작자들이 그들이 잘 아는 지역의 경계를 넘어서는 여백에 용이나 이상한 괴물 그림을 그려 넣었던 것과 같이, 너무 오랫동 안 산업 민주주의의 비교 연구는 일본을 부적합 범주라는 외부의 대열에 방치해 두었다. 이 책은 경험적으로는 이른바 '일본의 문제'들을 검토하 는 데 주안점을 두지만, 한 나라의 특수성을 넘어서서 논의를 전개하고 자 한다. 비교 정치학과 비교 정치 경제 분야 주요 저작들에 힘입어 일본 의 문제들과 일본의 선택에 관한 시각을 제시하고자 하는 것이다. 이 책 이 일본에서 날마다 일어나는 변화 과정의 의미를 추적하는 사람들에게 도움을 주고, 동시에 북미와 서유럽을 우선시하는 이론화 과정에서 일본 을 지금까지보다 좀 더 중요한 위치에 두는 데에도 기여하기를 바란다.

이 책은 지금까지 알려지지 않은 경험적 자료들을 발굴하기보다는 일 종의 새로운 해석을 제시하는 데 더 주력했다. 이처럼 이 책은 좀 더 본 질적인 해석적 직관을 제공하려 했으므로, 포괄적인 이론의 한두 가지 부분적 양상에 주력하는 전문가들은 비록 이 책에서 구체성이 결여된 면 이 있더라도 양해해 주리라 믿는다. 동시에 일본의 사회적·경제적 역사 에 관심이 없는 독자들도 전체적인 흐름을 한눈에 볼 수 있는 충분한 사 실 자료와 지형 안내도를 이 책에서 발견할 수 있기를 바란다.

이 책이 나오기까지 예상보다 더 긴 시간이 걸렸다는 것은 그리 놀랄 만한 일도 아니다. 이 책을 준비하는 초반 작업은 좋은 친구들과 동료들

머리말 27

로부터의 비판과 도움과 제안에 힘입어 그 부담을 많이 줄일 수 있었다. 특히 피터 카첸스타인(Peter Katzenstein)에게 큰 도움을 받았는데, 그는 우정과 예리한 질문을 잘 보완해 가며 거의 반생 가까이 계속해서 서로 지적 자극을 주는 세미나를 벌여 온 사이이다. 그는 세 차례나 초고를 직접 읽고 전반적인 논지를 보완하는 데 상당히 중요한 역할을 하였다. 만일 피터가 원예학 분야에 종사했더라면, 그는 태평양 연안 북서 지역의 손질이 잘 안 된 포도밭보다는, 아마도 틀림없이 영국 정원이나 일본 정원의 복잡한 조화미를 완성해 내는 대가가 되었을 것이다.

필자는 또한 David Asher, Gerald Curtis, Ron Dore, Sheldon Garon, Miriam Golden, Walter Hatch, Ikuo Kume, Joel Migdal, Richard Samuels, Michael Shalev, Wolfgang Streeck, Sidney Tarrow, Keiichi Tsunekawa, Kozo Yamamura, 그리고 익명의 한 독자에게 매우 큰 도움을 받았다. 이들은 처음에 쓴 원고를 지우고 다시 고쳐 쓰는 능력을 보여 주어, 필자가 글 쓰면서 처했던 곤란함에서 빠져나올 수 있도록 꼼꼼한 조언과 지적을 해 주었다.

이 자리를 빌려 필자에게 도움을 준 다른 사람들에게도 감사드리고 싶다. 각주에서 자료로 거론하기는 하지만 도움을 받은 점에 대해서는 부분적으로 언급했을 뿐이다. 필자는 Daivd Cameron, Haru Fukui, Peter Hall, Hiwatari Nobuhiro, Inoguchi Takashi, Iokibe Makoto, Chalmers Johnson, Kabashima Ikuo, Ellis Krauss, Greg Luebbert, Muramatsu Michio, Noguchi Yukio, Otake Hideo, Sato Hideo, Shinkawa Toshimitsu, Sven Steinmo, Tsujinaka Yutaka, Tsunekawa Keiichi, Watanabe Akio와의 지속적인 토론과 공개적인 논쟁을 통해서 많은 시사점을 얻었다.

Jack Keating, Mary Alice Pickert과 Ethan Scheiner는 연구를 훌륭히 보조해 주었다. 필자는 또한 오스트레일리아 국립 대학교, 컬럼비아 대학교, 하버드 대학교, 고베 대학교, 도쿄 대학교의 세미나에서 연구 초기에 작성한 논문을 발표했다. 그 곳 참석자들로부터 받은 논평은 필자의 주장을 정리하는 데 매우 유용한 것들이었다. Japan Foundation, Japan Committee of the Social Science Research Council, Northeast Asia Council of the Association for Asian Studies에서는 연구비를 지원해 주었다. 교토 대학교, 쓰쿠바 대학교로부터 방문 연구원으로 자리를 제공받아 이 책을 집필할 시간을 가질 수 있었고, 워싱턴 대학교에서는 초고를 다듬어 최종 원고를 완결할 수 있는 시간을 허락했다.

이 연구에 대해 끊임없이 지지해 주고, 초고를 보내겠다는 약속을 계속해서 어기는 필자를 너그럽게 이해해 준 코넬 대학교 출판부의 Roger Haydon에게 특히 감사드린다.

끝으로 이 책이 나오기까지 옆에서 모든 것을 잘 참고 도와준 아내 Kaela에게 고마움을 전한다. 그녀에 대한 사랑을 담아 이 책을 아내에게 바치고 싶다.

워싱턴 시애틀에서
T. J. 펨펠

현
대
일
본
의
체
제
이
행

차례

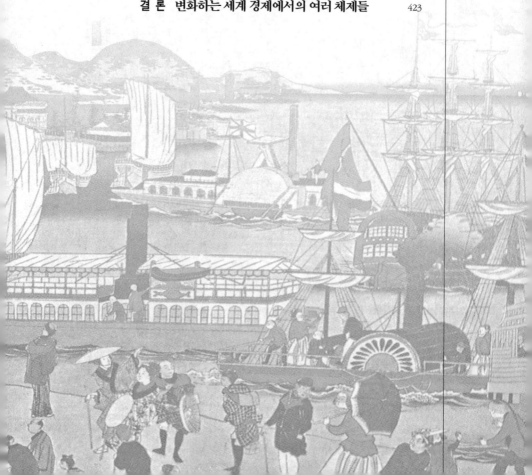

장기적 지속과 급속한 이행

1990년대 후반 일본의 정치 경제는 20~30년 전과는 전혀 달랐다. 자민당의 38년 선거 독점 지배가 당내의 분열, 다수 의석 상실, 그리고 뒤이은 정당 체계 전체에 미친 파장으로 종식되었다. 1993년 6월에 이념적으로 서로 다른 일곱 개의 정당이 어렵게 연합을 이룸으로써 유서깊은 사무라이 집안 출신인 깔끔한 용모의 비교적 젊은 호소카와 모리히로가 1955년 이래 처음으로 일본에서 비자민당 출신 수상으로 등장했다.

곧이어, 오랜 기간 동안 자민당과 적수의 위치에 있으면서 완전히 다른 정책을 견지해 온 사회 민주당(이전의 사회당)이 50년 가까운 정치적 야당으로서의 입장을 마감하고, 자민당과 소수 보수 정당인 사키가케와 더불어 연립 여당이 되면서 사회 민주당의 당수 무라야마 도미이치가 수상이 되었다.

1990년 중반에서 후반에 이르는 과정은 신생 정당의 이합 집산이 그 특징이다. 선거와 정당에서 예외적 안정성을 보인 38년이라는 기간을 거친 이후 정당들은 마치 아메바의 분열처럼 신속하고 불규칙하게, 그러나 아무런 정책이나 사회 경제적 논리는 전혀 갖지 않은 채 분열되고 다시 서로 합쳐졌다. 비록 자민당이 1996년 이후의 선거에서 다수 정당으로 재등장하여 내각 통치권을 다시 장악하기는 했지만, 더 이상 과거의 자민당과 같이 지배권을 싹쓸이하지는 못했다.[1] 한때 결속력, 정책 결정과 인사의 수준, 공공 정책의 주도를 통해 그 능력을 인정받던 일본의 국가 관료는, 잇달은 정책 실패와 뇌물 수수 관행, 상급 관료간 정보 유용 공모 등이 드러나고, 거시 경제 및 개별 기업 통제 능력이 흔들리면서 그 위상이 크게 떨어졌다.

경제적 변화도 정치와 마찬가지로 충격적이었다. 주가와 지가가 동시에 하락하면서 1950년대 초반에서 1980년대 초반까지 지속된 전례없는 40년간의 성장에 갑자기 제동이 걸렸다. 저성장 기간 7년 동안 다수의 금융 기관이 붕괴되었고 적어도 6,000억 달러의 불량 채권이 발생했다. 일본 채권이 국제 시장에서 저평가되었고 대규모의 공공 부채가 터져 나왔다. 한때는 세계를 주름잡던 많은 은행과 기업이 적자에 허덕이며 도산을 면하기 위해 정부 지원을 요청했다. 25년 전만 해도 국내 시장에만 전적으로 의존했던 다른 기업들은, 인사·생산 설비 또는 기업 연합 등의 면이 아닌 명목상으로만 일본 기업으로 존재하면서 세계 전역에 걸쳐 생산과 시장 설비에 거액을 투자했다. 이런 기업들에게 도쿄에서의 힘겨루기란 그들이 관여하고 있는 보다 치열한 세계적 범위의 영향력에 비하면 부수적인 것에 지나지 않았다.

전후 일본은 다른 OECD 국가들과는 상당히 달랐다. 정치적으로 단일 보수 정당이 일본의 선거 영역과 정부 영역을 다른 산업화 국가들에서는 도저히 찾아볼 수 없는 방식으로 지배했다. 다수 정당인 자민당은 수적으로 그 다음으로 큰 정당의 거의 두 배 수준이었다. 자민당은 정부 각료 직을 대부분 차지하고 경제의 거의 모든 영역에 영향력을 미쳤다.

---

1) 비교의 시각에서 살펴본 일본 보수파의 지배에 관해서는 다음을 참조할 것. T. J. Pempel ed., *Uncommon Democracies: The One-Party Dominant Regimes*(Ithaca, Cornell University Press, 1990). 일본어로 된 책은 다음을 참조할 것. *Itto yuisei no hokai*[The collapse of one-party dominance], *Leviathan*(special issue 1994).

경제적으로도 일본은 비교할 상대가 없었다. 경제 성장률은 OECD 국가의 거의 두 배에 달했다. 제조업 부문에서의 생산성은 매우 높았고, 실업률과 인플레이션도 놀라우리만큼 낮았다. 신용 거래가 빠르게 증가했고 외환 보유고는 지정학적으로 강세였다. 저축률은 계속해서 높은 수준을 유지했다. 해외 투자와 자산 취득은 급속히 늘어 갔다. 일본은 국가적으로 국제적 위기에 대응하는 뛰어난 능력을 보여 주었다. 일본이 발휘한 성공적인 수완은 일본에 비해 그다지 유연하지 못한 다른 산업화 국가들에게 큰 자극이 되었다.

고도 성장과 예측 가능한 정치의 종식은 일본을 국내외에서 심각한 논의의 대상이 되도록 만들었다. 일본의 정치 경제가 실제로 중대한 차원에서 변화하고 있는 것일까? 그렇다면 그런 변화의 특성이란 무엇일까? 세계의 경제 세력과 국내 변화는 일본이라는 나라로 하여금 산업화된 국가들간에 공통적으로 깔려 있다고 전제되고 있는 종류의 '정상성(normality)'을 갖도록 만들 것인가? 혹은 이런 정치적·경제적 혼돈이 결국에는 비교적 온건하고 '본질적으로 일본적인' 체계로 돌아가고 말, 잠시 흔들리는 일련의 고속 충격에 불과한 것인가? 변화의 물결이 의미 있고 깊이가 있는 진실(혼네)인가, 아니면 변치 않는 핵심의 바깥에서 일어나는 겉치레에 불과한 피상적인 것(다테마에)인가?

이런 것들은 이 책의 첫번째 문제를 형성한다. 일본, 오랫동안 다른 산업화된 국가들과 그처럼 달랐던 예전의 일본, 그리고 1990년대의 일본, 즉 과거의 일본과 너무나도 다른 현재의 일본. 그러나 일본의 구체적인 변모는 보다 더 포괄적인 문제의 부분적 표현에 해당된다.

우선, 왜 각 나라의 정치 경제가 서로 다른가? 각 민족 국가가 여러 상이한 역사적 궤적을 따르는 것을 어떻게 설명할 수 있는가? 왜 각 나라의 이러한 구별이 그렇게 오랫동안 그대로 남아 있는가? 왜 각 나라는 그 가운데 '가장 나은 길'이라고 보이는 방향으로 수렴하지 않는 것일까?[2]

이와 마찬가지로 답하기 어려운 것은 사회적 변화의 문제이다. 대부분의 국가에서 지난해의 행동은 다음해의 행동을 예측하는 데 전형적인 지표가 된다. 사회적 행위는 이런 점에서 대부분 '경로 의존적'이다. 어떤 것이 T2라는 시간에 존재하는 모습은 대개 T1이라는 바로 이전의 시간의 작용에 달려 있다. 그러나 오랜 시간에 걸쳐서 대체로 지속적인 유형을 따라왔기에 '안정적'으로 보이는 국가조차도 갑자기 그 나라가 오랫동안 거쳐 온 것과는 매우 다른 경로로 기우는 경우가 있다. 이 같은 변이성이 있음을 고려할 때, 과거와의 유사성은 과거로부터의 결별에 비해 충격적이지 않다. 때때로 경로 의존적 평형성이란 것은 역사의 경로에 갑작스런 굴곡을 만드는 급진적 변화에 의해 방해를 받곤 한다.

'굴곡이 있는 평형'이라는 개념은 이처럼 장기간의 지속과 극적인 이행이 그 뒤를 잇는 식의 혼합을 특징짓는 말이다. 대표적인 사례로는 1846년 곡물법 철폐 이전에 영국에서 농업의 보호와 보수당 지배가 이루어지다가 민주화의 고양과 자유 교역, 휘그당과 자유당이 지배하는 시기로 이어졌던 것을 들 수 있다. 또한 독일에서는 제3제정 당시 가장 최고조에 달했던 권위주의적 근대화의 팽창, 그것의 붕괴, 그리고 평화주의, 의회적 정부, 개인적 부의 향상을 독일식으로 아우르는 긴 시간이 있었다. 중국에서는 만주 지배 시기 이후 거의 한 세기에 걸쳐 혼동과 시민 전쟁이 전개되었고, 이어서 마오쩌둥하에서 공산주의가 성공적으로 정착하였으며, 1978년 이후 자본주의의 요소를 선별적으로 끌어안았다. 아르헨티나에서의 군부 구데타, 'desaparecidos'의 테러 기간, 그 뒤를 이은 민주화와 정당 지배라는 일련의 연속적 사건들도 그러하다. 미국에서 19세기 말의 대규모 공황에서 1930년대 초기의 대공황에 이르기까지 장기간의 공화당 집권과 친재계 정치, 그것에 이어 1960년대 중반까지 계

---

2) Douglass C. North, *Institutions, Institutional Change and Economic Performance* (Cambridge University Press, 1990), p. 6.

속된 뉴딜의 사회 보장주의 기간 역시 그렇다.

이러한 사례들은 어떻게 각 나라가 예측할 수 있는 경로로부터 벗어나 다른 방향으로 급선회하는가를 잘 보여 준다. 왜 그 나라들이 그런 변화를 택했는가는, 그들이 변화를 택했다는 사실에 비하면 확실하지 않다. 과거와의 결별은 그것이 명백한 실패로 이어졌을 때 비로소 이해할 수 있다. 즉 그런 변화들은 원래의 경로가 계속해서 보상을 제공할 때는 잘 파악되지 않는다.

지속성과 변화에 관한 논의는 산업화된 민주주의의 연구에서 주기적으로 등장한다.[3] 두 가지 서로 다른 해석이 계속 제기된다. 나라들간의 역사적 차이점에 초점을 맞추는 해석과, 각 나라를 일률적으로 만드는 글로벌한 세력들에 직면하여 각 나라가 보이게 될, 또는 보이리라고 예상되는 일원성에 초점을 맞추는 해석이 그것이다.

국내적 세력과 국제적 세력간의 상대적 우세에 대한 논쟁은 1980년 이후 다시 되살아났다. 냉전의 종식, 자본과 제조업의 다국적 기업화, 최적 관행의 확산, 점증하는 교역과 투자의 국제화, 글로벌리제이션, 민영화, 규제 완화, 복지와 공공 고용에 대한 세금 압박과 감시, 심지어는 '역사의 종말'의 공언 등의 요소가 선진 경제들간의 수렴을 압박하는 힘으로 제시되는 것들이다.

---

3) 이 문제에 관한 많은 연구 중에서 다음을 참조할 것. Michel Albert, *Capitalism vs. Capitalism* (New York, Four Wall Eight Windows, 1993); Peter Gourevitch, *Politics in Hard Times: Comparative Responses to International Economic Crises* (Ithaca, Cornell University Press, 1986); J. Rogers Hollingsworth, Philippe C. Schmitter, and Wolfgang Streeck, eds., *Governing Capitalist Economies: Performance and Control of Economic Sectors* (New York, Oxford University Press, 1994); Peter J. Katzenstein, ed., *Between Power and Plenty* (Madison, University of Wisconsin Press, 1978) Gregory Luebbert, *Liberalism, Fascism, or Social Democracy: Social Classes and The Political Origins of Regimes in Interwar Europe* (New York, Oxford University Press, 1991); Herman M. Schwartz, *States versus Markets: History, Geography, and the Development of the International Economy* (New York, St. Martin's, 1994).

물론 많은 전문가는 이미 한두 개의 '초국가적' 세력이 각 국가간의 주요한 차이점을 점점 줄여갈 것이라고 지적했다. 여기에 속하는 사람들로는 19세기에는 카를 마르크스(Karl Marx), 허버트 스펜서(Herbert Spencer), 앙리 생시몽(Henri Saint-Simon), 최근에는 찰스 킨들버거(Charles Kindleberger), 클라크 커(Clark Kerr), 레이몽 버논(Raymond Vernon), 다니엘 벨(Daniel Bell)이 있다.[4] 계급 투쟁, 기술, 시장, 자본의 유통, 커뮤이케이션과 같이 이들이 지적하는 구체적인 힘에는 서로 차이가 있지만, 기존의 국가간 구분은 사라질 것이고 세계는 거대한 정치적·경제적 동질화의 길로 갈 것이라는 공통적인 전제가 바탕에 깔려 있다.

　　오늘날의 일본은 이처럼 서로 얽혀 있는 문제들을 점검해 보는 데 매우 유익한 창이다. 19세기, 특히 1875년부터 1900년의 기간 이후 제2차 세계 대전에서 패하기까지 일본은 독일, 이탈리아, 스페인, 오스트리아, 그리고 다른 후발 산업국과 폭넓게 일치하는 역사의 자취를 따라왔다. 정치적 보수주의, 군국주의, 전적인 외부 지향적 팽창이 그 징표들이다. 그러나 지난 40~50년간 일본은 전전(戰前)과는 완전히 다른 경로를 거쳤다. 전후의 새로운 경로는 일본을 다른 모든 선진 산업화 민주주의 국가와는 구별되는 정치와 경제의 독특한 조화로 특징지었다.

　　물론 넓은 의미에서 전후 일본은 이런 나라들과 비슷하게 보였다. 선거 민주주의, 자본주의 경제, 고도의 산업 생산성, 세계 대부분 지역의

---

　4) 예를 들어 다음을 참조할 것. Charles Kindleberger, *American Business Abroad*(New Haven, Yale University Press, 1969); Clark Kerr et al., *The Future of Industrial Societies*(Cambridge, Harvard University Press, 1960); Daniel Bell, *The Coming of Post-Industrial Societies*(New York, Basic Books, 1973). 그 외 다음도 참조할 것. Suzanne Berger and Ronald Dore, eds., *National Diversity and Global Capitalism*(Ithaca, Cornell University Press, 1996); Colin Crouch and Wolfgang Streeck, eds., *Political Economy of Modern Capitalism: Mapping Convergence and Diversity*(London, Sage, 1997); Hollingsworth, Schimitter, and Streeck, *Governing Capitalist Economies*.

대다수가 누리는 수준보다 월등히 높은 생활 수준과 같은 요소들은 20여 개국의 자본주의적 민주주의 체제들을 나머지 세계 150여 개국과 구별되는 하나의 군으로 규정하고 있다.

그러나 이런 차원에서 산업화 자본주의 국가인 20여 개국은 서로 비슷해 보이지만 자세히 들여다 보면 주요한 차이점이 있다. 특히 전후 일본은 그 어떤 나라보다 가장 예외적이다. 전전의 일본만 해도 독일, 이탈리아, 혹은 오스트리아와 마치 형제처럼 비슷한 양상을 보였으나, 전후에는 그와 같은 모습을 전혀 찾아볼 수 없다.

제2차 세계 대전 이후 긴 기간 동안 프랑스와 이탈리아는, 뉴질랜드와 오스트레일리아가 그랬듯이 서로 파트너가 되었다. 스웨덴, 노르웨이, 덴마크는 베네룩스 국가로서 하나의 군을 이루었다. 앵글로 아메리카 국가들은 중부 유럽의 민주주의 국가와는 달랐다. 그러나 일본은 이 모든 국가들과는 전혀 동떨어져 있었다. 예컨대 G7 회의에서 정상들이 사진을 찍을 때 서방 여섯 나라의 지도자들은 한데 어울려 인위적이지만 평등과 우정을 보여 주는 장면을 연출한 반면, 일본의 수상들은 매번 그 바깥에서 맴도는 데서 상징적으로 나타나듯이, 일본은 어떤 산업화된 민주주의 국가와도 원만하게 지내지 못했다.[5]

그러나 1990년대 후반의 일본은 이전의 일본과 결별했다. 자민당의 헤게모니 상실, 새로운 선거 제도, 갑작스런 정당 체제의 변경, 그리고 금융·고용·제조업의 내부 구조 변화로 인해 나타난 갑작스런 이행은 모두 일본이 과거 40년간 따라온 경로로부터의 결별을 상징하는 것이 되었다. 일본이라는 나라가 다른 산업 민주주의 국가들과 점차 비슷해지고 있다고 생각하든 그렇지 않든 어떤 변화가 일어난 것만은 틀림없다.

---

5) 이에 해당하는 명백한 예외가 그 점을 잘 증명해 준다. 그다지 놀랄 만한 일은 아니지만, 수많은 일본과 미국에 대한 비교들은 대부분 차이점이 유사점보다 훨씬 더 뚜렷하다고 결론내린다. 1980년대 후반과 1990년대 초반의 음미할 만한 내용을 담은 연구들은 하나 혹은 그 이상의 비슷한 자본주의 민주주의들, 특히 독일과 일본을 비교하면서, 거의 다 일본을 여전히 '예외'로 간주하는 입장이다.

전후 일본은 두 가지 점에서 자본주의 비교 연구와 수렴의 잠재성에 관한 논의를 검토하는 데 적합한 사례가 된다. 그 하나는 일본의 정치 경제가 장기간의 내적 일관성을 유지해 왔으나 다른 민주주의 국가들과는 매우 다르게 조직되고 작동해 왔다는 점이다. 다른 하나는 일본이 20세기 말에 다다르면서 상당한 변화를 거쳤다는 점이다. 이런 관점에서 지금의 일본은 세 가지 차원에서 비교할 수 있다. 일본과 다른 민주주의 국가들과의 비교, 일본의 시기별 변화에 관한 비교, 그리고 일본이 다른 나라와 비슷하게 수렴할 것인가 아니면 예외적으로 남아 있을 것인가에 대한 비교이다.

일본적 차이

전체를 아우르는 두 가지 문제는 다른 산업화된 민주주의 국가들과 일본간의 현저한 차이를 반영한다. 하나는 정치적인 것이고, 다른 하나는 경제적인 것이다. 정치적인 차원에서 기본적인 문제는 지배 정당인 자민당의 지속성에 관한 것이다. 1948년부터 1993년까지 거의 모든 내각의 요직은 자민당의 의원이나 자민당을 이어받은 정당의 의원들이 차지했다. 자민당은 출범 이후 40년 동안 자민당 다음으로 큰 정당인 사회당에 비해 거의 두 배에 해당하는 의회 의석을 유지했다. 지역과 현에서는 보수당이 더욱 두드러졌다. 1989년 선거에 이르러서야 자민당은 참의원에서 다수당의 위치를 상실했다. 참의원보다 영향력이 있는 중의원에서 자민당은 그로부터 4년이나 더 도전받지 않은 채 다수당으로 있었다. 1948~1993년의 기간은 일본에 다른 어떠한 산업화된 민주주의보다 훨씬 오랜 기간의 보수적 선거의 지속과 보수 지배를 존속하게 했다.

비록 자민당이 정기적으로 거의 모든 선거에서 이겼지만 의심의 여지 없이 일본 시민층의 사랑을 받았던 것은 아니다. 여론 조사는 자민당이

1960년대에 대중 인기의 최고치를 기록했을 때조차도 지지율은 40퍼센트를 넘지 않았다는 점을 보여 준다. 그리고 1970년대 중반에 이르러서는 거의 25퍼센트까지 떨어졌다. 또한 자신들을 무당파라고 규정하는 시민들이 자민당 지지자의 수를 능가했다.[6] 모든 민주주의는 정부의 인기가 떨어지는 일들을 겪는다. 그러나 일본에서 그 수치는 놀랄 정도로 낮았고, 게다가 자민당이 압도적인 지지를 뚜렷하게 결여하고 있었는 데도 불구하고 집권에서 밀려나지 않은 채로 남았다.

자민당이 이타적인 정부의 명성을 향유했던 것은 아니다. 고위 정치층에 깊이 스며 있는 스캔들이 적어도 5, 6년에 한 번꼴로 터졌다. 그 중 몇 가지를 들어 본다면 쇼와 전공, 블랙 미스트, 록히드, 리쿠르트, 사가와 규빈 등이 있다. 일본의 시민들은 그런 사건들을 "정치란 늘 그렇듯이"라는 냉소적인 관용으로 받아들이지 않았다. 하나의 스캔들이 터지면 정당의 인기가 곤두박질쳤고, 대중 매체는 '금권 정치'의 종식을 외치며 일련의 공공 기구를 주도하여 개혁안들을 제안했다. 소위 이 문제의 전문가들은 그 때마다, "이번 사건이야말로 보수 지배의 종말을 상징하는 것이 되리라"[7]는 근시안적인 입장을 취했다.

1972년 사토 수상, 1974년 다나카 수상, 1979년 말 오히라 수상, 1993년 여름 미야자와 수상의 경우를 포함해서, 그럴 때마다 지지율은 겨우 십 퍼센트대나 한 자리 수로 추락했고, 수상의 지지율은 그가 이끄는 당의 지지율보다 더 떨어졌다.[8] 아마도 다른 민주주의 체제였다면 이 정도

---

6) Kobayashi Yoshiaki, *Sengo Nihon no senkyo*(Elections in postwar Japan)(Tokyo, Tokyo Daigaku Shuppan, 1991), Muramatsu Michio, Ito Mitsutoshi, and Tsujinaka Yutaka, *Nihon no seiji*(Japanese politics)(Tokyo, Yuhikaku, 1992), p. 126에서 재인용.

7) 일본 대중의 정당 지지에 대한 유용하고 상세한 조사에 관해서는 다음을 참조할 것. Miyake Ichiro, *Seito shiji no bunseki* (An analysis of Political party support)(Tokyo, Sobunsha, 1985).

8) 다음 글에 나타난 자료에 기초함. Yamakawa Katsumi, Mada Hiroshi, and Moriwaki Toshimasa, *Seijigaku deeta bukku*(Handbook of political science data)(Kyoto, Sorinsha, 1981) pp. 144~145.

수치일 경우, 비록 형식적인 짧은 기간일지라도 집권을 상실하고 야당으로서 고행의 길을 걸었을 것이다. 그러나 이러한 여론 조사가 세 차례 이루어지고 나서 전개된 선거에서도, 자민당은 중의원에서 55퍼센트, 49퍼센트, 57퍼센트의 의석을 얻었다.[9] 1993년에 가서야 비로소 자민당은 인기 하락으로 중의원에서 선거의 통제권을 상실하였으나, 이것도 대규모의 유권자가 반대표를 던졌기 때문이 아니라 자민당 내부에서 빠져나간 사람들로 인해서 일어난 것이다.

전후 거의 전 기간 동안 일본이 정교하게 제도화된 민주적 정치 과정을 거쳐 왔기 때문에 이 같은 보수의 지속성은 수수께끼이다. 즉, 흐름을 잘 읽는 독립적인 언론, 정보를 가지고 있는 유권자, 이념적으로 다양한 정당들간의 공개 경쟁, 많은 자율적 이익 집단, 비교적 자유롭고 경쟁적이며 활기가 넘치는 참여적인 선거가 이루어졌다. 사실상, 1960년대 중반에 행해진 민주주의 비교의 한 조사 연구는 대상으로 한 23개의 나라 가운데 일본을, 17위인 미국, 11위인 덴마크, 10위인 뉴질랜드보다 앞서는 7위에 두었다.[10]

일본의 민주주의적 제도가 정부를 강력히 견제하도록 헌법에 보장되어 있다면, 보수 진영이 집권한 40년 동안 적어도 한두 번은 잠깐이나마 집권의 위치에서 물러나도록 되었어야만 했을 것이다. 또한 비록 유권자들이 반란을 일으키지 않았다 하더라도, 자민당 내부의 차이들이 내적 분열을 초래하고 잠정적으로 권력에서 떨어져 나오도록 했어야만 했을 것이다. 따라서 여기서 제기되는 의문들은 비교적 단도 직입적이지만 매우 중요한 것이다. 이 기간 동안 어떻게 다른 모든 민주주의에서 진행되었던 것과 같은 일이 자주, 아니면 적어도 한 번이라도 일어나지 않고, 일본의 보수 지배자들이 권력에 그렇게 깊이 뿌리를 내린 채로 있을 수

---

9) 같은 책 p. 124에서 인용.

10) Deane E. Neubauer, "Some Conditions of Democracy," *American Political Science Review* 61, 4 (1967): 1007.

있었는가 하는 점이다. 자민당의 활약은 마치 고등학교 대표팀과 싸우는 올림픽 대표팀과 같았다. 자민당 지배의 강고함과 긴 기간은 어떤 것과도 비교하기 어렵다.[11]

그 밖의 다른 많은 양상들에서도 일본은 다른 민주 국가들과 다르다. 일본에서 보수측의 사회 경제적 기반은 대기업과 소기업, 그리고 조직화된 농업 동맹에 의존하였으며 그것은 전후 산업 사회의 어떤 나라들과도 비교가 안 된다. 그 반면에 다른 산업화된 민주주의에 비해 조직 노동 세력은 국가 정책 결정 과정에서 훨씬 체계적으로 소외되었다. 일본의 특징적인 선거 제도도 다른 나라와 비교하기 어렵다. 또한 정부의 관료제는 실제로는 예외적인 일련의 권력을 행사했지만, 일인당 국민 소득 대비로 본다면 산업 사회에서 가장 규모가 작다.[12] 경제 보호주의, 작은 정부, 점령기에 기반을 둔 사회 복지 프로그램, 그리고 미국과의 강력한 군사적 상호 결속에 대한 과도한 의존을 포함하는 일본의 공공 정책은 일본을 다른 산업 민주주의와는 구별되게 만든다. 간단히 말해서 일본은 정치적으로 쉽게 정형화하기 힘든 나라이다.

---

11) 이것이 자명한 것은 아니다. 결국, 스웨덴에서는 1932년부터 1976년까지 44년간 사회 민주당(the Social Democrats)이 집권했고, 이탈리아에서는 1945년부터 1980년까지 35년간 기독교 민주당(the Christian Democrats)이 총리직을 독점했으며, 벨기에에서는 1947년부터 1987년 사이에, 단 4년간을 제외하고는 PSC가 집권했다. 또한, 네덜란드에서는 KVP가 1946년부터 1977년 사이에 성립된 모든 정부에 참여하였다. 이 점에 관해서는 다음을 참조할 것. Kaare Strom, *Minority Government and Majority Rule* (Cambridge, Cambridge University Press, 1990), 부록 A. 그러나 이러한 모든 정당들도 적어도 한때는 연립 정권을 이루어 집권했지만, 일본 자민당(LDP)은 확실한 다수 의석을 확보했고, 1983년부터 1986년까지 자민당의 군소 분파에 해당하는 신자유 클럽(New Liberal Club)과 연합한 사소한 예외를 제외하고는 이 시기 전체에 걸쳐 사실상 내각을 완전히 장악했다. 이 문제에 관한 일반적인 관점은 다음을 참조할 것. Pempel, *Uncommon Democracies*.

12) OECD Report, *Public Management Development, Annex II* (Paris, OECD, 1991), p. 74. 이 자료는 1980년에 일본 노동력 중 단 8.8퍼센트만이 정부 고용직이었고, 다른 선진 민주 국가들의 15퍼센트에서 32퍼센트에 이르는 수치와는 대조적으로 1996년 무렵에는 그것도 7.9퍼센트로 줄어들었다는 것을 보여 준다.

두번째 문제는 경제적인 것이다. 왜 일본의 자본주의는 다른 산업화된 민주주의 국가의 자본주의에 비해 그렇게 성공적이었는가? 1952년에서 1990년까지 거의 40년간이나 일본은 어떻게 다른 OECD 국가의 거의 두 배에 달하는 GNP와 생산성 증가를 달성할 수가 있었는가? 일본은 1950년부터 1970년대 초반까지 11퍼센트라는 전례없는 성장률을 기록했다. 이처럼 도저히 부인할 수 없는 놀라운 기간에 대해서는 제2차 세계 대전기에 일본의 산업 역량에 의해 희생된 심각한 박탈, 노동력의 이행, 그 뒤를 이은 잉여 요구와 잠재적 생산 능력의 분출, 그리고 전반적인 세계 교역 확대라는 면에서 이해할 수가 있다. 무엇보다도 놀라운 것은 그 후 약 15년간의 일본의 업적이다.

1971년 안정 교환율의 브레턴우즈(Bretton Woods) 체제의 붕괴와 1973년의 세계 유가 폭등에 따라, 산업 민주주의 국가는 그 때까지 약 20년에 걸친 경제적 붐이 종식을 고하는 것을 지켜보았다. 그들은 저성장, 고인플레이션, 재정 적자, 실업, 스태그플레이션이라는 전혀 친숙하지 않은 혼돈 상태에 직면했다. 이념적인 속성이야 어떻든 이들 국가는 이미 집권 정부를 자리에서 물러나게 만드는 경제적 활력의 결핍과 '통치 능력의 결여'가 공론화되는 시기에 와 있었다.[13]

이와는 반대로 일본 경제는 단기간의 아주 힘든 적응 기간을 거쳐 곧 경제적 성공을 측정하는 거의 모든 지표에서, 비록 느린 속도였지만 다른 민주주의 체제들을 극적으로 앞지르는 자리를 차지했다.[14] 다시 한 번

---

13) Takashi Inoguchi, "The Political Economy of Conservative Resurgence under Recession: Public Policies and Political Support in Japan, 1977~1983," in Pempel, *Uncommon Democracies*, pp. 189~225.

14) 이 문제를 풀려는 다양한 노력들이 이루어져 왔다. 다음을 참조할 것. Gourevitch, *Politics in Hard Times*; David Cameron, "Social Democracy, Corporatism, Labor Quiescence, and the Representation of Economic Interest in Advanced Capitalist Countries," in John H. Goldthorpe, ed., *Order and Conflict in Contemporary Capitalism* (Cambridge, Cambridge University Press, 1984); Katzenstein, *Between Power and Plenty*.

다른 민주주의 국가 평균의 거의 두 배에 달하는 성장을 이루었고 저실업, 저인플레이션, 노동 생산성의 기하학적 증가, 엔화 강세, 성공적 교역, 고저축률, 무역 흑자 증가, 일인당 소득과 평균 생활 수준의 급속한 향상을 보여 주었다.

경제적 업적은 일본이 다른 나라와 전혀 다른 방정식에 근거하여 움직여 온 독특한 방법을 반영한다. 일본 기업의 노동과 경영간의 연계, 은행과 제조업간의 연계, 수출품과 수입품간의 교묘한 균형, 미국 시장에 대한 흔치 않은 수출 의존 등은 일본을 '보다 성공적인' 자본주의 이상으로 기능할 수 있게 만들었다. 일본은 범주적으로 완전히 다른 종류의 자본주의를 실시해 가고 있었던 것이다.[15]

이러한 두 가지 문제, 즉 보수 정치인들의 선거에서의 성공과 정부 업적에서의 성공, 그리고 일본 재계의 경제적 성공은 내적으로 상호 연관되어 있다. 앞으로 밝히겠지만, 그 두 가지는 자칭 '일본적'인 맥락에서만 이해하거나, '정치'와 '경제'의 문제들을 서로 격리시켜서 이해할 수는 없는 문제이다. 두 가지 문제는 결국 하나의 수수께끼이다. 일본의 경제를 이해하지 못하고 이 기간 동안의 일본 정치의 예외적인 특성을 이해할 수 없듯이, 일본의 경제를 정치와 분리하여 이해할 수 없다.

전체를 아우르는 이러한 두 가지 문제의 몇몇 구성 요소는 일본 정치경제에 있어서 확연한 예외주의를 훨씬 더 의미 심장하고 복잡하게 만든다. 가령 거의 40년간이나 보수 지배가 끊이지 않고 이루어졌는데, 일본

---

15) 다음을 참조할 것. Masahiko Aoki, *Information, Incentives and Bargaining in the Japanese Economy* (Cambridge, Cambridge University Press, 1988); "The Japanese Firm in Transition," in Kozo Yamamura and Yasukichi Yasuba, eds., *The Political Economy of Japan* (Stanford, Stanford University Press, 1987), 1: 263~288; Ronald P. Dore, *Flexible Rigidities* (Stanford, Stanford University Press, 1986); Murakami Yasusuke, *Han-koten no seiji keizaigaku* [An anticlassical analysis of political economy] (Tokyo, Chuo Koronsha, 1992). 다양한 자본주의의 일반적 문제에 관해서는 다음을 참조할 것. Colin Crouch and Wolfgang Streeck, eds., *Modern Capitalism or Modern Capitalisms?* (London, Francis Pinter, 1995).

의 사회 정책은 그야말로 '보수적' 체제인 다른 체제의 사회 정책들과
왜 같지 않은가? 일본은 '전통적' 보수 정치와 친재계, 반복지 정책들이
연계되는 예외적 요소를 많이 가지고 있다.

첫째, 대부분의 국가에서 낮은 실업률의 지속은 시장에서의 조직 노동
력의 꾸준한 효능성과 의회에서의 정치적 좌파의 지속적 강세와 고도로
상호 연관되어 있다.[16] 일본의 실업률 수준은 산업 민주주의에서 가장 낮
게 유지되어 왔다. 1950년대와 1960년대 초반, 세계적으로 급속한 성장,
값싼 에너지, 운송 비용 하락, 빨라진 통신, 그리고 그 외 다른 요소들도
가세하여 거의 모든 산업 민주주의에 저실업을 가져왔다. 1970년대 중반
실업률은 차츰 올라갔고, 1970년대 후반과 1980년대 초반에는 더욱 뛰
어올라 한때 노동 인구의 12~15퍼센트 또는 그 이상을 차지하는 경우도
있었다.

오직 다섯 나라만이 고란 서본(Goran Therborn)이 "완전 고용에 대
한 제도화된 신념"의 증거가 된다고 주장하는 예외에 속했다.[17] 이 가운
데 하나가 보수적 통치하에 있던 작은 나라 스위스로서 부분적이긴 했지
만 즉각적인 실업 대책이 행해졌다. 예컨대 스위스에서는 실업 문제를
'해결'하기 위해 외국인 노동자 일만 명에게 기차표를 주어 그들을 본국
으로 돌려 보냈다. 스웨덴, 노르웨이, 오스트리아 세 나라는 장기간 중도
좌파 정부가 집권하여 완전 고용, 광범위한 국유 산업, '고용인의 마지막
기댈 곳'으로서 기능한 거대한 공공 부문에 전념해 왔다.

---

16) Michael Shalev, "'The Social Democratic Model and Beyond: Two Generations of
Comparative Research on the Welfare State," *Comparative Social Research* 6 (1983):
315~351; David Cameron, "Expansion of the Public Economy: A Comparative Analysis,"
American Political Science Review 72, 4(1978): 1243~1261; Adam Przeworski and
Michael Wallerstein, "The Structure of Class Conflict in Democratic Societies," *American
Political Science Review* 76, 2(1982): 215~238.
17) Goran Therborn, *Why Some Peoples are More Unemployed Than Others* (London, Verso,
1986).

보수적 일본이 과감한 해고 조치를 전혀 하지 않고도 어떻게 다른 나라와 같이 낮은 실업률을 계속 유지했는가 하는 점은 일본을 이념적으로 눈에 띄게 벗어나는 국외자의 위치에 서게 만든다. 경제 거품이 붕괴되고, 재정 부문을 짓누르는 혼돈이 일어나고, 제조업 이윤이 하락하고, 많은 '곤란에 처한 산업들'이 등장한 1990년대 초반에도 일본은 일자리의 대규모 상실과 심각한 위축을 경험하지 않았다. 기업들은 이전의 경기 침체기에 취했던 약간의 인력 감축 조치를 따르는 것조차 노골적으로 저항했다.

물론 일본의 고용에 대한 신념이 공공 고용의 확장에 의존하여 충족된 것은 아니다. 1970년대 초기부터 1990년대에 이르기까지 거의 모든 국가들에서 새로운 일자리의 창출은 오히려 민간 부문에서 이루어졌다. 일본에서 실업이 지속적으로 낮았던 것은, 오스트레일리아와 스웨덴에서 취했던 것과 같이 '그다지 생산적이지 않지만' 정치적으로 계산된 공공 부문에서의 일자리 창출에 의해서가 아니라, 민간 부문의 '실제적'이고 '생산적'인 일자리의 유지 또는 확대의 결과이다.[18] 1990년대 중반 일본은 실업률의 상승(노동력에 신규 진입할 수 있는 일자리의 감소)을 약간 경험했고 그에 따라 국가의 '공동화'에 대한 우려가 높아 갔다. 그러나 그 때조차도 일본의 공식 실업률은 결코 4.2퍼센트를 넘어서지 않았다. 그 수치는 아무리 당시의 현실을 감안한다 하더라도, 그리고 일본의 기준으로 보아 높아지고 있는 것이라고는 해도, 미국, 영국, 캐나다와 같은 보수 경제의 노동 시장에서 '완전 고용'이라고 즐겁게 받아들이는 수치

---

18) 모든 노동자들이 실제로 '생산적'인가에 관한 문제는 경제적으로 더욱 혹독한 시기였던 1990년대 초에 활발하게 논의되었다. 노동성(Ministry of Labor)의 정책과 일본의 고용과 실업의 특징 사이의 관계에 대해서는 다음을 참조할 것. Ikuo Kume, "Institutionalizing the Active Labor Market Policy in Japan: A Comparative View," in Hyung-ki Kim, Michio Muramatsu, T. J. Pempel, and Kozo Yamamura, eds., *The Japanese Civil Service and Economic Development: Catalysts of Development* (Oxford, Oxford University Press, 1995), pp. 311~336.

에 비하면 여전히 숫자 몇 개가 적은 수준에 지나지 않았다. 따라서 전후 거의 대부분의 기간 동안 고용이라는 핵심 쟁점에서 일본은 '친재계, 반노동자'가 결합된 보수주의의 이미지로 연상되는 양상과는 전혀 다른 예외였다.

둘째, 일본의 광범위한 소득 평등성과 연관되는 예외성이다. 전후 일본의 거의 대부분의 기간 동안 일본은 극도로 평등주의적이었다.[19] 맬컴 소이어(Malcolm Sawyer)는 주요 10개국에서의 소득 평등에 관한 유명한 연구에서 일본을 세금 이전에는 두번째로 평등한 나라, 세금 이후에는 네번째로 평등한 나라라고 밝혔다.[20] 데이비드 카메론(David Cameron)은 1978~1982년의 기간 동안 OECD 18개국 가운데 일본이, 네덜란드, 벨기에에는 약간 뒤지고, 스웨덴에는 약간 앞서는 수준으로, 분배의 평등성의 면에서 세번째로 평등한 나라라고 평가했다. 연구 대상 국가들 가운데 일본은 특히 상위 11개국 중 1965년부터 1981년까지 한 번도 정부에 사회 민주당이나 노동당이 참여하지 않은 유일한 나라였다.[21] 이마다 다카토시는 다른 한 장기 추세 분석 연구에서 일본의 지니 계수가 1963년부터 1970년까지 평등성 면에서 극적인 향상을 기록했고, 1975년경에 약간의 반전을 보인 후, 1980년대에는 전체적으로 비교적 그 수준을 유지했다고 분석했다.[22]

이에 더하여 일본에서는 소득 최상위 20퍼센트와 최하위 20퍼센트간의 격차도 좁았는데 이는 세대간의 평등을 보여 주는 지표이기도 하다.

---

19) 증거에 의하면, 이러한 특질은 1980년대 말 지가의 '거품'(the land price 'bubble') 시기에 사라지기 시작했다고 한다. 이 시기에 부가 급증한 지주들과 집도 땅도 없는 사람들 사이의 격차가 나타나기 시작했다.

20) Malcolm Sawyer, *Income Distribution in OECD Countries* (Paris, OECD, 1976).

21) David R. Cameron, "Politics, Public Policy, and Distributional Inequality: A Comparative Analysis," in Ian Shapiro and Grant Becher, eds., *Power, Inequality and Democratic Politics* (Boulder, Westview, 1988), pp. 223~232.

22) Imada Takatoshi, *Shakai Kaiso to Seiji* [Social stratification and politics] (Tokyo, Tokyo Daigaku Shuppankai, 1990), p. 123.

마틴 브론펜브레너(Martin Bronfenbrenner)와 야스키치 야스바, 시드니 버바(Sidney Verba)와 그의 동료인 유타카 고사이, 요시타로 오기노, 존 프리만(John Freeman)은 다른 기간을 연구했지만 모두 유사한 결과를 제시했다.[23] 끝으로 야스스케 무라카미가 지적했듯이, 가장 하층 집단의 소득을 중요하게 고려하여 분배가 이루어진다는 점에서 일본의 평등은 더욱 놀랍다. 사실상, 일본의 빈곤층은 다른 산업 국가들의 빈곤층에 비하면 덜 가난하다. 간단히 말하면, 일본은 심각한 규모의 반영구적 기층민, 즉 실업의 상비군이 존재하지 않는다.[24] 일본의 자본주의는 경영진에게 호화 요트를 준다거나, 주주들에게 대규모의 회사 배당금을 지급하지도 않았지만, 노동자들의 대규모 해고와 감원을 시행하지도 않았다. 일본의 보수 정치는 북미나 서유럽에서와 같은 경제적 상쇄 효과를 창출하지 않았다.

일본의 '평등'은 구체성이 결여된 추상적인 소득 통계 수치만이 아니다. 교육, 영아 사망률, 범죄, 건강 혜택, 칼로리 섭취 등과 같은 다수의 다른 영역에서도 일본은 1950년대 이래로 놀라우리만큼 평등주의적이

23) Martin Bronfenbrenner and Yasukichi Yasuba, "Economic Welfare," in Yamamura and Yasuba, Political Economy of Japan, vol. 1; Sidney Verba et al., Elites and the Idea of Equality (Cambridge, Harvard University Press, 1987); Yutaka Kosai and Yoshitaro Ogino, The Contemporary Japanese Economy (Armonk, N. Y., M. E. Sharpe, 1984). 1975 년부터 1985년 사이에 보다 큰 평등을 향한 일부 방향 전환이 있었다고 말할 수도 있다. 다음을 참조할 것. Gendai Nihon no Kaiso-Kozo[Stratification in contemporary Japan], vols. 1~4(Tokyo, Tokyo Daigaku Shuppankai, 1990); 또한 다음도 참조할 것. Kenji Kosaka, ed., Social Stratification in Contemporary Japan (London, Kegan Paul International, 1994), pp. 35~36. John R. Freeman, Democracy and Markets: The Politics of Mixed Economies (Ithaca, Cornell University Press, 1989), pp. 140~146; 특히, 성장 곡선이 소득 평등과 반대 그래프를 그릴 때, 비교 관점에서 일본의 위치가 얼마나 극심하게 예외적으로 나타났는지에 관한 지표로는 그림 6을 참조할 것.

24) Yasusuke Murakami, "Toward a Socioinstitutional Explanation of Japan's Economic Performance," in Kozo Yamamura, ed., Policy and Trade Issues of the Japanese Economy: American and Japanese Perspectives (Seattle, University of Washington Press, 1982), p. 28.

었다. 일본에서의 일상 생활은 '보수적으로 통치되는' 다른 나라들에 비해 계급 면에서 훨씬 덜 분화되어 있다. 또한 자동차, 냉장고, 컬러 텔레비전, 전화, 심지어는 어린이용 컴퓨터 게임과 같은 자본재의 분배에 관한 수치도 평등주의적이다. 거의 90퍼센트의 일본 시민들이 자신들을 중산층이라고 생각한다는 데는 의심의 여지가 없다.[25]

산업 민주주의에 관한 대부분의 비교 연구는 소득의 평등 문제에 관해서는 일본이 보수적으로 통치되는 캐나다, 미국, 영국, 이탈리아보다는 사회 민주주의적인 스웨덴이나 노르웨이와 더 닮았다는 점을 보여 준다. 여기서 생기는 근본적인 의문은 정치적으로는 보수적인 일본이 왜 사회적으로는 평등주의적인가 하는 점이다.[26]

셋째, 노동 갈등과 관련되는 예외성이다. 일본은 누구나 인정하는 화합적인 노동-경영 관계로 널리 알려져 왔다. 사실상, 일본 연구가들은 그러한 속성을, '종신 고용', '연공 서열제'와 더불어 일본만의 '독특하며' '전통적인' 노동-경영 관계의 세 가지 감춰진 보물 중 하나라고 지적한다. 그러나 비교 관점에서 본다면, 이러한 화합적인 관계는 보수적으로 통치되는 나라들 가운데서 상대적으로 드문 예이다.

월터 코피(Walter Korpi)와 마이클 샬레브(Michael Shalev)가 밝혔듯이, 대부분의 고도 산업 국가에서 노동의 화합은 정부의 집행부에 있어서 중도 좌파적 정치 통치와 결합한 노동 조합의 힘에 의해 싹텄다. 노동의 정치적 강세가 노동과 경영 사이의 이익의 갈등을 공장의 영역에서

---

25) Yasusuke Murakami, "The Age of New Middle Mass Politics: The Case of Japan," *Journal of Japanese Studies* 8, 1(1982). 한편, 실제로 일본에는 계급간 경계선을 따라 중요한 사회적 분열이 무수히 존재하고 있으며, 사회적 유동성은 아버지의 직업과 자기 자신의 학별에 의해 영향을 받는다. 다음을 참조할 것. Imada, *Shakai kaiso to seiji*, 특히 pp. 102~116; 또한, Hiroshi Ishida, *Social Mobility in Contemporary Japan* (Stanford, Stanford University Press, 1993).

26) 정확성을 기하기 위해서는, 일본이 소득에 대해서는 비교적 평등 지향적이지만, 부에 대해서는 그렇지 않다는 점을 인식해야만 한다. 게다가, 1980년대 말에는 심지어 소득 평등조차도 사라졌다.

정치의 영역으로 이전시킨다. 비록 공장의 현장 차원에서 강력한 협상의 위치를 차지할 수 있는 경영자들이라도, 그렇게 해서 어떻게 해결이 이루어진다 해도 그것은 너무 '일방적'인 것이라고 비판하는 정치가들의 반대에 직면하게 되므로 노동자들을 함부로 착취할 수 없다. 그러므로 대체로 중도 우파의 승리와 노동 조합주의의 등장은 산업적 갈등을 줄이도록 이끈다. 공공 정책은 노동의 요구에 부응하고 구속받지 않아 온 경영의 정치력을 줄이는 쪽으로 이행한다.[27]

대부분의 유럽에서 노동이 조용했던 것의 배경과는 달리, 일본에서의 노동의 평화는 결코 노동이 정치적으로 일정한 문턱을 넘어선 결과가 아니다. 오히려 반대로 일본의 노동과 좌파의 힘이 점진적으로 그리고 굉장히 위축된 결과이다. 1950년대 거의 50퍼센트였던 일본의 노동 조합 조직률이 1990년대 중반에는 겨우 23퍼센트로 급감했다. 이러한 하락은 OECD 국가들의 패턴과는 다른 것이다. 노동 조합화 비율은 세계적으로 1950년에서부터 1960년대 후반과 1970년대 초반까지 일률적으로 증가했다. 젤 비서(Jelle Visser)가 지적했듯이, 1970년대 초반부터는 미국, 프랑스, 일본 세 나라만이 노동 조합률의 감소를 경험했다.[28] 일본의 노동 조합률과 과격성의 저하는 그것이 제도적인 권력을 어느 정도 획득해서가 아니고 국가에 의한 노동의 정치적 약화에 더 큰 이유가 있다.

따라서 확고 부동한 보수로서의 일본의 이미지는 몇 가지 경험적 의구심에 직면할 수밖에 없다. 실업, 소득 분배, 노동-경영 관계의 주요 영역에서, 국가의 정치 경제가 보수적 통치에 의해 이루어진 다른 국가들의 광범위한 정책 경험을 무시한다. 일본의 보수주의자들은 이미 받아들여

27) Walter Korpi and Michael Shalev, "Strikes, Power, and Politics in the Western Nations: 1900~1976," in Maurice Zeitlin, *Political Power and Social Theory* (Greenwich, Conn., JAI, 1980), 1: 301~334.

28) Jelle Visser, "The Strength of Union Movements in Advanced Capitalist Democracies," in Marino Regini, ed., *The Future of Labor Movements* (London, Sage, 1992), p. 13; Michael Shalev, "The Resurgence of Labor Quiescence," in ibid., pp. 102~132.

지고 있는 보수주의와 모순되는 듯한 경로를 따랐다. 일본의 정부나 경영자들은 미국의 로널드 레이건(Ronald Reagan)과 조지 부시(George Bush), 영국의 마거릿 대처(Margeret Thatcher)와 존 메이저(John Major)하에서의 보수 체제가 취한 전격적인 계급 타파 정책이나 독일의 헬무트 콜(Helmut Kohl)하에서 수행한 좀 더 온건한 적응 정책을 추진하지 않았다.[29]

일본의 많은 양상들은 신념을 가진 사회 민주주의, 자유주의자, 심지어는 온건한 자유주의자를 매우 놀라게 한다.[30] 여기서 주안점은 일본의 정치 경제를 칭찬하거나 비판하려는 것이 아니다. 오히려 보수적이라고 하는 정당이 오래 지배해 온 일본이라는 나라의 특성이 어떻게 그렇게 파격적인가를 지적하고자 하는 것이다. 일본의 행위는 국가간 비교 관점에서 보았을 때 기대되는 것에는 거의 들어맞지 않는다. 만일 일본의 경제가 한 가지 다른 양태의 자본주의를 제시한다면, 일본의 정치는 한 가지 다른 양태의 보수주의를 제시한다고 할 수 있다.

산업화된 민주주의의 연구가 비교 연구로서 의미 있게 이루어지려면, 일본의 정치 경제에 관한 이러한 기본적인 의문들을 아시아적 또는 일본적 '다른 유형', 잠정적이지만 결국은 전이적인 '후발 산업화'의 결과들, '유교 문화', 혹은 '유교주의적 연고주의' 그 이상의 것으로서 받아들여야 한다.[31] 이러한 요구는 단일 국가를 연구하는 전문가에게만큼이나 정

---

29) 이 문제에 관해서는 다음을 참조할 것. Joel Krieger, *Reagan, Thatcher and the Politics of Decline*(New York, Oxford University Press, 1986). 1980년대 일본, 영국, 미국의 보수 정치에 대한 비교 연구를 위해서는 다음을 참조할 것. Otake Hideo, *Jiyushugiteki Kaikaku no Jidai* [The period of liberal reforms](Tokyo, Chuo Koronsha, 1994).

30) 비판하기 쉬운 영역에는 성차별, 개체성에 반하는 구조를 지닌 교육 체계, 부족한 주택 · 공원 · 위락 시설, 방어망이 잘 구축된 조직 범죄 계급, 소비자보다는 생산자에게 편향된 경제, 그리고, 혜택을 '분배할(decomodify)' 국가 프로그램의 빈곤이 포함된다.

31) 다음을 참조할 것. Freeman, *Democracy and Markets*, p. 137 n. 1: "일본의 사례에 관한 자료들이 여기에 포함되어 있기는 하지만, 이것은 오직 설명을 위해서일 뿐이다. 나는 아시아의 환경에서 이 이론의 적용 가능성을 입증하기 위해 노력하지는 않을 것이다."

치 경제를 비교 차원에서 이해하려고 힘쓰는 일반 이론가들에게도 매우 중요하다.

일본의 정치 경제를 다른 산업화된 민주주의에서의 요소들과 정적인 비교를 하는 것만도 엄청난 문제이다. 그런데 그 어려움은 일본의 전후 정치 경제에서의 변화의 파동, 즉 다른 역동적인 사회에서 볼 수 있는 단순한 변이가 아닌 복잡한 유동성으로 인해 더욱 가중된다. 요컨대 1990년경 일본의 전반적 정치 경제는 1950년대, 1960년대, 혹은 1970년대와는 전면적으로 다르게 전개되어 왔다. 이러한 차이점들 역시 분석을 요구한다.

이행기의 일본

자민당은 장기 집권 기간 동안 다른 산업 민주주의에서 같았으면 수십 개의 정부를 밀어내었을 가능성이 있는 일정한 범위 내의 내적 · 외적 위기를 맞으며 존속해 왔다. 1950년대의 재계와 노동간의 지속적인 갈등, 1950년 초기와 1960년대에 미일 안전 보장을 둘러싼 들끓는 대중의 데모, 브레턴우즈 금융 체계의 종식, 미국 닉슨 대통령의 급작스런 대중국 정책의 반전, 1960년대 후반과 1970년대 초반의 환경 오염에 대한 강력한 시민의 저항, 두 번의 석유 파동과 그 뒤를 이은 세계적 인플레이션, 대규모 학생 운동, 1970년대 중반 지역 차원에서 좌익의 성공, 그리고 다른 여러 가지 문제들이 있었다.

일본의 경제도 마찬가지로 기본적 중력의 법칙을 계속 부정해 왔다. 일본의 경제는 일본인의 항시 지속성의 상징인 오뚝이 인형처럼, 아무리 끌어내리려 압력을 가해도 항상 매우 민첩하게 제자리를 찾았다. 극복해 온 외부 자극 가운데 가장 충격이 심했던 예를 꼽는다면 다음과 같은 것들이 있다. 제2차 세계 대전 이후 매우 열악해진 상황, GATT의 케네디,

도쿄, 우루과이 라운드 협상에 의한 관세와 쿼터의 급감, 1971년 브레턴
우즈 통화 체계의 붕괴, 1973년과 1979~1980년 두 차례의 석유 파동,
1970년대 초기 일본 엔화 가치가 두 배로 상승한 것이 일본의 수출 업자
들에게 미친 영향, 1985년 플라자 합의로부터 1990년 중반까지 엔화 가
치의 지속적 상승, 그에 잇달아 일어난 섬유, 철강, 자동차, 반도체, 다른
주요 수출에 있어서 교역과 관련된 위기와 그 결과들, 이전에 닫혀 있던
금융 부문이 1980년에 자유화된 것, 명백하게 반아시아적 교역에 초점을
맞춘 유럽 연합과 NAFTA의 형성, 그리고 일본의 경제적 성공을 저해할
수도 있는 외부적 상황에서의 일군의 다른 변화들이 있었다.

우선 거의 모든 산업화된 민주주의를 인플레이션, 스태그플레이션, 그
로 인한 다른 사회 경제적 결과들에 빠져 헤어나오지 못하게 했던 제1차
석유 파동을 생각해 보자. 그로부터 20년이나 지난 후에도 오스트리아,
벨기에, 스웨덴, 프랑스와 같은 나라들은 완전히 그 문제를 극복하지 못
했다. 그러나 일본에서는 제1차 석유 파동이 극심했지만 아주 단기간에
끝난 인플레이션을 한 차례 낳았을 뿐이다. 외무상인 후쿠다가 '광란의
물가'라고 이름 붙인 2년의 기간이 지나자, 물가가 안정되고 실업률이
다시 낮아졌으며, 성장률은 OECD 국가의 두 배에 달하는 수준으로 회
복되었다.

그러면 1971년에서 1991년 사이에 거의 세 배나 절상된 엔화의 가치
를 살펴보자. 신고전 경제학적 논리로는 생산성의 비약이 없는 한 일본
의 수출은 극도로 부진할 것이라고 예상되었다. 그러나 실제로는 생산성
과 수출은 계수상으로 보아 계속 확대되었고, 세계의 대부분의 나라들과
일본의 교역 균형은 오히려 더 좋아졌다.

간단히 정리하면, 일본의 정치 경제는 외부의 정치적 · 경제적 역풍을
맞아 쓰러지는 대신에, 호전적인 조건들에 직면하면 그 때마다 성공적으
로 적응해 갔다. 이러한 적응과 순응은 보수 체제의 장기 지속과 경제적
성공을 이끌었다. 거의 40년간이나 일본은 믿기 어려울 정도의 '창조적

인 보수주의'를 뚜렷이 보여 주었다.[32]

그러나 이러한 적응 능력은 한 가지 의문점을 불러일으킨다. 그 의문은, 다른 점을 분석하는 데는 매우 도움이 되어 일본을 설명하는 데 종종 활용되는 여러 가지 정적인 설명 모델들 중 그 어떤 것을 통해서도 이해할 수 없는 종류의 의문이다. 많은 모델들이 일본을 '발전 국가', '윗동이 잘린 각뿔대', '정형화된 다원주의', '관료적-내포적 다원주의', '상호 동의', '위기와 보상' 등의 관점에서 바라보았다.[33] 그러나 이러한 설명 모델들이 본질주의적이고 변이성이 없는 일본을 순간 포착하는 데는 유용하지만 일본에서의 뿌리깊고 지속적인 구조적 변화들을 해석할 수 있는 기반을 제공하지는 못한다.

일본도 다른 복잡한 정치 경제가 다 그렇듯이 항상 변화하고 있다. 그러나 1950년대 이래 오랜 기간 동안 일본에서의 변화는 그 저변에서의 지속성에 비하면 훨씬 덜 중요한 듯이 보였다. 변화가 있었지만 정적인 순간에 포착되는 저변의 구조적 관계를 바꾸는 데까지 이르지 못하고 그것들을 오히려 강화해 온 것처럼 보인다. 예컨대, 1970년대와 1980년대를 거치면서 대부분의 적응과 변화는 일본의 경제적 경쟁성과 선거시 자

---

32) T. J. Pempel, *Policy and Politics in Japan: Creative Conservatism* (Philadelphia, Temple University Press, 1982). 또한, "Japan's Creative Conservatism: Continuity under Challenge," in Francis G. Castles, ed., *The Comparative History of Public Policy* (Oxford, Polity, 1989) pp. 149~191.

33) Chalmers Johnson, *MITI and the Japanese Miracle: The Growth of Industrial Policy, 1925~1975* (Stanford, Stanford University Press, 1982); Karel van Wolferen, *The Enigma of Japanese Power* (New York, Knopf, 1989); Michio Muramatsu and Ellis Krauss, "The Conservative Party Line and the Development of Patterned Pluralism," in Yamamura and Yasuba, *Political Economy of Japan*, 1: 516~554; Inoguchi Takashi, *Nihon seiji keizai no kozu* [The structure of the political economy of contemporary Japan] (Tokyo, Toyo Keizai Shimbunsha, 1983); Richard J. Samuels, *The Business of the Japanese State: Energy Markets in Comparative and Historical Perspective* (Ithaca, Cornell University Press, 1987); Kent Calder, *Crisis and Compensation: Public Policy and Political Stability in Japan, 1949~1986* (Princeton, Princeton University Press, 1988).

민당의 호소력을 고양하기 위해 작동했다. 유연성은 오직 지속되는 보수 지배와 경제적 성공 체계의 아주 작은 일부에 지나지 않는 것이었다. 결국 일본에 있어서 가장 관심을 끈 것은 이런 지속성이었다.

그러나 1990년대에 들어서자 지속성에 초점을 맞추는 것이 설득력을 잃었다. 그 동안 일본의 정치 경제 체제에서 적응성이란 것이 그렇게 토착적인 것이었다면, 1990년대 초기에는 왜 성공적으로 적응하지 못했는가? 결과적으로 뿌리를 뒤흔들고 붕괴되고 만 경제적 거품을 만든 것은 무엇인가? 왜 지배 자민당은 분열되었는가? 왜 경제적 · 안보적으로 긴밀하고 차분하게 지속되어 온 일본과 미국 사이의 관계가 과감한 대결의 길로 치달았는가?[34] 간단히 말해, 이전에 그처럼 자명했던 월등한 적응 능력이 왜 갑자기 사라졌는가?

이 점에 대한 필자의 견해는, 일본의 초기 적응은 마치 몰아치는 질풍 앞에 휘는 대나무와 같은, 유연하지만 근본적 체계 변화는 일어나지 않게 하는 대응을 넘어서는 것이었다고 본다. 초기 적응은 오히려 일본의 정치 경제의 핵심 요소들에 상당한 변화를 초래했고, 이러한 변화는 결국 적극적 대응을 부추기도록 압력을 넣었다. 간단히 말하면, 자민당의 지배가 계속되고 고도 성장이 지속되며 미국과의 가까운 관계가 유지되는 데도 불구하고 일본의 정치 경제는, 특히 1970년대 중반부터 1980년대에 정치 경제의 핵심 요인들을 완전히 변모시켰고, 1990년대의 획기적인 변모가 일어나는 기반이 되도록 했던, 때에 따라서는 매우 극적이기도 한 일련의 변화 양상을 거쳤다. 다양한 경로에 따라서 다르게 진행되어 온 이러한 변화들은 1980년대 후반과 1990년대 초반 일본의 정치 경

---

34) 그래서, 1995년에 양 국가에서 행해진 일련의 여론 조사는 각국이 상대방을 "동맹국이나 협력자"로 보기보다는 "적이나 경쟁자"로 보게 되었다는 것을 보여 준다(미국에서는 76퍼센트 대 19퍼센트; 일본에서는 50퍼센트 대 40퍼센트). 첫 여론 조사는, Everett Carll Ladd and Karlyn H. Bowman, *Public Opinion in America and Japan: How We See Each Other*(Washington, D. C., American Enterprise Institute, 1996), p. 29에 나타난 바와 같이, 1995년 3월에 〈월스트리트저널〉과 〈니혼게이자이신문〉에 의해 이루어졌다.

제가 1950년대와 1960년대에 존재했던 모습과는 놀라우리만큼 달라졌다는 것을 의미한다. 한때 잘 맞아 돌아가던 기계의 부품들은 더 이상 순조롭게 움직이지 않았다.

물론, 이러한 모든 변화들은 경로 의존적이다. 결과적으로, 어떠한 반론에도 직면하지 않을 설명을 통해 변화와 지속성을 구분해 내는 것이 어렵지만, 과거와의 유사성들은 그대로 남아 있는 것들도 많다. 여러 일본 전문가들은 1990년대 후반에 일어난 변화가 근본적으로 계속되지는 않을 것으로 받아들인다. 이미 지적했듯이, 경제는 여전히 강세를 보이는 많은 영역을 가지고 있다. 경쟁적인 생산 라인과 기존의 시장을 보유하고 있는 수백 개는 아니더라도 수십 개의 제조 기업들, 광범위한 외환 보유, 기술을 갖춘 노동자군, 경험 많은 경영자들이 있다. 피할 수 없는 진동을 겪으면서도 일본의 정치 경제는 "다시 그 어느 때보다 더 강해질 것"이라는 주장도 있었다. 더욱이 정치적으로 자민당은 1994년 6월부터 1996년 가을까지는 연립 정권으로, 그리고 1996년 가을 선거 후에는 의회의 다수석을 차지하여 단독 소수 정권으로 복귀했다. 1997년 중반, 자민당은 중의원에서도 다수 의석을 차지했다. 그 결과, 많은 사람들은 실제로 변한 것이 거의 없다고까지 주장했다. 관료제는 총체적인 공격을 받았지만, 관료 기구들은 굴복하지 않았다. 미국과의 관계도 간헐적으로 잡음이 있었지만 안보 관계와 경제적 연계는 기본적으로 변함이 없었다. 보다 극단적인 표현에 의하면, 겉으로 드러나는 어떠한 변화라도 그것은 단순히 '표면적 차원'에서 끝날 뿐이거나, 피상적인 적응, 즉 일본을 다른 나라와는 구별짓는 혼네와는 상반되는, 오랫동안 지속되어 온 일본 고유의 내재적 독특성을 숨기면서 겉으로 드러내는 다타마에일 뿐이다.

이와는 전혀 다르게 해석하는 학파는 1990년대 이래로 일본이 겪는 변화가 일본을 '보다 정상적'으로 만들고 다른 산업화된 국가들과 서서히 가까워지게 한다는 입장이다. 세계 시장, 글로벌리제이션, 국제화, 규제 완화에 대응하여, 일본은 오랫동안 일본을 독특한 나라로 남겨 두었던 구조와 과정의 기저를 흔드는 복잡한 혼합 양상을 마지못해서 또는 열에 들떠서 경험하고 있다는 것이다.[35] 수렴이 아직 완결되지 않았다고 보는 이런 입장은 일본이 다른 자본주의적 민주주의와 점차 구분이 안 되는 방향으로 나아갈 것이라는 논지를 전개한다.

이 책에서는 이 두 가지 가운데 어떠한 시각을 택하지는 않는다. 그 대신 필자는 일본의 정치 경제가 1960년대에서 1990년대에 이르기까지 많은 기본적인 방식들, 즉 하나의 '체제 이행'을 구성하는 데 상응하는 상당히 중요한 방식에서 변화했다고 주장한다. 이와 동시에 이러한 이행은 지금도 일어나고 있어서 이 글을 쓰는 현재 분명한 윤곽과 제도화된 과정을 가진 새로운 평형점에 도달하지 않은 상태이다. 또한 과거와의 결별도 완결된 것은 아니어서 지속성의 끈이 1950년대 혹은 1960년대와 현재를 잇고 있다. 일본의 적응은 일본이 서구식 민주주의를 그저 모방하는 것에 그치지 않도록 하는 독특한 정치적·경제적 제도들을 통해서 걸러져 왔다.

이런 관점에서 필자는 다음과 같은 세 가지 범주에서 제기되는 질문에 초점을 맞추어 전후 일본의 정치 경제의 변화하는 특성을 풀어내 보고자 한다. 첫번째 질문은 산업화된 민주주의라는 큰 틀 내에서 일본의 정치 경제가 겉으로 드러내는 독특성과 관련된 광범위한 비교의 탐색이다. 일본은 어떻게 그처럼 놀랄 만큼 성공적 자본주의가 되었는가? 왜 그렇게도 확고하게 '사회 민주주의적'으로 보이는 '보수주의'인가? 두번째 질문은 일본의 연이은 적응과 관계된다. 어떻게 그리고 왜 이러한 적응이 취해졌는가? 왜 일본의 적응은 오랜 기간 보수 정치와 보기 드문 경제 성장의 지속을 가져왔는가? 세번째 질문은 일본의 정치 경제가 시간이 감에 따라 이룬 업적과 관련된다. 왜 일본은 1990년대 중반에 경제적으로 그처럼 미궁에 빠지고 정치적으로 그렇게 분열되었는가? 왜 일본의

---

35) 그러한 관점에서 바라본 대중적인 시각은 다음을 참조할 것. "The Compass Swings," *Economist*, July 13, 1996.

정치 경제가 과거와는 달리 새로운 상황에 그다지 성공적으로 적응하지 못했는가? 어떤 핵심적 변화가 1990년대 일본의 정치 경제를 1960년대의 정치 경제와 그렇게 다르게 만드는가? 그리고 이러한 변화들은 어떤 방향으로 전개될 것으로 예상되는가? 만일 일본이 어떤 다른 정치 경제의 모델에 가까이 가고 있는 것이라면 그것은 어떤 모델인가?

이 책의 주요 논점과 구성

1960년대의 일본의 정치 경제는 다른 산업화된 민주주의 국가들과는 몇 가지 점에서 달랐다. 그 가운데 가장 두드러진 것은 자민당의 장기 집권과 다른 나라와는 비교가 안 되는 경제적 성공이었다. 더 나아가서 일본의 보수 정치는 자유 방임주의와 고도의 시장 경쟁성과 양립하는 여타의 보수주의와 거의 닮지 않았다. 우선, 높은 수준의 중상주의는 외국의 직접 투자와 더불어 대부분의 제조업 상품과 소비재의 수입을 제한했다. 동시에 일본은 국제적으로 경쟁력을 지니는 수출품을 상당히 많이 생산해 냈다. 또한 일본의 보수주의는 훨씬 더 평등주의적이었다. 특히 1950년대와 1960년대의 일본 경제 정책은 전후 통틀어 다른 어떤 선진 산업화된 국가들에서 찾아볼 수 없을 정도로 전투적 노동 세력과 좌익을 한계화시켰다.

그 결과 일본 정치는 전전 일본 군대 조직의 부활을 부인하고 미국이나 몇몇 유럽 국가들과 같은 군비 지출을 거부한 것과 더불어, 서구 복지 국가의 지출에 해당하는 큰 규모의 정부 지출도 포기했다. 국가 성장에 대한 지지, 생활 수준의 향상, 소비주의에 대한 대중의 합의가 그 자리를 대신했다. 그렇다고 해서 1960년대의 일본의 정치 경제가 전혀 움직임이 없었다는 말은 아니다. 시간이 가면서 일본의 정치 경제는 외적·내적 도전에 신속하게 적응해 왔다. 먼저 일본의 기업들은 해외에 상당한 투자를 했다. 또한 국내 시장의 주요한 분야들이 자유화되었다. 그리고 조직화된 노동 세력이 전후 초기에 보여 주었던 혁신성을 상실하면서 보수 정치의 기반도 변모했다. 처음에는 농업과 소규모 기업에 주로 의존했던 자민당이 그런 경향에서 벗어나 차츰 선거시에 도시 유권자들, 사기업 부문의 노동 조합원, 화이트 칼라 샐러리맨층의 지지를 이끌어 내기 위해서 노력했다. 많은 규제 과정이 점차 정치화되어 가고 국내 경제가 전반적으로 잘못 운영되기 시작하면서 부패 스캔들이 터지고 정치적 기회주의가 만연했다. 1990년대에는 이 모두가 결합하여 자민당이 붕괴되도록 만들었으며 중의원 선거 제도를 바꾸고 나아가서 선거 제도 전체를 재조정하게 했다. 그 결과는 일본의 정치 경제의 혼합에 있어서 대규모의 이행이 일어난 것이다.

이 책의 주제는 일본의 전후 정치 경제를 비교 역사적 관점에서 이해해야 한다는 것이다. 체제라는 개념은 그러한 방식으로 일본을 이해하는 데 중요하다. 이 책은 크게 두 부분으로 이루어져 있다. 제1부는 1950년대와 1960년대의 일본을 비교 관점에서 분석했다. 제2부는 체제의 적응 역량과 체제의 이행에 주로 중점을 두었다. 우선 제1장에서 체제라는 개념을 검토했다. 체제란 상호 연관되어 강화하는 효과가 있는 세 가지 변수들로 구성되어 있다. 그 변수들이란 사회 경제적 연합, 정치 제도, 공공 정책의 특징적 양상이다. 제2차 세계 대전 이후 모든 산업 민주주의에서는 이 세 가지 요소가 상호 강화하면서 오랫동안 안정된 평형성을 가져왔다. 이런 상황에서 강력한 정치적 행위자가 체제의 기본 구성에 근본적 도전의 동기를 갖는다 해도 기껏해야 제한적일 뿐이다. 정치적 쟁투는 체제 전체의 존속을 전제하면서 대부분 그 안에서 발생하는 구체적 쟁점을 둘러싸고 벌어졌다. 이 책에서는 체제를 이루는 세 가지 요소가 어떻게 상호 작용을 하는가에 대한 분석을 1960년대 중반 이후 비교적 안정적 체제를 유지해 온 네 나라의 체제를 통해서 좀 더 발전시킨다. 조합주의적 스웨덴, 다원주의적 미국, 양당제적 의회제인 영국, 연합 정당 지배의 이탈리아가 이에 속한다.

제2장과 제3장에서 전후 초기 일본의 예외적인 특성을 점검하며 당시 일본의 정치와 경제가 어떻게 상호 작용하여 독특하고 안정적인 체제를 만들어 갔는가를 보여 준다. 이 두 장에서는 1960년대의 일본의 정치 경제가 기능해 온 과정, 확고한 보수 지배, 그리고 경제 성장을 분석한다. 제2장에서는 체제의 비판적 견해에 대한 개요를 살펴본다. 상호 보완적 방식으로 나타난 현상이지만, 첫째, 중상주의의 침투 정책, 둘째, 고도로 집중화된 정치 경제 제도, 셋째, 농업과 기업에 의존한 사회 경제적 연합이 두드러졌다. 반면, 많은 개별 기업에서 노동 조합이 힘을 얻기는 했지만, 조직화된 노동은 여전히 정치적으로 한계가 있었다. 이러한 결과 보수적 정치와 경제가 조화된 '선순환적(virturous cycle)' 결합에 의해 지탱되고 안정을 유지한 체제가 등장하였다.

이 같은 보수 체제의 등장은 명백하게 역사적이자 정치적 산물이었다. 제3장에서 그런 체제가 어떻게 그리고 왜 등장했는가를 상세하게 밝힌다. 간단히 정리해 보면, 일본이란 나라가 항상 독특했다고 생각하지는 않는다. 전전 일본의 변화 과정은 독일, 오스트리아, 이탈리아와 같은 후발 산업국, 심지어는 프랑스와 유사했다. 그러나 제2차 세계 대전에서 패했다는 것, 그리고 이들 다섯 나라 역시 그 무렵 정치 경제 제도가 급격히 재구성되었다는 점이 일본을 본질적으로 다른 속성을 지닌 나라로 남게 만들었다.

제3장에서는 보수 정치 지도자들이 그 체제를 제도화할 수 있게 한 정치적 우연성과 정책 선택을 검토한다. 일본의 보수주의자들을 오랫동안 서로 갈라 놓았던 다양한 제도적 · 정책적 불확실성이 가려지고, 적어도 표면적이나마 통합을 이루어 보수적 행위자들이 하나의 블록으로 결집하여 경제적 · 전략적 정책이 제도적으로 기능하게 된 바로 그 시점에 하나의 체제가 형성되었다. 이 장에서는 1960년대의 일본의 보수 체제가 역사적으로는 얼마나 우연적이며 다분히 정치적으로 생성된 것이었는가

를 분명하게 보여 준다.

　　제2부에서는 주로 안정으로부터 멀어지는 과정에 초점을 맞추었다. 어떠한 안정적 체제라도 핵심적인 문제는 변화를 포함한다. 어떤 특정한 변화는 지속적으로 일어나 현존하는 그 체제의 관계들을 대체로 강화하기도 한다. 그러나 어떤 변화는 매우 극적이어서 그 체제에 깔려 있는 특성의 본질적인 재구축이나 새로운 평형을 형성하게 한다. 제4장에서는 어떤 민주주의 체제가 작동하는 데 주어지는 한계점들과, 그것이 아무리 안정적이라 할지라도 모든 민주주의 체제 내에서 발생하는 계속되는 변화의 유형에는 어떤 것들이 있는지를 고찰했다. 여기서 필자는 임시적 적응과 '체제의 이행'을 초래하는 포괄적 변화를 구분하는 바탕을 제시하고 세 가지 상이한 차원의 변화를 구분하였다. 대부분의 국가에서는 지속적으로 '제1서열의 변화'가 진행된다. 이런 변화는 공공 정책이나 통치 연합의 지지 기반에서의 사소한 변화를 포함한다. 기존의 관계들은 이러한 매우 극적인 변화들을 어쩔 수 없이 수용할 수밖에 없다는 식으로 대응한다. 보다 더 중대하고 폭넓은 변화는 '제2서열의 변화'이다. 이 변화는 자주 발생하지는 않지만 체제의 유지에는 더 필사적이다. 그런 변화들은 주로 연합 조정과 중요한 공공 정책의 지대한 방향 조정을 함께 수반한다. 끝으로 '체제의 이행'을 포함하는 포괄적인 '제3서열의 변화'가 있다. 이 변화는 기존 체제에서의 이 세 가지 요소들 전체에 변모를 초래해서 끝내는 그 체제의 평형성을 종식시키고 새로운 평형의 지점으로 이행하도록 만든다. 이 책에서는 이러한 과정들이 스웨덴, 미국, 영국, 이탈리아의 경우에 어떻게 진행되었는가에 초점을 맞추고 1970년대 후반에서 1990년대에 걸쳐서 연대기적으로 탐구한다. 그리고 나서 이들 나라에서는 이유는 각기 다르지만, 제1장에서 정리한 체제의 기존 관계 양상으로부터 상당히 멀어져 가는 심대한 이행이 이루어졌음을 밝힌다.

　　제5장과 제6장은 다시 일본에 초점을 맞춘다. 제5장은 1980년대 후반과 1990년대 초반의 일본의 정치 경제를 1960년대의 정치 경제와 비교

한다. 여기서 그려지는 일본의 초상은 '중상주의의 침투'의 초기 체제에서 얼마나 많은 변화가 일어났는가를 보여 주고, 새로이 등장한 사회 경제적 구성과 제도적 배치를 점검한다.

제6장에서는 1990년대의 일본이 1960년대의 일본과 왜, 어떤 면에서 다른가를 설명한다. 이를 위해 주로 두 가지 문제에 관심을 두었다. 첫째, 대체로 1970년대 초반과 1980년대 중반에 보수주의자들이 직면한 체제 안정을 저해하는 여러 가지 도전들과, 둘째, 이러한 도전들에 맞서기 위한 사회 경제적·정책적 대응이다. 일본의 보수적 지도자들은 명목상으로는 변함없는 제도에 계속 자리잡고 있었고, 일본의 경제 제도들은 줄곧 고도로 경쟁적이었다. 그러나 이 둘은 사실상 계속해서 제1서열과 제2서열의 변화를 도모해 왔다고 생각한다. 가장 근본적인 변화로는 일본이 중상주의의 침투자에서 국제 투자자로 움직여 간 것이다. 이와 동시에 '수출업자' 체제를 지배해 온 보수 연합의 주요 행위자들이, '투자자' 체제에서 핵심 역할을 하는 집단으로 대치되어 가면서 그 체제의 정치적 기반이 이행한 것이다. 그러나 이러한 적응들이 선거시의 재편이나 일본의 장기 집권당인 자민당의 선거에서의 패배, 또는 일본 경제의 상승에 어떠한 심각한 저해를 가져오지 않은 채 이루어졌다. 여러 가지 심연의 변화가 있었음에도 불구하고, 그 체제 자체의 주요한 요소들은 손상되지 않은 채 남아 있었다. 실제로 바람직해 보였던 적응들은 대부분 회피되었다. 결국 전체적으로 지배 엘리트에 있어서나 경제적 업무 수행에 있어서 광범위한 변화가 두드러지게 눈에 띄었던 적은 그리 많지 않았다. 그러나 1970년대와 1980년대의 여러 가지 도전들에 대한 대응 그리고 그러한 대응의 잦은 실패가 보수 지배 체제 내에 일련의 구조적 균열이 발생하게 했다. 궁극적으로 이 같은 내적 갈등들을 적절히 감싸지 못한 결과 그것이 그 체제의 제도적 기반에 타격을 주었다. 1990년대를 특징지은 경제 거품의 붕괴, 다수의 경제 조직의 와해, 지조한 경제 성장 등이 원인이 되어 자민당이 분열되고 새로운 선거 제도가 도입되었으며

기존의 정당 제도의 분열과 재조직이 일어났다.

  결론에서는 체제들과 체제의 변모에 관한 주요한 학습 내용을 정리했다. 또한 필자의 관점에서 일본 체제가 새로운 평형점에 이르기까지 가장 가능성 있어 보이는 세 가지 시나리오를 제시했다.

제1부

여러 가지 체제들—
전후의 체제 안정성에 관한 다양한 접근 방법

제1장

정치 경제의 유형: 체제의 범위

　이 장에서는 체제(regime)에 대한 광범위한 두 가지 문제를 논의하고자 한다. 첫번째 문제는 대부분의 선진 산업 민주 정치 체제들이 1945년 이후부터 비교적 오랫동안 존속해 오는 동안에도 왜 별로 변한 점이 없는가 하는 것이다. 개각이라든지 일상적인 변화나 굴곡은 있었지만, 그 것들은 계속성과 일관성이라는 큰 틀에서 살펴보면 표면적인 수준의 변화에 불과했다. 그런 계속성을 어떻게 설명할 것인가?

　두번째 문제는 이와 관련된 것으로 왜 이들 나라가 그처럼 일관성 있게 서로 다른 경로를 추구해 왔을까? 왜 어떤 산업 민주 국가의 정부는 GNP의 50퍼센트 이상을 여러 분야의 포괄적인 공공 사업에 수십 년에 걸쳐 투자한 반면에, 어떤 나라는 매우 적게 투자하였는가? 왜 어떤 나라는 오랫동안 시민적 평온 상태를 누린 반면에 그 이웃 나라는 반복되는 분쟁에 휘말렸는가? 왜 어떤 나라는 강력하고도 원활한 행정부를 유지하고 있는 반면에 다른 나라는 분열되고 반동적이며 단절되고 수동적인 성격의 행정부를 지니고 있는가? 왜 대부분의 나라는 통상과 투자를 위한 개방 경제를 갖고 있는 반면에 다른 나라는 유별나게 외국의 침투에 저항하려 했는가? 하는 것이다.

또한 이 장에서는 세번째 문제 제기를 위한 토대를 마련하고자 한다. 그것은 수십 년간 비교적 일관성 있게 하나의 정치 경제 경로를 추구해 온 나라가 갑자기 새로운 방향으로 경로를 변경하게 되는 이유는 무엇인가 하는 것이다. 이 문제는 이 책의 제2부에서 다루기로 한다.

체제라는 개념은 이런 세 가지의 문제에 답하기 위해 가장 중요한 것이다. 먼저 이 개념을 추상적으로 살펴본 다음, 스웨덴, 미국, 영국, 이탈리아 등 네 나라의 체제가 지닌 기본적 성격을 개관하고자 한다. 이들 네 나라에 대한 개관을 통해서 이 장의 맨 앞에 제시하는 개념의 의미를 조명하고, 그것을 제2장과 제3장에서 살펴볼 일본에 대한 상세한 검토를 위한 이론 · 비교 연구를 위한 토대로 삼고자 한다.

체제의 본질

체제라는 용어는 한 민족 국가의 정치 경제의 중간 수준에서 이해할 수 있다. 체제란 '정치 시스템', '헌정 질서', 또는 '경제 시스템'이라는 용어보다 훨씬 덜 광범위하고 덜 포괄적인 개념이다. 동시에 체제의 성격은 보통 구체적인 행정부, 대통령직, 내각, 술탄, 또는 군사 정부 같은 것보다는 추상적인 개념이다. 그것은 특정 시기의 경제 정책, 예를 들어 적자 재정, 균형 예산, 또는 통화 완화 같은 용어보다는 훨씬 포괄적인 개념이다. 체제라는 개념은 '뉴딜 정책', '오스트레일리아의 백호주의', '드골주의', 또는 '스칸디나비아형 조합주의(corporatism)' 같은 용어가 나타내는 법적-조직적 특징의 중간 복합체를 지칭하는 개념이기도 하다. 모두가 개별 정부의 수준을 벗어나면서도 '민주 정치'나 '자본주의' 같은 개념과는 명확한 차이점을 지니는 중간 수준의 개념이다.

체제 개념에 대한 보다 구체적인 정의를 제시하기 전에 이 개념을 어떻게 사용하고자 하는가를 정리해 두려 한다.[1] 어구상으로 체제라는 개

넘은 간혹 비판적 내용을 지닌 것으로 사용되어 왔다. 그러나 여기서는 평가 중립적인 입장에서 이 용어를 사용하고자 한다. 체제를 좋다, 나쁘다의 차원에서가 아니라, 단순히 한 나라의 장기간의 정치 경제의 형태, 정합성, 일관성, 예측 가능성을 지칭하는 개념으로 사용한다.

체제는 세 가지 핵심적인 요소로 구성된다. 즉 사회 경제적 연합, 정치 경제 제도, 그리고 공공 정책 양상이다. 이 세 가지 요소는 서로 겹치기도 하고 상호 보완적이기도 하다. 이들은 마치 삼각대와 같아서 그 중 하나라도 없으면 쓰러진다. 이들은 복합적으로 상호 작용하며 나름대로의 내부적 논리를 발전시키거나 이에 호응하기도 한다. 많은 나라에서 이 세 가지 요소는 불안한 긴장 상태를 형성하고 있다. 연합체와 동맹체가 생겨났다가 사라지기도 하고, 새로운 제도가 태어났다가 순식간에 사라지기도 한다. 정책 방향도 바람처럼 순식간에 바뀐다. 그런 점에서 체제란 아주 낮은 수준의 항구적인 안정성을 갖거나 아니면 전혀 안정성을 갖지 못하는 것이다. 균형 상태를 지속적으로 유지하지 못한다는 것이다.

그러나 제2차 세계 대전 후의 산업 민주 국가들의 경우를 보면 세 가지 요소 하나하나가 그 자체로는 상당한 기간 동안 안정을 누려 왔고 일반적으로 서로 균형 관계를 지속해 왔다. 요컨대 제도, 사회 경제적 연합, 그리고 공공 정책 양상은 매우 일관성을 지닌 것이었다. 세 가지 요소 중의 하나가 나머지 두 요소와 적대적이기보다 상생적 관계를 형성하면서 상호 작용을 해 왔다.[2] 어떤 사회 경제적 집단은 장기적으로 연합을 발전시켜 왔고 어떤 연합은 매우 두드러진 정치적 영향력을 행사해 오기도 했다. 한편 그런 동안 주요 정치 경제적 제도에는 아무 변화도 없었고

---

1) Peter Calvert, ed., *The Process of Political Succession* (London, Macmillan, 1987); Stephanie Lawson, "Conceptual Issues on the Comparative Study of Regime Change and Democratization," *Comparative Politics* 25, 2(January 1993): 185.

2) Calvert: "레짐이란 보통, 권력이 동일한 사회 집단의 손아귀에 본질적으로 남아 있는 하나의 정부 혹은 일련의 정부에 부여되는 이름이다." *Process of Political Succession*, p. 18.

공공 정책의 기본 내용 역시 내부적으로 일관성을 지니면서 지속되어 왔다. 세 가지 요소의 혼합이 너무 견고해서 부분별로 나누어 요약하기조차 어려울 정도였다. 그런 경향이 축적되어 가장 강력한 정치 행위자들이 현존하는 정치 · 경제 게임에서 이탈할 가능성을 극소화시키고, 덜 강력한 행위자들 역시 그 규칙을 저지하거나 그것을 바꿀 힘을 갖지 못하도록 만들었다.

그리하여 기존의 공공 정책의 혼합체가 지배적인 사회 경제적 권력 기반만이 아니라 일련의 정치 제도를 유지 보강하는 역할도 할 수 있었다. 가령 스웨덴의 사회 민주당 정부는 노사 관계, 주택 정책, 사회 복지 등의 일정한 정책 프로그램을 집행하는 과정에서 최대 지지층인 노동 조합을 대폭 강화시키는 한편 사회 민주당 정부의 성공을 위해 필수적이었던 여러 조합주의적 협상 제도들을 보강하는 일도 추진했다.[3]

마거릿 대처의 경우 공공 소유 주택을 입주자들에게 매각하는 정책과 진보적인 이민 정책을 반대한 것이 노동당의 분열을 초래하면서, 자신의 사회 경제적 기반을 넓히고 보수당에 대해 편견을 가졌던 전국적인 정치 · 경제 제도를 보수당 선호 방향으로 돌릴 수 있었다.[4]

마찬가지로 어떤 정치 · 경제 제도를 활용하거나 때로는 재조직함으로써 사회 경제적 권력을 강화시킬 수도 있다. 예를 들어 미국의 공화당과 민주당은 오랫동안 뉴욕 주의 선거법을 조작함으로써 제3의 정당, 독립 정당, 또는 반대 정당의 후보자가 두 정당 후보에게 도전할 수 없도록 해 왔다. 독일의 은행가들이나 채권 소유자들도 반(反)인플레이션주의의 편견을 지닌 막강한 독일 연방 은행의 도움으로 자신들의 경제적 권한을

---

3) 이 점은 Gosta Esping-Andersen, *Politics against Markets* (Princeton, Princeton University Press, 1985)에 대단히 잘 드러나 있다. Esping-Andersen은 일당 통치하의 스웨덴에서, 어떻게 SAP가 사회 복지 정책을 통해 혜택을 보편화하고, 생산직 노동자와 사무직 노동자 사이의 연합을 이끌어 냄으로써, 자기 당의 선거 기반을 강화할 수 있었는지를 보여 준다.

4) Joel Kreiger, *Reagan, Thatcher and the Politics of Decline* (Oxford, Oxford University Press, 1986).

체계적으로 강화해 왔다. 역시 마찬가지로 프랑스의 관료들은 계획 경제에 대한 통제를 통해서 상당한 혜택을 누려 왔다. 조합주의 국가에서는 협상이 계속적으로 대기업이나 노조의 권한을 강화해 주었으며 국민 경제에서 널리 협동 정신을 재확립시키는 작용을 해 왔다.[5] 네덜란드에서는 제도화된 사회적 '기둥'과 종교적 배경을 가진 정당들이 정치 경제 체제에서 종교 단체들의 권한을 더욱 강화할 수 있도록 공공 정책을 수립하는 데 중요하게 작용해 왔다.[6]

이처럼 안정된 체제는 상호 보완하고 강화해 주는 세 가지 변수, 즉 지배적인 사회 경제적 연합 세력, 주요 정치 경제적 제도, 그리고 공공 정책 양상으로 구성된다. 보다 구체적으로 말해서 그런 체제가 지닌 특징은, 그 체제에 광범하고 일관성 있는 방향(즉, 공공 정책)으로 나라가 움직이고 있고, 그 움직임이 부여하는 권력을 행사하는 집단들이 있으며, 그런 집단들(즉, 사회 경제적 연합)은 권력 행사의 통로로서 규칙적으로 운영되는 정책 결정 조직(즉, 정치 경제 제도)을 활용하고 있다는 점이다.

체제의 세 가지 구성 요소는 '선순환'과 '긍정적 상승' 효과를 통해서 서로가 수시로 보완하고 지원한다.[7] 그 구성 요소의 구심점을 지속적으로 강화함으로써 보다 큰 예측 가능성과 안정성에 이르게 된다.[8] 반대로 세 가지의 변수가 불협화음의 긴장 관계에 빠지게 되면 부정적 시너지 현상이 나타나면서 하향 곡선을 그리게 된다. 그럴 경우 예측은 더욱 어

5) Peter J. Katzenstein, *Small States in World Markets: Industrial Policy in Europe* (Ithaca, Cornell University Press, 1985).

6) Goran Therborn, "'Pillarization' and 'Popular Movements': Two Variants of Welfare State Capitalism: The Netherlands and Sweden," in Francis G. Castles, ed., *Comparative History of Public Policy* (Oxford, Polity, 1989), pp. 192~241.

7) Fred Block, "Political Choice and the Multiple 'Logics' of Capital," *Theory and Society* 15 (1986): 182.

8) Francis G. Castles, *The Social Democratic Image of Society* (London, Routledge, 1978), pp. 118~131.

려워지고 균형 상태는 깨지게 된다. 그런 곡선 상태는 내부적 조절을 통해 시정되어야 하지만, 그것으로도 감당할 수 없을 경우 체제는 궁극적으로 붕괴되고 다른 질서에 의해 수립된 새로운 체제가 그것을 대체한다.

안정된 체제는 샷스나이더(E. E. Schattschneider)가 호칭한 대로 압도적인 '편견의 동원(mobilization of bias)'이라는 성격을 지닌다.[9] 프랑스의 규제학파(regulation school)가 말한 것과 같이 특정한 축적된 사회 구조의 성격도 갖고 있다.[10] 야마구치 야스시가 '정치 체제'라고 부르는 것이기도 하고,[11] 마이클 샬레브(Michael Shalev)가 말하는 정치 경제의 전체상(gestalt)이기도 하다.[12] 다시 말해 체제란 비교적 도전을 받지 않는 지배 양식이라는 점에서, 토마스 쿤(Thomas Kuhn)이 말한 지배적 패러다임(prevailing paradigm)[13]의 정치적 해당물로 간주할 수 있다.

---

9) E. E. Schattschneider, *The Semi-Sovereign People: A Realist View of Democracy in America* (New York, Rhinehart and Winston, 1960).

10) Bob Jessop, "Regulation Theories in Retrospect and Prospect," *Economy and Society* 19, 2(1990): 153~216.

11) Yamaguchi Yasushi, *Seiji taisei* [Political regimes] (Tokyo, Tokyo Daigaku Shupankai, 1989).

12) Michael Shalev, *Labor and the Political Economy of Israel* (Oxford, Oxford University Press, 1992), p. 333.

13) Thomas S. Kuhn, *The Structure of Scientific Revolutions* (Chicago, University of Chicago Press, 1962, 1970). 비슷한 용법으로는 다음을 참조할 것. Herbert Kitschelt, "Political Regime Change: Structure and Process-Driven Explanation?" *American Political Science Review* 86, 4(1992): 1028~1034; David Easton, *A Systems Analysis of Political Life* (New York, John Wiley, 1965), p. 193; Steven Elkin, "Pluralism in Its Place," in Roger Benjamin and Steven Elkin, *The Democratic State* (Lawrence, University Press of Kansas, 1985), p. 180.
여기에서의 용법 역시 국제 관계론 분야에서 지배적인 용법과 부합한다. 단일 국가 내의 정치, 경제, 사회적 기초에 있어 연속성과 불연속성을 보는 것이 나의 관심사이기 때문에, 크게 '국내' 혹은 '비교' 정치와 관련된다. 대조해 보면, 국제 관계에서 레짐이라는 개념은 아주 최근에야 적절하게 정의되어졌다. 이것은 무역, 금융 레짐, 환경, 안보와 같은 구체적 문제 영역을 다룰 때, 일단의 국가들이 공통적으로 받아들이는 공식적 합의, 기준, 관습, 제도, 그리

체제의 세 가지 주요 요소

산업 민주 국가들은 이 세 가지 변수 하나하나와 관련해서 광범하고 다양한 차이를 보이고 있다.

사회 경제적 부문

어느 체제이건 그 토대가 되는 것은 중요한 사회 경제적 부문 관계의 일정한 형태이다. 한 사회가 어떤 노선을 따라 얼마나 깊이 균열되어 있는가? 얼마나 다원적인 사회인가? 얼마나 동질적인가? 어떤 부문은 잘 조직화되고 있으며 어떤 부문은 그렇지 못한가? 어떤 집단들이 다른 어떤 집단을 상대로 어떠한 쟁점을 가지고 그리고 얼마나 영구적인 기반을 가지고 서로 동맹 관계를 형성하고 있는가? 궁극적으로 '우리'는 누구이고 '저들'은 누구인가?

균열의 노선은 매우 다양하게 구성되어 있지만 선진 민주 국가의 경우 대체로 서로 다르면서도 중첩되는 두 개의 차원을 들 수 있다. 첫번째 노선은 종교, 언어, 민속성, 인종, 감정, 혈연적 정서, 또는 부분적 균열 (segmental cleavages)[14]을 중심으로 한 균열이다. 두번째 노선은 경제

고 믿음의 특정한 집합을 의미한다. 그럼에도 불구하고, 이 용어를 사용하는 두 가지 경우 모두, 행동 양식의 규제화와 제도화 그리고 실행에 있어서 일관성에 대한 기대라는 기본 가정을 공유한다. 국제 관계 내에서 레짐의 본질에 대한 전통적 설명 중의 하나는 Stephen D. Krasner, *International Regimes*(Ithaca, Cornell University Press, 1983)에 나타난 것이다. 또 다음의 글을 참조할 것. Oran R. Young, "International Regimes: Toward a New Theory of Institutions," *World Politics* 39, 1(1986): 104~122.

14) '원시적(primordial)'이라는 용어는 Arendt Lijphart "Religious vs. Linguistic vs. Class Voting: The 'Crucial Experiment' of Comparing Belgium, Canada, South Africa, and Switzerland," *American Political Science Review* 73, 2(1979): 442~458에서 쓰인 용어이며,

와 물질적 이익을 둘러싸고 생기는 구체적 이해 관계를 바탕으로 한 균열이다.

한 나라의 정치 경제적 발전 경로가 오랜 역사적 동맹 관계에 의해 좌우되어 왔다는 것은 널리 알려진 사실이다. 가장 보편적인 예로 거센크론(Alexander Gershenkron)은 독일의 권위주의가 '철과 호밀(Iron and Rye)'의 동맹체, 즉 프러시아의 산업가들과 융커 지주들의 동맹체를 바탕으로 한 것이었다는 점을 지적했다.[15] 같은 맥락에서, 무어(Barrington Moore), 류슈마이어(Dietrich Rueschemeyer), 스테판스(Evelyne Stephens and John Stephens) 등도 이와 유사한 사회 경제적 연합 세력이 국가 세력과의 상호 작용 속에서 서로가 완전히 다른 유형의 체제를 형성할 수 있다는 점을 지적했다.[16] 로고스키(Ronald Rogowski)도 간략한 삼분 모델에 기초해서 지주, 노동, 자본이라는 세 가지의 상대적 위치와 그들이 형성하는 동맹체의 역사적 중요성을 설득력 있게 설명하고 있다.[17] 콜리어(Ruth Collier and David Collier)는 중남미 8개국에서 사회 경제적 동맹체에 노동 세력이 포함되는가 안 되는가에 따라 그 나라들의 정치적 변화에 차이가 나타났음을 지적했다.[18] 루버트(Gregory

---

"부분적 균열(segmental cleavages)"은 Scott C. Flannagan, "Models and Methods of Analysis," in Gabriel A. Almond et al., *Crisis, Choice and Change: Historical Studies of Political Development* (Boston, Little, Brown, 1973), pp. 43~102에 나온 것이다.

15) Gerschenkron, *Bread and Democracy in German* (Berkeley, University of California Press, 1943)

16) Barrington Moore, jr., *Social Origins of Dictatorship and Democracy* (Boston, Beacon, 1966); Dietrich Rueschgemeyer, Evelyne Huber Stephens, and John D. Dtephens, *Capitalist Development and Democracy* (Chicago, University of Chicage Press, 1922).

17) Ronald Rogowski, *Commerce and Coalitions: How Trade Affects Domestic Political Alignments* (Princeton, Princeton University Press, 1989). 그의 다음 글도 참조할 것. "Trade and the Variety of Democratic Institutions," *International Organization* 41, 2(1986): 203~223; "Political Cleavages and Changing Exposure to Trade," *American Political Science Review* 81, 4(1987): 1121~1137.

18) Ruth Berins Collier and David Collier, *Shaping the Political Arena* (Princeton, Princeton

76 제1부 여러 가지 체제들

Luebbert)는 제1차 세계 대전과 제2차 세계 대전 사이의 기간에 유럽에서 사회적 동맹체가 네 개의 주요 정치 경제 유형, 즉 자유주의, 조합주의, 파시즘, 권위주의의 등장을 설명하는 관건이 되고 있다고 주장했다.[19]

제2차 세계 대전 종료 직후 선진 민주 국가들 내의 노동자와 기업들은 서로 극단적인 차이점을 극복하고 산업 생산성을 높이는 데 협력해 왔다. 로고스키에 의하면 그럼에도 불구하고 "노사 동맹체는 농민들에게 관대한 종말의 혜택을 주면서 동시에 함께 국내 농업의 사멸을 지켜본 격이 되었다."[20] 그러나 이탈리아를 비롯한 여러 나라들과 어느 정도는 프랑스의 경우에도 노동 운동 내부의 분열 때문에 현실은 이런 단순한 묘사보다 훨씬 복잡했다. 노동 세력의 일부만이 기업과 협조적이었고 강력한 농업 부문의 압력이 노사간의 관계 설정에도 영향을 미쳤다. 특히 미국, 오스트레일리아, 뉴질랜드, 그리고 캐나다처럼 농토가 풍부한 나라들의 경우, 농업은 세계 시장에 있어서의 그들의 영향력 때문에 경제적으로 강력한 세력으로 잔존해 왔다. 그 결과 이들 나라에서는 농업과 기업의 동맹체가 등장했다. 그러나 이들 나라에서도 노사간의 협동은 동시에 존재한다.

그와 같은 경제적 균열이 매우 중요하지만, 언어, 민속, 종교적 차이 같은 비경제적 세력도, 현대에 와서 좀 약화되기는 했지만 많은 민주 체제의 정치를 좌우하는 주요 요소가 되어 왔다. 벨기에와 스위스에서의 언어적 차이, 독일, 네덜란드, 그리고 미국에 있어서의 종교적 차이, 핀란드의 문화적 · 언어적 차이들이 그 나라들의 정치적 균열을 형성하는

University Press, 1991).

19) Gregory M. Luebbert, *Liberalism, Fascism, or Social Democracy*(New York, Oxford University Press, 1991); Luebbet, "Social Foundations of Political Order in Interwar Europe," *World Politics* 39, 4(1987): 449~478.

20) Rogowski, *Commerce and Coalitions*, p. 99.

주요 요소가 되고 있다. 스위스 연방 협의회는 각각 다른 언어 집단을 대표하는 7인의 비례 대표로 구성되어 있고, 벨기에 헌법은 네덜란드어와 프랑스어를 사용하는 동수의 장관으로 내각을 구성할 것을 명문화하고 있으며, 뉴질랜드에서는 마오리 원주민에게 일정한 국회 의석 수를 배정하고 있다.

문화적 · 감정적 분열과 경제적 분열이 겹칠 경우, 사회 경제적 긴장 상태는 기하학적으로 늘어날 수 있다. 북아일랜드의 신교와 가톨릭간의 종교적 분열은 두 집단 사이의 경제적 기회나 극심한 신분의 차이를 더욱 악화시키는 결과가 되고 있다. 프랑스어를 사용하는 캐나다 국민들은 자신들이 경제적 희생양일 뿐 아니라 영어를 사용하는 국민들의 차별 대상이 되고 있다고 믿고 있다. 미국은 말할 것도 없고 영국, 프랑스, 그리고 이스라엘에서도 최근에 이민 온 비(非)백인들은 그 나라 경제에서 가장 저임금을 받고 가장 천한 일에 종사하고 있을 뿐 아니라 고도의 민족적 · 사회적 차별을 받고 있는 것이 사실이다.

위에서 지적한 분열보다는 덜하지만, '환경주의자', '여권 운동가', '시민 자유주의자', '탈물질주의자' 등과 같은 비경제적 요소를 바탕으로 한 것들의 중요성이 점차 증대할 것이다. 이 요소들은 시민들에게 가치 있고 구체적인 쟁점을 중심으로 정치적으로 타당한 주체 의식을 갖게 할 수 있다.

어느 나라든지 그 나라의 정치 경제의 장기적 구조와 방향은 그와 같은 사회 경제적 분열과 결집의 성격으로부터 영향을 받게 된다. 그렇지만 동맹체는 제도적 공백 상태에서 생겨나는 것은 아니다. 때론 기존과 다른 제도적 편성이 이루어져서 특이한 사회 경제적 우호 관계나 적대 관계를 증진시켜 줄 수 있는 가능성도 있는 것이다.

제도

제도란 서서히 확립되는 것이다. 그것은 쉽게 변하지 않고 어느 체제에서이든 체제가 형성되는 데 있어서 강력하게 작용하는 힘이다.[21] 마치 (James March)와 올슨(Johan Olsen)이 지적한 것처럼, "제도는 개개인의 이동 앞에서도 비교적 변하지 않고 개개인의 취향이나 기대 앞에서도 비교적 흔들리지 않는 조직으로서의 기제"이다.[22] 체제를 형성하는 중요 요소로 적어도 세 가지를 들 수 있다. 즉 정부 제도, 경제 제도, 그리고 정부·경제·사회를 연결시켜 주는 선거 제도, 이익 단체, 정당 체제, 경제 정책 네트워크 등이다.

정부 제도는 흔히 헌법적인 명령에 의해 구성되는데, 장기간의 전통에 의해 신성화되다시피하는 경우도 있고, 단기간의 정치적 이익을 위해 바꾸기 어렵도록 되어 있는 경우도 있다.[23] 구체적인 정부 기구들—공무

---

21) 필자는 '제도(institutions)' 라는 용어를 형식적 조직이라는 의미로 광범위하게 사용하고 있다. 이러한 관점에서 대부분의 정치학자들이 사용하는 것과 일치한다. 이는 또한 Oliver E. Williamson이 *The Economic Institutions of Capitalism* (New York, Free Press, 1985)에서 사용한 제도의 의미와도 부합한다. 여기서는 그 용어를 Douglass C. North가 *Institutions, Institutional Change and Economic Performance* (Cambridge, Cambridge University Press, 1990)에서 사용한 것과 같은 의미로 제도라는 용어를 사용한 것은 아니며, 오히려, 이 단어의 용법은 노스(North)가 '조직(organizations)' 이라고 부르는 것에 더 가깝다. 또한, 내가 쓰는 제도라는 용어는 제도를 "개인과 조직이 그들의 물질적 필수품(material subsistence)을 생산해 내고 시간과 공간을 조직하는 조직 초월적(supraorganizational) 인간의 행위 양식" 이라고 정의한 Roger Friedland와 Robert R. Alford의 개념과도 다르다. ("Bringing Society Back In: Symbols, Practices, and Institutional Contradictions," in Walter W. Powell and Paul J. DiMaggio, eds., *The New Institutionalism in Organizational Analysis* [Chicago, University of Chicago Press, 1991], p. 232).

22) James G. March and Johan P. Olsen, "The New Institutionalism: Organizational Factors in Political Life," *American Political Science Review* 78, 3(1984): 741.

23) 다음을 참조할 것. Peter Hall, *Governing the Economy: The Politics of State Intervention in Britain and France* (New York, Oxford University Press, 1986); James G. March and Johan P. Olsen, *Rediscovering Institutions* (New York, Free Press, 1989); Powell and DiMaggio, *New Institutionalism in Organizational Analysis*; Sven Steinmo, Kathleen

원, 법원, 의회, 내각, 군대, 경찰—과 그들간의 권력의 제한 규정은 근본적으로 한 국가의 정치 경제의 틀을 만든다.

산업 민주 국가에서 다양한 정치와 정부 제도를 찾아 볼 수 있는데 몇몇은 연방제이고 대부분은 연방제가 아니다. 대통령제인 나라는 소수이고 대부분은 의회(내각)제이다. 소수의 민주 체제에서 사법부와 법원은 고도의 자율성을 누리고 있지만 사법 제도가 철저한 통제를 받고 있는 나라도 있다. 더구나 민주 체제들 사이에서 그것들을 구별해 주는 중요한 특징의 하나는 그 나라의 개별 국가 기구들이 강력한 사회 집단으로부터 독립해서 혹은 그것에 대항해서 독자적으로 정책 프로그램을 개발하고 추구할 수단을 갖고 있는가의 여부이다.

산업 민주 국가 사이의 또 하나의 중요한 차별점은 체제의 제도적 혼합이 권력과 권위를 분산시키고 있는가 아니면 집중시키고 있는가이다. 제도들이 구심적 성격인가 원심적 성격인가? 그것들이 중심부를 향해 집중하고 있는가, 아니면 다수의 접근점으로 흩어지고 있는가? 제도가 통일적이고 분명한 국가 행동을 반영(또는 조성)하는 식으로 구성되었는가, 아니면 내부의 사회 · 경제적 다양성을 반영(또는 강화)하기 위한 것인가?[24]

한편에는 미국, 스위스, 벨기에같이 고도로 분화되어 있는 정부 제도를 가진 나라들이 있다. 그 중 미국은 아마도 가장 잘 분화되어 있으며 하나의 단일 권력 중심부가 생기는 것을 의식적으로 막기 위한 '견제와

Thelen, and Frank Longstreth, eds., *Structuring Politics: Historical Institutionalism in Comparative Analysis* (Cambridge, Cambridge University Press, 1992). 이상의 글들과 그 밖의 다른 글들에서 제기된 이슈들 중 몇 가지에 대해서는 다음의 글에서 잘 검토하고 있다. Thomas A. Koelble, "The New Institutionalism in Political Science and Sociology," *Comparative Politics* 27, 2(1995): 231~243.

24) 이러한 구분은 Arendt Lijphart가 *Democracies: Patterns of Majoritarian and Consensus Government in Twenty-one Countries* (New Haven, Yale University Press, 1984)에서 제시한 다수결제와 합의제 사이의 구분과 어느 정도 유사하다.

균형' 체제가 깊이 뿌리를 내린 나라이다. 미국, 스위스, 그리고 다른 여러 나라의 경우 영토를 기반으로 긴밀하게 제도화된 연방 제도가 정부 권력을 분산시키는 효과를 발휘하고 있다.

다른 한편에는 영국, 뉴질랜드, 스웨덴과 같은 중앙 집권화된 의회 제도가 있다. 영국과 뉴질랜드에는 의회의 권한을 제한시키는 명문화된 헌법이 없다. 따라서 의회는 실질적으로 어떤 법이라도 통과시킬 능력을 가지고 있다. 뉴질랜드에 대해 어떤 논평가가 말한 대로 "뉴질랜드 헌법의 중심 원리는 일상적인 입법 과정을 통해서 의회가 할 수 있는 일을 막을 수 있는 법적 제한이 없다"는 것이다.[25] 마찬가지로 어떤 학자는 영국을 가리켜 "선출제에 의거한 일종의 독재 제도"라고 날카롭게 비판했다.[26]

그런 두 가지의 양 극단 사이에 보다 흔한 것이 절충 체제이다. 오스트레일리아, 독일, 캐나다 등은 연방 제도인데 모두가 미국이나 스위스보다 응집력이 높다. 네덜란드나 덴마크처럼 중앙 집권적이면서 영국이나 뉴질랜드보다는 더 분산되어 있는 나라들도 있다. 이처럼 광범한 차이점들이 말해 주는 것은 민주 체제란 매우 다양한 형태로 구현될 수 있다는 점과 어떤 특정의 체제가 가장 좋은 표본이라고 말할 수 없다는 점이다.

민주 제도가 여러 모습을 지니는 것처럼 자본주의 역시 그렇다. 서로 다른 구조를 가진 기업체, 은행 제도, 무역 협회, 비공식적 기업망 등이 각기 다른 생산의 사회 체계를 만들어 서로 다른 형태의 자본주의를 구성하고 있다.[27] 개별 기업체나 각 부문의 규모, 범위, 자율성, 그리고 통

---

25) K. J. Scott, *The New Zealand Constitution* (Oxford, Clarendon Press, 1962), p. 39.

26) Philip Norton, *The British Polity* (New York, Longman, 1994), p. 199에 인용된 Anthony King.

27) 다음을 참조할 것. Michel Albert, *Capitalism vs. Capitalism* (New York, Four Walls Eight Windows, 1993) ; J. Rogers Hollingsworth, Philippe C. Schmitter, and Wolfgang Streeck, eds., *Governing Capitalist Economies : Performance and Control of Economic Sectors* (Oxford, Oxford University Press, 1994) ; Peter J. Katzenstein, ed., *Between Power*

합 수준도 완전히 서로 다르다. 또한 기업체나 각 부문들이 수평적 · 수직적으로 통합되는 정도 역시 서로 다르다. 나라마다 금융 제도와 자산분배에 대한 정부의 권한이 서로 다르고 대기업들 자체의 재정, 보험 · 연금 제도가 다르고 개개 회사와 국민 경제가 국제 경제와 결합되고 있는 양상 역시 서로 다르다. 복합적인 혼합을 이루고 있는 회사들, 느슨한 전략적 동맹체, 공식적인 기업 단체, 연합, 연계망, 재벌, 기업 그룹 등 각 나라들의 경제적 구도는 매우 다양한 양상을 보여 준다.[28]

뿐만 아니라 많은 나라에서 명목상은 그 나라의 회사이지만 실제로는 생산, 시장, 운영, 재정 면에서 다국적 기업에 속하는 회사들이 경제를 지배하고 있다. 그 결과 그런 나라의 경제와 주로 자국의 국경 내에서 자원, 고용, 자본, 시장을 확보하고 있는 회사들이 주축이 되고 있는 나라들 사이에는 큰 차이가 생긴다.

정부 제도와 마찬가지로 한 나라의 경제 구조는 응집력과 분산력에 따라 결정적인 차이를 드러낸다. 그 나라의 경제가 고도로 개인적이고 시장 중심적이며 중앙으로부터의 조정이나 제약을 받지 않는가, 아니면 단기적 시장 성향을 초월하여 광범위하게 중앙에 집중되어 조정을 받는가? 또한 집중성을 나타내는 경우에도 다양한 내용을 지닌다. 프랑스와 독일의 5대 기업의 경우 그 나라 GNP의 12퍼센트에 해당하는 판매액을 기록하고 있다. 이에 비해 미국과 일본의 경우는 그보다 훨씬 적은 7퍼센트이다.[29]

시장과의 상호 작용 양상도 나라마다 다르다.[30] OECD 회원 국가들은

---

and Plenty (Madison, University of Wisconsin Press, 1978); Katzenstein, *Small State in World Markets*.

28) Frans Stokman, N. Rolf Ziegler, and John Scott, eds., *Networks of Corporate Power: A Comparative Analysis of Ten Countries* (London, Polity Press, 1985)는 오직 유럽 내에서 변이의 범위에 대한 힌트를 제시한다.

29) 다음의 자료에 근거함. "The Global 500 Ranked Within Countries," *Fortune*, August 5, 1996, pp. 30~40.

서로 다른 형태의 공유권과 사유권의 혼합 관계를 유지하고 있고, 세수 형태 역시 다르며, 시장 경제에 대한 국가 개입을 위한 나름대로의 혼합 구조와 상이한 노동 시장 정책을 가지고 있다. 또한 경제 성장, 금융 공급, 인플레이션, 연구 개발, 실업, 국가 예산, 외국 직접 투자, 소기업과 농업 보호 정책, 기업 투자 등의 문제를 다루기 위한 막대한 수의 제도적 장치를 구비하고 있다.

그런 다양성 안에서 서로를 구별해 주는 가장 중요한 요소는 제도적 장치가 정치와 경제 영역을 분리시키고 있는가 아니면 그 둘을 결합하여 서로 협조하도록 하고 있는가 하는 점이다. 미국과 영국처럼 정부 기관의 규제 능력을 제한함으로써 자유 방임주의의 이념적 전통을 제도화해 온 나라도 있다. 그러나 프랑스와 일본, 독일에서는 각기 다르지만 정부-기업간의 유대가 규칙적이고 상호주의적이며, 긴밀하고 깊게 뿌리내리고 있다.

마지막으로 가장 중요한 것으로 정부와 시장의 중간 단계의 제도들을 들 수 있다. 그것은 이익 단체, 정당, 정당 체제, 선거 제도이다. 이 중간 단계의 제도들은 한 나라의 사회 경제적 성격과 균열, 그리고 그 나라의 정부 제도 사이에 매우 중요한 연계점을 제공해 주는 것들이다. 이것도 나라마다 다양하고 그 범위도 넓다. 한 극단에는 사회 집단이 정부의 허가, 감독, 통제 없이 자유롭게 형성되어 자금을 모을 수 있고 자신들이 선택한 활동에 종사할 수 있는 경우가 있는 반면에, 다른 극단에는 사회 집단들의 생존 여부가 정부 기관이 부여하는 지위, 기금, 감사 등에 의해 전적으로 좌우되는 경우가 있다. 전자의 극단에는 슈미터(Phillipe Schmitter)가 말하는 다원적 체제로서 다수의 "다층적 · 자원적 · 경쟁적 · 비위계 질서적이고 자기 결정적인" 사회 경제적 이익들이 있다. 후

---

30) 다음을 참조할 것. Charles S. Maier, *Changing Boundaries of the Political* (Cambridge, Cambridge University Press, 1987).

자의 극단에는 조합주의 체제로서 극소수의 대규모적인 이익 집단들이 "국가에 의해 인정되고 허가된 단일적 · 강요적 · 비경쟁적 · 위계 질서적이면서 기능적으로 분화된 범주들"로 조직화되는 경우가 놓인다.[31]

서로 다른 정당과 선거 제도가 지닌 차이의 범위와 대표성도 서로 다르다. 개개인 투표자가 갖는 비중과 범위, 의회 대표성을 위해 반드시 필요한 최저 한도 득표율 수준, 대정당의 수와 프로그램 성향, 정부 선택에 있어서 직선 · 간선, 국민 투표를 통해 유권자가 표현할 수 있는 능력 등 수많은 측면에서 체제마다 다양한 정당 · 선거 제도가 나타나고 있다. 이런 다양성 때문에 유권자들의 통제, 연립 가능성, 공공 정책의 수준에도 많은 차이가 나타나게 된다.

그러나 민주 체제에서 선거에 초점이 맞춰지는 데도 불구하고, "투표에 의해 계산되고, 자원에 의해 결정된다"라고 말한 로칸(Stein Rokkan)의 충고를 기억할 필요가 있다.[32] 막강한 선거 통제를 행사하는 체제하에서도 시민들의 투표란 정치 경제적 결과에 영향을 미치는 많은 사회 경제적 자원 중의 하나에 불과하다. 체제의 성격과 정부 기구를 장악한 사람들이 유권자층의 권력을 반영할 수 있는 정도는 매우 제한적이다. 다른 자원들, 특히 선거 정치와 무관한 것들이 체제의 성격에 보다 심오한 영향을 미칠 수 있는 것이다. 그런 자원들이 선명하게 나타나는 것이 체제를 구성하는 제3의 요소인 공공 정책의 양상 또는 패러다임인 것이다.

---

31) Philippe C. Schmitter, "Still the Century of Corporatism?" in Schmitter and Gerhard Lehmbruch, eds., *Trends toward Corporatist Intermediation* (Beverley Hills, Sage, 1979), pp. 13, 15. 조합주의와 다원주의에 대한 슈미터(Schmitter)의 개념화는 근본적으로 이익 단체들의 포괄성과 배타성에 기초하고 있다. 대조적으로, 카첸스타인(Peter Katzenstein)은 이러한 관점에서 시작했지만, 조합주의에 있어서, 노 · 사 조직들간 파트너십이라는 이데올로기의 중요성, 좀 더 일반적으로는 그가 '저전압(low voltage)'이라고 명명한 사회 집단들간에 이루어지는 일종의 정치의 중요성을 강조하고 있다.

32) *Makt og Motiv: Et Festskrift til Jens Arup Seip* (Oslo, Glydendal Norsk Forlag, 1975), p. 217. Christine Ingrebritsen의 이러한 언급에 대해 고맙게 생각한다.

공공 정책 패러다임

역사적으로 한 나라 공공 정책의 가장 중요한 특정 정책이나 모든 정책을 제어 또는 통제하려는 것이 정치적 경쟁의 중심 목표였다고 할 수 있다. 민주 체제에서는 그것이 선거 운동의 원동력이 되고 있으나, 선거 운동 자체에서는 전반적인 정책 목표를 내세워 위장하게 된다. 한 집단이 정부 기구를 장악하여 결정권을 갖게 되면 자신의 이익을 추구할 수 있고 지지자들의 이익도 충족시켜 주며 그것을 애타주의라고 부를 수 있다면 국가 이익도 증진시키게 된다. 그런 의미에서 공공 정책은 예로부터 정치 시스템의 고전적인 '산물'이라고 할 수 있다.

동시에 "정책을 통해 정치가 이루어진다." 많은 수의 정책들은 낡은 사회 집단들을 합법화시키고 강화해 주거나 새로운 집단을 조성하기도 하고 또 동맹체를 보강하거나 분열시키는 잠재적인 힘을 지니고 있다. 새로운 이익이란 사회에서 저절로 생겨나는 것이 아니고 명시적인 정치 제도화나 또는 공공 정책의 또 다른 변화를 통해 강화된 권력으로부터 나오는 것이다. 스카치폴(Theda Skocpol)은 주로 공공 정책이 형성된 후 어떤 이익 집단이 형성되거나 정치적으로 돌출되는 것을 설명했다. 예컨대 미국에서 남북 전쟁 참전자들을 위한 연금 제도를 도입하여 재향 군인 조직에 특혜를 주자 그 후 재향군인회가 등장하였다.[33] 로스타인(Bo Rothstein)은 스웨덴에서 실업자 기금을 기초로 겐트 제도(Ghent system)를 중심으로 한 공공 정책이 수립되면서 노동자들의 조합 형성이 급격히 늘어난 사실을 지적하고 있다.[34] 여러 차례에 걸쳐 실시된 이민자들에게 영향을 미친 사회 정책에 대한 통제가 이스라엘 히스타드룻

---

33) Theda Skocpol, *Protecting Soldiers and Mothers* (Cambridge, Harvard University Press, 1992).

34) Bo Rothstein, *The Social Democratic State: The Swedish Model and the Bureaucratic Problem of Social Reforms* (Pittsburgh, University of Pittsburgh Press, 1996).

(Israeli Histadrut)의 권력을 강화해 주는 결과가 되었다. 에스핑 앤더슨 (Gosta Esping-Andersen)은 스칸디나비아 민주 체제에 대한 연구에서 특정한 사회 정책의 도입으로 스웨덴 사회 민주당의 장기 집권이 가능했음을 설명하고, 덴마크에서는 같은 정책을 계속 추구하는 데 실패했기 때문에 사회 민주주의가 일찌감치 소멸되고 말았다고 주장했다.[35] 캐슬 (Francis Castles)도 스칸디나비아에서의 체제 안정과 정책 패러다임 사이의 연계성에 대해 이와 비슷한 결론을 내리고 있다.[36]

마찬가지로 구체적인 공공 정책은 완전히 다른 사회 집단들을 결합시킬 수도 있다. 보호주의 무역 정책과 해군력 증대를 위한 군비 증액이 비스마르크로 하여금 위에서 말한 '철과 호밀'의 전국적인 프러시아 연합의 결성을 가능케 해 주었다. 닉슨은 베트남전 정책을 차별 수정 조치 (affirmative action)에 반대하는 사람들과 연계시키면서 민주당원을 교란시켜 남부의 민주당 지지 세력을 분열시키는 데 이용했다.

요컨대 공공 정책은 한 체제를 구성하는 데 핵심적인 역할을 한다. 공공 정책의 적절한 혼합은 사회 경제적 연합 세력과 정치 제도를 결합시킬 수 있다. 시간이 지나면서 그런 공공 정책이 널리 수용되면 그것이 체제 자체의 특성을 형성한다.[37] 그리하여 어떤 체제에서는 '자유 시장'이 아무도 의문을 제기하지 않는 경제 정치의 출발점으로 작동할 수 있다. 다른 체제에서는 통화의 보호, 인플레이션의 방지, 따라잡기 경제 성장,

---

35) Esping-Andersen, *Politics against Markets*.

36) Castles, *Social Democratic Image of Society*.

37) 여기서 아이디어와 이데올로기의 독립적 역할을 논하는 것은 부적절하다. 예를 들면, 다음을 참조할 것. Kathryn Sikkink, *Ideas and Institutions: Developmentalism in Brazil and Argentina* (Ithaca, Cornell University Press, 1991) ; Judith Goldstein, Ideas, *Interests, and American Trade Policy* (Ithaca, Cornell University Press, 1993) ; Judith Goldstein and Robert Keohane, eds., *Ideas and Foreign Policy: Beliefs, Institutions and Political Change* (Ithaca, Cornell University Press, 1993). 또, 지식 공동체(epistemic communities)에 관한 엠마뉴엘 애들러(Emanuel Adler)의 글과 규범에 관해 카첸스타인이 집필 중인 저술도 참조할 것.

시민의 내재적 권리, 상호 결정주의, 또는 남녀 평등주의 등의 출발점을 이루기도 한다.

막스 베버가 지적한 대로, 어느 편이든 확고한 한 가지 가정을 토대로 한 정책들은 일종의 철도 기관사와 같은 역할을 하며 이익의 동태적 역학이 움직이는 행동 방향을 결정한다.[38] 이렇게 하여 철도가 운행되는 선로들은 정책 결정자들의 의사 소통의 전체적인 배경을 형성해 주기도 한다. 그런 정책들이 상당한 영향력을 갖는다는 것은 누구나 당연시하고 있고 그것을 정규적으로 재검토하려 하지도 않기 때문이다.[39] 그런 정책들은 결코 타협을 허용하지 않는 지위를 확보하고 있어서 뒤르켐이 말하는 '사회적 사실들'이 되며, 그람시가 이름 붙인 '헤게모닉적 계획(hegemonic projects)'이 된다. 즉 그것들은 한 민족 국가의 정책 행태에 있어서 포괄적이고 일관성 있는 주장 또는 편견이 됨으로써 신성한 진실이라는 확고한 지위를 확보하게 되고, 그 다음 세대의 정책 수립자들이나 시민들에 의해 도전 불가능한 가정으로 인정받게 되는 것이다.[40]

그처럼 광범위하고 거의 도전 불가능한 주장이 되는 공공 정책의 패러다임은 오스트레일리아의 보호 무역주의나 사회 복지라는 광범한 프로그램 속에서 찾아볼 수 있고, 독일의 공동 결정주의와 직업 훈련에서도 찾을 수 있으며, 노르웨이와 스웨덴의 사회 민주주의와 영국의 1967년까지의 스털링 파운드의 옹호 정책에서 역시 찾을 수 있고, 오스트리아의

---

38) Weber, "Social Psychology of the World's Religions," in H. H. Gerth and C. Wright Mills, eds., *From Max Weber: Essays in Sociology* (New York, Oxford University Press, 1958), p. 280.

39) Peter A. Hall, "Policy Paradigms, Social Learning, and the State: The Case of Economic Policymaking in Britain," *Comparative Politics* 25, 3(1993): 279.

40) Emile Durkheim, *The Rules of the Sociological Method*, tr. Sarah A. Solovay and John D. Mueller, ed. George E. G. Catlin(Chicago, University of Chicago Press, 1938), pp. 1061~1062. 또한 다음을 참조할 것. Chantal Mouffe, "Hegemony and Ideology in Gramsci," in Tony Bennett et al., eds., *Culture, Ideology and Social Process* (London, Open University, 1987), p. 223.

경우 사회적으로 지원했던 경제적 변모의 조절에서 발견된다. 다음 장에서 논의하겠지만 일본도 이 책에서 '중상주의의 침투(embedded mecantilism)'로 명명한 위에서 논의한 것과 유사한 공공 정책 패러다임을 추구했던 나라였다.

그러한 공공 정책의 혼합체를 축으로 한 특정한 입장은 한 나라 행위의 포괄적이고 제도화된 통로의 구실을 한다. 샷스나이더가 말한 대로 "정치가 어떤 식이어야 하는가를 결정한 사람이 나라도 다스리게 된다. 왜냐하면 대안의 정의는 갈등의 선택이며, 갈등의 선택이 권력을 분배하기 때문이다."[41]

공공 정책은 이처럼 어떤 체제에서나 이중적인 기능을 수행하게 된다. 단기적으로 정책들은 체제의 권력 구조를 구체적으로 보여 주는 기능을 하면서, 권력을 유지하거나 획득하는 데서 오는 구체적인 보상을 추산하는 역할을 한다. 그러나 장기적으로는 제도적 장치와 연합 동맹체들을 보강하고 공고화시켜서 그들에게 체계적이고 준영구적인 보상을 보장하는 기능을 하게 된다. 피터 홀(Peter Hall)의 말을 인용한다면, "정책의 형태가 처음에는 그 조직에 의해 지대한 영향을 받는 것처럼, 정책의 결과도 점진적으로 한 나라의 사회적 조직을 크게 변화시킬 수 있다."[42]

결국 정책이란 정치라는 회전 목마 위에 놓인 황금 반지와 같은 것이다. 그 반지를 먼저 집는 사람이 공짜로 목마를 탈 수 있고 반지를 많이 집을수록 공짜로 더 많이 탈 수 있는 것이다.

네 가지 체제의 유형

세 가지 변수가 합을 이루어 나타내는 변이의 범위는 매우 광범하다.

---

41) Schattschneider, *Semi-Sovereign People*, p. 66.
42) Hall, *Governing the Economy*, p. 267.

따라서 이론적으로 말해서 그 변수들은 무한수의 체제 가능성을 만들어낼 수 있다. 그러나 역사적으로 볼 때 변수들의 유형과 집단은 널리 퍼져있지만 그 결합은 한정적이었다. 이 절에서는 제2차 세계 대전 이후 3, 40년 동안에 고도의 안정성을 달성한 네 가지 체제 유형을 검토해 보고자 한다.

네 가지 체제 유형은 내용 면에서 서로 다르므로 다양한 체제 원형을 보여 준다. 동시에 일본의 체제를 가늠하는 데 유용한 다양한 비교 모형을 제공해 준다. 첫번째 유형은 스웨덴이다. 스웨덴은 작고 민족적으로 동질적이면서 조직화된 노조가 그 나라의 주요 사회 경제적 동맹체에서 주요한 위치를 차지하고 있는 경우이다. 전후의 스웨덴은 강력한 조합주의적 경제 구조를 창출하여 그것을 토대로 한 공공 정책 양상을 만들어 사회 민주주의와 강력한 복지 국가의 원형이 되었던 체제이다. 스웨덴의 공공 정책 양상은 다른 스칸디나비아 국가들뿐만 아니라 오스트리아와도 유사한 면이 있다.

두번째 유형은 미국이다. 미국은 고도의 제도적·사회적 다원주의를 특징으로 하는 나라이다. 미국에서는 매우 단편적인 정치 경제 제도와 사회 복지에 대한 극소주의 또는 사유화적 접근이 이루어지고 경제적 분할이나 구분을 가로지르는 종교·민속적 분열이 다른 어느 민주 체제보다 훨씬 일시적이고 덜 구체적이며 잠정적 성격의 사회 동맹체를 조성하는 작용을 하고 있다. 그러나 양당 중심의 선거 체제가 장기적이고 구조화된 동맹체를 형성하도록 유도하는 예외적인 측면도 지니고 있다. 전형적인 예로 전후 기간을 통해 영향력을 발휘하며 널리 퍼졌던 뉴딜(New Deal) 체제를 들 수 있다.

세번째 유형은 영국이다. 영국은 강력한 의회 체제를 지닌 나라이지만 스웨덴처럼 조합주의도 없고 인종적 동질성(특히 1960년대와 1970년대 이후)도 없다. 또한 영국은 뉴질랜드, 그보다는 약간 덜하지만 오스트레일리아나 캐나다와도 유사한 면을 지니고 있다. 역사적으로 미국과 유사한 양당 정치를 통해 계급 기반에 기초한 사회 경제적 균열이 우세하게 나타난 적도 있다. 그러나 전후 대부분의 기간 동안 영국의 공공 정책은 대체로 미국보다 훨씬 광범한 사회 복지 국가를 지원하는 내용을 주로 하는 것이었다. 전후 기간 동안의 영국의 주요 체제는 '집단주의(collectivism)'라고 부를 수 있는 체제였다.

마지막으로 이탈리아는 여러 면에서 일본과 가지런한 평행선을 이루는 경우이다. 이탈리아의 한 가지 두드러진 특징은 보수적 기민당의 장기 집권 현상과 일본처럼 농업과 기업을 합친 하나의 사회 경제적 동맹체의 형성이다. 그뿐만 아니라 이탈리아도 일본처럼 외교 정책 분야에서 좌우 세력간에 균열이 심하고 미국과의 파트너 관계를 바탕으로 전후 기간 동안 고도 경제 성장을 누릴 수 있도록 한 공공 정책 양상을 추구해 왔다는 공통점을 지니고 있다. 기민당 주도하의 이탈리아 체제는 이 책에서 다루고 있는 다른 어느 나라들보다 취약한 정치·경제 제도를 가졌다. 이탈리아의 근본적인 사회 경제적 동맹체는 미국을 제외하면 다른 어느 지역보다 종교와 밀착되어 있으며 공공 정책 내용 역시 세습적 또는 전통적인 요소와 정부의 전략적 배려가 다른 어느 체제보다 짙게 배어 있다. 그 점에서 이탈리아는 프랑스 제4공화국이나 바이마르 공화국을 방불케 했다. 그것은 정당 지배라는 개념으로 가장 잘 특징지어지는 체제였다.

아래에서 제시하려는 간단한 묘사들은 두 가지 목적을 가지고 있다. 제2차 세계 대전 후 자본주의와 민주 정치가 어울린 독특한 형태들의 원형적 양상을 도식적으로 개괄해 보려는 것이다. 이것은 여러 개의 대안적인 '자본주의적 민주 정치' 위에 겉옷을 입혀 보려는 시도라고도 할수 있다. 그것은 위에 언급한 세 가지 변수들이 각 나라 안에서 어떻게 상호 작용하여, 서로 본질적으로는 다른데도 다같이 안정된 체제를 유지할 수 있었는가를 이해할 수 있게 해 준다. 또한 다음 두 장에서 다루려는 일본 체제에 대해 보다 상세하게 설명할 수 있는 비교 사례를 제공해 준다.

조합주의적 스웨덴: 중간 좌파 헤게모니와 사회 복지 국가

조합주의 체제 아래서 정치 경제의 주요 정책 결정 단위는 서로 다른 경제적 기능을 가지면서도 고도의 응집력을 지닌 조직을 중심으로 형성된 사회 경제적 블록이다. 그 지도층은 블록 전체를 위해 공약을 내걸 수 있고 그의 추종자들이 그것을 인정하여 존중해 준다는 확신을 갖는다.[43] 그런 블록 사이에 상호 용인할 수 있는 결말에 대한 협상이 계속되고 정례화된다. 그 과정이 지속적으로 초계급·초이익적 협조의 정신을 재생시키는 작용을 한다.[44]

1930년대부터 1970년대까지, 스웨덴은 조합주의의 원형적 표본이었다. 스웨덴은 소수의 명확하고 상하 위계 질서가 있는 이익 단체를 지닌 국가의 특징을 나타냈다. 전형적으로 기업과 노동이 중심이 되었으나 그 외에 다른 중요한 사회적 이익도 그와 유사한 방식으로 조직되었다. 이런 조직적인 이익 단체들이 정책 개혁 노력에 대한 조사권을 가진 여러 개의 공식적 조사 위원회(utredning)에 체계적으로 참여하거나 그러한 정책 집행권을 가진 국가 기구의 이사회에 대표로 참여함으로써 정책 결정 과정에 정규적으로 영향을 미칠 수 있었다.[45] 그러한 제도적 장치 때

---

43) 이러한 측면에서, 이 블록들(blocs)은 Lijphart가 주요한 사회 경제적 영역들이 인종, 종교, 언어의 경계선을 따라 구분되는 합의제적 체계(consociational systems)라고 분류했던 것과는 다르다. Arendt Lijphart, *The Politics of Accommodation* (Berkeley: University of California Press, 1968); "Consociational Democracy," *World Politics* 21 (October 1968). 다음을 참조할 것. Kenneth D. McRae, ed., *Consociational Democracies: Political Accommodation in Segmented Societies* (Toronto, McClelland and Stewart, 1974).

44) Katzenstein, *Small States in World Markets*; Philippe C. Schmitter, "Still the Century of Corporatism?" and "Interest Intermediation and Regime Governability in Contemporary Western Europe and North America," in Schmitter and Lehmbruch, *Trends toward Corporatist Intermediation*.

문에 그러한 집단 대표들은 복잡하고도 상호 의존적인 정책망 속에서도 특권적인 지위를 누릴 수 있었다.

이 기간 동안 스웨덴의 이익 집단과 조합주의가 지녔던 중요성은 헤클로(Hugh Heclo)와 매센(Henrik Madsen)이 주장하는 의회의 기능 약화라는 형상으로 나타났으며 의회는 단지 행정부를 감독하거나 정책 제의를 주장하는 정도로 축소된 것이다. 오히려 의회의 역할은 주로 조사 위원회처럼 의회 아닌 다른 기구들이 주도해서 제의한 정책 건의를 승인하거나 부결하는 데 그쳤다.[46]

그럼에도 불구하고 정당은 정치 경합을 위한 주요 조직이었다. 1930년대부터 1990년대 초까지도 스웨덴의 정당 체제는 일관되게 같은 수의 정당으로 구성되었고 그 정당의 사회 경제적 기반이나 정강 정책, 그리고 정당이 얻는 비례 득표율도 큰 변함이 없었다. 의회 진출을 위한 최저 득표율을 5퍼센트로 높이 잡았기 때문에 새로운 정당들이 기존 정당의 지지층을 바꾸기 위해 도전한다는 것이 불가능할 정도였다.

스웨덴의 사민당 체제는 유명한 적색-녹색 동맹에 기반을 두었다. 1930년대에는 조직 노동 세력과 농민이 동맹체를 이루어 분열된 기업과 화이트 칼라 부문에 대항하고 있었다. 에스핑-앤더슨이 지적한 대로 그 동맹체는 초기에는 그다지 순조로운 것이 아니었다. 1932년에 처음 집권하였을 때 사민당은 확고한 다수 의석을 확보하지 못했다. 1933년 초 처음으로 케인스적 고용 프로그램을 추진하려 하자 비사회주의 정당들이 그것을 거부하였다.[47] 그러나 사민당은 민주주의를 위한 노동자와 농민

---

45) Jonas Pontusson, "Comparative Political Economy of Advanced States: Sweden and France," *Kapitalistate* 10(1983): 57.

46) Hugh Heclo and Henrik Madsen, *Policy and Politics in Sweden: Principled Pragmatism* (Philadelphia, Temple University Press, 1987), p. 11.

47) Gosta Esping-Andersen, "Single-Party Dominance in Sweden: The Saga of Social Democracy," in T. J. Pempel, ed., *Uncommon Democracies: The One Party Dominant Regimes* (Ithaca, Cornell University Press, 1990), p. 41.

의 공동 투쟁이라는 19세기적 유산을 내세웠고, 동시에 세계 무역 하락의 추세에 힘입어 두 부문간의 협조를 얻어낼 수 있었다. 그리하여 20년 동안 다양한 프로그램과 제도의 패키지를 구성하여 그 연합 세력을 유지할 수 있었다. 노동자들은 공공 부문에서의 일자리와 실직으로부터의 보호 대책을 얻었고 농민들은 정부의 보조금과 그들의 농작물에 대한 관세 보호라는 이득을 얻었다.[48]

사민당 체제는 적색-녹색 연합을 기반으로 선거와 의회 내에서 강세를 유지하면서 기업들과의 협상에 임했다. 사민당 체제는 의회에서 다수를 차지한 채, 노동자들의 목표보다 훨씬 적게 시장 협상이 이루어지면 국가가 개입 행동을 할 가능성을 내세워 효과적으로 기업을 위협할 수 있었다. 기업들은 1920년대에 그들이 했던 노동 단체에 대한 적대적인 태도에서 후퇴하지 않을 수 없었다. 오히려 협조적인 노사 관계의 잠재적 혜택을 인정하여 기업들은 1938년, 살스조바덴(Saltsjöbaden)에서 유명한 노사 관계 협정을 체결하는 데 도달했다. 그것은 스웨덴에서 50년 동안 협조적이고 평온한 노사 관계를 유지하게 만드는 토대를 구축한 중요한 협정이 되었다.[49] 그 동맹 관계는 스웨덴에서 이미 1970년 초에 전국 노동력의 68퍼센트가 노동 조합에 가입할 정도로 노동 조합의 팽창을 촉진하는 데 도움이 되었다.[50]

처음에는 농업 부문과의 동맹을 기반으로, 그 후에는 산업 그리고 사무직 근로자들을 흡수한 새로운 동맹으로의 재편을 통해서 스웨덴의 사민당은 세계에서 가장 성공적인 사회 민주당이 되었고 1932년부터 1976

---

48) Esping-Andersen, "Single-Party Dominance in Sweden," pp. 33~57.

49) Peter Swenson, "Bringing Capital Back In or Democracy Reconsidered," *World Politics* 43, 4(1991): 513~532에, 이러한 네트워크의 성립에 있어서 자본의 역할에 대해 한 가지 상반되는 초점이 드러난다.

50) Jelle Visser, "The Strength of Union Movements in Advanced Capital Democracies: Social and Organizational Variations," in Marino Regini, ed., *The Future of Labor Movements* (London, Sage, 1992), p. 19.

년까지 44년간 단독 정권의 위치를 지켰다.

좌파의 정치·경제적 권력 유지의 결과로, 스웨덴의 공공 정책 양상은 일관되게 보편주의적이고 포괄적이며 제도적 혜택을 기본 원리로 삼는 광범한 사회 복지 국가의 제도화와 발전을 추구하였다. 동시에 스웨덴의 사회 민주주의는 대기업과 사유 자본에 대해서도 매우 수용적이었다. 영국, 이탈리아, 프랑스 같은 명목상으로 훨씬 덜 사회주의적인 국가와는 대조적으로 스웨덴의 국유화 수준은 매우 낮았다. 1970년대 말 현재 업계의 87퍼센트가 사유화되어 있었다. 실질적인 법인세 수입도 역시 최소한의 것이었고 기업들의 이윤을 법인체에 대한 배당보다는 투자 쪽으로 돌리려는 수많은 시도가 이루어졌다. 정부도 R&D를 위한 막대한 규모의 법인 기금을 제공하기도 했다. 강력한 노동 조합이 있었음에도 불구하고 공장에서는 경영진이 상당한 자율성을 누렸다. 이것은 영국과는 매우 대조적이지만 일본과는 중요한 유사점이다.

스웨덴의 사회 민주주의는 과점과 독점의 실용주의적 권장을 저해하지도 않았다. 스웨덴의 산업은 다른 산업 민주 국가와 비교해 보아도 40퍼센트 정도가 더 집중되어 있을 정도로 대규모이고 집중적이다.[51] 자본 역시 집중되어 있다. 1970년 중반기에 전국 증권 소유자의 2퍼센트가 전체 주식의 3분의 2를 소유하고 있었다.[52] 1984년에도 스웨덴의 자본 시장은 거의 완벽하게 외국의 침투로부터 격리되어 있었고, 그로 인해 스웨덴의 기업과 금융들은 틈새 시장 수출의 국제 경쟁력을 강화하기 위한 정부의 국가 경제 계획에 적극 협력하게 되었다.[53]

---

51) Katzenstein, *Small States in World Markets*, pp. 113~115.

52) Joachim Israel, "Swedish Socialism and Big Business," *Acta Sociologica* 21, 4(1978): 346. 스웨덴의 사회 민주주의와 상업 사이의 보다 광범위한 연계에 관해서는, 다음의 글을 참조할 것. Swenson, "Bringing Capital Back In."

53) Andrew Martin은 이 문제를 간명하게 진술하고 있다. "자본주의 경제와 강력한 노조 운동의 병치로 인해, 그 나라는 자본과 노동 사이의 분배 갈등에 특히 취약하게 되었다. 그렇기 때문에 해외 수요가 위험에 처하지 않도록 그 위기를 관리하는 것을 대단히 중시한다."("Wages,

스웨덴의 대외 경쟁력의 관건은 국내에서의 조합주의적인 협상이었다. 기업과 노동 조합이 협조가 잘 되었다. 파업률도 세계에서 가장 낮은 편에 속했다. 스웨덴의 정책 양상 중에는 유명한 '임금 연대(wage solidarity)'도 포함되었다. 임금 인상에 대한 비교적 평등주의적이고 전국적인 수준의 합의 때문에 스웨덴은 가장 덜 능률적이고 국제적으로 비경쟁적인 기업에 대해서는 계속 저임금을 유지하도록 했으나, 반면에 보다 생산적이고 능률적인 기업에 대해서는 시장 임금보다 작은 액수의 묵시적인 보조금을 제공하도록 했다. 그리하여 스웨덴의 기업들은 공장을 현대화하고 연구 발전에 투자하고 생산을 합리화하고 보다 고도의 능률성과 세계 시장에서의 보다 높은 점유율 확보를 위한 노력을 계속할 수 있었다.

마지막으로 직업 재훈련, 경제 원조, 그리고 재이주 수당 등에 관한 국가적 정책이 시장에서 뒤지고 있는 기업들에 의해 해고된 노동자들의 개인적 적응을 수월하게 해 주었으며 시장 조건에 신속하게 적응하는 기업들은 국가로부터 거의 세금을 강요받지 않고 대규모의 이윤을 남길 수 있었다. 잘 적응하지 못하는 기업들은 재조직을 강요받았으나 그 노동 세력은 국가가 보증하는 혜택을 받도록 하거나 다른 직장으로 옮기거나 직업 재훈련을 받도록 하는 유인 조건을 제공하기도 했다.

사회 복지와 광범한 직장 재훈련 그리고 기업에 대한 경제 원조는 GNP 대비 비율로 보아 산업화된 나라 가운데 가장 높은 국가 재정 지출을 가져왔다. 가령 1968년의 GNP 대 국가 재정 비율은 68퍼센트였고 1976년에는 51.7퍼센트였다. 이것은 OECD 국가 평균보다 11퍼센트와 14퍼센트 높은 것이다.[54] 1960년과 1975년 사이에 공공 부문의 고용률은 몇 배로 증가했다.

Profits, and Investment in Sweden," in Leon N. Lindberg and Charles S. Maier, eds., *The Politics of Inflation and Economic Stagnation* (Washington, Brookings, 1985), p. 403).

54) OECD, *Historical Statistics: 1960~1986* (Paris, OECD, 1988), p. 64.

사민당 체제의 적극적이고 보강적인 성격에 대한 첫 도전은 1976년 선거에서 나타났다. 다른 모든 주요 산업 국가의 경우처럼 스웨덴도 1973~1974년의 석유 파동을 겪었다. 임금 비용이 급상승하고 공공 부문 고용이 급증하고 세율이 증가하면서 사회 민주당의 정책이 흔들리기 시작했다. 또한 보다 생산적인 사부문 노동자들의 희생 위에서 비생산적이고 수적으로 증가한 공공 부문의 근로자를 보상해 주려는 임금 연대를 놓고 분열이 생겼다. 그러는 동안 사민당이 다른 산업 국가들에 비해 훨씬 더 성공적으로 완전 고용책을 유지했지만,[55] 노동 조합이 스웬슨(Peter Swenson)이 3중고라고 분석한 공정 임금 차이, 고액 임금, 그리고 완전 고용 사이의 갈등에 직면하면서 사회 민주당 지지층 내부에 경제적 알력 상태가 나타나게 되었다.[56]

뿐만 아니라 핵발전 문제와 집단 임금 노동자 투자 기금 문제가 그 이전의 사민당의 내적 결속의 성격을 흔들어 놓는 결과를 가져왔다. 그 결과로 선거를 통해 소위 부르주아 연합 세력이 그 이전의 노동자-농업 연합 세력을 대치하게 되었다. '스웨덴적 길'이 지녔던 원천적인 안정성의 하나의 실증으로서 이 새로운 연합 세력이 존속했던 6년 동안에도 과거에 존재했던 제도나 정책 아젠다는 대체로 그대로 주도적인 위치를 유지했다. 이미 잘 확립된 사회 복지 국가나 그 정책을 해체시키려는 시도는 전혀 없었다. 오히려 비사회주의적 정부들은 쇠퇴하는 산업들에게 국가 보조금을 지급하였다. 명색이 시장 지향적이라고 자처한 정부로서는 도저히 할 수 없는 행태였다고 할 수 있다. 사회 민주당 체제가 실시해 온

---

55) 다음을 참조할 것. Goran Therborn, *Why Some Peoples Are More Unemployed Than Others* (London, Verso, 1986); David Cameron, "Social Democracy, Corporatism, Labor Quiescence and the Representation of Economic Interest in Advanced Capitalist Society," in John Goldthorpe, ed., *Order and Conflict in Contemporary Capitalism* (Cambridge, Cambridge University Press, 1984), pp. 143~178.

56) Peter Swenson, *Fair Shares : Unions, Pay, and Politics in Sweden and West Germany* (Ithaca, Cornell University Press, 1989).

공공 정책의 대부분을 부르주아 정부가 계속 답습하였는데 이것은 정부의 교체에도 불구하고 심각한 체제 이행은 나타나지 않았음을 시사하는 것이다.

역설적으로 1982년 사회 민주당이 다시 정권을 장악하였을 때 그 체제는 크로네(스웨덴 화폐)를 15퍼센트 평가 절하하는 것으로 시작함으로써 스웨덴 수출을 크게 늘리는 데 기여했다. 또한 그 체제는 사양 산업인 방직 산업에 대한 보조금을 대폭 삭감하고 말모(Malmo)와 우데발라(Uddevala)에 있던 조선소와 키루나(Kiruna)에 있던 국유 광산을 폐쇄시키기도 했다.[57]

조합주의적 체제는 1976년의 선거 이행에도 불구하고 대체로 안정을 유지하였다. 부르주아 연합 세력도 사회 복지 정책을 그대로 답습하였고 그 후 정권으로 다시 복귀한 사민당은 기업들과 경제를 위해 대대적인 지원을 제공하였다. 전반적으로 볼 때 스웨덴의 체제는 강력한 중간 좌파의 정치적 통제를 기업들과 노동층간의 조합주의적인 협상과 혼합시킴으로써 다이내믹한 경제와 광범위한 사회 복지 체제를 조성할 수 있었던 것이다. 그 체제는 기업에게도 좋고, 노동층에게도 좋으며, 사회 민주당원들에게도 절대로 나쁘지 않은 포지티브섬(positive-sum) 관계의 특징을 지녔던 것이다.

미국: 사회 경제적 다원주의와 뉴딜 체제

이와 같은 기간 동안 미국의 주요 체제의 성격은 스웨덴의 것과는 정반대되는 것이었다.

그것은 또한 유럽 대륙의 대부분의 체제나 일본의 체제와도 다른 것이었다. 사회적으로나 제도적으로나 미국은 다원주의의 한 원형을 이루는

---

57) Heclo and Madsen, *Policy and Politics In Sweden*, pp. 72~73.

것이었다. 광범위한 중앙 정부의 견제와 균형 체제와 연방제가 합쳐서 미국 정치가 일관성 있게 포괄적이고 신속한 결정을 내리는 것을 저해하는 작용을 해 왔다. 그러나 미국은 심각하게 조합주의를 수용하려고 한 적이 없다.[58] 다중적 이익 조직 단체들이 의미 있는 최정상급의 연합체에 합치는 경우도 없다. 기업 단체나 노동 단체의 구성원들도 상부의 결정에 구속을 받지 않는다.

오히려 미국의 전국적 수준의 정치는 다층·다원적이며 견고하고 때로는 상호 모순되며 기능적이자 실질적 권력을 가진 부문들이 지배하고 있다.[59] 이 권력 구조는 '철의 삼각 지대'라고 부를 수 있는 세 개의 강력한 집단들의 연합체로 나타나고 있다. 즉 하나는 여러 개의 이익 단체와 국회 상임 위원회, 행정 부처간에 준영구적이면서도 일상적인 입법 과정, 법원, 그리고 행정부 활동을 통해 형성된 주기적으로 이행하는 동맹체가 그것이다.

한편, 주 정부, 시, 지방 공동체는 비교적 고도의 기금과 정책 자율성을 누리고 있다. 앨라배마와 아칸소 주의 사회 복지와 미네소타나 미시간 주의 사회 복지는 차이가 많다. 필라델피아, 투산, 또는 탤러해시의 노동 시장 정책도 역시 서로 다르다. 같은 뉴욕 시내에서도 브롱크스와 스테이튼 아일랜드 구역의 위생, 제설 작업, 교육 행정 등이 서로 다르다.

오랜 동안 두 개의 포괄 정당(catch-all-party)으로 구성된 이원적 독점 세력이 전 미국 정치의 선거를 지배해 왔다. 55차 의회(1897~1899) 이

---

58) 다음을 참조할 것. Robert H. Salisbury, "Why No Corporatism in America?" in Schmitter and Lehmbruch, *Trends toward Corporatist Intermediation*, pp. 213~230. Graham Wilson, "Why is There No Corporatism in the U. S.?" in Gerhard Lehmbruch and Philippe C. Schmitter, *Patterns of Corporatist Policy-Making* (Beverley Hills, Sage, 1982) ; Theodore Lowi, *The End of Liberalism* (New York, Norton, 1969).

59) Lowi, *The End of Liberalism ; Grant McConnell, Private Power and American Democracy* (New York, Knopf, 1966).

래로 제3의 정당이 의회에서 전체 의석의 10퍼센트를 차지한 적이 없고, 1939년에서 1996년 사이에 제3의 정당 후보가 1퍼센트 이상을 득표한 적이 없다. 1852년 피어스(Franklin Pierce)가 선출된 이후로 민주당이나 공화당이 대통령직을 차지하였고, 1864년에서 1996년 사이에 있었던 34회의 선거를 통해서 제3당이나 무소속 후보가 어느 한 주에서나마 승리한 경우는 여섯 번에 불과했다.[60]

동시에 과도한 수의 이익 단체와 민족 또는 종교 단체들이 미국 정치에서 스웨덴이나 다른 조합주의적 체제에서 볼 수 있는 사회적 블록의 응집력과 정당과 사회 경제적 블록 사이의 긴밀한 융합을 불가능하게 만들고 있다. 미국의 계급도 다른 영어권 국가들인 영국, 뉴질랜드, 오스트레일리아의 계급에 비해 응집력이 약하다.[61] 사회 경제적 동맹체들도 자신들의 경제적 이익이 민족적, 종교적 또는 다른 문화적 친화성과 서로 복합적으로 엉켜 있다.

선거에서도 정당과 각 후보들은 기존의 이익 단체에 의존하기보다 소집단이나 개인들을 동원하고 있다. 논리적으로도 다른 산업 민주 국가들과는 대조적으로 미국의 정당들이 자당의 의원들이나 다른 유권자들의 행동을 통제할 수 있는 능력은 매우 제한되어 있다. 많은 부문별 이익 집단은 큰 두 개의 정당 중 어느 하나와 가끔 동맹 관계를 형성하지만 주기적으로 그들의 동맹 관계를 바꾸면서 행정 부서나 의회 위원회들과 긴밀한 협조를 형성하는 일에 파고드는 경우가 많다. 그럼으로써 정당이나 선거 정치와는 무관하게 지속적으로 영향력을 미치는 길을 보장받을 수 있는 기능적 동맹체를 형성하게 되는 것이다. 리제-카펜(Thomas Risse-Kapen)이 지적한 대로 "사회적 행동자들과 정치적 엘리트간의 연합체

---

60) Paul R. Abramson, "Comparative Presidential Elections in the United States and Korea" (paper delivered at the seventeenth world congress of the International Political Science Association, Seoul, Korea, August 17~21, 1997), p. 7.

61) Robert R. Alford, *Party and Society* (Chicago, Rand-McNally, 1963).

의 끊임없는 구성과 재구성은 흔히 있는 일이다. 정치 체계의 개방성이 사회에 비교적 쉽게 정책 결정 과정에 접근할 수 있는 길을 제공하고 있는 것"이다.[62]

한 정당이 행정부를 장악하고 다른 정당이 의회를 장악할 경우, 행정부는 단일한 공공 정책 방향을 설정하고 유지하기가 어려울 수 있다. 그러나 심지어 같은 정당 안에서도 의원들 개개인이 속한 연합 세력의 기반은 행정부와 다를 수 있어서, 내부적으로 경합적인 사회 경제적 선거구와 복합적인 정책 수립망을 가진 행정부를 형성하게 하는 경우도 있다. 그러나 서로 배타적인 블록으로 밀접하게 조직되어 있지 않은 유동적인 유권층은 대통령으로 하여금 수시로 변하는 쟁점 등을 제기하게 함으로써 전혀 별개의 요소들을 한데 묶어 새로운 연합 세력을 만들 수 있도록 하고 있다.

마찬가지로 국가 관료들에 대한 행정부의 리더십 발휘가 어려운 때도 많다. 윌슨(James Wilson)이 지적한 대로 미국에서는 두 종류의 행정부 관료들이 있다. "정치적 관료들은 선출된 관리들의 정치적 욕구를 충족하기 위해 대통령에 의해 임명된다. 직업 관료들은 법이 그것을 규정하고 있거나 정치적 욕구를 충족할 필요가 없기 때문에 정부 기관 내부에서 임명"된다(또는 이와 유사한 다른 부처에서 이동해 온다).[63]

이처럼 '이방인들로 구성된 정부'에서는 실제의 관료적 권한이 사보타주나 불복종을 함으로써 생기기보다는 어디선가 결정되어 실시되는 계획의 집행을 단순히 보류하는 능력의 행사에 달려 있다.[64] 그 결과 정치적으로 규정한 '체제 목표'의 추구를 위한 행정부 각 부처의 정치적

---

62) Thomas Risse-Kapen, "Public Opinion, Domestic Structure, and Foreign Policy in Liberal Democracies," *World Politics* 43, 4(1991): 490~491.

63) James Q. Wilson, *Bureaucracy: What Government Agencies Do and Why They Do it* (New York, Basic, 1989), pp. 197~198.

64) Hugh Heclo, *A Government of Strangers: Executive Politics in Washington* (Washington, D. C., Brookings, 1977).

충성심은 매우 가변적이다. 마찬가지 이유로 대통령이나 입법부가 고도의 일관성과 내부적 결집력을 가지고 어떤 공공 정책의 노선을 추구하기가 매우 어렵다.

그럼에도 불구하고 이런 엉성하고 무질서한 제도와 사회 경제 체제 속에서도 뉴딜이라고 불리는 비교적 결집력을 지닌 체제가 1930년대부터 1960대 말과 1970년대 초에 이르기까지 미국 정치 경제를 지배했다. 미국에서는 1920년대와 1930년대 초의 세계 공황을 계기로 성립된 장기간의 공화당 주도의 '1896 체계'에 도전하는 여러 사회 운동이 등장하게 되었다. 퍼거슨(Thomas Ferguson)이 말한 바와 같이 "이 나라 역사상 가장 위급한 금융 붕괴의 순간에 대통령직을 맡으면서 루스벨트(Franklin D. Roosevelt)는 다른 나라의 정부들이 포기한 악순환, 즉 민주주의와 자본주의를 보존하면서 주요 사회 개혁을 어떻게 실천하는가 하는 문제와 씨름하는 눈부신 정부 활동을 주도"한 것이다.[65]

뉴딜은 조직화된 노동 단체, 도시 인종 집단, 그리고 전 도시와 주의 민주당 조직을 통해 동원된 남부 백인들을 묶는 선거 연합 체제를 구축했다. 그러나 뉴딜은 또한 자본 집약적 산업, 투자 은행, 그리고 국제 지향적인 상업 은행의 경제 블록도 형성시켰다.[66] 이처럼 뉴딜은 전통적인 하류 및 노동 계급의 권력을 동원할 수 있었을 뿐 아니라 그 집단들과 그들의 투표력을 가장 중요하고 국제적으로 경쟁력이 강한 기업들과 금융 공동체의 경제력에 결부·융합시키기도 했다. 이 후자(즉 기업과 금융 세력)들은 이전에 맺었던 공화당 중심의 업계 부문과 결별하게 되었으며, 공화당이 1940년대와 1950년대에 걸쳐 주로 국내 지향적인 중소 기업 중심의 미국 업계와 결탁할 수밖에 없도록 만들었다.

---

65) Thomas Ferguson, "From Normalcy to New Deal: Industrial Structure, Party Competition, and American Public Policy in the Great Depression," *International Organization* 38, 1(1984): 42.

66) Ibid., p.46.

민주당이 이들 금융계와 기업계를 상대로 내세운 것은 '정통주의와의 단절'이라는 구호였다. 즉 케인스적 수요 자극으로 신고전 경제를 대치하고 '시장'의 개념화에 있어서 국제주의적 주장을 강조하는 것이었다.[67] 업계와 금융계의 덜 정통적인 세력은 와그너 법안(Wagner Act)을 통해 조합 가맹 노동자들의 규모를 확장하고 눈에 띄게 제한된 사회 복지 사업을 위한 터전을 마련하려는 뉴딜의 국가 주도적 노력에 대해 관용적이었다. 이렇게 하여 뉴딜 체제는 노동자들에게 관대한 노동 정책을 제공할 용의가 있는 국제 지향적인 자본 집약적 기업들로 구성된 강력한 블록의 지지를 받는 제도인 강력한 행정부로 부상하게 되었다. 노동자는 노동자대로 같은 하류 계급의 구성원과 연대하여 '다국적 자유주의'를 표방하는 체제에 지지표를 던져 주었다.[68]

독일과 일본의 패망 후, FDR의 연합 세력은 공화당이 중서부 고립주의자들과 동부 국제주의자들로 분열되었고 민주당 역시 세 개의 이념적 파벌로 분열되면서 심각한 도전을 맞게 되었다. 그러나 곧 냉전의 시작, 영구적이고 팽창적인 군부 조직의 창설, 특혜 배분의 관대한 정치는 약간의 정책 방향과 지지 기반의 조절을 겪으면서 기존의 체제를 지속시킬 수 있었다.

한편 1950년대부터 1970년대 초에 이르기까지 노동자와 기업들이 '노동자-자본가 합의'에 가담하였다.[69] 국가 개입 없이 시장에 의해 비정당 주도로 추진된 이 합의는 제철, 자동차, 석유 화학, 전기 기계, 교통 분야처럼 고도로 과두 지배적이고 대규모인 제조 산업들 사이의 일련의 묵시적·사적 부문의 합의를 포함하는 것이었다. 직장 보장, 조합 권리, 정규

---

67) Peter Gourevitch, *Politics in Hard Times: Comparative Responses to International Economic Crises* (Ithaca, Cornell University Press, 1986), chap. 4.

68) Ferguson, "From Normalcy to New Deal," pp. 93~94.

69) 이 용어는 다음의 글에 나온 것이다. Samuel Bowles and Herbert Gintis, "The Crisis of Liberal Democratic Capitalism: The Case of the United States," *Politics and Society* 11, 1(1989): 528.

102 제1부 여러 가지 체제들

적인 임금 인상 등을 보장해 주는 대가로 여러 가지의 장기적 노동 계약이 체결되어 작업장의 평온을 보장해 주었다. 스웨덴의 임금 연대와는 달리 미국의 임금 인상은 경영자들에게 노동 절약 방법이나 기술적으로 보다 세련된 제조 과정을 통한 생산성 증대에 대한 유인 조건을 제공해 주지 못했다. 국내 시장이나 해외에서 외국 상품과의 경쟁력이 약했고 시장 규모도 엄청나게 컸던 미국 시장은 그런 독과점 제조업자들로 하여금 고임금에서 오는 부담을 정치적으로나 경제적으로 저항할 의도와 동기를 갖지 못했던 국내 소비자들에게 떠넘길 수 있게 하였던 것이다. 이런 미국 경제의 포괄적인 안정 기조는 고도로 경쟁력을 갖춘 외국 상품이 미국과 세계 시장에 침투하기 시작하고 미국인이나 국제 소비자들에게 선택의 범위를 넓혀 주면서 변화하기 시작했다.

한편, 외교 정책에 있어서도 체제는 친자본가들이나 적어도 명목상 반공산주의 국가들과의 동맹 관계를 중심으로 수립되었다. 뿐만 아니라 미국은 국제 경제의 헤게모니 보유자로서의 역할을 맡아 브레턴우즈(Bretton Woods) 금융 체계와 GATT 체제를 창설하고 유지해 왔다. 국내 정치의 통일성을 과시하기 위해 양당(그리고 주요 이익 단체들)은 "정치는 해역 끝에서 멈춘다"(즉 미국 국내에 제한시킨다)에 합의하였다.

1930년대부터 1970년대까지 뉴딜 체제 재정 정책의 기초가 된 것은 구체적인 목표물로 책정된 사회 집단들을 위한 연속적이고 비통합적인 공공 계획의 발전이었다. 이 과정의 절정이 바로 린든 존슨(Lyndon Johnson)의 '위대한 사회(Great society)' 건설이다. 이것은 일종의 사회 프로그램으로 베트남전과 1970년 초의 석유 파동과 브레턴우즈 체계의 붕괴(두 가지 다 세금 인상 없이)로 그 비용이 더욱 가중되면서 대규모의 인플레이션으로 이어져 마침내 뉴딜 연합 세력의 기반을 뒤엎어 놓는 결과가 되었다.

영국: 정당 추진의 집합주의

몇 가지 공통된 특징—즉 언어, 문화적 유산, 정치적 민주주의의 전통, 소선거구제, 양당제—이 미국과 영국을 자주 비교 대상으로 만든다. 초기 산업 발전, 강력한 금융 제도, 그리고 깊은 뿌리를 갖고 있는 자유방임주의 철학은 대서양을 가로질러 영국과 미국이 서로 공통된 이미지를 갖도록 하는 요인이다. 그러나 영국의 전후 정치적 해결책이나 그 결과로서의 체제의 성격은 미국과는 매우 달랐다. 제도적으로 볼 때 영국의 정당이나 의회는 미국보다 그리고 다른 어느 나라보다 훨씬 응집력이 있고 정치적으로도 강력했다. 의회를 통해 통치해 온 정당들은 전후 영국 정치의 포괄적인 기틀을 마련해 주었다.

정당에 기반을 둔 내각은 의회에서 당의 기강을 유지 집행할 수 있는 능력을 지님으로써 미국 행정부보다 훨씬 강력한 정치력을 구사할 수 있다. 미국의 대통령이 행정 관료들을 동원한 로비를 통해서 의회에서 설득력을 발휘할 수 있을지 모르나, 노이스태드(Richard Neustadt)나 다른 이들이 지적한 대로 "대통령의 권력은 설득의 권력"일 뿐이다. 영국의 총리는 명령할 수 있는 권력을 갖고 있다. 또 스타인모(Sven Steinmo)의 표현대로, "영국은 아무리 졸렬하고 반대당의 이익에 적대적인 구상일지라도 정부로 하여금 선거 공약을 따라 행동할 수 있도록 허용하고 있다."[70]

영국의 조직화된 이익 집단들도 미국의 집단들에 비해 오랜 동안 보다 높은 응집력을 지녔다. 두 개의 계급, 두 개의 정당 체제를 가진 영국에서 가장 중요한 이익 단체는 전통적으로 조직화된 기업과 노동 단체였다. 비어(Samuel Beer)는 이런 이익 단체들이 너무나 강력해져서 영국도 미국의 문제로 치고 있는 '다원주의적 정체'[71]에 빠질 위험성을 지니

---

70) Richard E. Neustadt, *Presidential Power*(New York, Wiley, 1960); Sven Steinmo, "Political Institutions and Tax Policy," *World Politics* 41, 4 (1989): 528.

71) Samuel Beer, *British Politics in the Collectivist Age*, 2d ed. (New York, Norton, 1982), p.

고 있다고까지 말했다. 그러나 앞서 지적한 '철의 삼각 지대'를 쉽사리 포기하기도 하는 미국의 제도적 다원주의와는 달리, 영국의 이익 단체들은 반드시 정당 체제를 통해 영향력을 획득하고 유지해야만 하는 것이다.

전후의 거의 전 기간 중, 영국의 양대 정당은 서로 경합하는 두 개의 사회적 블록으로부터 그들의 주요 지지 세력을 확보했다. 노동당은 대체로 공장 노동자들을 중심으로 조직되었는데, 1960년대 중반에서 1970년대 중반에 이르기까지의 영국 노동 인구의 45퍼센트에 해당하였다. 노동 조합에 가입한 노동 세력은 TUC(Trade Union Congress)라는 상부 연합체에 가입하였는데 이 조직은 모든 노동 조합 구성원의 90퍼센트를 대표하는 조직이었다. 이에 비하면 기업들의 조직은 훨씬 분산되어 있었다. 약 150개의 전국 경영자 집단이 영국 산업 연맹(Confederation of British Industires)이라는 상부 조직에 소속하고 있으나 이 CBI는 1965년에서야 창설된 것이다. 개인적으로나 집단적으로 기업들은 보수당 쪽으로 집결하게 된다. 19세기 말에 이미 영국의 상업적 농업은 사라졌기 때문에 영국 정치는 기업과 노동 집단 사이의 중계자도 없고 타협도 없는 상호 작용에 의해 지배되었다.

제2차 세계 대전 종식 후부터 1979년의 이른바 대처 혁명 때까지, 노동당과 보수당은 서로 다른 계급 기반을 가지면서도 영국 체제의 바람직한 모습에 대해 광범위한 합의를 이루고 있었다. 제2차 세계 대전 중에도 영국 정부의 내각은 항시 두 정당의 대표들을 포함했다. 전쟁이 끝났을 때 노동당이 압승하면서 영국의 정책에는 실질적인 산업 국유화와 보다 확장된 복지 서비스를 포함하는 중요한 이행이 시작되었다. 1960년에 이르면서 국유화된 산업들은 전체 고정 투자의 18퍼센트를 차지하였고 국민 소득의 10퍼센트를 생산했으며 전국 노동 인구의 8퍼센트를 고용

408.

했다.[72] 보수당이 집권에 복귀하면서 보수당이나 노동당은 다 같이 비어 가 '집단주의적 정치'라고 말한 특징을 지닌 체제로 무게 중심이 집중되었다. 서로가 국유화 부문을 용납하였고 평등주의적 기반을 지닌 복지 국가와 낮은 실업률로 국가 경제 성장을 보장하는 시장에 대한 폭넓은 정치적 규제 합의에 의해 뒷받침되는 큰 정부를 갖는 데 의견이 일치한 것이다.

영국의 집합주의는 스웨덴과는 다르지만 미국과 유사하게 경제 이익 단체들 사이의 조합주의적 협상 형태를 띠고 나타나지는 않았다. 그것에 가장 가까운 것으로 볼 수 있는 국가 경제 발전 협의체(National Economic Development Council)도 언제나 실질적 경제 결정 과정에서는 핵심에서 동떨어져 있었고 노동자들로부터도 진지하게 지지를 받은 적이 없었다. 영국에서 훨씬 강한 경제 권력을 행사한 것은 재무부와 런던 시였다.

재무부와 영국 은행하의 정부 경제 관리는 시장의 동요에 응하기 위한 재정적·금융적 개입의 혼합형으로 구성되어 있었다. 어떤 당이 의회 다수를 차지하든 간에 경제 정책은 대체로 그것에 대응하는 식이었다. 어떤 집합적인 국가 경제 성장 계획도 거의 수립할 수가 없었다. 두 정당 모두가 그 선거구 기반을 의식하여 재정·금융 정책을 운용하였기 때문에 상당한 자유 권한이 시장의 임시 변통적 운용과 각 기업 그리고 재무부에게 부여되었다.

이 체계 속에서 런던 시의 권한은 막강한 것이었다. 런던 시는 세계 금융 및 신용 사업의 중심지였다. 그 경제적·시장적 자원은 심각한 선거 제약에 의해서도 방해받지 않았고, 정치인들은 런던 시의 환심을 사기 위해 더 많은 관심을 쏟았다. 집합 정치 시대를 통해 가장 특이했던 관심

72) Simon Mohun, "Continuity and Change in State Economic Intervention," in Allan Cochrane and James Anderson, eds., *Restructuring Britain: Politics in Transition* (London, Sage, 1989), p. 73.

은 런던 시와 재무부가 스털링 파운드의 가치를 보호하기 위해 매우 노력했다는 것이다.

다른 전후 민주 국가들과는 달리 영국과 미국 그리고 프랑스에서는 정책 양상이 제국(empire)의 잔여 요소들과 서로 얽혀 있었다. 비교적 높은 수준의 군사비 지출, 영국 연방제, 해외 기지의 유지, 그리고 스털링 파운드의 가치 하락을 방지하기 위한 모든 노력 등이 이러한 사실을 반영했다. '특별한 관계'의 일부로 소중히 간직한 미국과의 유대가 NATO 내에서의 영국의 참여와 위치를 더욱 보강해 주기도 했다.

전후 영국에 대해 그 동안 쌓여 온 이미지는 전반적인 정책 양상에 있어서 광범위하게 응집력을 보여 온 체제였다는 점이다. 그 윤곽은 다양하게 운영되는 복지 프로그램에 많은 비용을 지출하게 했고 그 결과는 상대적으로 고비용의 통치로 나타났다. 그러나 스웨덴과는 달리 영국은 재정과 금융 정책에 있어서 미국과 마찬가지로 표준적인 케인스적 의존을 넘어선 일관된 정부 경제 정책을 갖지 못했다. 오히려 강력한 금융 재정 부문이 영국 경제를 주도했고 대부분의 제조·산업은 기력을 잃어 쇠해졌으며, 결국은 〈이코노미스트〉지의 유명한 "영국은 유럽의 병자"라는 선언이 나오게 되었던 것이다.

이탈리아: 통치력이 없는 체제

전후 이탈리아는 단절된 정치 제도와 기업과 노동 사이의 날카로운 사회 경제적 분열, 그리고 장기간 정실주의와 정부의 특혜 분배를 국가 경제 성장보다 앞세운 정책 양상을 추구해 온 특징을 가지고 있다. 체제를 형성하는 데 주도적인 역할을 해 온 것은 정당들이었다. 대통령제의 취약성과 의회와 내각의 분열이 통치력을 상실한 체제를 만들어 내는 결과가 되었다.[73] 그러나 수없이 많은 취약성과 우여곡절에도 불구하고 그 체제는 1940년 후반부터 1990년 초에 이르기까지 본질적으로 변함없이 그

대로 유지되어 왔다.

이탈리아의 파쇼적 유산은 헌법 제정이 지령과 통제권을 가진 정부보다 제한된 결정권을 가진 정부를 선호하도록 만들었다. 전후 기간을 통해서 이탈리아의 의회는 950명의 구성원을 지닌 양원제였고, 양원은 각기 동등한 권력을 지녔지만 분쟁이 생길 경우 그것을 처리할 조정 위원회를 갖지 않았다. 제2차 세계 대전 종료 후부터 1993년까지 선거 제도는 비례 대표제를 택했으며 의회 대표성을 위한 정당의 득표율이 낮았기 때문에 12개 이상의 정당들이 의회를 구성해 왔다.

내각은 "짧은 기간에 별 성과 없이 끝나는" 매우 분열된 다당제의 산물이었다.[74] 내각은 통솔하기 어렵고 불안정한 연합 세력으로서 이탈리아 체계의 수많은 정당들의 수시로 변천하는 선거의 행운을 반영한 것이었다. 따라서 정당들은 파스퀴노(Gianfranco Pasquino)가 이탈리아 사회 전체를 관통하는 "지나치게 숨막히는 존재"라고 부른 바로 그것이었다. 한마디로 이탈리아는 정당 지배(partitocrazia) 체제였다.[75]

전후 초기에는 미국의 점령과 냉전이 체제의 형태를 빚어내는 데 작용했다. 이탈리아의 보수 세력은 정치적 · 경제적으로 미국의 반공주의의 영향을 많이 받았다. 그 결과 좌익 세력의 약화와 기지 제공과 NATO 가입을 통해 미국과 긴밀하게 연결된 데서 비롯되는 논란 많은 외교 정책을 만들어 냈다.

---

73) 이 구절은 다음의 글에 나온다. P. A. Allum, *Italy-Republic without Government?* (New York, Norton, 1973).

74) Sidney Tarrow, "Maintaining Hegemony in Italy: The Softer They Rise the Slower They Fall," in Pempel, *Uncommon Democracies*, p. 319.

75) Gianfranco Pasquino, "Unregulated Regulators: Parties and Party Government," in Peter Lange and Marino Regini, eds., *State, Market, and Social Regulation: New Perspectives on Italy* (Cambridge, Cambridge University Press, 1989), p. 34; Richard S., Katz, "Party Government: A Rationalistic Conception," in Francis G Castles and Rudolf Wildenmann, eds., *The Future of Party Government*, vol. 1, *Visions and Realities of Party Government* (Berlin, deGruyter, 1986), pp. 31~71.

이탈리아 정당들의 폭넓은 이념적 스펙트럼 속에는 초기에 친소련적이었던 공산당(PCI)과 보다 온건한 좌파 사회당(PSI), 중도파인 기민당(DC)과 자유당(PLI), 그리고 우파로서 파쇼주의자들의 잔당이 포함된다. 기민당과 공산당이 이탈리아 정당 체제의 두 개의 기둥을 형성하며, 전후 대부분의 선거에서 각각 25퍼센트에서 35퍼센트의 득표율을 얻었다. 1946년부터 1990년대까지 기민당은 내각 구성에서 중추적 세력을 형성해 왔고, 공산당은 의회 내에서 다수 의석을 차지한 야당이었다. 기민당 주도의 연립 내각은 공산당과 세번째로 큰 정당인 사회당과의 연대를 방지하기 위한 노력을 계속해 왔다.

기민당은 남부 지방의 농촌, 소상인, 전문직 종사자, 국가 공무원, 대기업(그 중 일부는 자유당과 가까웠지만)의 사회 경제적 연합 세력을 지지 기반으로 삼았다. 전후 초기에 기민당은 가톨릭 교회와의 역사적인 유대에 힘입어 상당한 규모의 신자들을 지지 세력으로 갖고 있었다. 소상인들은 다른 어느 주요 국가(일본을 제외하고)에 비해 그 수가 많았고, 1967년까지도 이탈리아 노동 인구의 4분의 1은 농업에 종사하고 있었다.[76] 마지막으로 이탈리아의 노동 계층은 사분 오열되어 있었다. 기민당은 그런 노동 세력의 최대 조직이자 이탈리아의 비공산주의적 노동 연합인 CISL의 지지를 받아 왔다. 이와는 대조적으로 공산당의 지지층은 주로 그 정당이 대표한다고 주장해 온 제조업의 노동층으로 구성되었으며 동시에 중산층으로부터도 상당한 지지를 받았다.

기민당의 우월한 지위는 태로(Sidney Tarrow)가 호칭한 '연성 헤게모니,' 즉 기업과 노동간의 전면적인 대결과, 가톨릭 교회와 관용성 사이의 갈등을 피하려는 노력을 바탕으로 한 것이었다. 이와 함께 1970년대 공산당과의 협조에서 볼 수 있었던 것처럼 다른 정당들과 정권을 공유하지는 않더라도 정실 인사를 공유할 용의를 나타냈다.[77] 그 결과로 비교적

---

76) Alan R. Posner, "Italy : Dependence and Political Fragmentation," in Katzenstein, *Power and Plenty*, p. 244.

포용적이면서도 무기력한 체제를 만들어 낸 것이다.

기민당은 장기 집권을 위해 국가 자원을 동원하기도 했다. 이탈리아 체제는 여러 종류의 사회 복지 제도를 마련하였다. 그것은 전형적으로 예속적이고 가부장 중심적이었으나 이탈리아를 선진 산업 민주 국가 중 사회 복지 면에서 중간 수준에 속하는 나라로 떠오르게 하였다. 그러나 기민당의 우위를 유지해 준 가장 중요한 요소는 관직에 대한 정실 인사였다. 기민당의 집권이 장기화될수록 정실 인사도 확대되어, 이탈리아를 '비대한 정부'와 부패, 낭비, 연고주의로 얼룩지게 하였으며, 일관성 있는 국가 경제 계획을 수립할 능력이 없는 체제로 만들었다.

이탈리아의 공무원직 가운데 과반수 이상은 경쟁 시험에서 제외되었다. 이탈리아는 1,000개 이상의 준관영 기관을 갖고 있었으며, 그 중에는 에너지 자원과 관련된 ENI와 중공업과 관련된 IRI 같은 거대한 기관들이 포함되었다. 이탈리아의 산업 국유화는 다른 산업 국가보다 더 광범하게 이루어졌다. 국영 기업체는 노동 인구의 38퍼센트를 고용했고 1980년대의 산업과 서비스 부문 판매액의 45퍼센트를 차지하여 이탈리아를 국민 경제의 예금 창구로 만들었다.[78] 국영 기업체의 대부분이 광범위한 정실 인사의 부담을 안고 있었다.[79]

정부가 명확한 경제 정책을 제시하지 않았음에도 이탈리아는 전후 초기에 고도 경제 성장을 누렸다. 1950년에서 1962년 사이에 GNP가 배로 늘어났고, 1960년대 전반에 걸쳐 성장률은 4퍼센트 정도로서 옛 서독을 제외하면 유럽에서 최고를 기록하였다. 그러나 번영의 공든탑은 무너지기 시작하여[80] 1970년에서 1975년 사이에 일인당 GNP 성장률은 5.2퍼

77) Tarrow, "Maintaining Hegemony in Italy," p. 319.

78) Richard J. Samuels, "Great Forces and Great Choices: Italy and Japan in Comparative Perspective"(1996년 8월 29일부터 9월 1일 사이에 샌프란시스코에서 열린 미국정치학회(the American Political Science Association) 연례 모임에서 발표된 논문).

79) Posner, "Italy: Dependence and Political Fragmentation," pp. 238~239.

80) Tarrow, "Maintaining Hegemony in Italy," p. 320.

센트에서 1.6퍼센트로 떨어졌다.[81] 이것은 산업 민주 국가 중에서 가장 큰 하락 폭이었다. 그 후 전형적으로 이탈리아 경제를 지배하는 소규모, 가족 소유의 사기업들의 활발한 움직임으로 일시적으로 이탈리아 경제에 긍정적인 상승 효과가 있었다. 1975년 사기업들의 주요 단체인 Confindustria와 노동 조합들이 수출 지향적 산업 부문의 임금을 국민 경제에 있어서 알맞은 가격 상승률과 결부시킨 '생산자 동맹체'를 결성하였다.[82] 이것도 사적 부문을 위한 경제 정책을 공공의 정실 중심적인 정책으로부터 분리시켰다.

이탈리아 정치는 실제로 경제적으로 지방과 지역 분화를 수용하였을 뿐 아니라 그것을 권장했다.[83] 동시에 국가 경제 개혁을 추진하려던 노력이 모두 실패하였고, 사실상 국가의 경제 쟁점이라는 말 자체가 의미를 잃어버린 1960년대 후반부터 체제는 긍정적인 경제 실적을 누리거나 그것을 제도화할 수 없었다.

이탈리아의 경제 문제의 원인은 정치와 정실 인사에 있었다. 따라서 성장이 둔화되면 어떤 정부 계획이나 사적 주도력도 다시 시동을 걸 수 없었다. 사실상 이탈리아의 재무부는 정치적 보상을 위한 예금 통장의 구실을 했다.

경제적 혼돈의 정치를 가져온 것은 공산당과 연결되었던 노동 연합회, CGL의 전투적인 행동에서 비롯된 노사간의 분열과 대결 때문이었다. 다른 한편으로 사기업의 가장 큰 연합체인 Confindustria는 공공 부문의 고용자들이 임금 인상과 숙련 노동자의 안정된 공급 확보를 위해 노동 조

---

81) Michael J. Piore and Charles F. Sabel, *The Second Industrial Divide: Possibilities for Prosperity* (New York, Basic, 1984), p. 177.

82) Richard Locke, *"Eppure Si Tocca: The Abolition of Scala Mobile,"* in Carol Mershon and Gianfranco Pasquino, eds., *Italian Politics: Ending the First Republic* (Boulder, Westview, 1995), p. 187.

83) Richard Locke, *Remaking the Italian Economy* (Ithaca, Cornell University Press, 1995), p. 23.

합과 협조했을 때에도 임금을 인하하기 위해 투쟁을 벌이기도 했다. 전반적으로 보아 이탈리아는 OECD 국가 중에서도 가장 심한 노사 갈등을 겪은 나라였다.[84]

정당 정치의 이해 관계는 농업 근대화가 이루어지지 못한 이유도 설명해 준다. 이탈리아의 식량 수출은 전체 수출의 7퍼센트 정도를 차지한 반면 수입은 20퍼센트를 차지했다.[85] 이탈리아는 유럽 농업 기금(EAF)에 거액을 지불하면서도 얻은 것은 별로 없었다. 사회 보장 체제나 지역 개발 계획에 변화가 있었으면 농업 생산성의 증대에 기여했을지 모르나 기민당 내의 유권자를 의식한 저항 때문에 그것도 실현되지 못했다.

이탈리아의 정부 기구들도 경제 활동을 추진할 수 있는 구조는 아니었다. 세 개의 부처가 오랜 동안 경제적 책임을 공유해 왔다. 재무부는 주로 세금을 징수하는 일을 맡았고, 대장성은 부채 관리와 지출에 대한 책임을 맡았으며, 예산 기획부는 그 둘을 조정하는 역할을 해 왔다. 그런데 첫번째와 두번째의 정부 기구가 사용하는 정보의 수집은 IRI(산업 재건 연구소)라는 준관영 조직하에 있는 사설 회사들에게 위임되었다.[86] 정부의 세수 징수 능력은 전체적으로 취약했다. 국가의 연간 예산 적자의 반 정도는 미징수 세금에서 기인한 것이었다. 그러면서도 기민당은 주요 탈세자들인 소상인, 자영 전문직, 기업과의 유대 때문에 탈세자들에 대해 엄중한 단속을 실시하지 못했다. 이탈리아의 지하 경제는 공식 경제 집계 속에 포함시킨다면 GNP를 18퍼센트 내지 25퍼센트 증가시킬 수 있는 규모였다.[87]

한편 이탈리아 은행(Bank of Italy)은 적어도 1981년 기민당과 결별하

---

84) Michael Shalev, "The Resurgence of Labor Quiescence," in Marino Regini, ed., *The Future of Labor Movements* (London, Sage, 1992), p. 105.

85) F. Roy Willis, *Italy Chooses Europe* (New York, Oxford University Press, 1971), p. 88.

86) Sabino Cassese, "The Higher Civil Service in Italy," in Ezra Suleiman, ed., *Bureaucrats and Policymaking* (New York, Holmes and Meier, 1984), p. 45.

87) "A Survey of Italy," *Economist*, May 26, 1990, p. 12.

기 이전까지는 금융이나 산업의 필요성보다는 당의 요구에 더욱 민감했다. 그 결과 이탈리아의 금융 정책은 해이했으며 경제도 고도의 인플레이션 현상을 겪었다. 1960년대 중반부터 계속해서 예산은 적자를 벗어나지 못했다. 예를 들면, 미국 레이건 행정부의 적자가 최고에 달했던 1980년대 초에 미국 GDP의 6분의 1 정도였던 이탈리아는 미국 적자액의 반에 해당하는 재정 적자를 기록했다. 심지어는 이탈리아의 외채 이자 상환액이 GNP의 10퍼센트선에 도달한 적도 있었다. 그러나 다양한 형태의 연립 정부 중 특히 크락시(Benito Craxi)가 이끈 5개 정당 연립 내각은 적자 재정 정책을 추종함으로써 1980년대의 10년 동안 사기업들의 가처분 소득(세금을 뺀 순수입)을 올려 주었다.

요컨대 위에서 검토한 다른 세 나라에 비해 전후 초기의 이탈리아 체제는 전혀 달랐다. 이탈리아는 모든 면에서 가장 '정치화'된 나라였다. 전체 체제 속에 정당이나 보호주의망이 침투했기 때문만이 아니라 정당 정치를 떠나서 어떤 정부 기관도 기능을 발휘할 수 있는 능력을 갖지 못했다는 점에서도 그랬다. 그로 말미암아 주기적으로 미시적 차원에서는 체제가 제한된 영역에서는 광범위한 거품에 편승하여 상당한 경쟁력을 과시하기는 했지만, 거시적 차원에서는 고도의 외채 부담을 안게 만드는 경제적 결과를 가져왔다.[88]

지금까지 살펴본 네 나라는 체제마다 어느 정도로 제도, 연합 세력, 그리고 정책 양상의 서로 다른 혼합을 특징으로 하고 있는가를 보여 준다. 각 나라마다 그 혼합 형태가 전후 초기 기간 동안 장기간에 걸쳐 내적 일관성을 유지했다. 체제의 세 가지 요소 하나하나가 서로 다른 것들에 의존하고 또 서로 보완하기도 했다.

이들 네 나라의 사례는 두 가지 면에서 다음 두 장에서 다루려는 일본에 대한 서곡의 구실을 한다. 첫째, 일본 보수 체제의 가장 중요한 요소

---

88) Michele Salvati, "The Crisis of Government in Italy," *New Left Review*, no. 213 (September/October 1995): 81.

들을 비교하고 그 두드러진 면을 부각시키는 데 적합한 일련의 경험적 참고 자료를 제공해 준다. 둘째, 서로간의 차이점에도 불구하고 일본의 사례가 여러 측면에서 눈에 띄게 대부분의 다른 자본주의적 민주 정치의 경험에서 벗어난 것임을 명확하게 조명해 주고 있다. 제2장과 제3장에서 살펴보겠지만 일본의 전후 초기 체제는 여기에 제시한 네 나라 체제의 각 특징과 유사한 면도 있다. 그러나 전반적으로 볼 때 일본에 나타난 제도, 연합 세력, 정책 양상의 혼합 형태는 네 나라 중 어느 한 나라와도 닮지 않았다는 점을 지적하게 될 것이다.

1960년대의 일본: 보수 정치와 경제 성장

1960년대 중반은 일본 보수 체제의 황금 시대였다. 자민당이 선거와 공공 정책을 압도하고 있었고, 경제는 급속도로 팽창하고 있었으며, 외교 정책은 그다지 중요시되지 않았다. 그 보수 체제의 구성 요소들은 부드러운 실크처럼 서로 잘 짜여 있어서, 마치 일본의 정치 경제가 큰 노력 없이도 큰 성취를 이루는 후광 효과의 역할을 하기도 했다. 그 과정에서 일본은 점점 더 특이하고 다른 산업 민주 체제들과는 구별되는 체제로 변모해 갔다.

이 장에서는 세 가지 질문을 다루려고 한다. 즉, 이 영광스러운 기간 동안의 보수 체제의 핵심적인 특질은 무엇이었는가? 그 체제의 여러 가지 요소가 그처럼 유동성을 가지고 상호 보완적으로 작용할 수 있었던 요인은 무엇이었는가? 일본의 보수 체제가 다른 산업 민주주의 국가들의 보수 체제와 다른 점은 무엇이었는가? 하는 질문이다.

원활히 돌아가는 보수 체제

일본 보수 체제는 네 가지 면에서 색다른 점이 있다. 첫째, 경제 제도가 다른 자본주의 민주 체제들과 아주 다르고 그 경제적 수행력도 훨씬 뛰어났다. 둘째, 정치는 산업 국가들 중에서 단일 정당이 가장 오랫동안 다른 정당과 타협 없이 독점적 지배를 유지했다. 셋째, 명목상 보수주의자들에 의한 장기 집권에도 불구하고 일본의 정치 경제는 다른 나라의 보수 체제보다 훨씬 평등주의적 성격을 지녔다. 넷째, 일본의 외교 및 안보 정책은 오직 미국과의 관계에만 의존해 미·일 관계는 미국이 다른 민주 국가들과 맺은 비교적 긴밀하고 다국가간의 동맹 체제와 비교하여 상당한 차이를 지녔다. 동시에 일본의 외교 정책은 순조롭고 목적 지향적인 국내 정치적 성향을 뒤흔들 정도의 국제적 위기에 직면한 적도 없었다.

일본의 전후 초기 체제의 복잡성을 이해하려면 각각의 구성 요소를 시기별로 검토해야만 한다. 가장 적절한 시기로 1964~1965년을 들 수 있는데 이 때는 보수 체제의 핵심적인 측면이 가장 뚜렷하게 나타났고, 그 기능도 가장 순조로웠다.

그러면 올림픽에서부터 이야기를 시작해 보자. 아마도 1964년 도쿄가 주최한 올림픽만큼 일본의 전전 권위주의 체제, 국제적 고립 상태, 그리고 전후 초기의 경제적 황폐 상태로부터의 변모를 상징화하는 단일 행사는 없을 것이다. 국제 올림픽 위원회는 도쿄를 1940년 올림픽 개최지로 지정했으나, 1937년 일본이 중국을 침략하자 그것을 취소했다. 이런 도쿄를 개최지로 다시 지정했다는 것은 일본의 전후 변화에 대한 확증이자 국제 사회가 일본을 인정했다는 것을 의미했다. 일본인치고 국가적 통일과 낙관주의를 상징했던 올림픽의 개최를 반대하는 사람은 별로 없었다.

일본인 영화 감독인 이치카와 곤의 "도쿄 올림피아드"라는 영화는 올림픽 경기와 일본의 경제 성장, 그리고 국가적 자존심 사이의 관계에 대한 놀라운 연계를 은유적으로 제시하고 있다. 영화는 새로운 올림픽 경기장을 짓기 위해 대지를 마련하고 낡은 도쿄를 부수는 장면으로 시작한다. 일본의 명산 후지산이 올림픽 성화를 들고 전국을 달리는 계주자의 배경으로 등장한다. 마지막 주자인 사카이 요시노리가 숨을 몰아쉬며 스타디움의 계단을 올라가 올림픽 봉화대에 성화를 점화한다. 백만 달러 이상의 비용을 들여 1,031대의 카메라와 164명의 카메라맨을 동원하여 제작한 그 영화는 일본 전국의 경제적 번성과 지난 백년 동안의 성공을 구가하는 내용으로 가득 차 있다.[1]

아시아에서는 처음으로 열린 1964년 도쿄 올림픽에는 약 5,000명의 선수들이 참여했다. 350만 명의 일본인들이 6만 장의 개회식 입장권의 구매 신청에 몰렸다. 잘 훈련된—어떤 사람은 마치 로봇과 같다고도 했지만—일본 여자 배구 팀이 금메달을 획득하자 일본인들의 자긍심은 절정에 도달했다. 많은 일본인들에게 여자 배구 팀의 우승은 전세계에 전한 당시 일본의 이미지를 그대로 상징하는 것이었다.

또한, 올림픽의 개최는 일본 전체 경제를 통해 종합적 발전의 정점이 되기도 했다. 일본은 1964년 1월 도쿄 시내의 건물 높이를 31미터로 제한하던 건축 표준법을 개정하고, 뉴오타니 호텔과 가스미가세키 빌딩을 건축하여 고층 건물 시대의 막을 열었다. 10월 1일, 일본 국유 철도는 도쿄와 오사카 사이의 히카리 신칸센(초고속 철도)을 개통했다.[2] 한 시간

---

1) 이치카와가 제작한 올림픽 영화의 가장 큰 아이러니 중 하나는, 그 영화가 완전하게 상영된 것은 단 한 번뿐이며, 그것도 그 영화가 지나치게 예술성만을 추구하고 다큐멘터리적 요소가 부족하다고 혹평했던 고노 이치로 의원이 회원으로 있는 올림픽 조직 위원회에서였다는 점이다.

2) 일본 국유 철도(JNR)의 사장인 소고 신지는, 전 남만주 철도(the Southern Manchurian Railroad) 사장 고토 심페이의 묘소에서 광궤 철로 노선의 개통을 공표했다. 그 곳은 대단히 상징적인 장소였다. 왜냐하면, 고토를 비롯한 기타 인사들은 광궤 철로를 사용하던 적군이 일본 철도를 점령하고 이를 이용하는 것을 막기 위해, 일본 철도에 협궤 철로를 채택할 것을 줄기차게 주장해 왔기 때문이다. Yutaka Kosai, *The Era of High-Speed Growth: Notes on the*

에 200킬로미터 이상의 속도를 내는 이 새로운 철도는 그 당시 세계 어느 곳에서도 볼 수 없었던 것으로 일본에서 가장 큰 두 도시 사이의 거리를 세 시간으로 단축시켰다.[3] 도쿄 수도 고속 도로의 첫 구간도 1964년에 개통되었다. 신칸센 철도와 함께 고속 도로의 건설은 국가 이익 프로젝트를 위해서 토지를 확보하고 계약자를 고용하며 작업 계획을 급속화시키고 시민들을 동원하는 일에 대한 정치적 정당화를 제공해 준 것이었다.[4]

이런 승리들을 반영하여 일본의 GNP는 1964년 이탈리아와 영국의 수준을 능가하여 옛 서독에 근접하였으며, 일본은 미국과 옛 소련 다음으로 세계에서 세번째의 경제 대국이 되었다. 이처럼 일본이 서구를 따라잡는 결정적인 요인이 된 것은 수출에서의 성공이었다. 1964년은 20년 동안 지속해 온 일본의 국제 수지 적자 운영의 마지막 해가 되었다. 1955년에서 1970년 사이에 일본의 국제 무역액은 세 배로 늘어났고,[5] 세계 시장에서 일본 상품이 차지하는 비율도 대폭 늘어나 일본을 국가 재정의 흑자국으로 만들었다.[6]

1964년, 마쓰시타 전기, 소니, 하야카와 전기, 도요타 자동차, 산요 전기, 닛산 자동차 등 일본의 수많은 기업들은 10년 전에 비해 10배 내지 20배의 판매액과 이익을 올렸다(이와는 대조적으로 포드 자동차는 가장

Postwar Japanese Economy (Tokyo, University of Tokyo Press, 1986), p. 154.

3) Paul H. Noguchi, *Delayed Departures, Overdue Arrivals: Industrial Familism and the Japanese National Railroad* (Honolulu, University of Hawaii Press, 1990), p. 31.

4) Herman Kahn and Thomas Pepper, *The Japanese Challenge: The Success and Failure of Economic Success* (New York, Crowell, 1979), pp. 133~134.

5) 1870년부터 1913년 사이 3.5퍼센트의 성장률과 1913년부터 1950년 사이의 단 1.3퍼센트 성장률과는 대조적으로, 그것은 연 7.6퍼센트에 달하는 것이었다. Angus Maddison, *Economic Growth In the West: Comparative Experience in Europe and North America* (New York, Twentieth Century Fund, 1964).

6) 그러한 변화(shift)가 연속적인 것은 아니었다. 1960년대 말 2년(1967년과 1968년) 동안, 그리고 유가 폭등 이후 3년(1973년, 1974년, 1975년) 동안에, 일본의 총수출은 총수입을 밑돌았다. 그럼에도 불구하고, 1964년의 전반적인 추세는 무역 적자에서 무역 흑자로 변화했다.

번창한 10년 동안이었다는 1920년대에도 일본과 같은 엄청난 성장을 기록한 적이 없었다).[7] 자동차 업체와 전기·전자 업체들이 누린 호황과 성공의 바탕이 된 것은 기업 자신이 중심이 되어 추진했던 기술 혁신, 고품질 상품, 특별하고 예외적인 국제 경쟁력이었다.

1964년, 모토마치에 있는 도요타의 '적시 공급' 공장과 오파마에 있는 닛산 공장에서 일본은 처음으로 국제적인 경쟁력을 갖춘 자동차를 생산하기 시작했다. 상징적으로 전국의 자전거와 오토바이 생산은 성장 한도에 도달했다. 삼륜 운송 수단의 생산량은 1963년도에 비해 3분의 1로 줄어들었다. 반면 처음으로 자동차 생산량이 50만 대를 돌파했다(1967에 그 숫자는 140만으로 늘어났고 1968년에 200만에 도달했다).[8] 1960년까지만 해도 일본 소재의 기업들이 세계 자동차 시장에서 차지하는 판매 비율은 1퍼센트에 불과했다. 1970년에 이르자 이 비율은 20퍼센트로 치솟았다.[9] 1972년, 일본 기업들은 일 년에 400만 대를 생산하여 그 중 4분의 1을 수출하였다.[10]

사기업이 주도한 자동차 산업의 대대적인 성공과는 대조적으로 정부의 정책은 컴퓨터 산업에 초점을 맞추었다. 예를 들어, 후지쓰는 통산성(MITI)이 주도하던 정부 프로젝트와의 조정과 오키 전기, 일본 전기(NEC)와의 연계하에 FACOM 230-250을 생산하였는데, 이것은 정부와

---

7) Yoshikazu Miyazaki, "Excessive Competition and the Formation of *Keiretsu*," in Kazuo Sato, ed., *Industry and Business In Japan* (Armonk, N. Y., M. E. Sharpe, 1980), pp. 53~54.

8) *Nihon tokei nenkan* [Japan statistical yearbook] (Tokyo, Prime Minister's Office, various years).

9) *Automotive News* 로부터, Herman Schwartz, *States versus Markets: History, Geography, and the Development of the International Political Economy* (New York, St. Martin's, 1994), p. 255에 인용된 것과 같은 다양한 문제들이 제시되었다. 1980년 무렵 이 잡지의 시장 점유율은 34퍼센트까지 증가했다.

10) Nihon Kokusei Zue, *Suji de miru: Nihon no Hyakunen* [One hundred years of Japanese statistics] (Tokyo, Kokusei Zue, 1981), p. 167.

사적 부문의 기업군이 처음으로 만든 공동 작품이었다. 1964년에도 통산성은 전문화된 통합 회로를 개발하려는 목적에서 일본 전국의 최대 6개 생산 업체가 참여한 계획을 추진하기도 했다.[11] 또한 전국 최대 규모의 컴퓨터인 HITAC 5020을 도쿄 대학에 설치하였다.[12] 일본 컴퓨터 제조 업자들의 국내 시장 점유율도 1963년의 29.7퍼센트에서 1964년에 42.8 퍼센트로 증가했다. 바로 5년 전에 7퍼센트 미만이었던 것에 비하면 괄목할 만한 발전이었다. 1965년 일본 업자들의 시장 점유율은 52퍼센트를 웃돌아, 일본을 IBM이 다른 나라 컴퓨터 시장에서 큰 비율을 차지하지 못한 유일한 나라로 만들기도 했다.[13] 이러한 점에서 일본 정부는 컴퓨터 산업의 발전에 꾸준하고도 결정적인 역할을 담당했다.[14]

일본의 여러 산업 부문의 구조 조정의 역할을 맡은 것은 정부의 통산성이었다. 통산성의 노력은 1964년에 절정에 달했는데, 그 당시에 지정산업 진흥을 위한 특별법이 마련되었다.[15] 이 법은 통산성의 사하시 시게루의 발상에 의한 것으로 그 의도는 통산성이 컴퓨터 산업들을 다루면서 했던 것같이, '지정된' 산업들의 구조 조정을 강력히 추진할 수 있는 법적 근거를 마련하는 데 있었다. 통산성과 사하시의 시각에서 볼 때 일본 경제는 보호받고 있는 기업이 너무 많았다. 소기업의 수가 너무나 많았고 진정한 국제 경쟁력을 조성할 능력도 없었다. 통산성의 지도 아래 민

---

11) Kenneth Flamm, *Creating the Computer* (Washington, D. C., Brookings Institution, 1988), p. 187. 다음을 참조할 것. Marie Anchordoguy, *Computers, Inc.: Japan's Challenge to IBM* (Cambridge, Harvard University Press, 1989). 몇몇 일본 기업의 성공에도 불구하고, 같은해인 1964년, IBM은 집적 회로를 이용하는 IBM 360라인을 도입함으로써, 여전히 막대한 기술적 우위를 점하고 있었다는 사실은 주목할 만하다.

12) Kosai, *Era of High Speed Growth*, p. 120.

13) 자료는 Anchordoguy, *Computers, Inc.*, pp. 34~35에 근거함.

14) 대조적으로, 다음을 참조할 것. Scott Callon, *Divided Sun: MITI and the Breakdown of Japanese High-Tech Industrial Policy* (Stanford, Stanford University Press, 1995).

15) 이 법률은 1962년 말부터 1963년 중반까지 계속된 제43차 일본 국회에서 처음 도입되었으며, 제44차 국회(1963년 10월 23일~12월 23일)에서도 도입되었다.

간 부문과 협조하는 것이 국가 경제의 장기적인 부흥을 달성하기 위해 중요한 각 부문들을 현대화하는 데 절대적인 요건이 되는 것으로 여겨졌다. 통산성 관리들은 현대화 과정의 조정 없이는 일본은 국제 경쟁의 침식을 막기에 너무나 취약한 국가라고 주장했다.[16]

자민당과 이케다 정부는 이 법안의 제출을 승인하였다. 한편 비판론자들은 이 법안이 이미 과점의 성격을 지닌 일본 기업들을 더욱 강화하여 관료들의 감독하에 두고 동시에 소비자의 이익이나 국제 경쟁에 대해 무관심하려는 것 이외에는 아무 의미도 없다고 혹평하였다. 이 법안은 격렬한 논쟁 끝에 1964년 중반 소리 없이 폐기되고 말았지만 그 제의는 산업 정책과 부문별 구조 조정을 향한 일본 정부의 새로운 정향을 미시적으로 반영한 것인 동시에, 일본 국가 경제를 감독하려는 관료적 노력이 가장 활발했던 시기였음을 보여 주는 것이다.

일본의 소비자들은 일본이 급속하게 생산성을 향상할 수 있도록 한 촉매제이자 수혜자였다. 1950년대 중반까지만 해도 진공 청소기, 세탁기, 냉장고, 텔레비전을 가진 일본인은 거의 없었다. 1964년에 이르자 일본 국민의 27퍼센트가 진공 청소기를, 61퍼센트가 세탁기를, 38퍼센트가 냉장고를 가졌으며, 텔레비전은 90퍼센트에 이르렀다. 이러한 비약적인 증가는 트랜지스터 라디오, 카메라, 라디오, 재봉틀의 소유율에서도 마찬가지였다.[17]

일본은 제조·금융이 보다 새롭고 높은 수준에 이르게 되면서 OECD에 가입하였고 1964년에는 IMF의 8조 규정에 해당하는 지위로 진출하여 산업 민주 체제 공동체의 완전한 구성원임을 보장받았다. 1964년 도쿄의 오쿠라 호텔에서 102개 국가에서 1,800명의 대표가 참가한 IMF와 세계

---

16) Chalmers Johnson, *MITI and the Japanese Miracle* (Stanford, Stanford University Press, 1982), pp. 255~267.

17) Hugh T. Patrick and Henry Rosovsky, eds., *Asia's New Giant: How the Japanese Economy Works* (Washington, Brookings Institution, 1976), p. 76.

<표 1> 간추린 일본의 주요 경제 지표

	1945~ 1950	1950~ 1955	1955~ 1960	1960~ 1965	1965~ 1970	1970~ 1975	1975~ 1980
성장률	9.4	10.9	8.7	9.7	12.2	5.1	5.6
투자율	8.3	10.8	8.7	18.5	18.5	17.8	14.7
상대적 물가	0.89	1.37	1.45	1.25	1.02	0.98	0.86
노동 생산성 성장	9.4	10.9	8.7	9.7	12.2	5.1	5.6
제조업 생산성 증가	–	12.0	9.6	7.9	12.3	2.0	7.0

출처: 유다카 고사이, *The Era of High-Speed Growth: Notes on the Postwar Japanese Economic System* (Tokyo: University of Tokyo, 1986), p. 5, 7.

은행(World Bank) 총회가 열렸다는 사실만 보아도 일본은 새로운 국제적 지위를 인정받았다고 할 수 있다. 이케다 수상은 자신의 '국민 소득 배가 10년' 계획이 일정보다 앞당겨져 연간 9퍼센트의 성장률을 달성하고 있는 중간 시점에서 총회 기조 연설을 행했다. 이케다는 일본이 전전에 80년이 걸려도 달성하지 못했던 것을 전후 20년 내에 달성했다고 자랑스럽게 말했다.

〈표 1〉에서 알 수 있듯이 1960년대는 통계 수치상으로 보아 전반적으로 경이적인 기간이었다. 이 기간 동안에 경제 성장률, 투자, 노동, 제조업의 생산성은 모두 최고조에 달했다.

동시에, 보수 정치 체제가 '경제 성장', '우월 집단의 선발', '경쟁 강화'만을 겪은 것은 아니었다. 자민당의 보수 체제는 그와 같은 선풍적인 경제 성장이 남겨 놓고 도외시한 부문들을 개선하는 일에도 관심을 보였다. 그 예로서 일본의 가장 비경쟁적인 부문이자 보수 체제의 '표밭'이요 가장 중요한 지지 기반인 농업의 경우, 1964년 자민당의 의원들은 정부가 제시한 것보다 14퍼센트 인상한 가격으로 쌀을 수매하도록 했다.

단일 연도에 가장 높은 인상률을 기록한 쌀은 농민들이 가장 비능률적인 생산품에서 높은 가격을 얻어 낼 수 있는 능력을 가지고 있음을 보여 주었다.[18]

또한 1964년은 전후 기간을 통해서 방직 산업이 가장 높은 도산율을 나타낸 해이기도 했다.[19] 이에 대해 정부는 방직법을 제정하고 일본 개발 은행을 통해 방직 회사들이 과잉 생산량을 줄일 수 있도록 10억 엔을 제공했다. 뿐만 아니라 중소 기업청에게 지시하여 방직 회사들에게 저리 융자를 알선해 주도록 했다. 2년 동안 정부는 총 63억 엔(1,730만 달러)의 보조금을 지급했다.[20] 농업과 방직뿐 아니라 석탄 산업도 심각한 도산 상태에 있었다.[21] 소규모 철강 산업도 사실상 경쟁력을 상실해 가고 있었으며 몇 년 후에는 심각한 문제에 부딪혔다. 단적으로 말해서 1964년 한 해 동안 일본 정치 경제의 일부분은 급속도로 성장하고 국제 경쟁력도 증대하고 있었지만, 쇠퇴 일로에 있었던 기업이나 비경쟁적인 산업이 심각한 문제를 제기하고 있었다. 일본 정부는 카르텔화를 통한 재조직과 보조금이라는 수단으로 그런 상황에 대처해 나갔다.[22]

놀라울 정도의 경제 성장, 시민 생활 양식 변화, '시장'에서 밀려나는 부문을 위한 아낌없는 보조금 지급은 자민당 지배에 대한 반대 세력을

18) Michael W. Donnelly, "Setting the Price of Rice," in T. J. Pempel, ed., *Policymaking in Contemporary Japan* (Ithaca, Cornell University Press, 1977), pp. 143~200.

19) Robert M. Uriu, *Troubled Industries: Confronting Economic Change in Japan* (Ithaca, Cornell University Press, 1996), p. 72.

20) Ibid., p. 71. 다음의 글도 참조할 것. H. Richard Friman, *Patchwork Protectionism: Textile Policy in the United States, Japan and West Germany* (Ithaca, Cornell University Press, 1988).

21) Richard Samuels, *The Business of the Japanese State: Energy Markets in Comparative and Historical Perspective* (Ithaca, Cornell University Press, 1987), pp. 68~134; Hayden S. Lesbirel, "Structural Adjustment in Japan: Terminating 'Old King Coal,'" *Asian Survey* 31, 11(1991): 1079~1094. Uriu, *Troubled Industries*, pp. 95~102.

22) 다음을 참조할 것. Uriu, *Troubled Industries*; Mark Tilton, *Restrained Trade: Cartels In Japan's Basic Materials Industry* (Ithaca, Cornell University Press, 1996).

무력화시키기에 충분했다. 이미 1960년에 야당과 그 동조 세력은 엄청난 인원을 동원하여 도쿄를 2개월간 마비시키고 기시[岸] 정부를 거의 붕괴 직전까지 몰고 간 적이 있었다. 그러나 전에 하나로 단결되었던 반대 세력은 노동 운동 내부에 의견을 달리하는 집단들이 형성되어 모체인 총평(總評)을 탈퇴하고 보다 온건한 민간 부문의 연합 단체인 동맹(同盟)을 결성하면서 내부 분열을 겪게 되었다. 더구나 1964년에는 국제 제철 노동자 연맹의 일본 위원회(IMF-JC)가 결성되었는데, 이 기구는 주로 경제적 성향을 지닌 연합체로서 그 후 수십 년에 걸쳐 비정치화된 노동 조합들의 활동을 위한 대변인 역할을 했다. 2년 후 철공 노련이 IMF-JC에 가입하면서 공공 부문과 민간 부문 노동 조합 사이의 조직과 전략적 분리가 완전히 이루어졌다. 총평과 대부분 공공 부문의 노동 조합인 산하 단체들은 과격한 계급·정치적 프로그램을 추진한 반면, 동맹과 IMF-JC, 그들의 민간 부문의 산하 단체들은 보다 온건한 경제적 노동 운동주의를 지향했다.

이와 병행해서, 1950년 전체 노동 인구의 50퍼센트를 차지했던 노동 조합 가입자는 1964년 33퍼센트로 감소했고, 그 후 30년 동안 계속해서 감소하였다.[23] 그런데도 1964년, 파업, 노동 쟁의 때문에 상실한 조업 일수, 그리고 파업에 관여한 노동자 수는 역사상 가장 높은 수치를 기록했다.[24] 노사 관계는 쉽게 결렬되는 등 취약한 기반을 가지고 있었고 그 때만 해도 훗날 국제적으로 큰 관심을 끌었던 소위 일본식 '노사간 조화'의 징후는 전혀 찾아볼 수 없었다.

1964년 공명당(公明黨)이 결성되면서 자민당에 대한 반대는 더욱 희석

---

23) Rodosho, *Tokei Johobu, Rodo kumiai kihon chosa* [Basic survey of trade unions] (Tokyo, Okurasho Insatsukyoku, annual).

24) 이 지표들 중 몇 가지는 1964년을 전후한 여러 시기에 약간 더 높은 수치를 보인다. 그러나, 전반적으로 모든 통계 자료들을 종합해 볼 때, 1964년이 단일 연도로서는 가장 격동기였다. 여하튼, 요점은 그 해가 노사 관계가 쇠퇴하기 시작하는 해였다는 것이다.

되었다. 전적으로 종교 운동인 창가학회(創價學會)의 지원에 의존하면서 1960년에 창당한 민주 사회당(民主社會黨)이 두번째의 중도 정당으로 떠올랐다. 이들 두 소수 중도 정당의 등장은 1955년 이래로 일본 정계를 지배해 온 양당 체제가 종말을 맞이했음을 보여 주었다.[25]

1964년에 일어났던 상징성을 띤 두 가지 정치적 사건을 언급하는 것도 중요하다. 즉 하나는 전례없이 이케다 하야토가 7월 자민당 총재로 3선되었다는 것이고, 또 하나는 그가 채 6개월도 지나기 전에 사퇴하고 사토 에이사쿠가 후임자가 되었다는 것이다. 두 사람은 모두 정계에 입문하기 전 오랫동안 관료 생활을 하였다. 이들은 고도 성장의 정치 경제와 미국과의 긴밀한 유대 관계를 정치적 신조로 삼고 그 정책 집행에 깊이 관여해 왔으며, 그 동안 일본 사회를 분열시켜 온 이념적 대결에 대해서도 최소한의 관용을 가졌다. 또 1964년은 매우 감정적인 대립을 가져올 수 있는 쟁점인 헌법 개정 문제를 논의하면서 10년 가까이 존속해 온 헌법 위원회를 해체한 해이기도 하다. 이케다와 사토 두 사람의 재임 기간을 합친 12년 동안 행정부에 대한 자민당의 장악은 곧 야마구치가 말하는 '자민당 정치의 황금 시대' 의 배경을 이루었다.[26]

자민당은 선거 때마다 경이적인 경제 업적과 당 지도부의 결속, 정적들의 이합 집산과 분열, 경제적으로 격변하는 사회에 적응하지 못한 사람들을 위한 여러 가지 보상 등을 통해서 많은 이득을 보았다. 흥미롭게도 1963년 공안 보고서는 국가 경제의 성공이 1960년대 초 유권자층을 전향시키는 데 결정적인 역할을 했음을 인정하고 있다. 이 보고서는 경제 성장이 일본인 좌익 세력의 정치적 호소력을 약화시키고 GNP주의의

25) 그럼에도 불구하고, 1976년이 되어서야 자민당과 사회당을 합한 총 중의원 의석 수가 75퍼센트 이하로 떨어진다.

26) Yamaguchi Yasushi, "Sengo Nihon no seiji taisei to seiji katei" [The political system and the political processes of postwar Japan], in Miyake Ichiro et al., Nihon seiji no zahyo [The coordinates of Japanese politics] (Tokyo, Yuhikaku, 1985), p. 97.

이념을 널리 퍼뜨리는 데 기여했다고 지적했다.[27] 1960년 기시 내각이 사임한 지 3년 만에 자민당은 중의원 선거에서 55퍼센트의 득표율과 의석 수의 60퍼센트를 차지하였으며 제1야당인 일본 사회당은 29퍼센트의 득표율을 기록했다.[28] 참의원 선거에서도 보수 세력이 250석 중 142석(56.8퍼센트)을 얻은 데 비해 일본 사회당은 66석(26.4퍼센트)을 차지했다.[29] 산업화된 나라들 가운데 어느 정당도 자민당과 같이 압도적으로 유리한 선거 기반을 유지했던 정당은 없을 것이다.

국제 관계로 눈을 돌리면, 1964년은 중국이 처음으로 핵 실험을 실시하고 5개 국가로 구성된 '핵 클럽'에 가입한 해이기도 했다. 백악관도 중국이 아시아에서 지정학적으로 일본의 강력한 라이벌이어서 중국의 핵 실험이 일본을 '핵 무장화'하도록 유도할 것이라는 결론을 내리기도 했지만, 군사적으로 저자세를 유지하려는 일본 정부의 입장은 흔들리지 않았다. 일본은 미 · 일 안보 조약, 미국의 핵 우산, 일본 본토 내의 미군 주둔, 그리고 막강한 미 제7함대에 자국의 방위를 의존하는 입장을 지속하였다. 1964년, 일본 방위비는 GNP의 1.2퍼센트에 불과했다. 그러나 3년 후 그 비율은 1퍼센트 이하로 떨어져 그 수준의 방위비를 20년간 유지했다. 그 동안 아시아에서 세력 균형에 현저한 변화가 일어났지만 일본 지

27) Beverley Smith, "Democracy Derailed: Citizens' Movements in Historical Perspective," in Gavan McCormack and Yoshio Sugimoto, eds., *Democracy in Contemporary Japan* (Armonk N. Y., M. E. Sharpe, 1986), p. 164.

28) Muramatsu Michio, Ito Mitsutoshi, and Tsujinaka Yutaka, *Nihon no Seiji* [Japanese politics] (Tokyo, Yuhikaku, 1992), pp. 122~123. 1972년 중의원 선거는 이 시기에 아마도 유일하게 주목할 만한 역전 현상이었다. 그 당시 사회당의 총득표율은 19.4퍼센트에서 21.9퍼센트로 증가했으며, 1983년 다시 한 번 (20.9퍼센트에서 21.9퍼센트로) 증가했다. 그러나, 전반적으로는 사회당은 명확하게 하향세에 있었고, 1963년에 (의석의 30.8퍼센트에 해당하는) 29퍼센트에서 1986년 의석의 16.8퍼센트와 득표의 17.2퍼센트 수준으로 떨어졌다. 오직 1990년에만 실질적인 역전 현상이 발생했는데, 이 때에는 의석의 26.6퍼센트와 득표의 24.4퍼센트를 획득했다.

29) Seizaburo Sato and Tetsuhisa Matsuzaki, *Jiminto seiken* [The LDP regime] (Tokyo, Chuo Koronsha, 1986), p. 360.

도층은 그러한 상황을 감지하려 하지 않았거나, 낮은 군사비를 유지하면서 경제 성장에 초점을 맞추어 온 종전의 방침을 바꾸어야 할 정도로 위협적이라고 여기지 않았다.

이러한 정책적인 균형은 1964년 권위 있는 일본의 월간 잡지인 〈중앙공론(中央公論)〉지에 실린 글에서 잘 나타난다. "해양 국가로서의 일본"이라는 제목의 글에서 교토 대학의 고사카 마사타카 교수는 낮은 군사비를 유지하는 것과 경제 발전에 주력하는 일본의 예지를 극구 칭찬하고 있다. 군사적 관점에서 보아도 일본의 신중상주의적 외교는 두 가지 이유에서 매우 적절하다는 것이다. 첫째, 핵무기의 개발은 군사력의 윤리적 정당성뿐 아니라 효율성을 크게 감소시키고 있다는 것이다. 둘째, 일본은 미 제7함대에 의해 충분히 보호받고 있으므로 방위 면에서도 재무장한다는 것은 쓸데없는 일이라는 것이다. 정치적 관점에서 보아도 요시다의 신중상주의는 일본의 전후 민주화 목표와도 조화를 이루고 있다는 것이다.[30]

이러한 관점의 연장선상에서 미국 국무성은 주일 미국 대사였던 라이샤워와의 협의 아래 일본의 장래에 대한 정책 건의서를 백악관에 보냈다. 이 건의서는 일본의 경제적 목표를 위해 미국의 최고위층이 계속적으로 협조하고 지원할 것을 촉구하면서 "일본 수입의 제한을 요구하는 미국 산업들에 대한 행정부의 강력한 저항"을 제안했다.[31] 미국의 반공주의가 일본의 수출 드라이브를 지원하기 위해 미국의 시장을 개방해야 한다는 정당화가 이루어진 것이다.

아무리 잘 찍어도 스냅 사진은 매우 복합적인 상호 작용의 일부 정지

---

30) *Journal of the Social and Political Ideas of Japan*, 3, 2(1965): 52. 이것은 Kenneth Pyle, *The Japan Question* (Washington, AEI, 1992), p. 28에서 인용되었다.

31) Walter LaFeber, "Decline of Relations during the Vietnam War," in Akira Iriye and Warren I. Cohen, eds., *The U.S. and Japan in the Postwar World* (Lexington, University of Kentucky Press, 1989), p. 97.

된 틀만을 포착할 수 있을 뿐이다. 그 틀 밖에서 일어나는 일과 사진을 찍기 전이나 후의 일은 묘사하려는 사건들을 이해하는 데 절대적으로 필요할 수도 있다. 단일 시간에 한 시점에서 열두 개나 그 이상의 사건들을 요약함으로써 일본의 정치 경제를 파악하려 할 경우 그것은 선택적이고 인상적일 수밖에 없다. 그러나 동태적인 것과 변화를 추가함으로써 스냅 사진들을 비디오 같은 것으로 변화시키면 정치 체제의 핵심적인 측면들을 부각시키고 맥락을 파악할 수 있을 것이다.

제1장에서 논의한 것과 같이 체제는 공공 정책 양상, 정치·경제적 제도, 그리고 사회 경제적 연합 세력이라는 세 가지의 핵심적인 구성 요소를 지니고 있다. 이제는 1960년대 중반에 초점을 맞추어 하나하나를 좀 더 자세히 검토하고, 그것이 다른 산업 민주 국가의 구성 요소들과 어떻게 다른가를 강조하려고 한다. 어느 체제에서이고 공공 정책이란 가장 눈에 띄고 순응성이 있는 요소이기 때문에 우선 그것을 분석의 시발점으로 삼고자 한다.

중상주의의 침투의 공공 정책

특히 경제와 관련한 정책은 보수 체제를 끈끈하게 이어 주는 접착제와 같을 뿐 아니라 그 체제의 구성 요소들 사이의 상호 작용을 원활하게 해 주는 윤활유와도 같은 것이었다. 서로 흩어져 경쟁적인 지침을 가지고 행동했을 다양한 집단들을 제각기 혜택을 얻을 수 있게 함으로써 하나의 보수적인 블록으로 융합시킬 수 있었다. 그 결과 보수 체제를 지원하는 사회 경제적 동맹체들을 계속 접합시키고 또한 심각한 정치적 도전으로부터 기존의 제도적 장치를 절연시킬 수가 있었다.

일본 정책의 바탕을 이룬 것은 경제적 민족주의로서 1854년 페리의 함선이 일본에 도착한 이래로 일본 엘리트의 사고를 지배해 왔다. 그러나 메이지 유신 이래 처음으로 일본은 전쟁에 휘말리지 않고 자신의 경제적 행동 지침을 추구할 수 있었다. 그러니까 일본의 전후 경제 민족주의는 과거에 있었던 높은 군사 비용과의 연계라는 틀에서 벗어날 수 있었던 것이다. 전후의 정책은 군사적이기보다는 중상주의적인 경제적 민족주의였다. 사무라이[武士]가 월급 생활자에게 항복한 것이다.[32] 그 특징을 가장 잘 표현해 주는 복합체는 '중상주의의 침투'이다.

중상주의는 국내 산업의 육성과 보호를 강조하면서 선진국들을 뒤쫓아 가려는 정책을 통해서 민족 국가의 거시 경제적 이익의 증진을 추구하려 한다. 일본의 중상주의는 용이한 시장 진입, 가격 경쟁, 그리고 개인들의 단기적 경제 선택 등을 촉진했던 국제적으로 비교적 폭넓게 실천되어 온 자유 방임주의나 경제 자유주의와는 현저한 대조를 이룬다. 일본의 보호주의는 수출 산업을 개발하는 데 목적을 두었고 중상주의는 중남미에서 흔히 볼 수 있는 국내 자립 경제에 초점을 둔 수입 대체 정책과는 달랐다. 끝으로 일본의 중상주의는 강한 사회 복지적 요소와 개인 시민들의 보호를 포함했던 유럽 대륙의 경제 정책들과도 전혀 달랐다.

일본의 정책은 매우 직선적이고 단순했다. 즉 고부가 가치 산업에 속하는 보다 국제적 경쟁력을 갖춘 일본 기업들의 거시 경제적 성공이 목표였다. 그 목표를 달성하려면 두 가지 광범위한 변화가 필요했다. 첫째, 지금까지처럼 농업과 중소 기업에 지나치게 의존해 온 경제를 보다 자본 집약적이고 기술 면에서 우수한 상품, 특히 공산품을 생산할 수 있는 경제로 전환시키는 일이었다. 이러한 전환을 위해 가장 시급한 것은 국가 경제의 사회 간접 자본, 특히 항만, 철도 시설, 공업 용수 조달, 철도망,

---

32) Richard J. Samuels, *Rich Nation, Strong Army: National Security and the Technological Transformation of Japan* (Ithaca, Cornell University Press, 1994); Michael Green, *Rearming Japan* (New York, Columbia University Press, 1996). 두 저자 모두 국제적인 과학 기술을 개발하고 현지화(indigenize)하려는 일본의 장기간에 걸친 지속적인 노력을 다루고 있다.

발전 시설 등의 개선이었고, 동시에 보다 높은 교육 수준, 건강, 보다 나은 작업 환경과 훈련 등을 포함하는 인력 기반의 개선도 필요했다.

둘째, 보다 높은 국제 경쟁력을 갖도록 하기 위해서는 일본 기업체 내부의 생산과 조직 방법을 개선해야 했다. 그러기 위해서 투자 자본, 새로운 생산 기술, 공급자, 생산자, 배급자 사이의 장애물들을 없애야 했고, 또한 미시 경제 차원에서 수없이 많은 기업 또는 부문별 개선이 필요했다. 그 수준에서 긍정적인 결과를 얻으려면 거시 경제적 차원에서의 정부 정책과 미시 경제적 차원에서의 개별 기업들의 조직과 행위 사이의 융합이 필요했다.

이러한 목표를 달성하기 위한 공식적 정부 정책은 철저하고 복합적이며 또한 상호 연관된 것이었다. 분석을 위해서 일본의 중상주의를 세 타래의 실로 짜여진 직물로 생각해 볼 수 있다.

첫째, 국내 시장은 농업, 기본재, 그리고 일본이 국제적 경쟁력을 가지려 했던 우수한 제조 산업과 같은 영역에서 외국의 경쟁 수입품이 침투할 수 없도록 거의 완벽하게 봉쇄해 버렸다. 일본 시장의 대부분은 일본인 소유의 공장 제품만을 가지고 경쟁하도록 제한했다. 뿐만 아니라, 자본 시장도 국내적으로 통제함으로써 외국인이 쉽게 일본 기업을 인수할 수 없도록 했고 저축, 금융 정책, 국가 자본 효용에 대해 광범위하게 통제했다.

둘째, 중상주의는 수많은 기업과 생산품의 국제 경쟁력을 강화하도록 했다. 정부는 주요 부문을 외부 경쟁이 미칠 수 없는 완충 지대로 만들어 놓고 공격적인 산업 정책을 추구했는데, 그 결과 사부문 행동과의 연관 속에서 일본의 제조 산업을 전혀 새로운 모양으로 만들어 냈다. 일본 시장을 원치 않는 외부 침투로부터 격리시켜 놓긴 했으나 일본이 자립 경제를 추구한 것은 아니다. 일본은 국내뿐 아니라 전세계적으로 판매 촉진을 추구했다. 벽으로 둘러싸인 국내 시장은 외국과의 경쟁을 방지하기보다는 우선 수출 능력을 조성하려는 데 의도가 있었다.

셋째, 국내에서 정부 경상비에 대한 엄격한 제한이 있었다. 정부는 가구당 저축을 장려하고 개인 소비 구매를 억제할 뿐 아니라, 세금 부담을 줄이고 긴축 재정 정책을 추구했으며, 사회 복지와 방위를 위한 비용을 줄이도록 했다. 또한 작은 정부를 유지하도록 했다.[33]

이 정책들이 신고전 경제 이론에서 벗어난 것임에도 불구하고 '경제적 상식'과는 일치하는 것으로 보이는데 여기에 하나 더 추가할 구성 요소는 중상주의적 성장의 논리와는 경제적으로 상치되는 것이었다. 즉, 정부는 명백히 정치적 이유로, 정치적으로는 중요하지만 경제적으로는 비능률적인 여러 경제 부문이나 지방에 관대한 보조금을 지급함으로써 일본의 경제 변혁에서 평등주의 추세를 조성하였다. 결과적으로 사회 민주주의 이념을 추구한 북유럽의 국가들을 제외하면, 일본은 개인적으로나 지역적으로 가장 낮은 불평등 수준을 유지한 나라가 되었다.

일본의 중상주의를 구성하는 세 타래의 실은 서로 잘 짜여서 보수 체제의 전반적인 정책 양상이라는 직물을 만들어 내게 된 것이다. 그러나 분석을 위해서는 그 하나하나를 따로 떼어서 검토할 수 있을 것이다.

국내 시장의 격리

제2차 세계 대전이 끝났을 때 미국의 생산성은 전전에 비해 약 세 배로 늘어났다. 미국의 GNP는 당시 2급 경제인 영국(1990년 중반에는 두 배 이하였지만)의 여섯 배에 달했다. 미국 기업들은 폭격이나 침략을 받지 않은 채 종전을 맞이했기 때문에 해외의 다른 경쟁자들보다 매우 유리한 국제 경쟁력을 가지고 있었다. 이 비교 불균형에 힘입어 많은 미국

---

33) Otake Hideo, "Hatoyama-Kishi Jidai ni okeru 'Chiisai Seifu' Ron"[An essay on 'small government' during the Hatoyama-Kishi period], in Nihon Seiji Gakkai, ed., *Sengo kokka no keisei to keizai hatten: Senryo igo* [Postwar state structure and economic development: From the occupation onward] (Tokyo, Iwanami Shoten, 1992), pp. 165~185.

기업들이 해외 활동을 확대하였고 전세계에서 거대한 시장 점유율을 차지할 수 있었다. 1950년대와 1960년대에 미국의 상품과 자본은 전무 후무할 정도로 세계 시장을 지배하였다.

그러나 대부분의 서구나 남미 국가들과는 대조적으로 일본은 미국 (그리고 다른 외국) 자본이 거의 침투하지 못한 나라였다. 일본 회사들은 자본과 기술이 시급한 상황이었지만 외국인에게 경영권을 내주는 것을 꺼렸던 것이다. 유럽의 회사들과는 달리 일본의 기업 지도층과 정치 지도층은 일본 경제의 중심부에 외국 기업이 침투하는 것에 대해 회의적이었다. 19세기의 유럽과 일본의 산업화를 비교 연구한 데이비드 란데스(David Landes)는 "일본에서 산업의 성장은 의심의 여지없이 외국 지배의 위협에 대한 응답이었다. 유럽에서는 이런 대응에 대해 거의 20세기에 이르기까지도 강력한 반대 의견이 존재했다"고 지적하고 있다.[34]

처음에는 외국의 지배가 얼마나 신속하게 한 부문 전체에 걸쳐 이루어졌는가에 대해서는 미국이 일본을 점령했던 시기에 서방 국가들의 회사가 일본 정유 산업에 쉽게 침투했던 사실과 항공 및 어업 조약을 통해 일본이 불균형적인 입장에 놓이도록 강요했던 사실로 명백하게 드러났다.

그 결과 일본은 경제적 철조망을 설치하여 외국 기업이 일본 시장과 상품, 그리고 그들의 자본에 침투하는 것을 방지하였다. 단지 원자재와 공작 기계와 같이 국내 제조업을 위해 절대 필요한 수입 품목에 대해서만 좁은 문을 열어 놓았다. 전국의 자본 시장도 외부와 격리시켜 놓았다. 잠재적 투자가나 차용자 사이의 거래도 국경 내부로 국한시켰다. 외국 자본의 도입은 근본적으로 막았고, 일본 자본은 외부에 나가지 못하도록 했다.

이런 장벽을 유지하는 데 절대로 필요했던 것은 외환 통제법(Foreign

---

34) David S. Landes, "Japan and Europe: Contrasts in Industrialization," in William W. Lockwood, ed., *The State and Economic Enterprise in Japan* (Princeton, Princeton University Press, 1965), p. 153.

Exchange and Control Low)과 외국 투자법(Foreign Investment Law)
이었다. 이 법으로 수입을 위한 외환 분배에 엄격한 쿼터제를 적용하였
다. 또한 외환 통제법은 정부가 명시적으로 허용한 것을 제외하고는 모
든 외환 행위를 금지한다는 '부정적 원리'에 기반을 둔 것이었다. 제임
스 혼(James Horne)의 표현에 따르면 "그 법 시행의 구체적 내용을 제
시한 시행령과 내각의 명령, 부처 조령, 그리고 지시 사항들은 시장이 아
니라 어떻게 하면 가용 외환의 혜택을 최대화할 수 있는가에 대해 최선
의 판단을 내릴 수 있다는 정부의 신념을 반영한 것이었다."[35]

   실제로, 1950년대와 1960년대 초 극소수의 외국 소유 방계 회사들만
이 승인을 받았다. 따라서 1950년대를 통해서 일본은 다른 어느 산업 국
가보다 미국 투자자들에게 인기 없는 나라였고 콜롬비아, 페루, 필리핀
보다도 매력이 없는 시장이었다.[36]

   이런 규제에 대한 구실을 제공한 것은 국제 수지 균형이라는 고려 사
항이었다. 그 후 다른 고려 사항도 추가되었다. 예를 들면, 소규모 기업
을 부당하게 위협하거나 산업 질서를 심각하게 어지럽히거나 일본의 기
술 발전을 심하게 방해하지 않는 한에서만 투자를 허용하도록 했다.[37]
1963년 일본은 OECD에 가입하기 위해 일련의 자유화 조치를 취했다.
그 후 1967년 7월, 1969년 3월, 1970년 9월, 1971년 8월에 추가로 규제
를 완화했다. 그러나 잠재적 투자가들은 그들이 제시하는 투자가 일본에
게 손해를 주는 것이 아님을 의심 많은 일본 관리들에게 입증해야만 하

35) James Horne, *Japan's Financial Markets: Conflict and Consensus in Policymaking*
   (Sydney, George Allen and Unwin, 1985), p.144.
36) Dennis Encarnation, *Rivals beyond Trade: America versus Japan in Global Competition*
   (Ithaca, Cornell University Press, 1992), pp. 49~50.
37) Lawrence B. Krause, "Evolution of Foreign Direct Investment: The United States and
   Japan," in Jerome Cohen, ed., *Pacific Partnership: United States—Japan Trade—Prospects
   and Recommendations for the Seventies* (New York, Japan Society and Lexington Books,
   1972), p. 164.

는 부담을 안고 있었다. 1970년대 초에는 소수의 예외를 제외하고는 일본 내에서 중요한 외국 직접 투자를 찾아볼 수 없었다.[38] 1970년대 후반까지도 일본은 비공산권으로는 세계에서 최대의 시장이었음에도 미국의 직접 투자를 받아들인 나라의 순위에서 11위를 차지하여 유럽 국가들뿐 아니라 베네수엘라, 브라질, 멕시코보다도 뒤져 있었다.[39]

관세와 쿼터제 역시 초기에는 수입을 제한하는 데 일정한 역할을 했다. 관세율은 기술 향상과 함께 상향 조정되었다. 즉 처음에는 원자재의 경우 거의 0퍼센트에서, 나중에는 자동차 같은 완성 품목에는 60퍼센트를 부과하였다. 뿐만 아니라 1960년대 일본은 400여 가지의 상품에 대해 수입 규제를 계속 유지했다. 1962년에 가서야 일본 정부는 '수입할 수 있는 품목' 들을 담은 짧은 목록을 수입 금지 품목의 목록으로 대치했다. 1960년까지도 일본의 전체 수입의 84퍼센트는 하나 또는 여러 개의 제약 조건을 따라야 했다. 1964년, 일본이 IMF의 8조 자격을 획득했을 때 공공연한 보호 조치의 상당수는 폐기되었다.[40] 그러나 많은 잠정적 관세가 도입되고 공공연한 수출 진흥 정책은 수출을 위한 추가 감가 상각이라든지 해외 시장 발전 조성 기금 같은 보다 새롭고 치밀한 정책들로 대치되었다.

외국 직접 투자에 대한 제한이란 회사간 교역이 수입에 별로 기여하지 못한다는 것을 의미했다. 제조 상품 수입은 지나치게 제약하면서 수출에 열을 올린 것은 일본을 산업 국가들 사이에서 가장 비뚤어진 수출-수입 균형을 지닌 나라로 남게 하였다.[41]

---

38) 본국으로 이윤을 송환할 수 없었음에도 초창기에 투자를 감행한 엔화에 기반한 기업들은 주의해서 보아야 할 예외적인 경우에 해당한다.

39) Mark Mason, *American Multinationals and Japan: The Political Economy of Japanese Capital Controls, 1899~1980* (Cambridge, Harvard University Press, 1992), pp. 193, 197.

40) Ito Motoshige, *Sangyoseisaku no keizai bunseki* [An economic analysis of industrial policy] (Tokyo, University of Tokyo Press, 1991), p. 22.

41) 구체적인 수치는 연감을 볼 것. 주요 산업 국가들 중 대부분의 경우 수입의 50~65퍼센트가

일본은 1968년까지 국내에 들어온 모든 기술들은 정부가 심사하였는데, OECD 국가 가운데 당시 그런 제약을 두고 있던 나라는 일본뿐이었다. 1974년까지도 수많은 기술 수입에 대한 규제는 유지되었다. 뿐만 아니라 일본 정부는 국내 어떤 회사도 외국의 기술 보유자와 독점 사용 계약을 맺을 수 없다는 입장을 고수했다.[42] 새로운 기술을 여러 일본 회사들이 공유할 수 있고 그것이 일본의 수출을 신장시키는 경우에만 외국의 투자를 허용했다.

세계 자본 시장으로부터의 격리가 일본의 제조 부문을 더욱 보호해 주었다. 일본 회사나 시민들은 해외에 투자할 수 없었고 외국 자본은 외환 통제법으로 통제되어 있어서 일본의 자본 시장은 전세계의 이자율이나 자본 운동의 동요로부터도 완충 지대를 형성하고 있었다. 더구나 자본 제약은 주식 취득이나 직접 매수를 통한 외국 자본의 경영권 취득을 어렵게 만들었다.

일본의 자본도 외부 지향적은 아니었다. 1951년부터 1971년까지 일본의 전체 해외 직접 투자 총액은 40억 달러를 약간 초과했으며 그 대부분인 약 60퍼센트는 1969년과 1971년 사이에 이루어졌다.[43] 1972 회계 연도까지 일본의 극히 제한된 해외 투자의 3분의 2는 비제조 부문에 국한되었다. 일본 회사들은 해외 투자에 적극적이 아니었으며 투자는 주로 일본 본토에서의 제조 품목 수출과 연결되는 원자재의 확보를 위해 이루어졌다.

외국 자본 시장으로부터의 격리 때문에 일본의 대장성(大藏省)은 일본

'제조품'인 반면, 1970년대 중반 일본의 경우는 수입의 단 30퍼센트만이 제조품이었다. 그런가 하면, 어떤 나라도 일본의 95퍼센트에 달하는 '제조품 수출'을 따라가지는 못했다.

42) 이 점은 Texas Instruments의 경우에 특히 흥미를 끈다. 이 회사는 어떠한 단일 일본 기업도 반도체 기술을 독점하지 못하도록 하는 반도체 기술 특허 협정을 맺었다. 다음을 참조할 것. "TI Gives in to Tokyo," *Business Week,* January 27, 1968, p. 132.

43) 약간 다른 수치와 계산법이긴 하지만, 다음 글은 똑같이 혹평을 하고 있다. Krause, "Evolution of Foreign Direct Investment," pp. 166~168.

통화의 저가 정책을 유지할 수 있었다. 1949년부터 브레턴우즈 체계가 무너지던 1971년까지 환율은 1달러당 360엔으로 고정시켜 놓았다. 일본 경제가 성장하고 국제 수지 흑자가 계속 늘어나자 엔화는 보다 평가 절하되었다. 이것이 일본 소비자(그리고 수입 업자들)의 비교 구매력을 저하시켜 결과적으로 외국 상품 수입에 대한 또 하나의 장벽을 제공하였다. 360대 1이라는 환율은 외국 상품을 매우 고가품이 되도록 하였다.

자본 시장의 격리는 또한 일본인 예금자들의 선택의 폭을 좁히는 결과도 가져왔다. 개인이 그들의 돈을 예치할 수 있는 방법은 우편 저축 제도였으나, 정부에 의해 국제 수준으로 보아도 매우 낮은 이자율이 설정되어 면세이긴 했지만 예금자들에게는 이자 지급이 거의 없었다. 그러나 여러 가지 이유로 해서 일본의 개인별 저축률은 세계에서 가장 높았으며 정부와 은행은 방대한 재원을 확보하여 그것을 기업들에게 낮은 이자율로 융자할 수 있었다.[44] 일본의 경제 성장은 이처럼 개개인의 저축이 대대적으로 일본 기업으로 자금 이동한 것에 크게 의존했다 해도 과언이 아니다.

외국의 경쟁에 대한 광범한 제약들은 여러 가지 목적에 부합했다. 일본 회사들은 국내 시장에서 특히 철강, 자동차, 카메라, 소비재 전자 제품같이 보다 수준 높은 생산력을 가진 외국 회사와의 직접적인 경쟁으로부터 격리되었다. 한편, '일본 것을 살 수밖에' 없도록 제한된 선택 속에서 국내 소비자들의 구매는 수많은 국내 생산자들에게 내부적 자극을 제

---

44) 이 과정은 해외 투자 및 차관 프로그램(the Foreign Investment and Loan Program)을 통해 이루어졌다. Yukio Noguchi, "The Role of the Fiscal Investment and Loan Program in Postwar Japanese Economic Growth," in Hyung-ki Kim, Michio Muramatsu, T. J. Pempel, and Kozo Yamamura, eds., *The Japanese Civil Service and Economic Development : Catalysts of Change* (Oxford, Oxford University Press, 1995), pp. 261~287 ; Kent E. Calder, "Linking Welfare and the Developmental State : Postal Savings in Japan," *Journal of Japanese Studies* 16, 1(1990) : 31~60 ; Hiromitsu Ishi, "The Fiscal investment and Loan Program and Public Enterprise," in Tokue Shibata, ed., *Japan's Public Sector : How the Government Is Financed* (Tokyo, University of Tokyo Press, 1993), pp. 82~102.

공해 주기도 했다. 1억 1,000만에서 1억 2,000만 인구를 가진 일본 국내 시장의 대대적인 규모에 비추어 국내 시장 보호를 통한 국내 기업들의 육성이라는 '온실' 전략은 일본 경제 전체는 물론 다수의 일본 제조 업자들에게도 커다란 성과를 가져 왔다. 비교적 안정된 국내 기반을 가졌던 일본 회사들은 유럽 회사들과는 달리 국내 기반에 대한 큰 걱정 없이 해외에서 시장을 개척할 수 있었다.

사실상 전쟁이 끝난 한참 후에도 일본은 주요 외국과의 경쟁으로부터 봉쇄된 국내 시장을 갖고 있었다. 스포츠에 있어서 마이너 리그처럼 지방의 선수들이 국제 시장과 같은 보다 경쟁적인 메이저 리그로 한 단계 올라갈 수 있을 정도로 충분한 실력이 있음을 과시할 때까지 일본은 외국의 경쟁으로부터 격리되었던 것이다. 되도록 외국 투자를 기피하고 외국 제조·소비 상품을 적게 사용했으며, 외국 금융 이동으로부터 효과적으로 단절된 자본 시장을 갖추었던 일본은 다른 산업 민주 국가들과는 현저하게 달랐고, 오히려 세계의 개발 도상국과 유사한 면을 많이 가졌다.

더구나, 시장을 외국의 직접 투자에 개방함으로써 경제적으로 이득을 볼 수 있는 상당수의 자기 이익 지향적인 기업 지도층이 있는 나라와는 달리, 일본에는 국내 지향적인 일본 엘리트로부터 소외될 것을 각오하면서 외국인과 손을 잡고 자신들의 경제·정치적 행운을 얻고자 하는 강력한 매판 세력이 없었다. 위압적인 성격의 경제 민족주의와 일본 정치·경제 엘리트의 동질성이 보다 큰 규모의 외국 직접 투자 또는 제조품 수입을 통해서 잠재적인 단기적 이익을 추구하려는 일부 회사들에 대한 강력한 균형 요소로 작용하였다.[45]

---

45) 1960년대 중반 일본의 최고 경영자들에 대한 한 조사는 국가 관료들과의 이러한 동질성과 일치성을 보여 준다; 90퍼센트가 대졸자이고, 이 중 85퍼센트가 단 6개 대학 출신이며, 이들 중 대부분은 사실상 직장 생활 시기 전부를 회사에 바쳤다. Yoshimatsu Aonuma, "Business Leadership in Japan," *Bessatsu Chuo Koron*, spring 1963, pp. 298~307, spring 1963, pp.

산업 정책, 경제적 집중, 그리고 수출 진흥

이런 보호의 철조망 뒤에서 광범위한 국내 산업 재조정이 산업 정책, 경제적 집중, 그리고 수출 진흥을 통해서 추진되어 갔다. 전쟁이 끝났을 때, 일본은 매우 제한된 국내 생산과 국제 경쟁 기반을 갖고 있었다. 산업 재조직과 수출 진흥은 논리적인 선택이었다. 일본의 경제 관료들과 기업 경영자들은 영국과 미국에서 유행하던 자유 방임주의, 자유 무역, 또는 개방된 시장 철학을 배격하고 있었다. 찰스 킨들버거(Charles Kindleberger)가 말했듯이, 그들에게 이런 개념은 경제적으로 강력하고 이미 자리를 굳힌 수출 업자들의 보호를 위한 것에 불과했다. 남보다 먼저 시작하는 것은 신성한 권리이고, 외국의 산업이 수출 경쟁에 임하기 위해 세력을 집결하는 것은 도덕적인 범죄로 여겼다.[46] 일본 경제 관료들은 리카르도의 경제 이론에 나오는 불가피한 '비교 우위'—일본을 광범하고 싼 노동 공급에 바탕을 둔 생산으로 지향하게 했을 우위—를 받아들이기보다 일본 회사들을 위한 비교 우위를 창출하는 수단으로서 적극적인 정책을 활용하고자 했다.[47] 이러한 변화를 추구하기 위해서는 수많은 정책을 실천에 옮겨야 했다.

경제 기획청이 공고한 일련의 경제 계획이 국가 산업 정책을 수립하기 위한 폭넓은 지침이 되었다. 실제로 산업 재조직 작업은 주로 통산성이

298~307, in *Journal of Social and Political Ideas in Japan* 3, 3(1965): 54~60. 경제적 국수주의에 대한 보다 폭넓은 관점은 다음 글을 참조할 것. Noguchi Yuichiro, *Nihon no keizai nashonarizumu*[Japanese economic nationalism](Tokyo, Diyamondosha, 1976), esp. chap. 1.

46) Charles P. Kindleberger, *Power and Money*(New York, Basic Books, 1970), p. 120.

47) 그 차이는 다음 글에 아주 상세히 기술되어 있다. John Zysman, *Governments, Markets, and Growth: Financial Systems and the Politics of Industrial Change*(Ithaca, Cornell University Press, 1983), pp. 35~42. 다음의 글도 참조할 것. John Zysman and Stephen Cohen, "Double or Nothing: Open Trade and Competitive Industry," *Foreign Affairs*, summer 1983, pp. 1113~1139.

부문별로 집행했다. 초기 단계에 표적 산업이 되었던 것은 철강, 전력, 석탄, 조선, 화학 등 기본 산업들과 단순 수출 품목인 쌍안경, 단순한 전자 장비와 오토바이 등이었다. 점차 기술과 생산 과정이 개선되고 국내 시장이 확대되면서 자원과 관심은 훨씬 복잡한 제조 과정인 자동차, 중기계, 그리고 보다 복잡한 소비용 전자 산업으로 집중했다.

그 결과 나타난 것이 보다 집중된 독과점 구조였다. 1960년대에 매년 500개의 크고 작은 합병이 일어났고, 1960년대 말과 1970년대 초에 이르러 그 숫자는 매년 1,000개를 넘었다.[48] 1960년 일본 회사의 93퍼센트가 50만 엔 이하의 자본금으로 수립되었고, 1974년에 이 숫자는 76퍼센트로 떨어졌다. 그러나 10억 엔 이상의 자본금을 가진 주식 회사의 수는 네 배 이상 늘어났다. 산업 집중화 현상은 계속되었다. 1974년에 이르자 5개 이내의 주식 회사가 제철, 맥주, 나일론, 아크릴, 알루미늄, 철, 자동차, 판유리 산업 시장의 90퍼센트 이상을 차지하게 되었다.[49] 통산성의 광적 합병증의 극치가 1968년에 제철 산업의 대규모 합병으로 나타났다. 야와타와 후지 철강의 합병으로 생겨난 신일본 제철은 36퍼센트의 국내 시장 점유율을 차지하면서 세계에서 두번째로 큰 생산자가 되었다.[50]

통산성의 주도 아래 수많은 합병이 이루어졌지만 자동차와 전자 산업에서 보다 큰 결합을 시도했던 것을 포함해서 통산성의 모든 통합 노력이 성공적이었던 것은 아니었다. 통산성의 권한이 컸던 것은 의심할 여지가 없지만 나름대로 한계를 지니고 있었다. 합병은 단순히 정부의 명령만으로 이루어질 수 있는 것은 아니다. 통산성의 계획이 성공하려면 기업과 재정적 목표 사이의 일치성이 필요했다. 정부와 기업들은 리처드

48) Kosei Torihiki Iinkai, *Kosei torihiki iinkai nenji hokoku* [Annual report of the Japan Fair Trade Commission](Tokyo, Okurasho Insatsukyoku, 1975), p. 177.

49) *Nihon Kokuse Zue*, 1976, pp. 414, 416.

50) 일본 제철은, 미국의 점령기 동안에는 야와타와 후지로 나누어져 있었던 단일 기업이었다. 그러므로 전후 합병은 사실상 재통합이었다.

사무엘스(Richard Samuels)가 말하는 '상호주의적 합의'를 만들어 내는 과정을 거쳐야 했다.[51]

희소한 자본에 대한 정부 통제가 재조직을 위한 가장 중요한 수단의 하나였다. 목표를 위해서는 이 자본을 잘 활용하는 것이 매우 중요했다. 그래서 대장성은 1957년 말부터 '전시 지도(window guidance)'로 알려진 정책을 수립하였는데 이 정책에 의하면 개별 은행은 일본 은행과 대장성과 연계해서만 특정 회사나 일정 유형의 기업들에게 융자할 수 있었다. 기본 금융 정책은 확고하게 고정되어 있었지만 특정 산업이나 지정된 산업을 위해서는 예외를 만들어 주었다. 1963년부터 1967년 사이 비금융 회사들을 위한 새로운 자본의 6.2퍼센트만을 회사 자기 자본(equity financing)이 공급했으나 공채와 사채는 57.3퍼센트, 무역 예금(trade credits)은 30.5퍼센트를 공급했다.[52]

표적 회사들을 위한 금융 지원은 저리 융자와 민간 은행으로부터의 융자 확보, 감가 상각의 조속화, 적립금 면세 조치 등의 형태를 취했다. 그뿐 아니라 외환 통제법을 통해서 통산성은 목표로 한 산업의 목적을 달성하기 위해 부족한 원료의 선별적인 배분과 희소한 외환 신용이라는 수단을 이용하였다. 통산성은 외국 기술 획득, 설비 수입 면세 조치, 세금 보조비 제공, 날로 약화되었던 반독점법에 대한 광범한 예외 조치를 취하면서 호감을 갖고 있는 회사들을 지원하였다. 이러한 정책을 수행할 수 있는 권한은 공식적인 법 규정에 기초를 두었지만 실제로 '행정 지도'와 연관된 비공식적인 권력에 의해 이루어지는 경우가 많았다.[53]

---

51) Samuels, *Bisiness of the Japanese State*, esp. chap. 1.

52) Koichi Hamada and Akiyoshi Horiuchi, "The Political Economy of the Financial Market," in Kozo Yamamura and Yasukichi Yasuba, eds., *The Political Economy of Japan*, vol. I (Stanford, Stanford University Press, 1987), p. 233.

53) Imamura Shigekazu, *Gyoseiho Nyumon: Shimpan* [Introduction to administrative law: Revised edition](Tokyo, Yuhikaku, 1975); Frank K. Upham, *Law and Social Change in Postwar Japan*(Cambridge, Harvard University Press, 1987). chap. 5.

그 결과 일본의 제조 분야가 이룩한 성공에 대해서는 이미 널리 알려져 있다. 일본은 1950년에 세계 전체 선박의 10분의 1을 생산하다가 1972년에는 2분의 1을 생산하게 되었다. 철강 생산 기술은 너무나 빨리 개선되어 외국 철강이 일본 시장에 침투할 수 없었고, 1953년부터 1959년 사이에 그 생산량이 배가하였다. 1962년에는 또 그 두 배로 늘어났으며, 1964년에는 세계에서 세번째의 제철 산업국이 되었다. 석유와 석탄 산업도 정부의 표적 산업으로 1953년과 1971년 사이에 17.9퍼센트의 성장률을 기록하였다. 화학 산업은 같은 기간에 연 15퍼센트 성장하였다.

정부가 재조정의 표적으로 삼지 않았던 부문으로까지 대대적인 파급 효과가 일어났다. 1950년대까지도 일본은 사실상 제대로 된 자동차 생산 능력을 갖추지 못하고 있었다. 1972년에 이르러서 일본은 매년 400만 대를 생산하여 그 중 절반을 수출하였다. 1960년 중반까지도 일본 회사들은 가장 단순한 컴퓨터 칩을 만들기 위해 씨름해야 했다. 그러나 1970년 말에 이르러 일본 회사들은 세계 시장에서 16K RAM 칩의 40퍼센트를 점유할 수 있었다. 구체적인 수치는 차이가 있겠지만, 세계 시장 점유율에 있어서는 35밀리 카메라, 가전 제품, 시계, 계산기, 소형 트럭, 기계 공구, 그리고 십여 개의 다른 품목들도 대체로 이와 비슷한 상황이었다.

이러한 성공은 산업 재조직에 의해 달성된 규모의 절약과 통산성이 추진했던 독과점 체제 그리고 개별 회사들의 활동에 의해 달성된 것이었다. 개선된 생산 과정, 인사 관리, 기술 발전 등도 전반적인 성공을 위해 긴요한 것이었다. 사실상, 일본의 가장 성공적인 산업 중의 여러 분야(예를 들면, 35밀리 카메라, 가전 제품, 소비 전자 제품)와 개별 회사로서 가장 성공적인 회사(소니, 마쓰시타, 혼다)는 정부가 지원의 표적으로 삼았던 기업들이 아니었다. 그러나 전방이나 후방 연계를 제공해 주는 여러 산업에 대한 정부의 행동이 국가 경제의 전반적인 개선에 기여했다는 점은 부인할 수 없는 사실이다.[54] 그 중 가장 중요했던 것은 정부로부터 직접 큰 혜택을 받은 기업이나 그렇지 않은 기업이나 다 같이 기업 팽창의 모험을 하도록 한 정부 정책이 만들어 낸 친기업 분위기의 조성이었다.

여기서 두 가지 중요한 점을 지적할 수 있겠다. 즉 첫째, 일본의 정책은 신성한 추상적 개념인 '시장' 을 위해 구상된 것도 아니었으며, '소비자의 이익' 을 증진하기 위한 것도 아니었다. 일본 관리들은 국가 이익을 위해 유익한 방향으로 경제를 형성해 가는 것이 자신들의 최대 과제라고 생각했으며, 그것을 소비자 선택의 강화라든지 저물가보다는 거시 통계치를 가지고 측정하였다. 둘째, 시장 세력들을 조종하는 데 있어서 공식 또는 비공식적인 정부의 수단은 풍부한 것이었다. 그 결과 이미 논의한 대로, 일본 정부는 일본으로 들어오는 것과 나가는 것이 무엇인가를 결정하고 감시하는 도어맨의 구실을 했던 것이다.[55]

일반적으로 보아 특정 회사나 산업에 대한 정부의 보호책은 적어도 두 가지 문제점을 안고 있었다. 첫째, 대부분의 신고전주의 경제학자들이 지적하는 대로, 보호와 보증을 받는 국내 시장과 그와 같은 엄호를 받는 기업체들은 장비를 근대화하고 광범한 연구와 발전을 지원하며 상품의 질을 개선하고 가장 효율적인 생산 방법을 추구하며 기술을 향상시켜야 하는 등 여러 가지 압력을 덜 받게 된다. 그것을 할 의욕이 별로 없는 상황에서 능률이나 소비자 서비스를 개선할 필요가 있겠는가? 둘째, 정부가 본국 내에서 '국가 대표' 를 육성하려고 한다면, 대표들은 국경을 넘어서 경쟁력을 달성하고자 결심할 리 없다. 오히려 그러한 회사들을 무능한 친구들을 고임금으로 고용하도록 하기 위한 최후 수단으로 삼으려는 정치적 유혹에 강하게 끌릴 수 있다. 정치인들은 국가 대표의 생산품

---

54) 다음 글은 이러한 연계 효과들에 대한 유용한 토론을 제공한다. George C. Eads and Kozo Yamamura, "The Future of Industrial Policy," in Yamamura and Yasuba, *Political Economy of Japan*, 1: 424~429.

55) T. J. Pempel, "Japanese Foreign Economic Policy: The Domestic Bases for International Behavior," in Peter J. Katzenstein, ed., *Between Power and Plenty* (Madison, University of Wisconsin Press, 1978), pp. 139~190.

을 사용하는 사람들에게 혜택을 주기 위해 가격을 지시할 수도 있다. 국내 시장을 지배하고 있는 생산자들은 가격은 높고 질은 낮은 상품을 내놓아 국제 시장에서는 승산이 없는 경쟁자가 될 수도 있다. 한마디로 여러 가지 비능률적인 요소들이 내재해 있는 것이다.

일본의 산업 정책은 두 가지 문제를 다 회피할 수 있었다. 특정의 산업 부문들이 재구성되었을 때 여러 제조 업자들은 동시에 지원을 받았다. 정부 정책은 개별 회사들이 보다 세련된 기술을 추구하고 국제적으로 가장 좋은 업무 관행을 유지하며, 고도의 연구와 발전을 추구하고 계속적으로 시설을 개선할 것을 장려하였다.

비록 국내에 한정하는 것이라는 선을 긋고 하는 것이었지만 주요 회사들 사이에는 매우 활발한 경쟁이 이루어졌다. 가격 경쟁은 별로 없었지만, 회사들은 계속적인 기술 쇄신, 상품의 개선, 보다 나은 서비스의 제공, 기타 여러 가지 특성의 경제적 의욕을 가지고 있었다. 결국 이것이 여러 회사들로 하여금 국제적인 경쟁력을 갖추게 만든 요인이 되기도 했다. 뿐만 아니라 국제적으로 경쟁하던 회사들은 세련되면서도 가능한 한 비용이나 질을 의식하려는 의욕도 가지고 있었다. 협력과 조정이 경쟁과 서로 상존할 수 있었다.[56]

일본은 1980년 말과 1990년대 초에 '통상 국가'로 널리 알려져 있었지만,[57] 1960년도 일본의 수출은 세계 전체 수출량의 3퍼센트(수입은 그보다 약간 높은 4퍼센트였다)에 불과했다는 것을 기억할 필요가 있다. 1965년, 수출입을 합해서 무역량은 일본 전체 GNP의 10퍼센트 미만을 차지하였다.[58] 그러나 정부의 카르텔화와 산업 정책의 주요 목표는 일본의 수출 증진에 있었다. 그리하여 1952년 8월에 제정된 수출 및 수입 무

56) 다음을 참조할 것. Samuels, "Rich Nation, Strong Army," pp. 324~326.
57) Richard Rosecrance, *The Rise of the Trading State: Commerce and Conquest in the Modern World* (New York, Basic Books, 1986).
58) Nihon Kokusei Zue, *Suji de Miru*, pp. 344~345, 350~351.

역령(Export and Import Trading Act)을 기초로 해서 일본 정부는 수출 업자들이 수출과 관련된 가격, 질, 디자인, 또는 기타 문제에 대해 합의 하는 것을 허용하였다. 같은 해, 수출 수입 감액 제도를 실시하여 회사들 이 수출 판매에서 얻은 순수입의 일부에 대한 철저한 세금 감면을 받도 록 했다.[59] 그 외 여러 가지의 수출 유인적인 조건들을 제시했다. 즉, 특 별 면세, 반독과점 규제로부터의 예외, 희소 신용 대부를 위한 특혜, 특 정 수입 품목에 대한 관세 면제 조치, 수출 실적을 올린 회사에 대한 특 별세 우대, 세금 납입 기한의 연기, 그리고 어떤 경우는 공공연한 보조금 지급 등이 그런 유인 조건이었다.

그와 같은 특정 회사들을 위한 조치 외에도 정부는 일본 대외 무역 협 회(JETRO)라는 준무역 진흥 조직을 만들어 해외 시장 조사 활동을 지원 하고 일본 상품의 광고와 무역관들을 지원하였다. 정부의 예산 지원을 받은 또 하나의 기관은 일본 설비 수출 협회(Japan Plant Export Association)로, 이것은 중장비의 수출을 지원하고 설비 전체를 수출하 는 데 필요한 국제적 자문을 제공하려는 데 목적을 두었다. 적어도 열 개 의 연구소와 수출 진흥 계획, 수출 협회들이 1960년대와 1970년대에 걸 쳐서 정부의 예산으로 지원을 받았다.[60] 이 조직들은 도움을 요청하는 모 든 일본 회사에게 일반적인 수출 지원을 제공해 주었다.

일본의 전쟁 배상금도 해외 시장의 발전을 자극하는 요인이었다. 1950 년대 초에 동남 아시아 국가들에게 전쟁 배상금이 지급되기 시작했다. 수출 신용, 조건부 융자, 설비 수출, 장기 투자 계획 등 일본 자본에 전적 으로 의존하게 하는 전쟁 배상금 지급은 일본 회사에게 시장 확대의 기

---

59) 처음에 그 수치는 50퍼센트였으나, 1967년 수출에서 파생된 소득의 80퍼센트에까지 이르렀 다.

60) Yoichi Okita, "Japan's Fiscal Incentives for Exports," in Isiah Frank, ed., *The Japanese Economy in International Perspective* (Baltimore, Johns Hopkins University Press, 1975), p. 220.

회를 주었을 뿐 아니라, 개별 일본 기업가와 정치인들에게 엄청난 사적 이익을 얻을 수 있는 기회를 제공하기도 했다. 배상금 지불의 경험은 후에 일본이 아시아 지역에서 '대외 원조'라는 보다 광범한 노력을 위한 모델이 되기도 했다.[61] 1972년까지 일본의 원조는 일본의 상품을 구입하는 것을 조건부로 하였다. 그런 조건을 붙이지 않은 개발 원조 위원회(DAC)의 원조액은 다른 나라들과 비교할 때 매우 낮은 것이었다.

동남 아시아와 더불어 일본의 또 다른 주요 수출 시장은 미국이었다. 제2차 세계 대전 후 서방 세계 최강 경제 대국이자 전략적 지배권을 가지고 등장했으며 개방 시장과 경제적 연계에 바탕을 둔 경제 체제와 공산주의의 봉쇄를 위한 동맹 체제의 유지를 위해 노력했던 미국 정부는 경제적·정치적 이유 때문에 일본의 수입을 환영하였다. 적어도 전후 30년간 미국 정부의 정책은 주로 미·일 양국 관계의 전략 및 군사적 측면에 초점을 두어 왔으며 미국 상품을 위해 일본 시장의 개방을 요구하는 경제적 상호주의를 그다지 원하지 않았다.

이와 같이 주로 동남 아시아와의 두드러진 경제 관계를 토대로 한 무역 연계와 미국과 정치적으로 구축된 무역 관계를 바탕으로 일본의 수출은 한편으로는 아시아의 남쪽과 서쪽으로, 다른 한편으로는 태평양을 건너 북아메리카라는 두 방향으로 확대되어 갔다. 1960년대 중반 동안 일본 수출의 약 30퍼센트가 동남 아시아를, 약 27~28퍼센트가 미국을 대상으로 한 것이었다. 이와 대조적으로 유럽은 10퍼센트에 불과했고 아프리카는 7~8퍼센트, 중남미는 5퍼센트 정도였다.

캐나다를 제외하고는 산업 민주 국가로서 일본처럼 소수의 시장에 전적으로 의존하는 나라는 없었다.

---

61) Ogawa Kunihiko, *Kuroi keizai kyoryoku* (Dirty economic aid)(Tokyo, Shimpo Shinsho, 1974). 이 글은 배상 문제를 두고 전개된 더욱 더러운 거래들 중 몇 가지에 초점을 맞추고 있다.

균형 예산과 작은 정부

일본 보수 체제의 전반적 정책 양상의 세번째 핵심 요소는 엄격한 재정 정책과 작은 정부였다. 점령기부터 1965년까지 일본은 가끔 과도하게 균형 잡힌 예산을 조성할 정도로 이례적인 재정 긴축을 추구했다.[62] 그런 긴축은 공공 부문 채권의 이례적으로 낮은 이용도를 의미했고 희소한 자금을 위한 사적 경쟁을 제한하기도 했다. 사기업들이 희소한 자본을 위한 시장을 점거하고 있었기 때문에 그들의 전반적인 자본 비용은 저하되었다. 엄격한 재정 긴축 정책은 정부로 하여금 전반적인 세금 부담을 낮추도록 허용했다. 사실상 여러 해 동안, 예산은 충분히 초과 균형을 이루었기 때문에 어느 나라에 있어서나 정치적으로 매우 인기 있는 조치라고 할 감세 조치를 취할 수 있었다.

일본의 예산 정치는 너무나 잘 알려져 있다. 대장성은 매년 정부 각 부처의 예산 요구에 대해 최고 한도를 설정하는 지시문을 발송한다. 처음에 이 한도는 너그러운 것이었다. 그러나 시간이 가면서 보다 제약이 가해졌다. 결과적으로 각 부처는 새로운 프로그램을 추진하려는 강한 의욕에도 불구하고 대장성의 지시 내용을 초과하지 않는 예산안을 제출할 경우에만 그것을 시작할 수 있었다. 보통 이것은 각 부처가 계속해서 계획의 우선 순위를 수정해야 함을 의미했으며 덜 선호하는 프로그램을 없애거나 감축함으로써 새로운 프로그램을 포함시킬 수 있게 하거나 다른 부처에서 활동을 확대할 수 있도록 해 주었다. 그렇게 함으로써 한 편이 얻으면 한 편이 잃는 부처간의 제로섬(zero-sum) 경쟁을 감소시킬 수 있었다.

전후 기간 동안 대부분의 산업 민주 국가들의 가장 중요한 예산 항목

---

62) 영국에서 예산에 관한 고전적인 연구는 다음을 참조할 것. John Creighton Campbell, *Contemporary Japanese Budget Politics* (Berkeley, University of California Press, 1977).

은 국방과 사회 복지였다. 일본 예산은 이와 대조적으로 이 두 가지 항목을 산업 민주 국가 가운데 가장 낮게 책정하였다. 1950년대부터 1970년대까지 미국은 GNP의 7~8퍼센트를 국방비에 지출했고 대부분의 서유럽 국가들도 적어도 4~5퍼센트를 국방비에 지출했다. 이와 대조적으로 1956년 이후부터 일본은 정책상 국방비를 총 GNP의 1~1.3퍼센트 이상 지출한 적이 없었다.[63]

이러한 민간 지향적인 선택은 전혀 자율적인 것은 아니었다. 미국의 일본 점령 기간 동안의 비군사화 정책으로 인해서 전전 일본의 군수 산업은 완전히 해체되었고 평화주의적 정서가 헌법의 제9조(평화 조항)로 제도화되었다. 보수 정치의 진영 내에서 이 정책에 대한 심각한 이견들이 여러 시점에서 나타나기도 했다(이에 대해서는 뒤에서 자세히 기술하겠다). 그러나 1960년대 군사비의 실질적인 증가 시도는 보수 진영에서도 지지를 얻지 못했다. 전체 예산의 비율로 볼 때 일본의 군사비는 눈에 띄게 떨어졌다. 1950년대에는 군사비가 정부 일반 회계의 19.8퍼센트를 차지했으나 1960년에는 10퍼센트로 떨어졌고 1970년에는 7퍼센트를 약간 넘어섰다. GNP의 비율로 보면 군사비는 1955년의 1.8퍼센트로부터 1955년과 1970년 사이에 0.79퍼센트로 줄어들었다. 낮은 군사비 지출은 곧 민간 부문을 위해 보다 많은 돈과 자원이 투입되고 보다 적은 정부 예산, 그리고 보다 적은 자본 수요를 의미했다.

낮은 군사비 지출이 일본의 국가적 성장에 기여한 점을 패트릭(Hugh Patrick)과 로소브스키(Henry Rosovsky)는 다음과 같이 추정했다. 그들은 만일 일본이 방위비에 GNP의 6 내지 7퍼센트를 지출했다면 일본의 국가적 성장은 연간 2퍼센트씩 줄어들었을 것이라고 결론짓고 있다. 그런 의미에서 낮은 군사비 지출은 1954년부터 1974년 사이에 일본 전체

---

63) GNP의 1퍼센트라는 수치는 일본의 공식적 통계에 기초하고 있다. 이는 의도적으로 수치를 낮추어 잡은 것으로서 NATO의 계산과는 차이를 보인다. 그럼에도 불구하고, NATO의 계산 역시, 일본의 수치를 여전히 GNP의 1.5퍼센트 수준으로 잡고 있다.

경제의 30퍼센트 증가라는 수치로 환산할 수 있다.[64] 만일 30퍼센트가 성장하지 않았다면 지금보다 덜 번창한 일본, 정치적으로도 전혀 다른 일본을 만들었을 것은 의심의 여지가 없다.

일본 정부의 예산은 사회 복지 면에서도 유럽에서 나타난 유형과 다르게 매우 절약적이었다. 전전 일본의 관례와는 거의 일치하지 않는 것이지만 일본의 낮은 군사비와는 달리 사회 복지 대책을 위한 저비용은 역사적 계속성을 나타내는 것이었다. 일본 정부는 오랜 동안 보건, 퇴직자에 대한 보조, 기타 사회 복지 정책을 위한 비용이 드는 전국적 규모의 프로그램을 회피해 왔다. 그 대신, 직업 단위별 공공 기금에 의한 '사회 안전망'을 가지고 보완하였으나 그것은 직업 단위 보조를 받을 자격이 없는 사람들에게는 낮은 수준의 혜택을 제공하였다.

직장인 연금 제도(Employees Pension System)와 국민 연금 제도 (Nation Pension System)가 1954년과 1959년에 각각 설립되었다. 아울러 국민 의료 보험(National Health Insurance)과 직장인 의료 보험 (Employee health Insurance) 프로그램을 실시하였다. 이들 두 가지의 직장인 프로그램(EPS와 EHI)은 직장 신분과 연계된 것이었다. '국가' 프로그램은 정부가 제공한 안전망이었다. 서구의 제도들과는 다르게 보건 문제나 퇴직 보조 문제 등은 '시민의 권리'로서 취급되지 않았다.[65]

---

64) Hugh Patrick and Henry Rosovsky, "Japan's Economic Performance: An Overview," in Patrick and Rosovsky, *Asia's New Giant*, pp. 44~45. 반면에, 다음 글에서 Robert Dekle은 1961~1971 사이의 기간 동안 평균 성장률이 연 0.5퍼센트 미만인 9.24퍼센트에서 8.76퍼센트로 떨어졌을 수도 있었다고 주장한다. Robert Dekle, "The Relationship between Defense Spending and Economic Performance in Japan," in John H. Makin and Donald C. Hellmann, eds., *Sharing World Leadership? A New Era for America and Japan* (Washington, American Enterprise Institute, 1989), pp. 127~149. 1970~1985년에 대한 또 다른 훨씬 더 보수적인 추정치에 의하면, 만약 일본이 그 15년간 이후에 총 GNP를 약 3퍼센트 낮춘 상태에서 GNP의 3퍼센트를 국방에 투자했더라면, 자본 보유는 그 시기 말에 이르러 약 17퍼센트 가량 감소했을 것이라고 한다. Kar-yiu Wong, "National Defense and Foreign Trade," in Makin and Hellmann, *Sharing World Leadership?* pp. 108~109.

근본적으로 공공 보건 프로그램은 소규모이고 부수적인 것으로 취급되었다. 대체로 혜택의 수준이 낮았고 연금 제도의 경우도 자격을 취득하기까지 장기간의 연금을 불입해야 했다.

1960년대를 통해서 정부의 공공 복지 비용은 GDP의 7퍼센트에 불과했다. 이것은 프랑스의 17퍼센트, 이탈리아와 스웨덴의 13.6퍼센트, 영국의 12.6퍼센트, 미국의 10.3퍼센트에 비하면 매우 낮은 수치였다. 1960년대를 통해서 생계 보조비도 큰 변화를 보이지 않았다. 일본은 1962년에 2.1퍼센트를 그런 프로그램을 위해 지출했고, 1972년에 2.8퍼센트를 지출했다. 이것은 OECD 평균치의 3분의 1에 해당하는 것이다.[66]

1970년대 초까지도 연금을 불입하지 못하는 노년층을 위한 퇴직 연금은 매우 적었다.[67] 1970년대 초까지도 연금 혜택을 받을 자격을 갖춘 사람의 수는 340만 명에 지나지 않았다. 1970년대에 진입하였을 때 일본은 산업 민주 국가들 가운데 가장 눈에 띄는 복지 후진국이었다.

동시에 비록 유럽형의 복지 국가는 아니었지만 일본 시민들은 누구나가 비교적 양호한 보건 정책을 누릴 수 있었다. 노인들은 주로 가족들이 돌보았다. 노동 시장 정책은 실업자 보상이나 공공 취로 사업 등을 제공하도록 고안되지 않았다.[68] 오히려 정부와 기업 활동을 결합시킨 노동 시장 정책에 익숙해 온 일본은 시장 지향적인 직장 훈련 정책을 핵심으로

---

65) 이것은 다양한 사회 프로그램들에 대한 완벽한 시민 권리라는 스칸디나비아적 개념과 아주 극명한 대조를 이룬다. 다음을 참조할 것. Gosta Esping-Andersen, *The Three Worlds of Welfare Capitalism* (Cambridge, Polity Press, 1990). 다음의 글도 참조할 것. Kuniaki Tanabe, "Social Policy in Japan: Building a Welfare State in a Conservative One Dominant Party State," in Michio Muramatsu and Frieder Naschold, eds., *State and Administration in Japan and Germany* (Berlin, DeGruyter, 1997), pp. 107~131.

66) OECD, *Public Expenditure on Income Maintenance Programmes* (Paris, OECD, 1976), pp. 25, 36.

67) John C. Campbell, *How Policies Change: The Japanese Government and the Aging Society* (Princeton, Princeton University Press, 1992), pp. 139~141.

68) Ikuo Kume, "Institutionalizing the Active Labor Market Policy in Japan: A Comparative View," in Kim et al., *Japanese Civil Service*, pp. 312~313.

하는 것으로 그것을 대치했다. 이것은 결국 비교적 완전 고용 상태를 유지하도록 도와주었으며 더 중요한 것은 영구적이거나 반영구적인 실업자들에 의한 하층 계급 형성이라는 결과를 피할 수 있었다는 것이다. 그리하여 제한된 공공 부문 복지 비용에도 불구하고 일본의 전국 실업률은 산업 민주 국가들 중 가장 낮은 수준에 머물렀으며 신생아 사망률은 떨어지고 시민들의 평균 수명은 최고로 높아졌다.

마지막으로 정부 규모를 작게 유지하려면 공무원의 수를 동결하거나 줄이는 것이 필요했다. 그러나 공무원의 수를 계속해서 줄이는 능력을 보여 준 국가의 수는 매우 적다. 이 점에서 1950년대부터 시작한 행정 개혁은 일본을 예외적인 국가로 만들었다. 행정 개혁과 외부 정치적 주도권을 힘을 합해 추진하였지만 각 부와 성이나 청이 구조 조정의 구체안에 대해서는 상당한 자율권을 행사하도록 했다. 관료 조직의 저자세가 저비용 정부를 유지하려는 보수 체제를 도와주었다. 그것은 또한 구조 조정에서 살아남은 부처나 정부의 성청들의 사기와 경쟁력, 그리고 능률성을 고양시키기도 했다.

그리하여 군사비와 사회 복지라는 가장 핵심적인 두 가지 영역에서 보수 체제의 지출 정책은 다른 산업 민주 국가들과 비교해서 예외적으로 낮은 것이었지만, 그것들은 균형 예산과 작은 정부라는 보다 전반적인 국가의 정책에 들어맞는 것이었다. 정부는 작아졌고 저비용을 유지해 갔다. 그러한 저비용의 정부는 사기업(전형적으로 제조업)에게는 풍부하고 싼 자본을 의미하는 것이었다. 일본 경제가 두 자리 수의 성장을 기록하기 시작하자 세입은 자동적으로 늘어났고, 정부는 가끔 정치적으로 인기를 얻는 세액 감축을 실시하면서 활동을 보다 확장시켜 나갈 수 있었다.

보조금

일본 정책 양상의 요소 중 처음의 세 가지는 성장 주도의 노력과 일치하는 것들이다. 그것은 일본의 놀라운 경제적 업적을 설명하는 데도 도움이 된다. 그러나 보수 체제의 경제 정책에서 빼놓을 수 없는 또 하나의 구성 요소는 경제적 근거보다 정치적 근거를 토대로 한 것이었다. 즉 일본에서 경제적으로 낙후된 부문에 대한 보조금 지급이었다. 쌀 생산 농민, 소기업 부문, 고도 성장 산업을 갖지 못한 지역, 그리고 사양 산업이 그 대상이었다.

1960년대 중반, 농업은 일본 전체 경제에서 미미한 역할을 담당했다. 메이지 유신 당시, 일본 고용 인구의 약 80퍼센트가 농업에 종사했고 1908년까지도 농업은 일본 전체 국내 총생산의 30퍼센트를 차지하였다. 제2차 세계 대전 직후 농업 인구는 전체 인구의 50퍼센트를 차지하였으며,[69] 1953년에는 농업이 순국내 생산의 17.5퍼센트를 차지했다.[70] 그러나 1960년 중반에는 이 수치가 급격히 떨어져 인구의 15퍼센트와 순국내 생산의 8퍼센트를 차지하게 되었다.[71] 더구나 1960년에서 1965년 사이에 농업 인구는 매년 5퍼센트씩 감소하고 있었다.[72]

---

69) 다음의 자료에 근거함. *Suji de miru: Nihon no hyakunen* [One hundred years of Japan as seen through statistics] (Tokyo, Kokuseisha, 1991), p. 183.

70) 다음의 수치들에 근거함. Kazushi Ohkawa and Henry Rosovsky, *Japanese Economic Growth: Trend Acceleration in the Twentieth Century* (Stanford, Stanford University Press, 1973), p. 285.

71) Ibid., pp. 310~311; K. Bieda, *The Structure and Operation of the Japanese Economy* (New York, John Wiley, 1970), p. 259.

72) 결국, 1960년부터 1972년 사이에, 일본의 전체 농업 인구는 1,450만 명에서 690만 명에 조금 못 미치는 정도까지 줄어들었다. 1970년 무렵 고용 인력의 16퍼센트 미만이 농업에 종사하고 있었으며, 1980년경에는 그 수치가 10퍼센트 밑으로 떨어졌고, 1990년경에 이르러서는 6.3퍼센트만이 농업에 종사하고 있었다. 게다가, 1960년대 이후 줄곧 전업 농부들보다는 시간제 농업 인구가 급격히 증가했다. Kokuseisha, *Nihon Kokusei Zue*, 1993, p. 90.

이 무렵 일본의 농업은 에이커당 생산성에서는 능률이 높았으나 수익성에서는 별로 경제적이지 못했다. 1960년대 중반, 덴마크, 프랑스, 옛 서독의 토지 단위당 생산량은 일본의 21~31퍼센트에 불과하였으나 노동자당 생산량은 일본의 3~4배였다.[73] 일본의 농업은 마치 〈걸리버 여행기〉에 나오는 소인국(Lilliputian)의 집약적인 원예와 같았다.

농민들과 그 가족들의 표는 국가 경제를 위해 보탬이 된다기보다는 개별 자민당 의원들의 선거에 훨씬 더 중요한 것이었다. 한편, 농림 수산성은 2만 명의 직원을 가진 막대한 식량 통제 체제로서 식량청을 산하에 두고 있었다. 농림 수산성의 예산과 활동은 농작물 가격을 핵심적으로 다루었다. 그러므로 강력한 정치 관료적 압력이 쌀 생산 농민들을 보조하는 정부 프로그램을 지속시켰다.

제1차 세계 대전과 제2차 세계 대전의 중간기와 전후 직후에 실시된 식량 통제 제도하에서 쌀 판매를 위한 시장은 없었다. 오히려 정부가 국내에서 생산된 모든 쌀을 단일 가격으로 사들인 후 그것을 소비자에게 다른 가격으로 매도했다. 원래는 두 가격이 비교적 비슷했지만 1960년대에 와서 그 사이의 격차가 크게 벌어져 쌀 생산 농민들에게 광범위한 보조금을 지급하게 하였다.

마이클 도널리(Michael Donnelly)가 지적한 대로 이 프로그램의 독특한 특징의 하나는 정부 정책이 농업에 종사하는 가족의 노동을 "실질적으로 제조업의 평균 임금에 해당"하는 수준으로 보상하려고 했다는 점이다.[74] 쌀 생산 농민들이 노동 절약적인 수단으로 그들의 능률을 증대할 수 없었기에 정부가 그들의 쌀을 고가로 매입함으로써 보상하려는 것이었다. 그리고 쌀의 가격 설정이 정상적인 예산 편성 과정의 테두리 밖에서 이루어졌기 때문에 쌀에 대한 보조금은 연례 예산처럼 대장성의 철저

---

73) Bieda, *Structure and Operation of the Japanese Economy*, p. 263.
74) Donnelly, "Setting the Price of Rice," p. 148.

한 통제를 받지 않았다. 생산자 가격은 1960년과 1967년 사이에 두 배로 늘어나 쌀 가격 계획과 관련된 공식적인 적자가 최고치에 이르렀다.[75]

이와 마찬가지로 1960년대 중반 일본 대기업들의 급성장과 기술 현대화는 일본의 경제를 "다른 어느 산업 국가들보다도 소규모의 가족 기업들이 가득찬 상태"에 놓이게 하였다.[76] 그 때부터 오늘날까지 일본의 경제란 소수의 거인이 여러 명의 소인 위에 군림하고 있는 것으로 비유할 수 있었다. 소인들은 광범위한 하청 관계를 통해서 거인들과 연계를 형성하였다.

놀라운 일은 아니지만 그런 소기업들도 역시 선거권을 가지고 있었기 때문에 보상 정책의 대상이 되었다. 대체로 이들 소기업들은 저임금과 노동 집약적인 운영에 전적으로 의존하고 있었다. 급속도로 팽창하는 대기업들의 고임금이 소기업들에게 현대화와 임금 인상 압력을 가해 왔다. 이런 상황에 대한 정부의 반응은 기본적으로 두 가지였다. 하나는 소기업들이 질적 개선과 현대화할 수 있도록 도와주는 일이었고, 또 하나는 소기업들을 과도한 시장 경쟁으로부터 격리시키는 일이었다.

소기업 현대화를 위한 일련의 조치로 1963년 7월 중소 기업 현대화 기본법이 제정되었으며, 소기업들을 위한 생산 설계, 질적 통제, 공장 현대화, 상품 전문화, 합리화의 표준을 설정하였다. 정부는 소기업들이 목표를 달성할 수 있도록 하기 위해 설치된 특별 공사를 통해서 특별 보조비, 세금 면제, 특혜 융자 등을 제공해 주었다. 1960년대 초부터 중반까지 약 20개의 산업이 그런 목적에 따라 지정되었다. 1966년에는 그 수가 68개로 늘어났고 1974년에는 118개로 늘어나 중소 기업 판매액의 70퍼센트

---

75) Michael W. Donnelly, "Conflict over Government Authority and Markets: Japan's Rice Economy," in Ellis S. Krauss, Thomas P. Rohlen, and Patricia G. Steinhoff, eds., *Conflict in Japan* (Honolulu, University of Hawaii Press, 1984), p. 336.

76) Hugh T. Patrick and Thomas P. Rohlen, "Small-Scale Family Enterprises," in Yamamura and Yasuba, *Political Economy of Japan*, 1: 332.

를 차지하게 되었다.[77]

동시에 현대화가 잘 되지 않는 회사들을 경제적 불행으로부터 보호하기 위한 조치가 마련되었다. 예컨대 현대화가 쉽게 이루어질 수 없는 부문인 전통적인 상업, 소매, 서비스, 약간의 제조업을 그 대상으로 하였다. 1957년에 제정된 중소 기업법이 과도한 경쟁과 대기업에 의한 침투를 막기 위한 목적의 '기업 조합'을 허용했다는 것은 특기할 만하다.[78] 한편 1956년에 처음 통과되어 1973년에 개정된 대점포법은 소기업들에게 지역 상공 회의소를 통해서 지역 시장에서 대점포들이 그들과 경쟁하는 것을 방지할 수 있는 실질적인 권한을 부여했다.

농업과 소기업이 받은 또 다른 혜택은 정부가 그들에 대해 환경 공해 문제, 노동 표준법, 과세법, 구역제 문제와 관련해 느슨한 입장을 취한 점이었다. 사실 보수 정치인들과 이들 두 부문은 "우리를 지지하면 과세하지 않겠다"는 묵시적인 협상을 맺었다.[79] 한참 후에 일반화된 표현이지만, 일본은 9-6-3 과세 체제를 갖고 있다. 즉 임금 노동자는 부과된 세금의 90퍼센트를, 소기업은 60퍼센트를, 농업은 오직 30퍼센트만을 내고 있다는 것이다.

정치적 합리성이 경제적 합리성을 압도한 세번째의 영역은 지역 정책이었다. 일본의 가장 성공적인 기업들은 도쿄와 오사카 사이의 태평양 연안을 끼고 비좁은 공업 벨트에 불균형적으로 집중되어 있었다. 따라서 일본은 산업 발전을 위해 특정 지역을 목표로 삼은 여러 개의 프로그램을 개발하였다. 1962년 주로 태평양 연안 벨트의 밖에 신설될 15개의 '신산업 도시'를 위한 특별 개발 기금을 설정하였다. 1964년에는 여섯

---

77) Tatsuro Uchino, *Japan's Postwar Economy: An Insider's View of Its History and Its Future* (Tokyo, Kodansha, 1978), p. 137.

78) Kobayashi Naoki, "Chusho kigyo dantai soshikiho no rippo katei"[The policymaking process of the small and medium-sized enterprise law], *Tokyo Daigaku kyoyo gakubu shakaigagu kiyo* [Social Science Bulletin, University of Tokyo] 7(1958): 1~104.

79) Patrick and Rohlen, "Small-Scale Family Enterprises," p. 367.

154 제1부 여러 가지 체제들

개의 '산업 통합을 위한 특별 지역'이 추가되었다. 그 결과로 일본의 주요 도시로부터 가장 미개발 지역과 산업적으로 불리한 지역으로 자본의 이동이 이루어졌다.

또한 보수 정치인들은 공공 사업 예산과 여러 가지 지역 개발 계획을 이용하여 거액의 돈이 자신의 선거구에 유입되도록 하였고 공공 사업을 둘러싼 특혜를 분배할 수 있었다. 1960년대 중반의 공공 사업 경비는 국가 예산의 15퍼센트에서 19퍼센트를 차지하였는데 이것은 다른 주요 산업 국가의 약 두 배에 해당하는 것이었다.

그리하여 일본 경제는 여러 부문에서 급속도로 현대화되었고 그렇지 않은 다른 부문이나 지역은 적극 보호를 받음으로써 고도 성장이 가져올 최악의 결과를 미연에 막아낼 수 있었다. 보통 급성장은 소득과 부의 격차를 가져온다. 그러나 일본에서는 정치적으로 추진된 보상 정책들이 그런 격차를 줄일 수 있었다. 그런 보상 정책들이 예외적으로 강력한 소득 균형 방안으로 작용할 수 있었던 것이다.

이 기간 동안 일본의 정책 양상이 지닌 특이한 점은 두 가지로 지적할 수 있다. 첫째, 정책들이 상반되는 목적을 추구하기보다는 서로 긴밀히 연결되어 운영되었다. 외부 경쟁으로부터의 보호책이 산업 정책과 수출 주도적 성장을 보완해 주었다. 저비용의 정부는 희소한 공적 자원을 지정된 산업 부문에 집중할 수 있도록 했다. 자본 격리책도 정부에게 산업 구조 조정을 위한 강력한 무기를 제공했다. 평가 절하된 엔은 수출을 도왔다. 이 모든 것은 일본 전국에 중상주의 정책의 구조안이 더욱 더 깊이 스며들도록 하였다.

둘째, 놀라운 일은 아니지만, 이 정책 양상은 경제적 논리보다 정치적 논리를 가졌다. 고도 성장 정책으로부터 직접적인 혜택을 얻지 못한 보수 체제의 정치적 지지층은 국고로부터 보상을 받았다. 결과적으로 수출이 고도 성장을 가져오는 한, 경제와 정치는 서로를 보완했다. 정부로서는 보호주의적 철조망을 제거할 의도가 없었으며 경제 부문도 자신들의 정치적 이익이 그다지 불리하다고 여길 이유가 없었다.

중상주의와 보호주의 노력은 대체로 일본 제도와 사회 경제적 부문들에 의해 널리 용납되었다. 이전에 국내에서 일본 경제의 여러 가지 특징을 비판했던 사람들도 그것의 광범한 중상주의적 추진력에 도전하지 않았다. 다른 산업 민주 국가와는 너무나 다르게 일본의 선거전은 시장의 개방과 폐쇄를 쟁점으로 삼지 않았다. 수출 업자와 수입 업자들은 거시 경제를 놓고 충돌하지 않았다. 그리고 강력한 정부 기관들은 거의가 일본의 경제적 추진력을 용인하였다. 일본의 중상주의의 침투는 존 러기(John Ruggie)가 정확하게 주장한 대로, OECD 국가들 전체에 스며 있는 '자유주의의 침투'와는 너무나 다른 예외로 남게 된 것이다.[80]

중상주의의 침투의 사회 경제적 기반

어느 체제나 그 성격을 결정짓는 것은 그것을 지탱해 주는 사회 경제적 기반이다. 경제의 주요 부분이 서로 결합되어 있는가 아니면 반대하고 있는가 하는 점이다. 1960년대 일본의 기초적 사회 경제적 동맹 구조는 전후 민주주의 국가들 가운데서도 독특한 것으로서 세 가지 핵심 부문—즉 대기업, 소기업, 농업—사이의 연합에 의존하였으며 그것이 또한 기존의 보수 체제를 지지하였다. 반면에 조직화된 노동 세력은 체계적으로 정부로부터 배제되었으며 그들은 보수 체제의 최대 반대 세력을 위한 가장 중요한 사회 경제적 지지 기반을 형성했다.

---

80) John Gerard Ruggie, "International Regimes, Transactions, and Change: Embedded Liberalism in the Postwar Economic Order," in Stephen D. Krasner, ed., *International Regimes* (Ithaca, Cornell University Press, 1983), pp. 195~232. 다음의 글을 참조할 것. Ronald Rogowski, *Commerce and Coalitions: How Trade Affects Domestic Political Alignments* (Princeton, Princeton University Press, 1989).

제1장에서 언급했듯이, 제2차 세계 대전 직후 당시 주요 민주 국가들 내의 노동과 기업은 그들 사이의 가장 극단적인 차이를 극복하여 화해 상태를 형성하였다. 다만 이탈리아나 프랑스의 경우도 어느 정도는 노동 운동이 분열되어 있었는데, 그 중 일부만이 기업에 대해 협조적이었으며, 소농민들은 영속적인 권력을 행사하였기 때문에 이런 단순한 묘사가 적합하지 않았다. 풍부한 토지를 지녔던 미국, 오스트레일리아, 뉴질랜드, 캐나다에서는 세계 시장에서 그들의 농업이 강세였기 때문에 경제적으로 강력한 세력으로 남았지만, 그 나라에서도 일종의 노사 협약이 존재했다.

일본에는 그런 노사 관계가 등장하지 않았다. 오히려 기업과 농업이 반노동 동맹을 형성하여 개방된 국내 시장이 아니라 위에서 서술한 중상주의적 정책에 의존하였다. 다음 장에서는 이러한 흔하지 않은 동맹체가 형성되는 과정을 검토하고자 한다. 여기서는 중상주의의 침투하에 조성된 정책들이 이러한 동맹체에 의해 도움을 받았으며, 또한 그 정책들이 이러한 동맹체를 계속 유지하게 하는 데 기여했음을 지적하는 것으로 충분하다고 본다.

일본을 사회적으로 동질성이 높은 나라로 묘사하는 것은 좀 과장된 면이 있으나, 일본 정치의 경우 다른 수많은 산업 국가들에 비하면 인종, 민족, 언어, 이민, 또는 종교적 균열은 별로 심각하지 않았다. 오히려 전후 초기의 일본 정치는 자칭 '보수주의자'라는 세력이 비교적 고정된 사회 경제적 동맹체를 배경으로, 또 다른 자칭 '진보주의자'라는 세력 및 그 지지 기반과 대립하였다. 여러 개의 야당이 있었지만 1976년경부터 야당의 통일이라는 목적 아래 주요 쟁점에 대해 서로간의 차이를 덮어 두기로 했다. 여야간의 대결은 주로 두 가지 쟁점을 둘러싸고 전개되었다. 첫째는 산업 혁명 때부터, 1950년대와 1960년대를 통해서 서유럽, 미국, 오스트레일리아의 정치 경제를 구성하는 데 결정적으로 작용했던 표준적인 기업과 노동의 분열이었다. 둘째는 이 분열과 중첩되는 것으로 냉전 시대에 많은 민주 국가들 내부에 존재했던 방위와 안전에 대한 깊은 분열이었다. 이들 사이의 차이를 약화시켜 줄 교차 압력이라는 요소가 존재하지 않은 상황에서 이 두 가지 큰 쟁점에 대한 분열이 일본의 여야 연합 세력들을 보다 두드러진 대립 관계로 몰아넣었다. 전후 초기의 일본 정치는 마치 와일드 카드 없이 움직이는 큰 판돈이 걸린 포커 게임과도 같았다. 승자는 자신들의 장기적 혜택에 영향을 미치도록 나라를 이끌어 갈 수 있는 데 반해, 패자는 누더기가 된 이념의 속옷만을 입은 채 집에 틀어박혀 있어야 했기 때문이다.

두 진영 사이의 괴리는 특히 일본인들이 많은 에너지를 소모했던 안보 문제를 둘러싸고 더욱 크게 벌어졌다. 지금 정책 선언들보다 실제 행동에 비추어 되돌아본다면 사회당의 주된 관심은 경제보다 안보에 있었던 것이 분명하다. 미·일 안보 조약의 개정을 앞두고 일본 시민을 대대적으로 동원하는 데 성공한 1960년 안보 반대 운동과 그 정당의 말단 조직 간부들의 급진주의가 사회당의 초점을 더욱 그러한 방향으로 맞추도록 했다. 사회당은 노동 조합 확장, 경제적 분배, 사회 복지, 환경 문제처럼 좌익 세력이 많은 시간과 에너지를 적극적으로 투입할 용의를 가지고 있었던 쟁점들을 중요시하지 않았다. 1980년 후반에 이르러 국가 경제 정책이 프롤레타리아로 간주될 계층을 사실상 제거해 버렸고, 민간 기업의 노동 조합들이 조합원들 편에서 그들을 위해 고도 성장의 경제적 과실을 획득하려는 공장 수준에서의 노력을 기울이고 있었는데도 사회당은 계속해서 '프롤레타리아 독재'를 지지하였다.

중상주의의 침투가 그 동맹 세력의 참여자들에게 준 혜택은 부인할 수 없이 많다. 예컨대, 1960년 말 일본의 순고정 자본량은 14조 3,530억 엔(1,965엔 기준으로)이었다. 그것이 1971년 말에는 327퍼센트 늘어난 46조 8,860억 엔이었다.[81] 더구나 일본 정부는 여러 가지 제약을 통해 기술

---

81) Dekle, "Defense Spending and Economic Performance," p. 139.

과 경영 면에서 보다 세련되고 자본도 풍부한 외국 회사들의 경쟁을 제한했기 때문에, 일본 상품만이 팽창하는 국내 시장을 지배할 수 있었고 일본 제조 업자들은 이를 통해 국내 기반을 공고하게 확보하여, 그것을 기반으로 국제 시장에 진출할 수가 있었다.

마찬가지로 수출 주도형 경제의 성공, 농업과 소기업을 위한 보호적 요새, 계속되는 직접 보조금의 제공, 세금 혜택, 정실 인사 프로젝트, 토지 사용 정책, 기타 보조금 등이 합쳐져서 두 개의 핵심적 부문, 즉 농업과 소기업의 지속적 협조를 촉진시켰다. 특히 소기업주들은 직접 원조 계획으로부터만이 아니라 노동, 환경, 세법의 집행에 있어서 정치적으로 배려된 관용 조치로부터도 많은 혜택을 받았다.[82] 1970년대 초까지만 해도 일본은 전체 정부 예산 중 농업을 위한 비용이 프랑스, 영국, 미국, 옛 서독보다 네 배나 더 많았다.[83] 농민 가족들의 소득 수준은 도시와 제조업 분야와 비슷한 상태에 머물렀으며 지역간의 소득 격차도 낮게 유지되었다. 농민들을 위한 보조금은 상당히 광범위해서 확실히 "쌀 생산 농민과 농업 협동 조합은 국가의 정치적 후견자"가 되었다.[84] 그처럼 비용이 많이 들고 경제적으로 비능률적인 양상의 관행을 유지하려면 지속적인 고도 성장이 절대적으로 필요했다.

제5장과 제6장에서 논의하겠지만, 지속적인 경제 성장과 그 결과로서 나타난 사회 경제적 변질이 마침내 1960년대 중반에 두드러진 사회 경제적 단순성의 양극에 혼란을 가져오게 하였다. 다른 여러 나라의 경우와

---

82) 예를 들면, 패트릭과 로렌은 자민당과 소규모 가족 기업 사이의 암묵적인 정치적 거래를 제시한다. 즉, "우리를 지지하시오. 그러면 세금을 면제해 주겠소" ("Small-Scale Family Enterprises," p. 367). 동시에, 소기업들은 1970년대 초·중반에 이르러, 무수한 보조금, 대출 보증의 확장 정책 등과 같은 정부 정책의 확실한 집중 표적이 되었다. Kent Calder, *Crisis and Compensation: Public Policy and Political Stability in Japan, 1949~1986* (Princeton, Princeton University Press, 1988), chap. 7.

83) Calder, *Crisis and Compensation*, pp. 234~235.

84) Donnelly, "Conflict over Government Authority and Markets," p. 336.

같이, 일본의 고도 성장도 그것이 시민들을 위해서 눈에 띄는 광범위한 개선을 도모했다는 점에서 지난날 급진주의 세력들이 내포하던 독성을 제거하는 효과를 발휘했다. 그러나 다른 여러 나라들과는 달리, 일본에서는 마치 밀물이 거의 모든 배들을 뜨게 하는 듯한 효과가 일어났다. 주로 서비스 부문에 종사하는 중산층은 날로 팽창하여 기업과 노동 사이의 명백했던 선을 희미하게 만들었다. 그러나 1960년대 중반 두 진영(즉 보수와 진보)의 동맹 세력 구조가 명확하게 구분되었으며 그들 사이의 괴리는 더욱 벌어졌다.

일본의 사회 경제적 균열이 어떻게 구성되었는지를 알려면 우리는 보수 체제의 마지막 구성 요소이자 그 체제의 중상주의의 침투를 지탱했던 제도적 장치를 이해해야 한다.

중상주의의 침투의 제도적 테두리

정치와 경제 구조가 서로 얽혀 사회 경제적 동맹을 보존하게 하였고, 공공 정책 양상을 만드는 일도 도와주었다. 중앙 정부의 수준에서 특별히 두 가지 제도가 이와 관련되었다. 하나는 자유 민주당이고 다른 하나는 국가 관료제이다. 전체 국가 기제는 38년 가까이 비교적 아무런 견제도 받지 않았던 자민당의 통제하에 놓여 있었다. 한편 전쟁 전보다는 덜 절대적이었지만 국가 관료의 권한 역시 막강한 것이었다.

한편, 자민당이나 관료 기관과 이해를 공유하는 집단이나 부문은 집권층과 정규적이고 꾸준한 관계를 맺고 있었다. 반보수적인 이익 집단들이나 집권층과 동맹 관계를 맺지 않았던 시민들은 조직을 결성하거나 그것들을 운영하는 데 어려움이 많았다. 그 결과 보수 세력은 자신들이 설정한 의제나 협의 사항의 실천을 위해 결속력을 가지고 정권을 쉽사리 동원할 수 있었다.

그런 과제들의 대부분은 광범한 권력을 보유하고 적극적으로 국가 이익을 추구하며 확고부동하게 자리잡고 있는 국가 관료들이 처리하였다. 1950년대와 1960년대를 통해서 많은 다른 공적 영역의 엘리트들이 불신을 당했을 때에도 국가 공무원은 일본의 '가장 우수한 인재'들의 선망의 대상이 되는 직업이었다.

고급 관료들은 오랜 기간의 교육 훈련을 거쳐 나온 사람들로 전형적으로 도쿄 대학 법학부에서 수년간 수학하였다.[85] 고급 관료직을 위한 경쟁은 매우 치열하여 1960년대를 통해서 매년 1,500개의 자리에 2만 명 이상의 응시자가 지원하였다.[86]

정부 개별 부처들은 광범한 허가권과 규제 권한을 가졌기 때문에 사회의 여러 부문에 방대한 영향을 미칠 수 있었다. 전후 전체의 기간을 통해서 약간의 감소는 있었으나, 약 1만 개의 규정이 통용되고 있었다.[87] 일본에서는 어떤 이익 단체도 하나의 부처나 다른 정부 기관의 명시적인 승인 없이는 조직할 수도 활동할 수도 없다. 또한 단체의 직원 수, 재정 상태, 사무실 공간, 회원 수, 그리고 면세 기부를 받을 수 있는가 하는 자격 조항이 매우 까다롭기 때문에 일본에서 진정으로 자율적이고 비판적이며 구속받지 않는 이익 단체들의 수는 극히 제한되어 있다.[88]

---

85) 일본 민간 부문의 발달에 관해서는 다음을 참조할 것. Bernard Silberman, *Cages of Reason* (Chicago, University of Chicago Press, 1993); Tsuji Kiyoaki, *Nihon kanryosei no kenkyu* [A study of the Japanese bureaucratic system](Tokyo, Tokyo University Press, 1969); Ito Daiichi, *Gendai Nihon kanryosei no bunseki*[An analysis of the contemporary Japanese bureaucratic system](Tokyo, Tokyo Daigaku Shuppankai, 1980); Muramatsu Michio, *Sengo Nihon no Kanryosei*[The postwar Japanese bureaucratic system](Tokyo, Toyo Keizai, 1981); Kim et al., *Japanese Civil Service*.

86) 이러한 수준의 경쟁은 계속 증가해서, 1964년 자리당 11.1명이었던 것이 1978년에는 42.7명까지 치솟는다. Japan, National Personnel Authority, *Annual Report*(Tokyo, NPA, annual).

87) Steven K. Vogel, *Freer Markets, More Rules: Regulatory Reform in Advanced Industrial Countries*(Ithaca, Cornell University Press, 1996), p. 202.

88) 이러한 진술은 일본에서 다양한 koekihojin의 창조를 둘러싼 규제들에 기초한다. 이러한 규제들의 대부분은 명시적인 정부 입법이나 자금 지원을 포함하거나, 개발 허가를 포함하고 있

위에서 이미 지적한 대로 국가 관료제는 경제의 보호, 육성, 구조 조정하는 데 있어서 적극적인 역할을 수행했다. 특히 대장성은 법적·실제적으로 금융, 재정, 국세 징수 활동 등 다른 나라 같으면 여러 부처나 정부 기관이 분담해서 다룰 일들을 광범위하게 관장하는 책임을 맡았다. 미국과 일본을 비교한 한 학자는 다음과 같은 점을 지적하고 있다.

대장성은 미국 재무성, 예산처, 국세청, 증권 거래 위원회, 상품 미래 교역 위원회, 통화 회계 위원회, 금융 제도와 관련된 법무부와 연방 상무 위원회의 활동, 주은행 및 보험 규제 기관, 연방 준비 은행의 감독 기능, 연방 예금 보험 공사, 연방 저축 및 융자 보험 공사, 연방 주택 융자 이사회, 전국 신용 조합 연합회, 주신용 조합 규제 기관 등을 다 합친 기능을 하고 있다.[89]

미국은 일본보다 훨씬 분권화되어 있어서 이상적인 비교 대상으로 보기는 어렵다. 그러나 대장성은 독일이나 유럽 대륙에서도 여러 기관들이 분담하는 업무를 단독으로 다루고 있다. 대장성을 '세상에서 가장 강력한 관료 제도'라고 부른 것은 놀라운 일이 아니다.[90]

특히 대장성에게 중요했던 것은 흔히 '일본 제2의 예산'이라고 불리는 재정 투융자 계획을 통제 관리하는 일이었다. 이 계획의 자금은 전국의 우편 저축 제도(우정성이 관리)와 복지 보험과 전국 연금 같은 여러 종

다. 일본에서 관료 특유의 광범위한 허가권에 대해서는 다음을 참조할 것. Yul Sohn, "Institutionalizing Japanese-Style Regulation: The Rise and Development of the Licensing System," in Lonny E. Carlile and Mark Tilton, eds., *Regulation and Regulatory Reform in Japan: Are Things Changing?* (Washington, D. C., Brookings Institution, 1998).

89) Thomas F. Cargill and Shoichi Royama, "The Evolution of Japanese Banking and Finance," in George G. Kaufman, ed., *Banking Structures in Major Countries* (Boston, Kluwer Academic, 1992), p. 345.

90) "Reforming Japan's Finance Ministry, Or Not, as the Case May Be, *Economist*, August 10~16, 1996, p. 58.

류의 특별 계정으로부터 거둔 것이었다. 일본의 우편 저축 제도는 세계에서도 가장 큰 금융 제도이다. 1960년대 중반에 재정 투융자 계획의 기금만도 일본 GNP의 5퍼센트를 차지했다.

1950년대 초 재정 투융자 계획은 중공업과 수출 산업이 사용한 전체 자금의 21퍼센트를 공급했고 전력, 조선, 석탄, 철강 산업 등 네 가지 기간 산업에 32퍼센트를 공급해 주었다.[91] 재정 투융자 계획은 중요한 구조 조정 시기에 핵심적인 산업의 재원을 조달했을 뿐 아니라 유료 도로, 항만, 공항, 수리 시설, 지하철, 철로, 공공 주택, 그리고 기타 중요한 사회 간접 시설을 위한 공적 자본의 주요 공급자이기도 했다.

대장성이 일본의 돈에 대한 압도적인 통제를 지녔다면, 통산성은 산업에 대해 최대의 권력을 행사했다. 통산성은 회사들에게 외환, 원료, 해외 기술을 분배하고 산업 조직을 편성하는 권한을 행사했다. 다른 정부 기관들처럼 통산성도 공식적인 권한과 비공식적인 '행정 지도의 권한'을 아울러 가졌다.[92] 통산성은 또한 22개의 특별 법인들—일종의 준공사로서 경제의 특정 부문에 있어서 광범위한 권한을 가진 조직—인 조선, 자동차, 석유, 특정 형태의 회사들에 대한 감독 책임도 맡고 있었다. 이 숫자는 통산성 다음으로 많은 특수 법인을 가진 부처보다 8배나 많은 것이며, 대부분의 정부 기관보다 2배에서 5배나 많은 숫자였다.[93] 통산성은 또한 여러 종류의 산업 무역 협회들에 대한 통제권을 소유했고, 또한 합법화된 자전거와 오토바이 경주 협회에 대한 통제권도 가졌는데, 그런

91) Yukio Noguchi, "The Role of the Fiscal Investment and Loan Program in Postwar Japanese Economic Growth," in Kim et al., *Japanese Civil Service*, p. 269.

92) Abe Hitoshi, Shindo Muneyuki and Kawato Tadafumi, *Gendai Nihon no Seiji* [Contemporary Japanese politics](Tokyo, Tokyo Daigaku Shuppankai, 1992), pp. 49~50.

93) Gyosei Kanri Kenkyu Sentaa, *Gyosei kanri yoran 1980* [Outline of administration and management, 1980](Tokyo, Gyosei Kanri Kenkyu Sentaa, 1980), pp. 26~27. 이러한 공공 정책 기업들에 관해서는 다음을 참조할 것. Chalmers Johnson, *Japan's Public Policy Companies* (Washington, AEI, 1977).

경주 협회의 이윤을 여러 종류의 산업 지원비로 활용하기도 했다.[94]

그리하여 보수 체제의 기능이 절정에 이르렀던 시절, 대장성과 통산성은 기구 특성상 일본 국가의 금융 및 산업 부문을 형성하는 데 필요한 수많은 수단들을 갖추고 있었던 것이다.[95] 물론 다른 부처들은 이에 비해서는 적은 수의 포괄적 권한을 보유하고 있었지만, 대체로 일본의 관료 조직은 특히 국가 경제와 관련해서 상당한 규모의 영향력과 법적 권한들을 보유하고 있었다.

일본의 의회-내각 제도는 선거에서 다수를 차지한 세력에게 거의 무제한의 권한을 부여할 수 있도록 짜여져 있었다. 중의원과 참의원에서 다수 의석을 점했고 내각 요직을 관장하며, 언제나 하나의 블록을 형성하여 법안 투표를 하는 자민당이었기 때문에 집단적 보수 의지를 행사하는 데 공식적인 방해물은 없었다. 내각은 또한 법원에 대한 엄격한 통제를 행사하였고 자민당은 최고 재판소의 법관들을 임명했다. 자민당 소속 의원 내부에서 일단 합의가 이루어지면 그 후 내각-관료적 지배는 포괄적인 것이 되었다. 정부 제출 법안은 의원 제출 법안을 압도했다. 정부 제출 법안은 거의 수정 없이 통과되었고, 비정부 법안의 의회 통과 가능성은 매우 적었다. 관료들이 법안을 초안하면 자민당은 일사불란하게 그것을 의회에서 통과시켰다.

정부 제도가 능동적인 계획안을 연합해서 추진한 반면에 사기업과 농업도 경제 활동을 위한 중요한 지지층을 구성했다. 개별 회사, 무역 회사, 금융 제도, 계열, 정점 기업 조직 등 적어도 다섯 가지 기업 구조를 살펴볼 필요가 있다. 그리고 이에 못지않게 중요한 것은 농업과 그 조직

---

94) 다음을 참조할 것. Leonard H. Lynn and Timothy J. McKeown, *Organizing Business: Trade Associations in America and Japan* (Washington, AEI, 1988), p. 92.

95) 통산성과 대장성의 다양한 전문 지식, 자원, 이해가 일관된 국가 목적을 위해 혼합된 연구 방법들 중 하나는 다음을 참조할 것. Masaru Mabuchi, "Financing Japanese Industry: The Interplay between the Financial and Industrial Bureaucracies," in Kim et al., *Japanese Civil Service*, pp. 288~310.

구조이다. 이 모두를 통틀어 볼 때 놀라우리만큼 고도의 부문적 통합과 정치·관료 조직들을 통한 보수적 정계와의 긴밀한 연계가 형성되어 있었다는 특징이 나타난다.

기업 구조

일본 자본주의의 기초이자 경제의 건축용 블록이 되고 있는 것은 개별 회사들이다. 판에 박힌 유형으로서의 지명도에도 불구하고 '전형적인 일본 회사'란 사실상 존재하지 않는다. 예를 들어 1960년대 중반 그 당시 업계를 주름잡던 최대 규모 회사의 자본금은 10억 엔으로 약 1,000명을 고용했으며, 그런 회사들이 모두 합하여 국가 총 생산성의 4분의 1을 담당했다. 그러나 이런 규모의 회사들은 일본 전체 회사 수의 1퍼센트에 불과했다. 이와 대조적으로 300명 이하의 종업원을 고용한 회사들이 전체 제조업 운송의 과반수를 차지하고, 도매업의 44.1퍼센트, 소매업의 79.6퍼센트, 전체 수출의 38.6퍼센트를 차지했다.[96]

회사들의 활동도 매우 다양했다. 즉 상당히 비능률적으로 내외가 꾸려가는 소규모 잡화점, 술집, 화장품 가게에서부터, 고도의 생산성을 지닌 중간 규모의 시멘트, 제지, 또는 기계 공구 제조업, 그리고 세계에서 가장 생산성이 높은 복잡한 자동차 제조업이나 조선업에 이르기까지 다양한 것들이 있었다.

일본의 가장 크고 경쟁적인 상품과 서비스 생산 업체들은 서로 일치하지는 않지만 여러 가지 공통점을 지니고 있었다. 가장 중요한 것은 노동

---

96) Chusho Kigyosho, *Chusho kigyosho hakusho 1969* [White paper on small and medium-sized industry 1969] (Tokyo, Okurasho Insatsukyoku, 1969), 1장; 또한 다음의 사실도 주목할 것. 보다 작은 규모의 기업들의 대다수는 정규직 사원을 두지 않으며, 대신 사장 한 사람에 의해 운영되는 경우가 많은데, 이들은 기껏해야 월급을 주지 않아도 되는 가족의 도움을 받는 정도이다.

인력이었다. '종신 고용제' 같은 상투어만으로는 대개의 일본 회사들의 노동 인력이 전형적으로 어떻게 조직되어 있는지를 실감하지 못할 수 있다. 대개의 대기업(중소 기업의 경우는 드물지만)은 전적으로 남성들로 구성되며 그 대부분은 학교를 졸업한 직후 고용된 핵심 노동 인력이다. 이들은 대체로 50세 중반 정년 퇴직할 때까지 근무한다. 그들의 월급에는 세 가지 항목이 포함된다. 첫째는 기본 급여, 둘째는 가족 수, 통근 거리, 자녀의 교육비 등에 따르는 추가 급여, 셋째는 보너스이다. 종신 고용 직원들은 온천 휴가, 건강 시설, 어떤 경우는 결혼 상담 등을 포함하는 여러 종류의 회사 서비스를 받을 수 있다.

보너스는 한 해 두 번씩 2, 3개월 또는 4, 5개월분의 월급을 한꺼번에 받도록 되어 있다. 이것은 직원들에게 밀린 저축 예금을 낼 수 있도록 해주고 회사로서도 자본 축적을 위한 값싼 장치가 된다. 노사간의 단체 교섭에서 협상을 거치지만 보너스는 경영자측에게 인건비를 회사 이득과 연계시키는 장치를 제공해 주었다.

핵심 노동 인력은 '화이트 칼라화' 되었다. 블루 칼라 노동자들도 장기 고용을 누리고, 회사와 관련된 기술 개발, 그리고 회사 이윤과 연계된 인건비를 받았다.[97] 이것은 우선 블루 칼라 노동자들을 고용했다가, 회사가 단기적으로 재정난에 처하면 그들을 먼저 해고하는 나라들과는 뚜렷한 대조를 이루는 것이다. 일본의 핵심 노동자들은 해고당하는 경우가 거의 없었다. 회사가 재정난을 겪을 경우, 직원들의 보너스를 감액하거나 나이 많은 직원에게 명예 퇴직하도록 권유하거나 직원들을 다른 직장에 취업시켜 주었다. 대기업의 경우, 노동자들을 단기적인 생산 비용이라기보다는 장기적인 투자로 취급했다. 전체 노동자의 30퍼센트 미만으로 구성

---

97) Koike Kazuo, "Josetsu: Howaitokara-ka kumiai moderu"[Introduction: A model of the white-collarized union], in Nihon Rodokyokai, ed., *Hachijunendai no roshi kankei* [Labor relations in the 1980s](Tokyo, Nihon Rodokyokai, 1983); 또한 다음의 글도 참조할 것. *Nihon no jukuren*[Skill formation in Japan](Tokyo, Yuhikaku, 1981).

되었지만 핵심 노동 인력은 일본에서 말하는 '종신 고용제' 의 기반을 형성했다.

보호받는 핵심 집단에 해당하는 고용 조건들은 압도적으로 여성들로 구성된 임시 고용자와 비노조 가입 노동 인력에게는 적용되지 않았다. 하도급 업자들에게도 역시 적용되지 않았다. 따라서 이러한 집단의 임금은 현저하게 낮았고 직업에 대한 보장도 단기적이거나 전혀 없었다.

이 두 유형의 노동자들간에 분명히 대조되는 점들에 대한 시각적인 이미지는, 일본 기미쓰 제철 공장에서 두 노동 집단을 '은색 헬멧' 과 '노란색 헬멧' 으로 구분한 것을 다룬 로버트 우드(Robert Wood)의 글에 잘 묘사되어 있다. 전자는 영구직 종업원으로서 일정한 봉급과 여러 가지 혜택, 그리고 일정한 지위를 누리고 있다. 반대로 후자는 그런 보장 없이 저임금을 받으며 가장 더러운 일을 하는 하도급 종업원들이다.[98] 그리고 기미쓰 제철 공장의 정문 밖에는 '하도급 업자의 대부(代父)' 들과 10명에서 99명을 고용하는 소규모 회사들이, 철이나 시멘트로 지어 슬레이트 지붕을 얹은 때문은 건물에 탁구대 하나만을 갖춘 지저분한 휴게실과 같이 자리잡고 있었다.[99] 기미쓰의 종업원 2만 6,000명 중 4분의 1 정도만이 특권적인 은색 헬멧을 쓰고 있었다.

1950년대 후반부터 대기업 중 특히 조선, 화학, 중공업 부문의 회사들이 '핵심' 노동 인력을 확보하고 새로운 경영 방침과 기술에 대한 노동자들의 지원을 얻어 내기 위한 회사 관행을 채택하기 시작했다. 더구나 수공 노동자와 기계 조작원의 수요가 감소되었고 자동화와 경영 감독 기능이 증대하였다. 이에 따라서 회사들도 회사간 재교육 프로그램, 기술 지식과 리더십에 기반을 둔 감독자 선발, 일선 노동자들에 의한 인사 관리 등에 보다 많은 역점을 두게 되었다. 노동 조합원일 수도 있는 노동 집단의 지도자들을 기용하여 감독, 정보 전달, 인사 관리의 과제를 수행

98) Robert C. Wood, "Japan's Multitier Wage System," *Forbes*, August 18, 1980, pp. 53~58.
99) Ibid., pp. 58.

하도록 하였다. 그 결과 집단 협상이 아니라 오히려 공장 단위에서 노사 간의 공동 협의가 성행하였다. 일본 생산성 본부의 한 조사 결과에 의하면 1970년대 초 도쿄 증권 거래소에 등록된 1,600개 주요 회사들의 80퍼센트가 기업 수준에 있어서 여러 형태의 영구적인 노사 합동 협의 제도를 확립하고 있었다.[100] 그런 협의를 통해 어떤 쟁점을 해결할 수 없을 때에만 노동 조합이 단체 협상 방식을 추진하였다. 결과적으로 경영진과 핵심 노동 인력의 이해 관계는 더욱 더 중첩될 수 있었다.

이런 양상이 지닌 중요한 특징들은 좀 더 주목해 볼 필요가 있다. 첫째, 재무나 인사 관행이 회사 간부들에게 기업 전략을 세우는 데 있어서 장기적 안목을 가지도록 해 주었다는 것이다. 그리고 정치가 보수 세력의 지배하에 있는 것이 확실해지면서 그것은 더욱 용이해졌다. 둘째, 경영진은 핵심 노동 인력의 구성원들을 해고하지 않는 범위 안에서 임금 비용을 동결할 수 있는 여러 가지 방법을 가질 수 있었다. 셋째, 준영구 직 핵심 노동자들의 고용과 공장 수준에서의 노사 공동 협의의 개발을 통해서 자기들의 핵심 노동자들을 보다 급진적이고 정치화된 전국 노동 연맹의 행동 계획 등으로부터 떼어 놓는 효과도 얻을 수 있었다.

기업 구조의 두번째 중요한 양상은 종합 무역 상사를 들 수 있는데 이것도 다른 나라에서 그 예를 찾아볼 수 없는 독특하고 유익한 경제 조직이다.[101] 일본에는 약 6,000개의 종합 상사가 있는데 그 중 40개 정도가 세계적 수준의 상사들이었다. 1960년대에 10대 회사로 꼽힌 것들은 〈포춘(Fortune)〉지의 500대 국제 수준 기업에 포함된 다른 나라 회사들의 판매나 사원 수에 비교될 만한 규모의 것들이었다. 대표적으로 미쓰비시

---

100) Nihon Seisansei Hombu, *Sanka jidai no roshi kankei: Roshi kankei seido jittai chosa hokoku*[Industrial relations in the age of participation: A report on practices within the industrial relations system](Tokyo, Nihon Seisansei Hombu, 1973), p. 43.

101) K. Bieda(*Structure and Operation of the Japanese Economy*, p. 203)는 단지 남아프리카에 기지를 둔 the United Africa와 Swiss Trading Corporations와 벨기에에 기지를 둔 Société Générale만을 주목하고 있다.

상사, 미쓰이 물산, C. 이토, 마루베니, 닛쇼이와이를 들 수 있다. 종합 상사라는 조직은 그 용어가 암시하는 브로커적 기능 외에도 여러 가지 포괄적인 업무들을 수행한다. 예를 들어 조사와 개발, 시장 선정, 부속품, 원료(특히 해외로부터의 원료), 제3자 무역, 주요 해외 건설 수주, 자원 개발, 계획 및 개발, 그리고 합작 투자 사업 등이다. 1960년대 동안 10대 기업은 일본 전체 무역의 50 내지 60퍼센트, 국내 도매 판매의 20퍼센트를 취급하였다. 그들의 총 매출액은 국가 예산의 두 배 정도로 GNP의 30퍼센트에 달했다.[102] 그뿐 아니라 종합 상사들은 상품 수출에 종사하는 회사들에게 무역 신용을 보증해 주는 결정적 역할을 맡았으며 비금융 주식 회사들이 사용한 자본의 3분의 1을 제공해 주었다.[103]

그 다음 세번째와 네번째로 중요한 구조로서 금융 제도와 계열을 들 수 있는데 이들은 상호 연계되어 있다. 주요 무역 상사와 모든 상업 은행들을 포함해서 일본 대부분의 대회사들은 계열이라 부르는 광범위한 산업 그룹의 구성원들이었다. 그 중 어떤 회사들은 그 기원과 명칭을 전전의 재벌로까지 거슬러 올라갈 수 있는데 특히 미쓰이, 미쓰비시, 스미토모 등 세 회사가 가장 유명하고, 후요, 산와, 다이이치 간교 은행은 전후에 발전한 은행 중심의 그룹이다.

계열 구조는 복잡하다. 분석하는 사람에 따라 다르지만[104] 우선, 두 가지의 계열 구조를 파악할 수 있다. 하나는 그 연계가 수평적인 데 반해

---

102) 무역회사에 관해서는 다음을 참조할 것. M. Y. Yoshino and Thomas B. Lifson, *The Invisible Link: Japan's Sogo Shosha and the Organization of Trade* (Cambridge, MIT Press, 1986); 또한 다음의 글도 참조할 것. Alexander Young, *The Sogo Shosha: Japan's Multinational Trading Companies* (Boulder, Westview, 1978).

103) Hamada and Horiuchi, "The Political Economy of the Financial Market," p. 233.

104) 그와 같은 다양한 계획들에 관해서는 다음을 참조할 것. Rodney Clark, *The Japanese Company* (New Haven, Yale University Press, 1971), pp. 73~87; Eleanor Hadley, *Antitrust in Japan* (Princeton, Princeton University Press, 1970), pp. 301~315; and Michael Gerlach, *Alliance Capitalism: The Social Organization of Japanese Business* (Berkeley, University of California Press, 1992), p. 67.

제2장 1960년대의 일본 169

다른 하나는 수직적이다.

수평적 계열은 전형적으로 20개에서 40개 또는 그 이상의 회사들이 비교적 비슷한 규모를 가지고, 서로 다른 기능적 분야와 시장에서 활동한다. 방사형의 중심을 이루는 것이 그룹의 주은행이고 보통 신탁 회사, 보험 회사, 무역 상사가 회사들을 위한 다양한 금융 서비스를 제공한다.[105] 그런 계열 연계는 마치 바퀴와 같다. 금융 제도가 바퀴의 중심축을 이루고 다른 회사들은 테두리를 구성하여 서로 연계를 형성하고 있다.

보수주의의 정점 시기에 주요 수평적 계열들은 일본의 전체 경제 활동의 상당한 부분을 차지했고 오늘날까지도 계속 차지하고 있다. 6대 계열은 그 수는 일본 전체 회사 수의 0.1퍼센트에 불과하지만 전후 기간을 통해서 줄곧 일본 GNP의 4분의 1에 해당하는 부를 축적했고, 도쿄 증권 거래소 총 주식가의 4분의 3을 소유하고 있다.[106]

일본 전역의 기업 운영 자금 조달이나 계열들의 자금 조달에 있어서 주거래 은행은 결정적으로 중요했다. 종전 후 1980년대 초까지도 일본 회사들은 주식 시장이나 국채 시장을 통해서가 아니라, 오히려 이들 주거래 은행이나 다른 금융 기관들로부터의 회전 융자를 통해 필요한 자금을 조달했다. 예측 가능한 융자금의 불입금과 이자가 금융 기관들에게 착실하고 장기적인 이윤을 가져다 주었다. 동시에 회사 배당액은 과세 대상이었으나 자본 소득은 과세 대상이 아니었기 때문에, 은행으로부터 돈을 빌리는 것은 쿠폰을 세고 있는 주주들을 위해 배당을 조성해야 하는 단기적 필요성으로부터 개별 회사를 해방시켜 주었다. 이런 공생 관계는 금융 기관들이 고급 고객들에게 꾸준한 공급을 제공함으로써 융자의 흐름과 이자 불입을 지속적으로 보장해 주었고, 비금융 회사인 차용

---

105) 일본의 주요 은행 체제에 관해서는 다음을 보시오. Masahiko Aoki and Hugh Patrick, eds., *The Japanese Main Bank System: Its Relevance for Developing and Transforming Economies* (Oxford, Oxford University Press, 1995).

106) 뒤의 표는 *Fortune*, July 15, 1991, p. 76에서 인용.

인들은 규칙적이고 낮은 비용으로 부족한 자본의 공급을 보장받을 수 있었다.

일본의 자본 제도는 고도로 집중되어 있다. 미국은 1만 4,000개 이상의 상업 은행이 있는데 일본은 158개뿐이다. 미국은 1,550개의 보험 회사가 있으나 일본은 24개뿐이다. 미국은 1,775개의 재산 및 손해 보상회사가 있는 반면에 일본에는 23개가 있다. 일본은 네 개의 증권 회사가모든 주식 거래의 60퍼센트를 다루고 있다.[107]

수평적 계열이 겉으로 보기에 평등한 회사들로 구성되고 있는 데 비해, 수직적 계열은 피라미드 꼭대기의 대기업으로부터 소규모 기업과 보다 전문화된 하도급 업자, 대리점, 자본 의존적인 회사에 이르기까지 다섯 개 층으로 연결되어 있다.[108] 예를 들면, "한 대규모 자동차 회사는 170여 명의 하도급 업자와 거래하고 있는데, 그 하도급 업자는 또 다시 4,700명의 제2차 하도급 업자에게 부품 제조를 맡기고 있고, 제2차 하도급 업자들은 또 다른 3만 1,600명의 제3차 하도급 업자들에게 도움을 청하고 있어, 자동차 제조 모(母)기업과는 매우 먼 거리에 놓여 있다."[109]

일본의 소기업은 다른 산업 민주 국가보다 전체 국가 경제에서 큰 몫을 차지했다. 가령 1960년대 중반, 100명 이상의 종업원을 고용한 일본 제조 업계는 2.4퍼센트에 불과한데, 이것은 일본 전체 취업 인구의 38.4퍼센트에 해당한다. 이와 대조해 본다면, 프랑스(2.7퍼센트와 59.6퍼센트), 독일(3.4퍼센트와 66.4퍼센트), 영국(16.8퍼센트 81.3퍼센트), 미국(10.9퍼센트와 76.7퍼센트)은 일본보다 훨씬 높았다. 단지 이탈리아만이 1.1퍼센트와 45퍼센트로서 일본 유형과 유사한 수치를 나타냈다. 뿐만

---

107) R. Taggart Murphey, "Power without Purpose: The Crisis of Japan's Global Finance Dominance," *Harvard Business Review*, March-April 1989, p. 72.

108) 이러한 구분은 Gerlach, *Alliance Capitalism*, pp. 68~69의 구분을 따른 것이다.

109) Daniel Okimoto and Thomas P. Rohlen, *Inside the Japanese System: Reading on Contemporary Society and Political Economy*(Stanford, Stanford University Press, 1988), pp. 83~84.

아니라, 일본은 다른 산업 국가들에 비해 같은 산업 부문 내의 소기업과 대기업의 임금 격차가 훨씬 심했다.[110]

궁극적으로, 권력이 위계 질서의 정점에 집중되었다. 청부 업자들은 필요한 부품의 여러 대안적 공급원을 확보하기 위해서도 따낸 주문을 많은 하도급 업자들에게 나누어 주었고 재고품을 가능한 한 적게 유지하여 고정 비용을 낮추고자 했다. 청부 업자들은 하도급 업자들 사이에서 과거의 충성심, 현재의 가격, 업무의 질에 대한 보상과 벌로서, 또는 기분에 따라서 하도급 계약 대상을 바꾸기도 했다. 그러나 대부분의 경우 청부 업자와 하도급 업자간의 관계는 단순히 단기적 입찰이나 시장 가격보다는 오랜 기간에 걸쳐 이룩한 확고한 관계를 바탕으로 한 것이었다. 즉, 도어(Ronald Dore)가 표현한 것처럼 "관계적 계약 행위"를 토대로 했다.[111] 수직적 계열은 때때로 소기업들에게 결정적으로 중요한 연결점을 제공하였다. 이들의 성쇠는 사실상 일본 경제의 부문들과 고부가 가치 회사들과 구조적으로 융합되어 있었다. 모기업은 때로는 기술적·재정적으로 경영 면에서 청부 업자들을 지원해 주었다.

그런 지원은 소규모 기업들을 대기업들과 묶을 뿐 아니라 소기업들의 경영과 기술을 개선하도록 해 주었고, 그들의 생산성을 높여 주었으며 변천하는 시장성과 기술 면의 필요성에 적응하도록 해 주었다. 그리하여 일본의 소규모 기업들의 대부분은 마이클 피오(Michael Piore)와 찰스 세이블(Charles Sabel)이 "영구적 쇄신과 조직 탄력성의 전통"이라고 부른 것을 지켜 나갈 수 있었다.[112] 이런 상호 의존 관계는 일본의 대기업과 소기업 사이의 경쟁적 간격도 축소시켰다. 왜냐하면 대기업에 의한 수출

---

110) 다음의 글에 기초함. Bolitho, *Japan: An Economic Survey, 1953~1973* (London, Oxford University Press, 1975), pp. 27~28.

111) Ronald Dore, *Flexible Rigidities: Industrial Policy and Structural Adjustment in the Japanese Economy, 1970~1980* (Stanford, Stanford University Press, 1986), pp. 72~85.

112) Michael J. Piore and Charles F. Sabel, *The Second Industrial Divide* (New York, Basic Books, 1984), p. 225.

의 성공은 당연히 피라미드의 밑바닥에 있는 기업들에게도 계약, 직장, 이윤을 가져다 주는 것이기 때문이다. 그 결과로 대기업 · 소기업 사이와 보수적 사회 경제 동맹체 내부의 결속력은 더욱 단단해졌다.

마지막으로 일본의 개별 산업이나 계열도 다른 나라와 마찬가지로, 무역 협회, 부문별 집단, 그리고 빼놓을 수 없는 로비 단체들을 통해서 자신들의 공통 이익을 추구했다. 이것이 일본 기업 조직과 구조의 마지막 중요한 측면을 이루는 것이다. 일본에는 1만 4,000개의 기업 조직들이 있는데 이것은 1만 명에 11.1개의 꼴이다. 미국의 경우는 일본 인구의 두 배이지만 10만 명에 5.1개 정도이다.[113] 화학, 철강, 방직, 전자, 중기계, 조선, 보험 같은 산업에 600개 이상의 관련 무역 협회가 존재한다. 대기업에 의해 지배되고 있지만 이 협회들은 광범위하게 정보와 자료를 수집하고 회원들에게 시장 개발 전략과 기술 정보를 제공해 주고 있다. 이 협회들은 때로는 카르텔 합의의 집행자가 되기도 하고, 매스 미디어와 정부를 대상으로 개별 부문의 집단적 이익을 대변하기도 하며, 정부 정책에 대한 회원들의 의견을 종합하기도 하고, 정부 관리들과 회원사들 사이에서 흐름을 조정하는 역할을 맡기도 한다.[114]

여러 개의 전국 규모의 기업 협회들은 거의 전적으로 정치적 기능을 수행하기도 한다. 주요 무역 협회 가운데 약 100개와 일본 내 최대 공사(公社)와 민간 회사 가운데 약 750개가 경단련(經團聯)에 가맹하고 있다. 이 단체는 도쿄 시내 본부에 정규 직원과 로비를 위한 조직을 갖추고 기업 · 경제 정책과 관련해서 선출직 관리(즉, 국회 의원)와 관료들을 상대로 정규적인 접촉을 갖고 있다.[115] 그 외에 세 개의 또 다른 전국 연합회

---

113) 자료는 다음에서 인용함. Yutaka Tsujinaka, "Interest Group Basis of Japanese Global Leadership"(paper presented at the conference of SSRC/JSPS Global Leadership Sharing Project, Kapalua, Maui, Hawaii, January 4~6, 1996).

114) 다음을 참조할 것. Lynn and McKeown, *Organizing Business*, 특히, 2, 4, 5장.

115) FEO에 관해서는, 다음을 참조할 것. Sumitani Mikio, "Keidanren," in Asahi Jaanaru, ed., *Nihon no kyodai soshiki*[Japan's large organizations](Tokyo, Keisosha, 1966), pp.

들이 기업계가 갖고 있는 국가의 정치 문제에 대한 관심사를 다루고 있다. 일본 경영자 협회(Japan Federation of Employers' Association)는 기본적으로 업계의 노동 세력에 대처하기 위한 반노동 조직이다. 마지막으로 일본 상공 회의소는 아마도 규모로 보나 구성원들의 지리적 분포로 보나 가장 대표적이며 광범위한 기업 연합이 될 것이다.

이 모든 면으로 보아 일본의 기업 단체들은 일반적으로 아주 잘 조직화되어 있고 고도로 통합되어 있으며 임금을 유지하면서도 일본 상품의 국제적 경쟁력을 부추김으로써 장기적 생산성을 강화하도록 조직되어 왔다. 다양한 이익을 가진 크고 작은 회사들이 계열 체제를 통해서 서로 연계되어 왔다. 은행과 제조업도 역시 주로 서로 혜택을 주는 자본 거래를 통해서 융합되어 왔다. 이처럼 여러 가지 방법으로 일본 기업들은 보수 체제를 위한 확고한 지지층이자 또한 수혜자가 되었던 것이다.

농업

일본 농업은 일본 기업보다 훨씬 더 내부적으로 결속되어 있다. 보수 정치 체제에 있어서 가장 중요하고 조직화된 경제 이익 단체는 농협이었다. 이것은 농업 협동 조합 전국 연합회의 약칭이다. 거대하고 포괄적인 농협이라는 조직은 전국 농가의 99퍼센트를 포함하는 회원들과 전국, 현, 1만 개 이상의 지방 조직을 가지고 있다. 촌락 단위에서 농협은 구매, 시장, 신용 융자, 살충제 살포, 장비 등을 제공해 주고 있다. 농협은 은행, 보험 회사, 소규모의 상업 흥신소, 운전 교습소와 우편으로 신부를 알선하는 업무 등을 운영하고 있다. 농협 가맹 기업의 전체 매출액은 도요타 다음으로 두번째이며, 그런 기업 중에는 대무역 회사, 일본에서 일

70~89; Akimoto Hideo, *Keidanren*[The Federation of Economic Organizations] (Tokyo, Setsugesho, 1968); Yomiuri Shimbun, *Zaikai*[The financial world](Tokyo, Yomiuri Shimbunsha, 1972), esp. pp. 9~93.

곱번째로 큰 은행(노린 주킨), 그리고 세계에서 제일 큰 보험 회사(교세이렌)가 포함된다. 선거라는 관점에서 볼 때 농협은 전적으로 보수적 정치가들을 위한 표밭이기도 했다.[116]

농협은 농업 자유화 반대와 쌀값 인상을 위한 정부 지원과 같은 압력 집단적 전술과 함께 농림 수산성을 위해서 여러 가지 광범위한 준정부적인 과업을 수행하였다. 그런 과업은 매년 쌀 시장에서 94퍼센트의 쌀을 다루는 식량 관리청이 쌀 프로그램을 실시하는 데 필요한 오래 지속되어 온 매우 긴요한 과업이었다.[117] 정부는 한편 농협에게 농산물을 보관하는 대가로 정규적인 요금을 지급하였다. 도널리(Donnelly)가 지적한 대로, "농협 제도는 기본적으로 정부의 산물이며 국가의 정책 수립에 있어서 '기능 대표'로서의 정치적 권리를 보유하고 있다. 국가의 가장 중요한 농민 집단과 관리는 상호 영향력의 관계이다. 정부 부처들은 하나의 행정 기제로서나 농촌 부문으로 하여금 국가 시책을 따르도록 조직하기 위한 정치적 수단으로서 농협에 크게 의존해야 하기 때문이다."[118]

모든 경제 이익 집단이 광범위하게 보수 체제로 기울었던 것은 아니다. 그렇다고 농협만이 보수 체제로 기울었던 것은 아니었다. 의사, 치과 의사, 다른 전문직 종사자들의 여러 협회나 그 외에 비경제 집단인 재향 군인과 교사 집단도 농협과 유사한 특징을 가지고 있었다.[119]

---

116) 조직화된 농업 부문이 다양한 야당도 정기적으로 지원해 왔고, 특히, 전일농(全日農)은 일본 사회당을, 전농(全農)은 민사당을 지원했다는 점은 주목할 만하다.

117) Donnelly, "Conflict over Government Authority and Markets," p. 343.

118) Ibid., p. 343. 이러한 관계를 유지시켜 주는 법률로는 농업 기본법(the Basic Law on Agriculture), 농림 중앙 은행에 관한 기본법(the Basic Law concerning the Central Bank for Agriculture and Forestry), 축산물 가격 안정법(the Livestock Price Stabilization Law), 축산 수요 공급 안정법(the Law for the Stabilization of Stockfeed Demand and Supply), 그리고 축산업 진흥법(the Law for the Promotion of Dairy Farming) 등이 있다. 이것에 관해서는 다음을 참조할 것. Aurelia George, "Japanese Interest Group Behavior," in J. A. A. Stockwin et al., eds., *Dynamic and Immobilist Politics in Japan* (Honolulu, University of Hawaii Press, 1988), p. 136.

119) 조직과 다양한 그룹들의 로비 노력에 관해서는 다음을 참조할 것. Muramatsu Michio, Ito

보수 체제의 대내외 관계

우리는 한편으로는 관료와 정치가, 다른 한편으로는 관료와 기업가의 상대적 권한의 평가에 상당한 관심을 갖고 논의해 왔다. 그 이유는 이들 집단들이 서로 제로-섬 게임에 관련되어 있으면서도 내부적으로 매우 결속력이 높다는 함축성 때문이었다.[120] 그러나 특히 보수 체제의 중상주의의 침투 정책과 관련해서 볼 때 그것처럼 1960년대 중반의 일본 보수 정치 체제의 현실을 왜곡한 것은 없다.

의심할 여지 없이 보수 정치 체제가 가장 조화로운 상태에 도달했던 시기에 보수 정치인, 직업 관료, 기업인은 가끔 서로 다른 동기, 직업적 성향, 개인의 특기, 조직에 대한 충성 등에 따라 움직여 왔다. 정치인들의 선거 취약성과 공무원들의 직업 안정성은 각각 다른 결과를 가져오기도 했다. 공무원들은 국가적 시각을 주장한 반면, 정치인들은 그들이 국민들과 가깝다는 점을 들어 반박할 수 있었다. 기업 지도층은 봉급을 지급해야 했지만 공무원과 정치인들은 그럴 필요가 없었다.

그런 차이점들은 정치적 갈등과 무관하지 않았다. 그러나 특히 중상주의의 침투 경제의 광범한 집행 계획에 관한 한, 이들 삼자 사이에는 상호

Mitsutoshi, and Tsujinaka Yutaka, *Sengo Nihon no atsuryoku dantai*[Postwar Japanese interest groups](Tokyo, Toyo Keizai Shimbuusha, 1986), esp. chaps. pp. 4~5.

120) 대부분의 이러한 계열의 사고는, 과두 체제와 관료들의 조합에 의해 지배되었던 과거의 정책 형성 과정에서 발판을 마련하려던, 전쟁 전 일본 정당들의 노력으로 거슬러 올라간다. 그리고 이것은 일본 정치에 대한 "주인-대리인" 접근법(the "principal-agent" approaches)의 배후에 작용하는 사고 방식의 핵심으로 남아 있다. 후자에 대해서는 다음을 참조할 것. J. Mark Ramseyer and Frances Rosenbluth, *Japan's Political Marketplace*(Cambridge, Harvard University Press, 1993), 6장; 또한, Mathew D. McCubbins and Gregory W. Noble, "The Appearance of Power: Legislators, Bureaucrats, and the Budget Process in the United States and Japan," in Peter F. Cowhey and Mathew D. McCubbins, eds., *Structure and Policy in Japan and the United States*(Cambridge, Cambridge University Press, 1995), pp. 56~80.

지원과 상호 의존적 관계가 지배했다. 더구나 보수 진영 내부에 갈등이 생겼을 때 그것들은 정치적, 관료적, 또는 기업 노선을 놓고서 갈등하기보다 기능적이고 구조적 노선을 따르기 십상이다. 특히 1960년대 기간 동안의 보수 지배 체제에서 그러했다.

정치인은 공무원에 대한 공식적인 통제를 행사할 수 있고 특히 고위직 관리의 승진에는 내각(즉 정치적)의 심사가 필요했다.[121] 한편, 정치적으로 임명된 장관과 정무 차관, 오직 이 두 사람이 정부 부처를 관장한다. 그리고 매년 장관과 정무 차관은 바뀌고 있다. 그 결과 관료진에 대한 관리는 그 날 그 날의 정치적 감독으로 제한된다. 더구나 공공 문제들에 관한 조사는 전형적으로 국회에서보다는 관료들에 의해 제기되고 집행되며, 그런 조사 위원회의 구성도 관료와 전직 관료들이 지나치게 중심을 이루고 있다. 국회 의원들의 보좌진은 매우 미약하고 관료들의 전문성에 도전할 능력을 갖추지 못하고 있다. 또한 공무원직에는 수평적 진입의 경로가 전혀 없기 때문에 정치인들의 주요 수단인 정실 인사의 이용에 한계가 있다.

선출직 관리(즉, 국회 의원)들은 가끔 자신들의 선거구에 불리한 방향으로 행정부의 부처들이 업무를 추진할 때 그것을 강제로 바꾸게 하는 경우도 있다.[122] 때로는 공무원이 형식적으로는 국회 의원에게 순응할 책

---

121) 이러한 측면에서, 나는 다음 글의 주장에 동의한다. Ramseyer and Rosenbluth, *Japan's Political Marketplace*, 6장. 이들은 다음과 같이 주장한다. "만약 관료들이 입법적 우선권을 경시한다면, 입법 의원들은 그러한 관료주의적 결정을 뒤집고 관료들의 재량권과 특권을 삭감할 수도 있다. 관료들은 입법 의원들이 원하는 대로 따를 것이지만, 이는 오로지 입법 의원들이 자신들의 말에 따르지 않는 관료들을 처벌할 것이기 때문이다. 그러나, 관료들은 자신들이 입법적 우선권으로부터 지나치게 벗어난다면, 불만을 품은 입법 의원들이 개입할 것이라는 것을 알고 있다"(pp. 102~03). 동시에, 그들의 분석에 따르면, 관료들은 자민당의 단순한 대리자에 불과하다. 필자는 자료와 역사적 경험이 공무원들(civil servants)이 그렇게 취급받기에는 너무나 많은 유연성을 지니고 있다는 것을 보여 준다고 믿는다.

122) 캠벨(John C. Campbell)은 다음의 글에서 예들을 제시한다. *Contemporary Japanese Budget Politics*(Berkeley, University of California Press, 1977).

임이 있다는 것을 알면서도 그들의 노력을 좌절시키는 놀라운 능력을 과시하기도 했다.[123] 다른 나라들의 경우처럼 일본의 고위직 관리들은 '사실상의 정치적 관리'들이다.[124] 그들도 정치적 현실을 외면할 수 없다. 또한 정치인들도 오히려 자신들보다 더 많은 정보를 가진 관료들을 함부로 대할 수 없다.

이런 상호 관계에서 많은 전직 관료들이 실제로 정치인이 되기도 했다. 1950년대 후반부터 1970년대 초를 통해서 일본의 수상들은 전부가 전직 관료 출신이었다. 기시, 이케다, 사토 등은 1957년부터 1972년까지 군림했다. 또 자민당 내의 막강한 실력자 오히라 마사요시, 후쿠다 다케오, 시이나 에쓰사부로 등도 관료 출신의 정치인들이었다. 또 내각 내에도 전직 관료들이 45퍼센트 정도를 차지했고 어떤 때는, 가령 기시 내각에서 제3차 사토 내각에 이르는 기간 같은 때는 55퍼센트에 이르기도 했다.[125] 자민당 의원 중 약 4분의 1은 역시 전직 관료였다.[126] 그 결과 선출직 관료와 직업 관료 사이의 구별은 명확하지 않았다.

많은 보수 정치인들은 개별적으로 어느 정도 특정 정책 문제에 대한

---

123) 소비세를 도입하려는 대장성의 지속적인 노력을 그러한 예의 하나로 들 수 있다. 1960년대 초 '행정 개혁' 시도에 대해 관료 기구들이 대체적으로 성공적으로 저항했던 사례도 있다. 전자에 관해서는, Junko Kato, *The Problem of Bureaucratic Rationality* (Princeton, Princeton University Press, 1994), 후자에 관해서는 Ota Kaoru, *Yakunin o kiru*[Cut down the bureaucrats!](Tokyo, Toyo Keizai Shimposha, 1973)를 참조할 것.

124) Joel D. Aberbach, Robert D. Putnam, and Bert A. Rockman, *Bureaucrats and Politicians in Western Democracies* (Cambridge, Harvard University Press, 1981). 이들의 주장에 대한 일본의 부연 설명은 다음을 참조할 것. Kubota Akira and Tomita Noboru, "Nihon seifu kokan no ishiki kozo"[The structure of consciousness of high government officials in Japan], *Chuo Koron* 1079 (February 1977): 190~196.

125) 여러 해에 걸친 아사히 연감의 자료들을 편집함. 1983년까지 완전한 표를 보려면 다음의 글도 참조할 것. T. J. Pempel, "Uneasy toward Autonomy: Parliament and Parliamentarians in Japan," in Ezra Suleiman, ed., *Parliaments and Parliamentarians in Democratic Politics* (New York, Holmes and Meier, 1986), p. 143.

126) 게다가, 일본 현지사의 절반은 중앙이나 지방의 공직 경력을 보유하고 있다(매년 아사히 연감의 수치들을 필자가 계산한 결과).

전문 지식을 얻었지만 대개가 정부 부처의 일상적인 운영과 정보, 정책적 기술을 위해 공무원들에게 크게 의존해야 했다. 일본뿐 아니라 다른 나라에서도 정치인이란 정부의 운영보다 자신들의 선거구에서의 생존에 더욱 관심을 갖고 있다. 따라서 관료들의 행동이 자신들의 선거구에서의 생존을 위협하는 문제인 경우 정치인과 관료는 충돌하게 된다.

정부 부처와 기업계 사이에도 규제와 관련된 구체적 사항, 정부 기금의 분배, 그리고 정부 계획에 대한 기업계의 협조 등을 놓고 갈등을 겪는 경우가 있었다. 그러나 이 보수 체제의 두 구성 요소가 보수 체제의 핵심적 목표인 고도 성장과 야당의 약세화 추구에 있어서 서로의 활동을 보완하고 협조한 정도는 놀랄 만한 것이다.

그런 이해 관계를 융합시킨 수단 중 가장 중요한 것으로 아마쿠다리를 들 수 있는데, 이것은 고위 관리가 50대 중반에 퇴직하면서 민간 회사나 민간 회사들의 협회에 낙하산 인사로 재취업하게 되는 것을 말한다. 1960년대 후반에만도 40명의 대장성 퇴직자, 26명의 통산성 퇴직자, 21명의 운수성 퇴직자, 17명의 건설성 퇴직자가 그렇게 자리를 옮겼다. 더 많은 수의 퇴직 관료들이 정부 공사의 경영진으로 옮겨 갔고 역시 많은 수가 지방 자치 단체(또한 보다 적은 수는 자민당 의원)에 다시 취직했다.[127]

이와 더불어, 기업-관리 사이의 유대는 서로의 정보 교환과 정책적 입장의 합동 개발에 의해서 더욱 강화되었다. 일본 회사들은 법적으로 다른 어느 나라보다 정부에게 자세한 정보를 제공할 의무를 갖고 있다. 뿐만 아니라, 250여 개의 공식 자문 위원회와 토론 집단, 그리고 그 4~5배

---

127) 다음을 참조할 것. Takenori Inoki, "Japanese Bureaucrats at Retirement: The Mobility of Human Resources from Central Government to Public Corporations," in Kim et al., *Japanese Civil Service*, pp. 210~217; 다음도 참조할 것. Kent E. Calder, "Elites in an Equalizing Role: Ex-Bureaucrats as Coordinators and Intermediaries in the Japanese Government-Business Relationship," *Comparative Politics* 21, 4(1989): 379~403.

가 되는 비공식적 집단들이 합친 광범한 연계망이 정규적으로 기업계, 관계, 학계, 언론계의 엘리트들을 불러 모아 정책을 준비했다. 마찬가지로 대기업들도 고위 경영 간부를 자기 회사와 관련되는 해당 부처에 매일 2~3시간씩 보내 정보를 교환하도록 하였다.

재정에 있어서도, 극히 제한된 양의 협상 가능한 부채, 제한된 민간 자본 시장, 그리고 일본 은행(Bank of Japan)의 통화량 증감에 대한 통제가 일본 은행으로 하여금 전체 일본 금융과 융자 공급의 흐름을 조절하는 유일한 창구 역할을 하도록 하였다. 1960년대 중반, 일본 은행은 유일한 대금 업자를 넘어서 '최후의 대금 업자'였다. 일본 은행으로부터 융자를 얻는다는 것은 권리가 아니라 일종의 특권이었다. 그래서 일본의 가장 독립적이라는 거대 은행들도 일본 은행과 대장성의 정책에 매우 민감할 수밖에 없었다.

일본 회사들의 은행 부채율은 높았고 일본 은행은 금융 정책의 조그만 변화로도 현금을 시중 은행에게 떠맡기거나 특정 부문이나 회사들에게 주는 것을 보류할 수 있었기 때문에, 그것은 즉시 일본 경제 내의 다수의 행위자들의 우선 순위와 동기에 변화를 가져왔다. 다른 나라들의 경우 여러 달 후에야 영향을 미칠 수 있는 할인율의 소규모 변화도 일본에서는 즉각적으로 효과를 나타냈다. 대장성과 일본 은행, 그리고 시중 은행 등을 통해서 일본 정부는 부채를 진 많은 회사들에 대한 통제권을 행사할 수 있었다. 그러나 그런 행동을 취하려면 정부와 기업간의 협동이 필요했다.

기업과 관료간의 폭넓은 협조 관계는 공식적으로 나열된 법적 권한이나 그와 관련한 탈법자들에 대한 광범위한 징벌보다, 공통된 경제 목표와 총의 구축과 협조에 보다 더 기반을 두는 정치에서 그 원인을 찾아야 한다. 경제 영역에서 지도력을 발휘하기 위해서 일본의 관료제는 명령을 내리기보다 총의를 형성해야 했다. 헤일리(John Haley)의 주장대로, "경제에 대한 관료의 감독에서 적대적인 쟁점이 발생해도 그것을 협조적으로 해결할 수 있었다. 그런 이유 때문에 공식 법적 제재의 부적절함은 거의 문제가 되지 않았다. 정부의 조치는 대개 혜택을 주는 것으로 구상되었기 때문에, 어떻게 순응을 얻어 내느냐 하는 문제가 수면에 떠오른 적이 없었다."[128]

결과적으로 금융 · 제조업 연계망 속에 통합됨으로써 얼마나 혜택을 받게 되었든 간에, 그리고 그 운명이 어느 정도 그의 능력 범위를 벗어난 광범위한 거시 경제 정책에 의해 결정되었든 간에, 그 회사가 1950년대와 1960년대 정부 경제 정책에 얼마나 호응했느냐를 떠나서, 언제나 일본 경제에 있어서 결정의 단위가 된 것은 개별 회사였다. 궁극적으로 국가 경제의 성패는 무수한 개별 회사들의 성패의 총계를 반영하였다. 샤프(Fritz Scharpf)의 표현대로, "정의상 시장 경제란 고도로 분권화된 것이므로 정부 경제 정책의 목표는 정부 행동에 의해 직접적으로 실현될 수는 없다. 그런 결과는 생산자, 소비자, 고용자, 노동자, 자본가, 그리고 투자자들의 경제에 관한 작은 결정들에 의해 만들어지는 것이다. 이들 모두가 일반적으로 그들 자신의 미시적 경제 목표를 추구한다고 가정할 수 있으며, 그들은 자신들의 선택이 경제의 전반적 운영에 미치는 결과에 대해서는 관심을 갖지 않는다."[129]

기업들은 주로 자민당, 그 파벌들, 그리고 개별 의원들에 대한 재정적 지원을 통해서 자민당과 밀접한 관계를 유지했다. 대기업들은 직접 표의 동원 과정에 관련하지는 않았지만 중소 기업이나 전문직 단체들은 그 과정에 관여했다.

만일 여러 층의 폭넓은 연계가 기업 지도층, 관료, 보수 정치인들을 묶어 주었다면, 의회, 자민당, 여러 행정 부처간의 구조적 분리는 보수 정

---

128) John Owen Haley, *Authority without Power* (New York, Oxford University Press, 1991), p. 100.

129) Fritz W. Scharpf, *Crisis and Choice in European Social Democracy* (Ithaca, Cornell University Press, 1991), p. 17.

치 체제 내부의 갈등의 원천이 되었다. 그러나 그런 구조적 분열은 거의 전적으로 공통적인 기능적 노선을 중심으로 한 것이었다. 예컨대 일본 관료제는 청, 성, 국, 과, 계, 일선 기관과 준공사 등이 뒤섞여 있는 조직 이다. 그들 각자는 관할권을 갖고 있으며 각자가 다른 관료 또는 민간 단 체들과의 상호 작용을 통해서 얻는 정치적 자원을 확보하고 있다. 또한 각각은 보상과 종신 고용이라는 미묘한 구조에 의해 행동의 동기를 좌우 할 수 있는 개인들을 직원으로 갖고 있다.

마찬가지로 국회의 위원회들과 자민당의 정무 조사회의 위원회들은 기능별로 조직되어 있어서 실제로 자민당이 전체적으로 정책 결정의 역 할을 수행한다고 보기 어려운 면이 있다. 정치인 개개인과 관료들은 서 로 상용되는 기능적 이해 관계나 책임을 갖고 있을 때 지속적으로 상호 작용을 한다.[130] 따라서 자민당 내부의 갈등이란 대체로 기능적 노선— 즉 재무 대 교육, 외교 대 지역 개발, 통신 대 국제 무역 등등—을 둘러 싼 갈등인 경우가 많다. 정치인, 관료, 그리고 이익 단체들의 혼합 세력 이 경제 쟁점의 어느 한편에 서서 서로 대립할 수 있었다. 그러나 그런 쟁점들이 정치인들과 관료들 사이에 명백한 분열을 조성하거나, 한쪽에 단합된 기업과 다른 한쪽에 정부 기관들이 맞서 대립이나 분열을 겪는 경우는 거의 없었다.[131] 자민당이 가장 평온하고 조화스러웠던 때에 보수 정치 체제의 정상급 내에서 분열, 갈등, 이견들이 있었던 것은 부인할 수

---

130) 더욱이, 특히, 1960년대부터 1970년대 초에 이르는 기간 동안에, 자민당의 정무 조사회 회 원들은 불균형적으로 자민당의 전직 관료 출신들이었다. 다음을 참조할 것. Yamamoto Masao, ed., *Keizai kanryo no jittai: Seisaku kettei no mekanizumu*[The realities of the economic bureaucracy: The mechanics of policy formation](Tokyo, Mainichi Shimbunsha, 1972), p. 115.

131) 원격 통신에 있어 부가 가치망(value-added networks)의 문제는 이것의 훌륭한 사례와 관 련되었다. 다음을 참조할 것. Chalmers Johnson, "MITI, MPT, and the Telecom Wars: How Japan Makes Policy for High Technology," In Chalmers Johnson, Laura D'Andrea Tyson, and John Zysman, eds., *Policy and Productivity: How Japan's Development Strategy Works*(New York, Harper Business, 1989), pp. 177~244.

없다. 이것은 고도의 대가가 따르는 정치적 상황에서 흔히 있을 수 있는 일이다. 그러나 그런 충돌은 기업 부문과 행정부 및 입법부 사이의 광범위한 합의에 의해 균형이 이룩되어야 한다.[132] 이와 현저하게 대조되는 면으로서 비록 영향력은 미미했지만 보수 진영 밖의 집단이나 개인은 항상 보수 체제에 대해 비판적이었다.

절정기의 보수 정치 체제의 내부 결속은 비보수 또는 독립된 이익 집단들의 견제력이 없는 상황에서 더욱 강화될 수 있었다. 보수 진영의 구성원 중 그 대열을 떠나거나 야당 구성원과 합세하려는 사람은 없었다. 오히려 더 빈번하게 현실적으로나 잠재적인 적대 세력을 보수 진영 속에 흡수하였으며, 야당의 경우 보수 세력과의 협조를 통해서만 그들의 목표의 극히 작은 일부분이라도 실현시킬 수 있었다. 이미 지적한 대로, 일본의 이익 단체들은 정부의 정식 인가를 받아야 한다. 그러나 소수는 일단 인가를 받은 후 자신들을 정부나 자민당과 거리를 두게 하면서 정치적 영향력을 극대화하려고 하는 경우도 있다. 그러나 노동 단체, 학생 연합회, 평화 집단을 제외하고는, 장기간의 자민당 독주가 모든 이익 단체들로 하여금 보수 정당과 정부 부처와 정규적인 연합 관계를 형성하게 만들고 있다. 전형적인 예로서는 신생 집단이 자민당과 연계를 형성하여 그 정당이 정치적으로 인정을 받은 후 그 단체의 활동 영역과 직접 연관되는 감독 관청인 정부 부처와 보다 강한 유대를 형성하는 것이다.[133]

---

132) 일본에서 관료의 영향력을 증명하는 것은 입법 관계 공무원들이 그들이 가지고 있는 권력을 "포기(abdicated)"한다는 것을 의미하는데, 이러한 가정은 특히나 당혹스러운 것이다. 이것은 일본에서 관료와 정치의 밀접한 상호 작용의 현실을 놓치는 것일 뿐만 아니라, 일본 의회나 다른 나라의 관료제와 비교할 때, 일본 관료제가 지닌 권력을 무시하는 허수아비를 창조해 내는 것이다. 다음을 참조할 것. Matthew, D. McCubbins and Gregory W. Noble, "The Appearance of Power : Legislators, Bureaucrats, and the Budget Process in the United States and Japan," in Cowhey and McCubbins, *Structure and Policy*, pp. 56~80.

133) Muramatsu, Ito and Tsujinaka, *Sengo Nihon no atsuryoku dantai*, p. 180. 다음도 참조할 것. Tsujinkak Yutaka, *Rieki shudan*[Interest groups](Tokyo, Tokyo Daigaku Shuppankai, 1988), p. 127. Tsujinaka는 노동자 집단과 시민 집단을 제외한 주요 이익 단체

이처럼 특정한 인허가권을 가진 관료 조직과의 유대는 주로 조합주의적인 장치를 통해 개발되고 유지되어 왔다. 일본의 이익 단체들은 잘 제도화되고 상호 의존적인 협조망 속에서 하나 또는 둘의 특정 정부 부처와 협조하면서 기능을 발휘하여 왔다.[134] 이런 연대는 여러 가지 방법에 의해 형성되었다. 즉 특정 단체에게 준정부적 행정 과업을 수행토록 하고 정부가 재정 지원을 해 주도록 한 법령들, 공식적인 것과 준공식적인 과업을 결합한 공사와 외곽 단체의 설치, 자문 위원회를 통한 정규적인 접촉, 공식적인 여론 조사, 아마쿠다리 같은 퇴직자들을 위한 낙하산식 직장 알선 등이 있다.[135]

이익 단체들이 대체로 보수 정치 체제의 반대 세력으로 효율적이지 못했다면 언론 역시 독자적인 비판의 소리를 내지 못했다. 신문인 클럽의 협소한 회원 구성, 총의적 성격, 정부 부처나 정치인들의 특정 견해를 무비판적으로 보도하려는 경향 때문에 정부 행동에 대한 독자적이고 비판적인 시사적 판단을 얻기 어려웠다. 관영 NHK가 독점해 온 텔레비전의 뉴스는 예측할 수 있는 패턴을 따르는 경향을 지녔다. 예를 들면 이런 식이다. 일본은 X라는 문제에 직면하고 있다. Y라는 정부 기관은 X문제를 다루고 있다. Z라는 자문 위원회가, Y라는 부처의 지휘 아래, X문제를 검토하도록 위임받았다. 그 위원회는 방금 그에 대한 보고서를 발표했다. 새로운 법안을 심의 중이며 X의 문제는 해결되었다. 말하자면, 언론은 사건을 자극-반응의 모델로 다루고 있다. 문제가 자극이라면 정부가 반응하였고 적절한 조치가 취해졌으니 시민들은 안심해도 된다는 식인

들은 자민당과 상당한 정도의 정당 연계를 가지고 있다는 것을 보여 준다(평화 단체와 학생 단체들은 포함되지 않음).

134) 다음을 참조할 것. Tsujinaka, *Rieki shudan*, pp. 143~144.

135) 아마쿠다리에 관해서는 다음을 참조할 것. Takenori Inoki, "Japanese Bureaucrats at Retirement: The Mobility of Human Resources from Central Government to Public Corporations," in Kim et al., *Japanese Civil Service*, pp. 213~234; Muramatsu, *Sengo Nihon no kanryosei*, pp. 79~80; Calder, "Elites in an Equalizing Role," pp. 379~403.

것이다.[136]

노동은 보수 정당, 관료적 국가 기관, 대금융, 대기업, 중소 기업들 사이에 형성된 유대에서 제외된 사회 경제 부문이다. 1960년대 기간 동안, 다른 민주 정치 체제의 정치 경제에서 노동이 실질적으로 지배적인 역할을 담당하고 있었을 때, 일본의 노동 조합들은 전국적 차원에서 미미한 존재로 남아 있었고, 공장의 차원에서도 대체로 경영측의 방침 속에 통합되어 있었다.

전국적인 차원에서 노동은 응집력보다는 분산된 상태를 보여 주었다. 1960년 중반 조합원 수는 그다지 많지 않았다. 노동 인구의 약 35~38퍼센트가 조합에 가입했다(스웨덴의 90퍼센트와 영국의 50퍼센트보다 월등하게 낮았고 옛 서독의 37퍼센트와 비슷하지만 미국의 25퍼센트보다는 앞섰다). 따라서 일본 노동력의 60퍼센트 이상이 비노조원이었다. 뿐만 아니라 일본의 1만 2,500개 노조 중 40퍼센트에 해당하는 노조들이 전국적인 연합회에 가입하지 않았다. 여섯 개의 노조만이 10만 명의 노조원을 가졌고, 전체 1,200만 명의 노조원 중 210만 명은 300명 이하의 종업원을 가진 회사의 노조들이었다.

노동 세력의 목소리는 조합들의 가맹을 둘러싼 대연맹들간의 경쟁 때문에 더욱 가냘프게 들렸다. 그 중 가장 큰 총평(總評)은 전국 노조원의 3분의 1만을 대표하였고 그 가맹원들의 대부분은 공공 부문의 노조들이었다. 그 다음으로 큰 동맹(同盟)은 조직화된 노동 인력의 약 15퍼센트 정도만을 대표하였고 주로 민간 부문의 노동자들로 구성되었다. 뿐만 아니라 사회당, 민주 사회당, 공산당 등 세 정당이 모두 노동자들의 진정한 정치적 대표임을 주장하고 나섰다. 이들 세 정당의 전체 의원의 상당수가 노조 간부 출신이거나 퇴직한 노동 조합 지도층이었다.[137]

---

136) 필자가 이렇게 공식화할 수 있었던 것은 Ellis Krauss의 덕분이며, 대체로 다음 글에 기초하고 있다. "Changing Television News"(the Association for Asian Studies, Chicago, March 13~16, 1997에서 발표된 보고서).

이들 노동 연합들과 좌익 정당들은 가장 능동적이고 명료하게 일본 노동자들을 위한 정치적 대변자 역할을 했다. 그런 노력을 도와준 전술은 춘투(春鬪)라고 불리는 임금 인상을 위한 연례적인 의식으로서 좌익 정당들은 노동 계급의 이익과 자신들을 일치시키려고 노력했다. 그러나 오타케가 사회당과 관련지어 주장한 대로—그러나 사실은 사회당만 아니라 공산당과 총평에도 해당되는 것이지만—이들 좌익 정당들은 그들의 주요 정치적 관심을 방위, 안전, 재일 미군 기지와 일본 내의 착륙 권리, 그리고 저들이 생각하는 일본 군국주의 부활 문제에 대한 비판에만 쏟았다. 모두가 보수 정치 체제의 경제 정책에 도전할 만한 실용적인 경제 정책을 고안해 내는 일에는 별로 신경을 쓰지 않았다.[138]

한편, 1960년대 중반부터 개별 노조들은 개별 회사의 경영 목적에 동조하는 방향으로 통합되기 시작했다. 만일 경영진이 개별 회사의 노조가 너무 급진적이라고 간주하게 되면 보다 온건한 노동자들로 구성된 제2의 노조를 구성하도록 했다. 경영진은 그 두번째 노조를 이용하여 보다 과격한 노조를 고립시키거나 회피할 수 있었다. 그렇게 되면서 도어(Dore)가 말하는 새로운 노조와 경영진 사이에 "우호적인 사회적 접촉"이 이루어졌다.[139]

더욱 중요한 것으로 일본의 노조는 거의 전부가 직종이나 산업별 기준

---

137) 와카타 교지의 계산에 따르면, 1974년 중의원의 경우, 민사당 소속 의원의 43퍼센트, 사회당 의원의 62퍼센트, 공산당 의원의 25퍼센트가 노조 간부 출신이었다. Wakata, *Gendai Nihon no seiji to fudo* [The politics and climate of contemporary Japan] (Tokyo, Mineruba Shobo, 1981), p. 46. Aurelia George는, 1980년대 초 92명의 의원들이 하나 혹은 그 외 노조의 회원이라고 밝히고 있다. 그러나, 그녀는 정당별 비율을 계산하지는 않았다. George, "Japanese Interest Group Behavior: An Institutional Approach," in Stockwin, *Dynamic and Immobilist Politics in Japan*, pp. 110~111.

138) Hideo Otake, "Defense Controversies and One Party Dominance: The Opposition in West Germany and Japan," in T. J. Pempel, ed., *Uncommon Democracies: The One-Party Dominant Regimes* (Ithaca, Cornell University Press, 1989).

139) Ronald Dore, *British Factory—Japanese Factory: The Origins of National Divesity in Industrial Relations* (Berkeley, University of California Press, 1973), p. 173.

으로가 아니라 기업 단위로 조직되어 있었다. 따라서, 적어도 민간 부문에 있어서는 노동자들의 이해 관계가 경영진들에 의해 쉽게 다루어질 수 있었고 노동자들도 그것이 회사의 이익과 일치하는 것으로 인식했다. 하나의 계급으로서의 노동자들의 수평적 연계는 '아사히 직원'이나 '세이부 철도 노동자'들의 수직적 연계보다 더 큰 무게를 갖지 못했다. 계급 의식이나 국내 정치보다는 빵과 버터를 중시하는 노조주의가 민간 부문의 노조원들의 지배적인 정향을 형성하게 되었다. 그 후 오랜 기간, 공공 부문의 노조들은 훨씬 더 정치화되었지만 경제적으로는 더욱 불리한 처지에 놓였다.

이런 방식으로 일본 노동 운동은 독특한 역사적 굴곡을 거치면서 발전하였다. 개별 노조들은 회사의 이익과 최대로 긴밀하게 일치하는 구조가 되었고, 전국적인 조직 노동 세력으로부터 충분한 지원을 받는 어떤 정당도 행정부에 조금도 발을 들여 놓을 수 없었다(예외로는 1947~1948년의 미군정 기간에 사회주의자들이 6개월간 집권한 적이 있으나, 그 때는 일본인들이 아니라 미국인들이 정책에 대한 통제권을 장악하고 있었다).

보수주의자들에 대한 도전이나 비판은 결과적으로 정치적으로 용납되는 경계의 가장자리에 자리잡고 있던 소수의 야당들만의 것이었다. 야당들은 정책 해결에 있어서 서로 주고받는 실속 있는 정치적 주자의 구실을 하지 못했다.[140] 시민들과 인정받지 못한 이익 단체들은 정치적 경계에서 가장 먼 주변으로 전락하고 있었다.

정치 체제 내부에서나 외부에서 중상주의의 침투의 광범한 정책 개요에 대한 심각한 도전이 나타나지 않았다. 오히려 일본 사회의 중요한 모

---

140) 야당은 항구적인 딜레마에 직면했다. 즉, 어떤 문제에 대해 그들이 받아들일 수 없는 제안에 맞닥뜨리면, 반대 여론을 형성하려고 노력했다. 그러다 보니, 그들은 능력 밖의 일을 처리하면서 "공습 경보(cry wolf)"를 지나치게 자주 울려야 하는 위험에 지속적으로 노출되었다. 역으로, 그들은 뒷거래를 통해 세부 협상을 거래할 수 있었다. 그렇기에, 공을 세우면 그것을 해낸 야당의 집단이나 개인보다는 보수파의 업적이 될 위험이 도사리고 있었다. T. J. Pempel, "The Dilemma of the Parliamentary Opposition in Japan," *Polity* 8, 1(1975).

든 부문들과 주요 정치 제도들이 그 정책을 지지하거나 중립적이었다. 반대자들은 그것을 바꾸기에는 너무나 무력했다. 그 결과 일본은 단일적인 정치 경제를 갖게 되었다.

1960년대의 일본의 초상을 그린다면 그것은 중상주의의 침투, 국내에서 폐쇄적인 시장에 의존하는 정책, 제조업 상품이나 소비품의 수입뿐 아니라 대체로 외국 직접 투자를 막기 위해 광범위한 장벽을 구축한 경제 정책을 추구한 나라로 묘사할 수 있다. 그것은 수많은 독과점적이고 수출 주도형의 정책을 통해서 민간 부문의 성장을 촉진하기 위한 능동적인 시도를 했던 강력한 관료제에 크게 의존하였다.

국내에서의 이들 정책의 정치적 기반은 명백한 것이었다. 상호 연관된 정책들이 일본의 보수 연합 세력 내의 핵심 요소들로 하여금 서로에게 이득을 가져다 줄 수 있게 만들었다. 대개의 기업들, 특히 대기업들은 그 기간의 경제 정책으로부터 최대의 혜택을 입었다. 그들은 동시에 작은 청부 업자들이나 배급 업자들과 밀접하게 연계되었고 이들은 보수적인 정치인들을 재정적인 기부를 통해 보상해 주기도 했다. 농업과 소기업들은 국가 보조로부터 많은 혜택을 받았고 외국과의 경쟁으로부터도 보호를 받았다. 그러한 교환 관계는 선거시 자민당에 대한 광범한 지지를 의미했다. 정부 기관들도 비록 자민당 정치인들의 공식적인 감독하에 있었지만 법률, 규정, 조례와 같은 광범위한 도구에서 파생하는 권력을 가지고 그런 정책으로부터 많은 이득을 보았다. 정부 기관의 규제력은 정부 예산이 늘어나면서 더욱 보강되었다. 보수 정치인, 민간 기업, 그리고 금융 기관과 긴밀한 관계를 유지하는 관료들은 소속 기관 내에서 승진을 기대할 수 있었고, 정년 퇴임 후에도 유익한 일자리를 보장받을 수 있었다. 그리고 궁극적으로 자민당은 국내에서 유권층의 높은 지지와 국제 문제에서 미국의 전폭적인 지지, 그리고 국가 관료제의 유능한 정책 수립자들로부터 지원을 얻는 혜택을 누렸다.

따라서 여러 가지 면에 있어서 일본의 보수 정치 체제는 다른 산업 민주 국가들과는 다른 면을 가지고 있었다. 일본 정치 경제의 단편적인 면에서 어떤 한두 나라의 요소들과 유사한 것 같기도 하지만, 그것은 스웨덴의 조합주의와도 아무런 유사성이 없었고, 미국식의 다원주의와도 달랐으며, 양당제를 가진 영국과도 달랐다. 그러나 이탈리아와의 유사성은 약간 주목할 만하다. 하지만 이탈리아에서는 노동 세력이 훨씬 강했고, 보수에 대한 유권자층의 지지도는 일본보다 덜 광범하였으며, 정실 인사나 특혜 부여 등은 일본보다 훨씬 철저하였으나, 전반적인 경제적 성과는 일본에 비하면 보잘것없었다.

1990년대의 관점에서 본다면, 1960년대 중반에서 1980년대 중반까지의 일본 보수 체제의 성공은 오히려 특이한 일본 체제의 성격처럼 어느 면에서 보면 미리 운명지어졌던 것처럼 생각된다. 그러나 일본 정치와 경제가 보다 유동적이었고 더 많은 대안들을 갖고 있었던 1950년대의 경우는 그렇지 않았다. 그러므로 보수 정치 체제를 창출하는 데 내재되어 있는 어려움들을 이해하기 위해서는 그 당시로 다시 돌아가 보수적인 패권이 확립되기 이전의 혼돈과 혼란 상태를 재검토할 필요가 있다.

제3장

혼돈에서 결속으로: 보수 체제의 형성

보수 체제가 가장 원활한 기능을 발휘하고 있던 1960년대 중반, 일본의 보수 정치의 지배와 경제적 강세는 논리적으로나 필연적으로나 불가분의 복합체로 생각되었다. 선거와 경제에서의 계속적 성공과 맞물려 성장한 일본 보수 체제였음에 비추어 볼 때, 앞 장에서 서술한 것과 근본적으로 다른 방향으로 일본의 정치 경제가 운영될 수도 있지 않았을까 하고 상상하기는 어려운 일이다.

가장 호황기의 보수 체제는 매우 단호하고 상호 보완적이며 비교적 문제 없이 유동성 속에서 작용하였다. 자민당은 경제 성장을 위한 긍정적인 분위기를 꾸준히 키워 나갔다. 지속적인 경제 성장은 자민당이 일본 유권층을 둘러싼 야당과의 선거전을 유리하게 이끌 수 있도록 보강해 주었다.[1] 야마무라 고조의 표현에 따르면, 정치와 경제 사이의 연계는 "하

---

1) "정치-경기 주기(the political-business cycle)"에 관해서는 다음을 참조할 것. D. Chappell and D. A. Peel, "On the Political Theory of the Business Cycle," *Economics Letters* 2 (1979): 327~332; Victor Ginsberg and Philippe Michel, "Random Timing of Elections and the Political Business Cycle," *Public Choice* 40(1983): 155~164. 일본에 적용한 사례에 관해서는 다음을 참조할 것. Thomas Cargill and Michael Hutchinson, "Political Business Cycles in a Parliamentary Setting: The Case of Japan," *Working Paper* 88-08(San Francisco:

늘 위에서 맺어진 결혼"과 같은 것이었다.[2]

지금 와서 보면 그 때의 정치와 경제 사이의 관계가 논리적이고 불가피했던 것으로 보이지만, 순항하던 1960년대 중반의 정치 체제가 결코 역사적으로 결정지어졌던 것이라거나 불가피했던 것은 아니었다. 전후 일본의 정치적 보수주의나 급속도의 경제 성장이 단순히 그 나라의 중단되었던 전전 경제 및 문화적 궤도의 논리적 답습은 아니었다. 전후 일본 정치 체제는 정치적으로나 경제적으로 전전과는 너무나 달랐으며, 전후 10년에서 15년 사이의 일본 정치 체제는 이후의 보수 정치 체제를 일본 특유의 풍습을 따른 것이었다거나 불가피한 것이었다고 취급하기에는 많은 대안들을 낳을 수 있는 상황에 놓여 있었다. 오히려 일본의 전후 기적을 창출한 장치는 정치적으로 구조화된 새로운 것이자 역사적으로도 우연적인 것이었다.

이 장에서 다루려는 포괄적인 질문은 어떻게 일본의 전후 보수 정치 체제의 여러 가지 조각들이 뭉쳐 하나가 되었는가 하는 것이다. 어떻게 일본은 정치 경제에 중앙 집권적인 제도를 개발할 수 있었는가? 어떻게 국가의 정책 형성에는 제한된 통제력을 가진 선거 정치를 창출할 수 있었는가? 어떻게 보수 정치 체제는 대소 회사들을 농업과 묶어 보기 드문 사회 경제적 동맹 세력을 엮어 낼 수 있었는가? 그와 같은 맥락에서 왜 일본 노동자들과 좌익은 그처럼 연약했는가? 왜 북유럽의 여러 지역

Federal Reserve Bank of San Francisco, 1990); Takatoshi Ito, "The Timing of Elections and Political Business Cycles in Japan," *Journal of Asian Economics* 1(1990): 135~156.

2) Kozo Yamamura, "The Cost of Rapid Growth and Capitalist Democracy in Japan," in Leon Lindberg and Charles Maier, eds., *The Politics of Inflation and Economic Stagnation* (Washington, D. C., Brookings Institution, 1985), p. 468. Yamamura의 구절은 Kosaka Masataka, "Tsusho kokka Nihon no unmei"(The fate of the Japanese trading state), *Chuo Koron*, November 1975에서 예견되었던 것처럼 보인다. 이 글에서 고사카는 다음과 같이 말한다. "1960년대 국제 환경은 마치 하늘이 일본을 위해 만들어 놓은 것처럼 보인다." Kenneth Pyle, *The Japanese Question: Power and Purpose in a New Era* (Washington, D. C., American Enterprise Institute, 1992), p. 44에서 인용.

에서 나타났던 적색-녹색 연합 같은 것을 조성할 능력이 없었으며, 적어도 이탈리아와 미국에서와 같이 부분적이나마 정부에 참여하는 기회를 제공받지 못했는가? 그리고 마지막으로는 1960년대에 성행했던 고도성장과 취약한 사회 복지라는 정책의 혼합은 어떻게 도입될 수 있었는가?

이런 질문들을 놓고 먼저 실현되지 않은 가능성들을 논의해 보자.[3] 전후 초반 몇 년까지도, 종국에는 막강한 경제력을 가졌고 지속적으로 보수 정치를 유지하게 한 1960년대에 성행한 것과 같은 정치 체제가 일본에 등장하리라고 예고해 주는 단서는 별로 많지 않았다. 오히려 더 가능성이 있다고 본 것은 오스트리아, 독일, 프랑스, 이탈리아나 다른 과거의 권위주의적 국가들처럼 다당제하의 경쟁, 온건과 극단의 정치적 좌익, 그리고 아무리 낙관적으로 예측한다 해도 이후에 실제로 실현된 것보다는 훨씬 덜 극적인 경제적 성과를 달성하는 궤도에 따라 일본이 움직여 가리라는 것이었다. 만일 그런 궤도를 따랐다면, 일본의 지나간 40년은 전후에 민주 정치를 재건한 다른 나라들의 정치 · 경제, 역사를 닮아 갔을 것이다. 즉 정부의 빈번한 교체, 날로 팽창하는 관료제, 거대한 정부 프로그램(특히 사회 복지), 기업에 대한 노동 세력과 시민들의 강력한 견제, 보다 개방된 경제, 일반적으로 낮은 경제 성장률과 세계 시장의 침투율 등이다.

그런데 일본이 왜 그런 궤도를 밟지 않게 되었는지, 즉 왜 실제로 추종한 궤도가 보다 더 가능성이 높았는지를 이해하려면, 미국의 일본 점령 직후와 그 동안의 일본 정치 경제의 실상을 검토할 필요가 있다. 그 당시의 기록을 보면 미국 군정의 초기 정치 노선은 분명히 과거 전전 정치 체

---

3) 불분명한 선택지들에 초점을 맞추면서 사료들을 재검토하는 이와 같은 방법은 다음 글의 방법과 동일하다. Charies Tilly, "Reflections on the History of European State-Making," in Charles Tilly, ed., *The Formation of National States in Western Europe* (Princeton, Princeton University Press, 1975).

제의 지속도 아니었지만, 이후 1960년대에 성행했던 정치 체제로의 진행을 초래할 수밖에 없는 것도 아니었다. 오히려 당시 가능성이 높았던 것은 강력한 노동 세력과 사회 민주주의적인 성격을 지닌 정치 경제였다. 따라서 전후 초기보다는 약간 그 이후에 이루어진 점령 정책의 명시적인 방향 재조정이 1960년대에 상당한 유동성을 가진 보수 정치 체제가 기능할 수 있도록 기반을 닦아 놓은 것이라고 보아야 한다.

구체제의 파괴와 좌익에 대한 개방적 자세

정치와 경제 모든 측면에서, 제2차 세계 대전에서 일본이 패전한 후 10년에서 15년 사이의 특징은 바로 대대적인 변화, 그릇된 출발, 불확실성, 혼란 그리고 갈등이었다. 패전, 외국 군대에 의한 점령, 전전의 헌정의 예상 밖의 전복이 이 시대를 오랫동안 불확실성의 시기로 만들었다. 전쟁 중이나 전전의 정치 경제 내에 존재했던 일관성이나 예측 가능성 등은 사라졌다. 그런 것은 도저히 말로는 표현할 수 없을 정도였다.

잘 알려진 일이지만, 전쟁이 끝났을 때 일본은 경제적으로 재기 불능의 타격을 입었고, 정치는 마비되었으며, 국제적으로 고립화되었다. 8년간의 전면적 전쟁 동원 체제, 그보다 더 긴 기간의 부분적 동원 체제가 민간 경제를 극도로 붕괴시켰다. 수개월에 걸친 집중 폭격으로 일본 가옥의 4분의 1은 파괴되었으며 그보다 더 많은 산업 시설과 공장들도 파괴되었다. 항복 후 만 3년이 되었을 때 일본 경제의 생산 수준은 전전(1932~1936년) 수준의 3분의 1 정도에 머물러 있었다. 군사적 패배로 일본은 이전 50년 동안 힘들여 축적했고 경제적으로 본토에 혜택을 준 넓은 식민지 영토들도 박탈당했다. 물리적 파괴로 치른 값은 1948년과 1949년 회계 연도 국민 소득의 두 배로 평가되었다. 빈곤과 인플레이션이 그 후 수년간 일본 경제의 주변을 맴돌았다. 예를 들어, 1945년과

1946년 사이 일본의 성인은 일년 가까이 하루에 한 개인의 건강을 위해 필요한 기본적인 양의 3분의 1에 불과한 평균 1,050칼로리의 배급으로 연명해야 했다. 전후 초기 기간, 일본의 청소년들은 일년 동안 신체 성장을 멈추기도 했다.

일본의 정치 · 경제적 지도층은 공적으로 국민의 불신을 당했고 미국 점령 당국의 광범위한 숙청과 처형으로 그 수도 대폭 감소되었다. 궁극적으로 모든 권한이 집중된 점령 당국은 초기에는 기존 정치 경제를 대대적으로 분해 · 정비함으로써 정치나 경제적 기업가로 행동하고자 하는 일본 지도자들의 선택을 제약하려고 했다.

뿐만 아니라 다른 패전 국가들과 마찬가지로, 일본은 국제적으로도 고립화되었고 당면한 새로운 환경에 대처하기 위한 일관된 전략도 갖지 못했다. 단일 국가 동맹이나 '보호적' 다국가간 조약과 같은 것에 전적으로 의존해 왔던 일본은 국제적 제도로부터 완전히 봉쇄당해 삼국 개입(1894~1895년) 이래 처음으로 어떠한 동맹이나 동반자도 갖지 못했다.

7년간(1945~1952년)의 점령기에 나타난 세 가지 특징들이 뒤이어 등장한 정치 체제를 형성하는 데 매우 중요하게 기여했다. 첫째, 낡은 전전 질서는 인민 주권, 선거 민주주의, 의회 정치를 소중히 여기는 새로운 헌법 체제에 의해 대체되었다. 둘째, 여러 가지 종류의 변화가 특정 사회 경제적 집단을 도와주거나 제약하게 되었는데 그것은 또한 미래의 사회 경제적 동맹체의 가능성, 제도적 장치, 공공 정책 선택을 제약하는 것이 되기도 했다. 셋째, 점령이 끝날 무렵, 일본의 외교 · 군사 · 안보 정책은 불가피하게 양국 관계의 형태로 미국과 결합되기에 이르렀다. 이처럼 미국인들은 구체제를 뿌리 뽑은 후 많은 씨를 뿌렸는데 거기에서 결국은 새로운 정치 체제가 꽃을 피우게 된 것이다.

미국인들의 행동은 처음에는 전전 질서의 주요 유산들을 없애 버리는 데 목적을 두었다. 수많은 기존의 제도와 사회 경제적 집단들이 그런 분해 작업의 대상이 되었다. 그러나 1947~1948년에 이르러, 국내 및 국제적 변화에 직면하게 되면서 미국인들의 정향에도 변화가 일어났다. 점령 후 3년째 되던 해, '역코스(reverse course)'로 잘 알려진 조치가 취해지기 시작했다. 이제 미국측의 행동은 더 이상 전전 질서를 없애 버리는 데 목표를 두지 않았고 오히려 냉전 체제에서 미국의 이익을 충족하고 일본을 아시아에 있어서의 미국의 전방 전략 동맹 국가로 만들기 위해 친서방, 보수적, 친자본주의적 질서를 창출하는 방향으로 돌아섰다.

그러나 이런 변화가 있기 전, 점령을 통해서 미국은 민주적 정치 제도를 확립시켰고 노동 세력과 좌파 세력을 지원하였으며 일본을 여러 유럽 사회 민주 체제 국가들과 유사한 중도 좌파적인 정치 경제로 변하도록 움직였다. 그로부터 훨씬 뒤에야 미국인들은 보수적 정책으로 바꾼 것이다.

전후 일본이 훨씬 덜 보수적일 수 있었다는 것을 이해하기 위해서는 전전 일본의 중요한 측면들을 알 필요가 있다. 전전의 헌정 질서, 그리고 그것을 토대로 성립된 정치 체제는 뚜렷이 비민주적·반노동적인 것이었다. 그것은 국가, 농촌 지주층, 초보 단계의 재벌들의 고전적인 보수적 동맹을 기초로 한 것이었다. 비스마르크 시대의 프러시아를 모방했던 메이지[明治] 국가는 초기에는 상대적으로 후진적인 일본의 산업화와 취약한 국제적 지위를 극복하는 데 주력했다. 국가 주권은 천황 개인에게만 주어졌고 관료들은 권위주의적인 그의 졸개들에 불과했다. 천황은 각료들을 임명하였고 의회나 유권자층에게 아무런 책임을 지지 않았으며 군부에게는 광범한 특권이 부여되었다. 막강한 내무부가 지방 조직의 권한을 극도로 제한하였으며 남자 보통 선거권도 1925년에서야 도입되었다. 의회나 정당들은 경제·정치적 결정을 내릴 수 있는 권한이 제한되었으며 추밀원(樞密院)이나 원로원 같은 수많은 공식적·비공식적 제도가 의회와 내각의 권한을 제약하며 배후에서 영향력을 발휘하였다. 시민들의 의무는 광범한 반면 권리는 매우 적었다. 메이지 헌법은 서방 이외의 세계에서 처음으로 생긴 헌정 질서로서 상당한 민주화의 잠재력을 지녔던 체제라고 높게 평가할 수도 있다. 그러나 그것은 고도의 중앙 집권 체제를 창출했고 선거, 정당, 대중적 선택에 의해 별다른 제재를 받지 않도록 하였다.

이 전전 체제를 지탱해 준 것은 네 가지 사회 경제적 집단 동맹체, 즉 군부, 귀족, 대기업(특히 주요 재벌), 농촌 지주들이었다. 정당이나 선거 과정으로부터는 최소한의 투입 요인(참여)만이 존재하는 가운데 이들 부문들이 전전의 질서를 형성하도록 했다. 그리하여 일본은 중앙 집권적 국가, 농촌 지주층, 독과점적 기업들, 팽창 지향적이고 체질적으로 정치적 민주주의에 적대적이며 노동계와 좌파 정치 세력의 실질적인 득세에 반대하던 군부 사이의 연합 세력을 바탕으로 한 고전적인 보수적-권위주의적 정치 체제를 갖게 되었다.[4] 그 정치 경제는 정도의 차이는 있지만 전전의 독일, 오스트리아, 이탈리아, 그리고 그보다는 약간 덜하지만 프랑스 비시(Vichy) 정권과와 비슷한 것이기도 했다.

구조적 변화와 계속성

전전 체제의 여러 요소들은 전후 개혁의 목표물이 되었다. 이 책의 목적을 위해서 가장 중시할 만한 변화란 의회와 정당의 역할을 제도화한 것과 사회 경제적 권력을 형성시킨 것이다. 동시에 전전 체제의 여러 요소들, 특히 정치 제도와 국가 관료제의 권력의 중앙 집권화는 전혀 바뀌지 않았다.

일본 정치의 기조는 제국적 주권에서 선거 민주주의로 전환되었다. 천

---

4) 이러한 그림은, 같은 이미지라고 말하기는 곤란하지만 다음과 같은 글들에서 발견되는 논쟁들과 일치한다. Barrington Moore, *Social Origins of Dictatorship and Democracy*(Boston, Beacon, 1966); Tilly, "Reflections on the History of European State-Making"; Charles Maier, *Recasting Bourgeois Europe*(Princeton, Princeton University Press, 1975); Dietrich Reuschemeyer, Evelyn Huber Stephens, and John D. Stephens, *Capitalist Development and Democracy*(Chicago, University of Chicago Press, 1992).

황은 단순한 '국가와 국민의 통일의 상징'이 되었다. 한편 주권은 자유롭게 선출된 '국가 권력의 최고 기관'인 의회를 가진 시민들에게 주어졌다. 이에 추가해서, 독점과 지주(持株) 회사의 재구조화와 보장된 권리를 가진 독립적인 노동 조합들의 합법화를 목표로 한 경제 체제를 도입하였다.

그런 변화가 획기적인 것은 사실이지만, 점령 당국은 전전의 중앙 집권 구조와 정부 권력의 결집력은 그대로 남겨 놓았다. 새로운 제도적 장치들은 극히 소수의 정치적 견제와 균형 또는 타협 유도적인 구조를 도입하였다. 통일된 의회 제도는 그대로 남았다. 더구나 시민들의 주도권 행사나 국민 투표제를 위한 조항을 포함시키지 않았고, 독립적인 비정부 기관의 형성을 용이하게 하는 데는 관심을 두지 않았기 때문에, 점령 당국은 직접 민주주의의 가장 중요한 구성 요소들을 제도화하는 데 실패하였으며, 그 이후 일본 정부들이 시민의 영향력에서 더욱 격리되는 결과가 되었다.[5]

중앙 정부의 권한은 전전의 공무원 제도의 권한을 대대적으로 수정하는 데 실패함으로써 더욱 집중되었다. 해군, 육군, 내무성은 해체되었다.[6] 다른 여러 개의 부처들은 재편성되었고 국가 인사처와 공정 거래 위원회 같은 몇 개의 처가 신설되었다. 그러나 공무원들의 성격, 사회적 배

---

5) Arendt Lijphart, *Democracies: Patterns of Majoritarian and Consensus Government in Twenty-One Countries*(New Haven, Yale University Press, 1984), pp. 201~206은 다양한 선진 민주주의 국가들에서 국민 투표의 활용을 검토하고 있다. 일본은 1945부터 1980년 사이의 기간 동안 국민 투표의 경험이 전무한 단 9개 산업 민주주의 국가들 중의 하나임이 밝혀졌다.

6) 내무성의 변형과 지방 자치의 증가가 지니는 중요성에 관해서는 다음을 참조할 것. Amakawa Akira, "Seiji seido no minshuka—chiho seido no minshuka to naimusho no kaitai"[The democratization of the political system—democratization of the system of local government and the dissolution of the Ministry of Home Affairs], in Takemae Eiji and Amakawa Akira, *Nihon senryo bishi*[A secret history of the occupation](Tokyo, Asahi Shimbunsha, 1977), 1: 277~314.

경, 그들의 훈련 방식을 바꾸려는 노력은 전혀 없었다. 행정 재량권이나 폭넓은 규정 권한은 여전히 거의 문제시하지 않았다. 행정가들에 대한 선거직 관리들의 권한은 명목적인 것이었으며 일상 활동과는 연관이 없었다. 숙청을 했다지만 경찰과 내무성 내의 몇몇 청에서 극소수의 관료를 해고시켰을 뿐이었다.[7] 그 결과 국가 공무원 제도가 행사해 온 광범한 정책 수립 역할은 대체로 존속했다.[8] 실제로 중앙 집권적이고 선거에 의해 통제를 받지 않는 일본 관료제는 미국이 정책을 집행하는 데는 매우 이상적인 구조를 제공했다. 점령기 정치가 한 일은 서로 경쟁하는 일본인과 미국인 관리들 사이에 문화를 초월한 동맹 관계를 만들게 한 것과 일본 관료의 숫자를 84퍼센트나 늘려 준 것이 전부였다고 해도 과언이 아니다.[9]

일본 관료제가 그 후의 보수 정치 체제에서 주요 행위자가 된 것은 점령 기간에 관료제를 개편하는 데 실패했다는 데서 그 원인을 찾을 수 있다. 앞으로 좀더 자세히 논하겠지만, 일본 관료들은 점령 당국이 실시한 정리, 개편, 전전 관료제 내의 수많은 경쟁자들의 숙청, 특히 일본의 전전 군부 지도자와 정치인들의 제거 그리고 지주 계급의 궁극적인 제거로부터 오히려 혜택을 받았다. 메이지 체제 아래 관료적 권력을 견제하려던 경쟁자들은 숙청되어 갑자기 사라졌지만 관료제는 전전 체제로부터

---

7) Chalmers Johnson은 *MITI and the Japanese Miracle* (Stanford, Stanford University Press, 1982), pp. 41~42에서 다음과 같이 주장한다. 즉, 단 42명의 고급 관료들만이 통산성의 전신인 상공성(the Ministry of Commerce and Industry)에서 숙청당했으며(purged), 단 9명만이 대장성에서 쫓겨났다.

8) 더 자세한 사항은 다음을 참조할 것. T. J. Pempel, "The Tar Baby Target: 'Reform' of the Japanese Bureaucracy," in Robert E. Ward and Yoshikazu Sakamoto, eds., *Democratizing Japan: The American Occupation* (Honolulu, University of Hawaii Press, 1987), pp. 157~187; "Organizing for Efficiency: The Higher Civil Service in Japan," in Ezra Suleiman, ed., *Bureaucrats and Policymaking* (New York, Holmes and Meier, 1984), pp. 72~106.

9) Henry Emerson Wildes, *Typhoon in Tokyo: The Occupation and Its Aftermath* (New York, Macmillan, 1954), p. 92. 다음 글에서 인용. Johnson, *MITI and the Japanese Miracle*, p. 44.

비교적 손상당하지 않은 채 그대로 남겨졌다. 그리하여 공무원들은 일본의 모든 '정치적 성인들'을 대표하는 세력이 됨과 동시에 정부의 전문성을 실질적으로 독점할 수 있었다. 일본 관료제는 점령기의 정책을 왜곡, 우회, 저항할 수 있었고, 점령기 이후의 정책을 수립하기 위한 예비 조건들을 마련하는 방대한 권력을 보유할 수 있었다.

만일 강력하고 다소 독립적인 관료제를 지닌 중앙 집권적인 정부 체제의 존속이 당연한 것으로 생각된다면, 다른 대안들을 고려해 보기로 하자. 여러 분야에서 점령기는 대체로 미국의 구조와 실천을 모방했다. 교육 제도의 개편도 그랬고, 은행, 보험 회사, 증권 회사 등의 규제도 그랬으며, 미국의 권리 장전의 연장선상에 있는 헌법 조항들도 그랬다. 미국 정부 체제를 본뜨려고 했다면 미국의 초기 연방주의자들의 이념이었던, 권력을 부여하기보다 제한하는 식의 중앙 정부가 일본의 중앙 정치 구조를 구상하는 제도적 기반이 되었어야 할 것이다. 그러나 그런 식의 사고 방식이 점령 당국자들의 정치적 개편 작업을 주도하지는 않았다.

또한 일본은 프랑스 제4공화국하의 대통령제와 의회제의 배합이나, 독일, 오스트레일리아, 또는 캐나다의 연방주의도 갖지 않았다. 오히려 일본 정치 제도는 국가 행정권의 집중 쪽으로 나아가 존속해 왔다. 황실, 추밀원, 군부 부처들과 같은 전전 행정 기관들을 제거하거나 그 권한을 없앰으로서 정부의 중앙 집권성은 더욱 정비되고 집중되었다. 천황의 보존은 일본의 중앙 집권성을 더욱 강화하였다.[10]

요약한다면, 점령기 이후에 한 가지 중요한 변화와 지속성이 등장하였다. 변화는 강력한 의회 민주주의의 창출과 선거 정치 및 정당 정치, 그리고 선거에 의해 수립되는 정부의 도입이었다. 지속성은 중앙 집권화되고 관료적으로 강력한 중앙 정부였다. 일단 다수결에 의한 내각이 집권하자, 비교적 경쟁 없는 정책 결정을 할 수 있는 기구가 마련되었다.

---

10) Herbert P. Bix, "Inventing the 'Symbol Monarchy' In Japan, 1945~1952," *Journal of Japanese Studies* 21, 2 (1995): 319~364.

사회 경제적 전환

미국 점령하에 전전의 여러 가지 사회 경제적 요소들이 변화의 물결에 쓸려 나갔다. 다른 것들도 급격하게 변화했다. 그 결과는 포괄적인 정치·경제적 구도의 새 형태로 나타났다. 어떤 강력한 집단들은 약간 수정되어 재등장했다. 그것들이 전형적으로 전후 보수주의의 튼튼한 기초가 되었다. 그러나 구질서는 여러 가지 핵심적인 사회 경제적 구성 요소들을 잃게 되었다.

군부와 귀족은 다시 돌이킬 수 없도록 개편되었다. 일본의 해외 식민지 포기와 청산에 따라 명시적인 문민화가 시작되었다. 600만 명 가까운 귀환 군인들과 민간인들은 일본의 네 개의 섬으로 다시 돌아왔다. 일본의 사관 학교들은 폐쇄되었고, 역사 교과서도 일본의 군국주의적 유산을 격하시키는 내용으로 개편되었다. 재향 군인 조직도 해체되었다. 일본의 군수 산업은 파괴되었고 군 장교들은 모든 정치 활동에서 배제되었다. 헌법 제9조(소위 평화 조항)는 군부에 의한 권력의 재확보의 잠재력을 더욱 제한시켰다.[11] 마찬가지로 강력했던 헌병대를 포함한 일본 경찰은 분권화되었다.

한편, 전전의 귀족 계급—황실이나 추밀원에서 요직을 맡았던 혈통에 따른 귀족들과 천황이 임명한 새로운 현대형의 귀족 계급—도 역시 폐지되었다. 임명직이었던 추밀원은 선거직인 참의원으로 대체되었다.

사회 경제적 세력으로서의 농촌 지주층도 제거되었다. 미국 점령기의 한 가지 아이러니는 토지 개혁이 가장 위대한 사회적 업적으로 칭송받고

---

11) 이 점에 관해서는 다음을 참조할 것. Peter J. Katzenstein and Nobuo Okawara, *Japan's National Security: Structures, Norms and Policy Responses in a Changing World* (Ithaca, Cornell University East Asia Program, 1993), 특히, 제3장. 여기서는 특히 민간 통제를 강조하고 있다. 전후 헌법 제9조는 명시적으로 어떠한 군사력의 보유도 금지하고 있는데, 제66조에서 다시 모든 내각 구성원은 "민간인이어야만 한다"라고 규정하고 있는 것은 이 헌법이 지닌 흥미로운 아이러니이다.

있다는 사실이다. 그러나 사실 토지 개혁은 일본 정부가 주도했던 것이다. 점령 당국은 일단 토지 개혁을 하기로 결정하고 철저하게 집행하였으나 그 직후 인플레이션이 일어나 지주들에 대한 정부의 보상액은 사실상 휴지 조각이 되었고, 토지 개혁 프로그램은 결과적으로 몰수 과정이 되어 버렸던 것이다. 그리하여 군부의 경우처럼, 강력한 사회 경제적 세력의 하나로서 지주들도 일본의 정치 무대에서 사라지고 말았다.

전전 체제의 네번째의 블록인 대기업의 경우는 훨씬 복잡했다. 초기 미국의 점령 정책은 전전 일본의 팽창을 뒷받침했고 일본의 군수 산업과 직접 연계되었던 독점 기업들의 급속한 해체를 선호했다.[12] 점령 당국 내에 널리 퍼져 있던 뉴딜 정서에 따라 미국의 정책은 경제적 강자들을 징벌하고 '성장' 보다 '경제적 민주주의' 를 추진하려고 했다. 미국 내의 경쟁 회사들은 당연히 일본의 많은 기업을 해체시키는 데 반대할 리가 없었다.

에드윈 펄리(Edwin Pauly)와 코윈 에드워즈(Corwin Edwards)가 이끈 일본 경제 민주화 사절이 1945년 후반과 1946년 초에 그 문제를 다루었다. 그들은 전전의 재벌들을 저변의 현장에 이르기까지 과격하게 해체시켜야 한다는 보고서를 내놓았다. 특히 펄리는 일본이 아시아에서 가장 산업화된 나라의 역할을 포기해야 한다고 주장했다. 펄리는 "일본은 일본이 침략했던 나라에 비해 우선 순위에서 항상 마지막으로 고려되어야 한다는 것을 우리는 기억해야 한다"고 말했다.[13]

일본의 몇몇 주요 회사들이 자발적으로 재조직을 제의했지만 그 내용이 불충분하다는 이유로 무시되었다. 점령 당국은 오히려 위로부터의 재

---

12) 이러한 시각은, 일본 내부에서 이 같은 재벌이 군부나 극우주의자들에 의해 지나치게 평화주의적이고, 자유주의적이며, 친미적이라고 비난받는다는 사실과는 모순된다. Masumi Junnosuke, *Postwar Politics in Japan, 1945~1955*, trans. Lonnie E. Carlile (Berkeley, University of California Press, 1995), p. 240.

13) 다음에 인용됨. Laura Hein, *Fueling Growth : The Energy Revolution and Economic Policy in Postwar Japan* (Cambridge, Harvard University Press, 1990), pp. 56~57.

조직을 요구했다. 1945년 12월에 발표된 명령은 약 336개의 회사들의 해체를 요구하고 있다. 1947년 4월 반독과점법이 통과되었고 같은해 12월에 분권화법이 통과되었다. 후자는 '과도하게 경제 권력이 집중'된 것으로 여겨지는 회사들의 해체를 명령한 것이다.

자체 개혁을 위한 일본인들의 노력은 미국 정부의 최고위층에 의해 의심스러운 것으로 간주되어 무시되었다. 예컨대, 딘 애치슨(Dean Atcheson)은 트루먼 대통령에게 보낸 메모에서 "대기업가들은 매우 명료하게 간판들을 다시 색칠하는 사람들이다. 그들의 주목적은 돈을 버는 것이기 때문에 안전한 상황에서 사태가 기업 정상화에 유리하도록 만드는 방향으로의 개혁을 취할 가능성이 있다"[14]고 논평하였다. 미국 사람들은 처음부터 금융·제조업 분야의 집중화를 전전 정치 체제와 동일시하였고 경제적 민주주의에 기초한 새로운 체제와는 상존할 수 없는 것으로 생각했다. 결국 군부 세력, 귀족, 지주층과 함께 일본의 대기업은 사라져야만 했다.

폭넓은 부문에 대한 전반적인 공격은 전범자 재판과 전전 지도자 개인들에 대한 대대적인 정치적 숙청에 의해 가속화되었다. 공직을 갖지 못하도록 제한한 21만 명 중에서 군 장교는 16만 7,000명으로 그 핵심을 이루었다. 뿐만 아니라 270개의 회사에 속한 1,800명에서 3,200명 정도로 추산되는 기업 간부들은 인사 숙청의 대상이 되었다.[15] 구정치 체제의 정치가들, 신문 기자들, 이익 집단 대표들, 기타 여러 사람들이 마찬가지의 제약을 받았다. 숙청은 존 다우어(John Dower)가 말했듯이 "연합군

---

14) U. S. Department of State, *Foreign Relations of the United States, 1945: The Far East* (Washington, D. C., Government Printing Office, 1945), pp. 825~827.

15) 다양한 수치들이 여러 학자들에 의해 제시된다. Hans Baerwald, *The Purge of Japanese Leaders under the Occupation* (Berkeley, University of California Press, 1959), pp. 80~82 는 1,898이라는 수치를 사용한다. Masumi Junnosuke, *Sengo Seiji* 1945~1955[Postwar politics](Tokyo, Tokyo Daigaku Shuppankai, 1983), 1: 239는 3,080이라는 수치를 제시한다.

최고 사령부(SCAP)가 마치 쌀에서 겨를 고르는 것"과 같은 역할을 했
다.[16]

정치적 비중의 이동을 꾀했던 미국의 노력은 메이지 헌법 아래에서는
마지막이자 일본 패망 후로는 처음인 1946년 4월 선거에서 결실을 맺게
되었다.[17] 363개의 정당이 공식적으로 선거 활동을 전개했고 181개의 정
당이 단일 후보를 내세우기도 했다. 119명의 무소속 후보가 당선되었으
며, 당선자 가운데 80퍼센트 이상이 초선 의원이었다. 456명의 의원 중
38명만이 전전 의회에서 의석을 가졌던 사람들이었다.[18] 실질적으로 전
전의 정당 엘리트들은 새로운 정치적 지도층에 의해 대체되었다. 미국이
의도한 선거를 통한 전복은 일본 정치 지도층의 사회 경제적 배경에 극
적인 변화를 가져왔다.

좌익과의 연락 거점

구정치 체제에 대한 공격은 동시에 정치적 좌익에게 권력을 부여하였
다. 미국 점령 당국은 일본에 도착한 즉시 노동 조합들을 육성하기 시작
했다. 연합군 점령 최고 사령관인 맥아더 장군은 1945년 10월 11일 시데
하라 수상에게 친히 "노동자들의 조합 구성을 장려하고 그 존엄성을 보
장하여 조합이 노동자들을 착취와 남용으로부터 보호하고 그들의 생활
수준을 고도로 높이게 되기를 기대한다"고 통고했다.[19]

---

16) John Dower, *Empire and Aftermath: Yoshida Shigeru and the Japanese Experience, 1878~1954* (Cambridge, Harvard University Press, 1979), p. 309.

17) Ishikawa Masumi, *Sengo seiji kozoshi*[A structural history of postwar politics](Tokyo, Nihon Hyoronsha, 1978), p. 4.

18) 이 선거와 그 결과에 관해서는 다음을 참조할 것. Ishikawa, *Sengo seiji kozoshi*, pp. 5~12. 또, Suzuki Masashi, *Sengo Nihon no Shiteki Bunseki*[A historical analysis of postwar Japan](Tokyo Aoki Shoten, 1969), pp. 55~58; Fujii Shoichi and Oe Shinobu, *Sengo Nihon no rekishi, jo*[A history of postwar Japan, vol. 1](Tokyo, Aoki Shoten, 1970), pp. 48~50.

공산주의자와 사회주의자 노동 조직원들은 형무소에서 풀려 나왔고 해외 망명으로부터 귀국했다. 노동 조합 결성을 저해하는 법적 장애물은 다 제거되었다. 단체 협상권과 최저 노동 기준이 명시되었다. 그 결과 노조와 노조원의 수는 폭발적으로 증가했다.

1946년 중반, 약 1만 2,000개의 조합에 370만 명의 조합원이 가입했다. 1948~1949년에 이르자 3만 4,000개의 조합과 700만 명의 조합원으로 늘어났다. 1949년 일본의 조합 결성률은 노동 인구의 50퍼센트에 달했는데 이것은 미국, 영국, 스웨덴, 또는 그 당시 대부분의 유럽 민주 국가들보다 높은 것이었다. 특히 조합 결성률이 높은 몇 개 부문을 살펴보면, 교통 · 통신 노동자의 89퍼센트, 광산 노동자의 82퍼센트, 금융 노동자의 72퍼센트, 전기 · 가스 · 수도 산업 노동자의 67퍼센트가 조합에 가입했다.[20]

한동안 일본은 중도 좌파적 정치 경제를 발전시킬 수 있는 상당한 잠재성을 지닌 것처럼 보였다. 일본 좌익의 대부분은 미국의 초기 좌익 세력에 대한 포용 정책이 과거를 말소시키고 그것을 극도로 변화된, 그리고 노동자와 좌익이 주설계자이자 주수혜자가 되는 보다 더 대중주의적이고 사회 민주적 질서로 대치시키는 미 · 일간의 초국가적 동맹을 약속하는 것으로 이해하려고 하는 듯했다. 1947~1949년 기간 동안은 그 전망이 결코 비현실적인 것은 아니었다.

일본 노동 조합들은 미국에서 흔히 나타나는 비정치적 성향, '빵과 버터'의 중시, Gomperesque식 조합을 모델로 삼으려는 데 별로 관심이 없었다. 오히려 그들은 선거 정치와 긴밀하게 유대하는 유럽(또는 소비에트)식 조합을 본뜨려고 했다. 일본 노동 조합들은 일본의 정치 · 경제 체제의 전면적인 개조를 목표로 하고 일본 사회당, 일본 공산당과 유대

---

19) SCAP, *Political Reorientation of Japan* (Washington, D. C., Government Printing Office, 1949), p. 741.
20) Hein, *Fueling the Growth*, p. 60.

를 형성하였다.[21] 공장 단위에서의 노동 행동은 미국의 전형적인 파업의 성격을 훨씬 넘어서는 것들이었다. '생산 통제 조치'에서 노동자들은 공장을 점거하고 경영진을 밖으로 내쫓았으며, 자신들이 스스로 공장을 운영했다.[22] 일본 철도 노조의 파업으로 사람들은 공짜로 기차를 탈 수 있었다. 단식 투쟁, 공장 점거, 작업 지연이 널리 행해졌으며, 대중 시위와 정치적 행진 등이 이어졌다.[23]

오다케 히데오가 주장한 대로, 노동 권력의 증대가 일본 기업 공동체의 중요한 세력, 주로 일본 경제 발전 위원회(JECD, 또는 經濟同友會)로 하여금 일종의 '수정 자본주의'를 요구하게 하였는데, 그것은 노동 세력을 일종의 신조합주의적 협동체 속으로 끌어들이려는 것이었다. 전전의 일본에서 알려졌던 자본주의가 근본적인 개편을 겪어야 할지도 모른다는 현실적인 가능성에 직면하면서, 이들 젊은 경영 간부들은 처음에는

---

21) 주요한 두 개의 연합은, 일본 사회당이 통제하던, 흔히 총동맹(總同盟)이라고 알려진 전일본 노조 총동맹(the All Japan General Confederation of Trade Unions: Zen-Nihon Rodo Kumiai Sodomei)과, 산별(産別)로 알려진 산업 노조 국민 회의(the National Congress of Industrial Unions: Zenkoku Sangyo-betsu Rodo Kumiai Kaigi)가 있었다. 산별은 일본 공산 당과의 관계를 부인했지만, 가쿠나미 가쓰미와 도바시 가즈요시를 포함하여, 이 노조의 지도 자 중 몇몇은 그들이 공산당원임을 공언했다. Rodger Swearington and Paul Langer, *Red Flag Over Japan: International Communism in Action* (Westport. Conn., Greenwood, 1952), p. 147.

22) 1945년 가을, 센다이의 전화 교환원들은 '파업'을 단행하면서, 교환대에 앉아 전화를 건 사 람들에게 다음과 같이 말했다. "안녕하십니까? 우리는 파업 중입니다. 민주주의여 만세! 번호 를 말씀해 주십시오." Miriam Farley, *Aspects of Japan's Labor Problems* (New York, John Day, 1950), pp. 88~89. 홋카이도에 있는 미쓰이의 비바이 석탄 광산에서는 노동자들이 작 업 시간을 12시간에서 8시간으로 단축시키는 대신 일일 생산량을 250톤에서 650톤으로 늘렸 다. Beatrice G. Reubens, "'Production Control' in Japan," *Far Eastern Survey*, 15, 22 (1946): 344~347.

23) 확실히 맥아더(MacArthur)는 정치적으로 조직화된 노조를 추구한 것은 아니었다. 그러나, 노동 분과 위원장(Labor Division Chief)인 테오도르 코언(Theodore Cohen)을 비롯한 SCAP의 노동 분과(the Labor Section of SCAP) 위원들은, 분명히 훨씬 더 공감하고 있었다. 실제로, 코언은 공산당의 산별(공산당 지향의 산별)의 설립과 그것의 다양한 정치 활동을 돕 는 데 있어 주요한 힘이 되었다.

공장의 경영 관리에 노동자의 역할을 확대하고 합법화시킬 수 있는 방향으로 일련의 변화를 제의하였다. 기업인들은 그런 계획으로 과격한 노조가 보다 온건하고 덜 정치적인 목표를 채택하도록 유인할 수 있기를 희망했다.[24]

점령 초기의 수년간, 노동 조합 조직가들은 농촌과 소기업인들의 동맹을 형성하는 데 적극적인 활동을 폈다. 일본 농민 조합은 1945년 10월 전전 사회주의자들에 의해 결성되었다. 1946년 1월까지 약 6만 명이 조합원으로 가입했고 1947년 2월에 이르자 120만 명으로 늘어났다. 1949년에는 200만 명을 넘어서 농가 다섯 중 하나가 조합원이었다.[25]

소기업인들과의 유대는 특히 일본 사회당이 1947년 선거에서 최대 의석을 획득하여 처음으로 사회당 주도의 내각을 구성한 후 추진되었다. 일본 사회당은 그 다음의 연립 내각에도 참여했다. 노동성이 창설되어 정부 내에 처음으로 노동자들의 공식적인 대표성을 갖게 하였다. 뿐만 아니라 가타야마 내각은 아시다 정부가 소기업들의 경제적 협상권을 증대하는 데 목적을 둔 중소 기업 협동 조합법(1948)을 후원한 것과 대조적으로 소기업들에게 원조를 제공하였다. 또한 이 법에 의해 중소 기업 국을 설치하여 일본 역사상 국가 관료제 내부에 소기업들이 처음으로 직접적 정치 대변자를 갖게 되었다.

일본 사회당의 초기 연립 기반은 블루 칼라층에 국한되지는 않았다. 1948년 7월 선거에서 일본 사회당은 노동층이 아닌 농민층(37퍼센트)으로부터 가장 많은 지지를 얻었다. 산업 노동자들은 일본 사회당 지지층

---

24) Hideo Otake, "The *Zaikai* under the Occupation: The Formation and Transformation of Managerial Councils," in Ward and Sakamoto, *Democratizing Japan*, pp. 366~391.

25) 실제로, 노조는 1946년이 되어서야 첫 공식 회의(Congress)를 개최했지만, 회원들은 조직의 공식 출범 이전에 모집된 상태였다. 다음을 참조할 것. Andrew J. Grad, *Land and Peasant in Japan: An Introductory Survey*(New York, Institute of Pacific Relations, 1952), pp. 135~141. Ronald Dore, *Land Reform in Japan*(New York, Oxford University Press, 1959), p. 168.

의 21퍼센트에 머물렀다. 샐러리맨들도 산업 노동자들보다 더욱 중요한 지지 블록(27퍼센트)을 형성했다. 높은 농민 지지율은 민주 자유당(41퍼센트)이 얻은 지지와 거의 비슷하였고 민주당(50퍼센트)보다도 그리 적은 것이 아니었다.[26] 중의원에 당선된 일본 사회당 후보의 50퍼센트가 일본에서 가장 오지인 69개 농촌 선거구 출신이었으며, 그 중 39명은 농민 조합의 간부였다.[27] 1948년 12월 일본 사회당의 좌익은 심지어 노농당(勞農黨)을 결성하기도 했다. 한편 1949년 10월에 실시한 전국 여론 조사 결과에 의하면 요시다의 자유당을 지지하는 농민과 어민의 수는 전국적인 자유당 지지율보다 10퍼센트나 낮았다.[28]

좌익 연합 세력의 지지율은 계속 상승하여 1949년의 4분의 1에서 1960년에는 40퍼센트를 약간 웃돌게 되었다.[29] 1930년대에 덴마크, 노르웨이, 스웨덴에서 발전했던 적색-녹색 연합체의 변형이나, 일본 좌익에게 권력을 부여하는 다른 장치가 등장할 수도 있었다고 상상하는 것은 결코 불가능한 일이 아니었다.

소기업 부문과 어떤 형태로든지 유대를 가지면서 농민-노동 동맹체를 형성하려는 좌익의 초기 노력은 끝내 결실을 맺지 못했다. 농민들이 가타야마 정부의 식량 징발 정책에 격분하면서 농촌에서 사회주의자들의 호소력이 약화되었다. 그 이유로는 일본 사회당과 일본 공산당의 분열, 일본 사회당 내부의 내분, 일본 사회당의 궁극적인 분당, 일본 사회당에 대한 노동 조합의 점진적인 통제권 강화, 토지 개혁에 따르는 농촌의 경

---

26) Asahi Shimbunsha, ed., *Nihon no seiji ishiki*[Japanese political attitudes](Tokyo, Asahi Shimbunsha, 1976).

27) Allan B. Cole, George C. Totten, and Cecil H. Uyehara, *Socialist Parties in Postwar Japan*(New Haven, Yale University Press, 1966), p. 386.

28) Kent Calder, *Crisis and Compensation: Public Policy and Political Stability in Japan, 1949~1986* (Princeton, Princeton University Press, 1998), p. 254.

29) Yamakawa Katsumi, Yoda Hiroshi, and Moriwaki Toshimasa, *Seijigaku deeta bukku* [Political science databook](Tokyo, Sorinsha, 1981), pp. 122~123; Ishikawa, *Sengo seiji kozoshi*, p. 43.

제적 불만의 해소, 보수주의자들에 의한 농업 협동 조합의 육성 등을 들수 있다. 그 중 가장 중요한 것은 일본 사회당과 일본 공산당의 결별—양자가 토지를 갖지 않은 소작 농민들을 조직하는 데 열을 올렸지만—과 지주 농민들의 애매한 계급적 위치에 대한 분쟁을 들 수 있다. 영국 노동당을 모델로 삼았던 일본 사회당[30]은 명백한 비블루 칼라층 회원을 포함시키는 것을 탐탁하게 생각하지 않았다. 그리하여 일본 사회당은 점차 동맹체 결성을 위한 광범위한 노력을 포기했다.[31] 그 후 일본 사회당은 농촌에 대한 지지 확대책으로 낮은 세금과 높은 쌀 수매가를 제시했으나, 그것은 농촌에 기반을 둔 수많은 보수 정치가들의 입장과 별 차이가 없었으며 농민 조합을 통한 동원을 시도했던 이전의 노력과는 상치되는 목표였다. 몇 년이 지난 후 농촌 지역에서 공산당의 노력은 그보다 더 실패하였다. 1948년 이후 일본 사회당이 정권 획득에 실패하고 블루 칼라층을 넘어선 동맹체의 결성에도 실패하자 일본 좌익의 약세는 더욱 두드러졌다. 그러나 그와 같은 실패의 원인은 노동 조합 자체의 내부 문제와도 관련이 있었다.

제2장에서 언급했듯이, 노동 조합이 전국적인 정치 과정에서 강력한 위치를 차지할 수 없었던 것은 적어도 세 가지 요인이 있었다. 첫째, 노동 세력을 위해 단일화된 목소리를 내거나 조합원들을 대표할 수 있는 전국 규모의 연합회가 없었다. 일본 노동자들의 전국 연합회는 스웨덴, 독일, 영국, 이스라엘의 최정상 연합회들이 지닌 조직적 포괄성을 확보

---

30) 다음을 참조할 것. Iizuka Shigetaro, Uji Toshihiko, and Habara Kiyomasa, *Ketto Yonjunen—Nihon Shakaito*[The fortieth anniversary of the party—the Japan Socialist Party](Tokyo, Gyosei Mondai Kenkyujo, 1985), pp. 66~68.

31) 그래서 다음과 같은 사실에 주목하는 것은 흥미롭다. 즉, 일본 사회당의 공식적 역사의 대부분은 일본 농부 연합의 탄생과 초기 활동에 관해 전혀 언급하지 않거나, 한다 해도 최소한의 관심만을 보인다는 점이다. 예를 들면, 다음을 참조할 것. Ketto Nijunen Kinen Shuppan, ed., *Nihon Shakaito Nijunen no Kiroku*[A record of the twenty-year history of the Japan Socialist Party] (Tokyo, Nihon Shakaito, 1965).

하지 못했다. 둘째, 일본의 개별 노동 조합은 노동자들 사이에서 공통된 계급 일체감을 갖게 하는 데 유리한 직종별·산업별로 결성되기보다 기업 단위로 조직되어 있었다. 유럽 여러 노동 운동의 성공에 결정적으로 중요했던 수평적 계급 의식은 일본의 경우 결과적으로 공동화되었다. 특히 민간 부문에 있어서 기업 단위의 노조는 일본 노동 조합들을 친경영진, 생산성 지향적으로 만들어 계급 분열을 위한 호소를 하기에는 매우 취약하도록 만들었다. 셋째, 일본 전체 노동력 중 전형적으로 조합 결성이 쉬운 대기업에 고용되어 있는 사람은 많지 않았다. 1950년대(그리고 1980년대까지도)에 일본 노동자의 거의 절반 정도가 50명 이하를 고용하는 직장에서 일하고 있었다. 이것은 이탈리아(44.4퍼센트)보다 약간 높고, 미국(15.2퍼센트)·영국(15.9퍼센트)보다는 훨씬 높은 것이었다. 유럽 국가의 대부분은 16~40퍼센트 사이에 놓여 있었다.[32] 실제로 일본 제조업 부문의 70~75퍼센트와 농업과 금융을 제외한 전체 부문의 80~85퍼센트가 일반적으로 300명 이하를 고용하는 회사에서 일하고 있었다.[33] 노동 조직 양태에 대한 연구가 보여 주는 바에 의하면 그런 회사들은 전형적으로 조합의 형성이 가장 어려운 곳이다.[34]

좌익의 여러 가지 실패에도 불구하고 일본의 노동 운동은 여러 해에 걸쳐 계속 성공하여 일정한 세력을 형성했다. 노사 관계는 신랄하고 적

---

32) Hugh T. Patrick and Thomas P. Rohlen, "Small-Scale Family Enterprises," in Yamamura and Yasuba, eds., *Political Economy of Japan*(Stanford, Stanford University Press, 1987), pp. 1: 335~336.

33) Ryutaro Komiya, *The Japanese Economy: Trade, Industry, and Government*(Tokyo, University of Tokyo Press, 1990), p. 139.

34) 실제로, 공공 부문은 최고의 노조화 비율을 보인다. 다음의 자료를 참조할 것. Jelle Visser, "The Strength of Union Movements in Advanced Capital Democracies," in Marino Regini, ed., *The Future of Labor Movements*(London, Sage, 1992), p. 27. 소기업에서 노동을 조직하는 어려움에 관해서는 다음을 참조할 것. Michael Goldfield, "Worker Insurgency, Radical Organization, and New Deal Labor," *American Political Science Review* 83, 4 (1989): 1257.

대적이었다. 공공이나 민간 부문에서 장기적·폭력적인 파업이 자주 일어났다.[35] 일본인과 미국인으로 구성된 보수주의자들의 계획적이고 강력한 반격만이 좌익의 위세를 저지시킬 수 있었다. 미국의 과감한 정책 전환과 일본 보수주의자의 놀라운 소생력이 합쳐 좌익을 견제할 수 있었으며, 결국 우세한 위치를 차지하게 된 보수적 정치 체제의 기반을 조성할 수 있었던 것이다.

보수주의자들의 반격: 보수적 정치 체제의 이식화

일본 보수주의자들은 그들의 권력을 위협하는 세력 앞에서 결코 수동적이지 않았다. 전쟁이 끝나기 이전부터 기업과 정치 지도자들은 사적·공적 장소에서 항복 후의 일본에 대한 전략을 구상하는 모임을 가졌다. 초기 미국의 정책은 일본 보수주의 세력의 수많은 기반들을 없애 버리고 정치적 좌익 세력을 두둔하는 것이었기 때문에 패전 후 수개월 동안 보수주의자들은 대체로 뒤편에 머물러 있거나 수세적인 싸움에만 몰두하고 있었다.

만일 미국의 정책이 바뀌지 않았더라면 일본의 보수주의자들이 과연 권력과 자율성을 누리게 되었을지 매우 의심스럽다. 미국의 국내 정치와

---

35) 일반적으로 말해, 이탈리아, 프랑스, 오스트레일리아는 이 시기 동안 가장 높은 파업률을 보였다. Walter Korpi and Michael Shalev는 일본의 파업률을 뉴질랜드, 핀란드, 미국, 캐나다, 아일랜드, 영국과 같은 '중간' 수준으로 파악하고 있다. Korpi and Shalev, "Strikes, Industrial Relations and Class Conflict in Capitalist Societies," *British Journal of Sociology* 30, 2 (1979): 178~179. 그러나, 포함된 시기는 1946년부터 1976년에 이르는 기간이었으며, 후반기에 일본은 파업의 참여율과 지속 기간에 있어 감소를 경험했다. 가즈오 고이케는 7개 국간 비교에서 일본이 1955~1959년 사이에 이탈리아와 미국에는 뒤지지만, 프랑스, 영국, 스웨덴, 독일보다는 높은 3위를 차지한다는 사실을 밝혀냈다. Koike, "Internal Labor Markets: Workers in Large Firms," in Taishiro Shirai, ed., *Contemporary Industrial Relations in Japan* (Madison, University of Wisconsin Press, 1983), p. 37.

국제 관계 변화, 일본 내부의 변화가 촉매 작용을 하면서 미국의 변화된 정책은 일본의 우파를 강화시킨 반면에 좌파를 약화시켜 놓았다.

미국 내에서 정책 변화를 가져온 가장 두드러진 원인으로는 트루먼 행정부의 강화, 1946년 의회 선거에서 공화당의 승리, 매카시즘(McCarthyism)의 발효, 그리고 일본에서의 '사회주의적 실험'이라고 비판해 온 미국 정부와 기업계의 적대적인 분위기들이 포함될 수 있다. 국방성, 국무성, 백악관, 여러 가지 미국의 이익 집단들간의 관료적 싸움이 일본에서 더욱 더 친보수주의적 정책을 추진하게 만드는 압력으로 작용하기 시작했다. 일괄적인 개혁을 가장 열렬히 주장해 온 점령 당국 내의 정치과는 부서간 권력 다툼에서 영향력을 잃어 가기 시작했다.

국제적으로도 초기의 미국 정책이 기초로 삼았던 가정들은 전후 세력 균형의 대대적인 변동과 함께 그 타당성을 잃게 되었다. 가장 극적인 것으로 소비에트와 서방간의 전쟁 중 동맹 관계가 전후의 이데올로기와 영토 싸움에 자리를 내놓았다. 그 후 중국에서 공산 혁명의 공고화로 미국은 아시아의 지정학적 동맹국이었던 장제스(蔣介石)의 국민당 정부를 더 이상 유지할 수 없었다. 그리스와 터키에서 공산주의자들의 성공, 그 직후 나타났던 트루먼 독트린의 선언, 윈스턴 처칠(Winston Churchill)의 "철의 장막(Iron Curtain)" 연설, 〈포린 어페어(Foreign Affairs)〉지에 실린 조지 케난(George Kennan)의 논문 "미스터 X(Mr. X)" 등이 합해져 미국과 서방의 반소비에트 반공 정향을 가져왔으며, 소비에트 동맹 국가·위성 국가·잠재적인 우방 국가에 대한 적대감을 형성하도록 하였다. 1940년대 말에 이르러 대일 정책을 둘러싼 미국의 국제적 환경은 1945년 8월 미국인이 아쓰기 비행장에 상륙했던 때와는 완전히 달라졌다.

마지막으로 일본 내의 조건들도 미국의 변화를 가져오는 데 기여하였다. 고도의 빈곤과 인플레이션, 그 결과로서 미국 납세자들의 식량과 다른 물품의 원조 비용 등이 미국 정책 수립자들에게 과연 일본 대기업과 보수적 정치 엘리트에 대한 징벌적 정책이 효과적인가 하는 점을 재고하게 하였다. 점점 커지는 일본 좌익의 과격주의도 반자본주의와 반미 정치 제체가 일본을 장악할 것에 대해 더욱 우려하게 했다. 더구나, 맥아더가 처음에 "터무니없이 게으르고 정치적으로도 무능하다"[36]고 평했던 요시다 시게루가 나중에 그의 보수적인 친구들과 따뜻하고 원만한 대인 관계를 형성하게 되면서 맥아더와 요시다는 정치적 행동 지침에서 서로 공통적인 초점을 찾았다.

점령기 중반에 이르러 미국의 초기 목표였던 민주화와 비군사화는 경제 복구와 일본을 미국 동맹 체제 속으로 끌어들이는 것으로 대치되었다. 점령이 끝날 무렵 미국의 정책이 근본적으로 방향을 바꾸면서 보수주의자들은 정치 권력을 확보하기 시작했다. 그러나 새롭고 안정된 보수 정치 체제가 자리를 잡는 데는 그 후 몇 년이 더 걸렸다.

이 새로운 정치 체제의 발전에는 세 가지 핵심적인 요소들이 작용했다. 즉 사회적 연합 세력의 주요 요소들이 강화되고 결집되었다. 또한 보수 지배를 위한 선거 기반이 확립되었다. 그리고 그 연합 세력을 계속 묶어 두고 보수측의 선거 장악에 경제적 기반을 제공하기 위한 정책들이 마련되었다.

사회적 연합 세력의 구축

앞서 지적한 대로 전후 초기 몇 년 동안은 전전의 핵심적인 사회 경제적 요소들은 제거되었거나 극심하게 제약을 받았다. 정치·경제적 세력으로서의 지주, 귀족, 군부가 효과적으로 제거되었다. 기업은 점령기를 통해서 훨씬 강해지면서 보수주의의 전당에서 불가결한 요소로 자리를

---

36) Dower, *Empire and Aftermath*, p. 311에서 인용.

잡았다.

미국의 초기 경제 정책은 일본의 독과점과 대규모 금융 그룹을 해체시키려는 것이었다. 그러나 일본의 보수주의자들은 일본을 "아시아의 네브라스카(Asian Nebraska)"(역주: 네브라스카는 미국 농촌의 대명사)로 만들 의향이 전혀 없었다.[37] 확실히 일본 기업가들은 군부, 지주, 귀족보다 훨씬 강인함을 보여 주었다. 그들은 점령 당국과 그 안의 사회 개편주의 세력이 그들을 불편하고 왜곡된 형태로 칼질하는 것을 허용하려 하지 않았다. 오히려 대기업들은 스스로 보수 정치 체제 내에서 중심적인 행위자로서 변신하였다. 첫째, 대기업들은 미국의 해체 시도를 이겨내고 계속 독점 기업으로 남았으며 계열 체제를 통해 전보다 경제적으로 더 강력해졌다. 둘째, 그들은 전국적으로 정치적 차원과 공장 차원의 노동세력의 경제 권력을 둔화시켰다. 셋째, 그들은 보수 정치인들과 정부 관료들을 포함한 정치계와의 유대를 더욱 심화시켰다.

일본 기업들의 대대적인 재조직에 대한 반대는 '역코스' 기간 중 경제적 집중의 역할에 대한 미국인들의 생각이 변화하는 시기와 일치했다. "대기업은 무너지지 않는다"던 것과는 달리 수많은 일본 재벌들이 재확립되거나 새롭게 창설되었다. 기본적으로 분권화 프로그램은 1949년에 파기되었다. 그 해에 반독점법도 개정되었고 1953년에는 마침내 폐기되다시피 하였다.

카르텔화가 계속되다가 점령기가 끝나자마자 무역 협회법은 카르텔을 장려하는 쪽으로 개정되었다. 수출 거래법은 경쟁자들 사이의 협동적인 수출 합의를 반독점 규제 조항 중에서 면제해 주었다.[38] 그리고 1953년과 1961년 사이에 일본 경제의 거의 모든 산업에서 카르텔 형성을 허용

---

37) William Chapman, *Inventing Japan: An Unconventional Account of the Postwar Years* (New York, Prentice-Hall, 1991), p. 22.

38) John Owen Haley, *Authority without Power: Law and the Japanese Paradox* (Oxford, Oxford University Press, 1991), p. 151.

하는 20여 개의 조례를 마련했다.[39]

한편, 반독점법의 개정으로 제조 회사들이 경쟁 회사들의 주식을 보유할 수 있도록 허용했다. 금융 기관들도 다른 회사의 주식을 10퍼센트까지 보유할 수 있게 하였고 그럼으로써 은행과 생산자들 사이의 유대를 강화시켜 주었다. 겸임 이사제를 합법화하였고, 카르텔의 범위도 보다 확대하였다. 특히 재벌들은 조각난 자기 소유 회사들을 다시 끌어모아 다시 전전의 조직적 그룹을 만들었다. 그 결과 제2장에서 서술한 여러 형태의 수평적·수직적 계열이 형성되었다. 그것은 대대적인 공급, 분배, 제조업 부문, 금융 기관의 독과점망을 구축하게 하였다. 재벌들의 총체적인 경제력으로 보아 그들을 정부의 주요 정책 결정에 포함시키지 않을 수 없었다.

미국인들은 일본 대기업에 대한 초기의 공격을 철회하고 노동 활동에 대한 대대적인 공격을 시작했다. 미국의 정책에서 그 이전의 징후가 남아 있기는 했지만 가장 극적 분기점이 된 것은 1947년 2월 1일에 예정되었던 전면 파업을 금지시키라는 맥아더 장군의 명령이었다.[40] 그 후, 1948년의 내각 조령은 공공 부문 노조의 파업 합법화를 파기하였다. 기본 노동법은 친노동적인 미국의 와그너법(Wagner Act)보다 반노동적인 태프트-하틀리법(Taft-Hartley Act)에 가깝도록 다시 제정되었다. 공산주의 활동은 금지되었다. 여러 전전 일본 지도자들에 대한 전쟁 범죄 기소가 취하되었다. 1만 명 정도의 숙청 대상자들이 사면되었다. '빨갱이 숙청(Red Purge)'은 약 1만 1,000명의 노동계 좌익 세력이 20여 개의 산업에서 취업하는 것을 금지시켰다. 1949년 도지 노선(Dodge Line)으로

---

39) Ibid., p. 152.

40) 다카마에 에이지와 다른 사람들이 지적했듯이, 1948년 대통령 선거를 앞둔 상황에서 맥아더(MacArthur)가 가장 우려했던 것은, 그가 다스리는 일본에서 좌익 혁명이 일어나도록 내버려 두었다고 비춰지는 것이었다. 이 점 또한 그의 행동에 영향을 미쳤음에 틀림없다. Takemae, "Rodono Minshuka"(The democratization of labor), in Takemae and Amakawa, *Nihon Senryo Hishi*, p. 94.

불리는 제약적 내용의 경제 조치 결과로 공공 사업의 예산 규모가 대폭 삭감되었다.[41]

일본의 보수 정치인들은 노동 세력에 대한 공격에 가담했다. 1947년 1월, 요시다는 노동 조합 지도자들을 '무법자들'이라고 비난했는데 그 말은 전전에 노동 조합을 탄압할 때 썼던 용어였다.[42] 셸던 가론(Sheldon Garon)이 지적한 대로, "미국과 일본 당국은 점점 '민주주의'를 옹호하면서 주장하는 방식이 비슷해지고 공산주의에 반대하는 건전한 '노조'를 강조하기 시작했다."[43] 이와 때를 같이해서 조지 애치슨(George Atcheson)은 "보수적 일본인의 목적이 연합국들의 목적과 동일해질 때가 왔다"는 유명한 말을 했다.[44]

일본 기업들도 노동 조합의 영향력을 견제하는 일에 무게를 실어 주었다. 일경련(日經連)은 명시적으로 노사 관계에 있어서 기업의 이익을 대변하려는 목적에서 창설되었다. 명확한 목적을 가진 일경련은 스스로 '투쟁하는 일경련'이라 칭하면서 노동 조합들이 축적한 초기의 권력을 다시 잡으려고 시도했다. 일경련은 전후 단체 협상 합의 내용을 재협상하고 노동 조합의 활동 범위와 경영진의 권한을 재주장하기 위한 운동을 전개하였다.

또한 보수적 기업 지도자들은 현장 차원에서 조합 운동을 비정치화하고 분열시키려는 체계적 운동을 벌이기도 했다. 이런 면에서 매우 효과적인 것은 기존의 과격한 지도자들을 비난하는 '제2의 조합'을 육성하고 경영진이 설정한 경계선 안에서 일할 용의가 있는 보다 온건한 조합을 형성하는 일이었다. 전형적으로, 제1의 조합과 제2의 조합 사이에는 폭

---

41) Sato Tatsuo, "Kokka Komuinho Seiritsu no Keitei"(Establishment of the National Public Service Law), *Refarensu* 138(July 1962): 1~15; 139 (August): 11~31.

42) Takemae, "Rodono Minshuka," p. 94.

43) Sheldon Garon, *The State and Labor in Modern Japan*(Princeton, Princeton University Press, 1987), p. 239.

44) Farley, *Aspects of Japan's Labor Problems*, pp. 148~149에서 인용.

력적인 대결이 발생하였다. 후자는 경영진, 무장 경찰, 때때로 고용된 폭력배들의 보호를 받으면서 경영진이 과격한 조합 지도자를 '인사 견제'를 통해 제거할 때까지 또는 무력화해서 경영진의 자율성에 도전하지 못하게 될 때까지 대결을 계속하였다.[45] 이런 활동들은 1950년대까지도 계속되어 일경련과 기시 정부의 강력한 반노조 활동의 정점에 이르렀다. 가장 널리 알려진 투쟁은 1960년 7월 미쓰비시의 미이케〔三池〕 광산에서 총평(總評)의 지원을 받은 광부 노조인 탄로(炭勞)가 패배한 것을 들 수 있다.

일본의 대기업 역시 정치적 영향력을 위해 재빨리 조직화하였다. 1945년 9월 3일, 항복 문서의 서명이 끝난 다음날 금융·기업 지도층 인사들은 일본의 기업 구조 재건, 재계의 통일과 강화, 그리고 국가 경제에 있어서의 대기업의 확고한 위치를 보장받기 위해 상공 장관인 나카지마 지쿠헤이의 집에 모였다.[46] 그런 활동의 결과로 파생된 조직이 바로 경단련(經團連: FEO)이다. 경단련은 1946년 8월 16일에 공식 창설되었으며 100개 이상의 거대 무역·산업 조직과 750개 이상의 대기업으로 구성되었다.

이런 방법을 통해서, 일본의 대기업들은 그렇지 않았으면 중요한 차이를 가져왔을 문제들인 회사 규모, 위치, 시장, 수출 대 수입, 제조업 대 금융, 은행 대 생명 보험, 자산 거래업 등의 문제들을 극복할 수 있었다. 무역 협회, 부문별 카르텔, 계열, 그리고 경단련과 같은 최고위 협회 등이 모두 그런 차이점들을 극소화시키고 대기업을 위해 응집력 있는 정치적·경제적 목소리를 내도록 도와주었다.

마지막으로 기업은 국가 관료제와 긴밀한 유대를 형성했다. 실제로 기

---

45) Hirosuke Kawanishi, *Enterprise Unionism in Japan* (London and New York, Kegan Paul, 1992), pp. 293~304.

46) Chitoshi Yanaga, *Big Business in Japanese Politics* (New Heaven, Yale University Press, 1968), pp. 41~42.

업의 모든 부문이 단일 정부 부처의 관할권하에 있게 되었다. 그 결과 특정 산업과 그 상대가 되는 관료 부문의 긴밀한 유대가 쉽사리 재확립될 수 있었다. 은행과 금융 부문, 보험, 자산 거래 회사들은 모두 대장성과 연계되었다. 통산성은 여러 제조 분야 산업들과 긴밀한 유대를 형성하였다. 의사들과 제약 산업은 자연히 후생성에게 접근하였다. 통신 산업은 우정성에 연계되었으며 건설 회사들은 건설성, 지방 자치청과 긴밀하게 연계되었다. 이러한 연계들을 융합시킨 것은 여러 부처들의 인허가 권한과 아마쿠다리 제도였다. 아마쿠다리 제도를 통해 퇴직 관료들은 자신들이 한때 규제권을 가졌던 분야에 속하는 회사들에 '낙하산 인사'로 들어가 높은 임금을 받는 고위직을 차지하였다.

일부 기업도 전후 정치 체제 내에서 권력을 확보하기 위한 전략을 추구했으나 소기업들은 정치적으로 더 많은 문제를 지니고 있었다. 제2장에서 지적한 대로 소기업들은 같은 수준의 산업화를 달성한 나라들에 비해 일본의 노동 인구 중 매우 큰 비중을 차지했다. 일본 회사들의 99.7퍼센트가 법적으로 '중소 규모'로 규정되어 있었다.[47] 1950년대 중반, 이 소기업들은 전체 노동 인력의 82.9퍼센트를 고용했고, 국민 총생산의 68.3퍼센트를 달성했다.[48] 더구나, 1950년대와 1960년대에는 소기업들의 성장이 가장 컸으며 그 수치가 GNP보다 더 빠르게 늘어났다. 그 때 자영 업자의 수는 노동 인구의 약 16퍼센트였다. 그 결과 이들 전체는 정치가들로서는 위험을 각오하지 않는 한 무시할 수 없는 투표, 금융, 생산력을 지니는 것이었다.

소기업 부문은 농민이나 대기업처럼 경제나 정치적 행동을 위한 결속

---

47) 중소 기업 기본법(The Basic law on Small and Medium Enterprises)은 소기업을, 자본금 1억 엔 이하 또는 300인 이하의 운송, 채광, 혹은 제조 사업장; 자본금 3,000만 엔 이하 또는 100인 이하의 도매 업체; 자본금 1,000만 엔 이하 또는 50인 이하의 소매나 서비스업으로 정의하고 있다.

48) OECD, *The Industrial Policy of Japan* (Paris, OECD, 1972), p. 186.

력을 갖지 못했다. 그들의 경제적 이익과 요구는 불가피하게 덜 결속적이었고 이 부문이 언제나 그랬듯이 여러 가지의 다양한 사업 분야로 분리되어 있었다. 소기업들은 공유하는 지역의 시장에 대기업들이 진출하거나 다양한 기업에 체계적이고 결정적인 피해를 줄 정부 시책에 변화가 생길 때처럼 주로 공통적 외부 위협에 직면해서야 서로간의 공통 이익을 찾을 수 있었다. 사실상, 소기업을 위해 일하는 조직이 5만 개에 달하고 있었다. 경단련 회장인 이시자카 다이조가 말한 대로 중소 기업을 조직한다는 것은 밥그릇 속의 수입 쌀을 일본산 쌀처럼 맛있게 만드는 일만큼이나 어려운 것이었다.[49] 더구나 위에서 지적한 대로, 특히 가타야마와 아시다 내각 때 일본 사회당의 좌익과 소기업간의 연계를 개선하려던 노력은 다수의 소기업들을 보수 진영이 아닌 야당 진영으로 가도록 위협했다.

궁극적으로 이들 소기업이 보수주의 연합의 새로운 중추 세력이 되었지만, 그들에게 어느 정도의 정책적 관심을 줄 것인가에 대해서 정치가들은 분열되었다. 요시다의 자유당은 대기업적 성향과 긴축적 거시 경제 정책 때문에 소기업의 비능률성과 전근대성을 경멸하는 입장이었다. 소기업을 보수 진영과 연결시키는 데 있어서 더 큰 문제는 요시다 정부가 1949년 도지 노선의 경제적 긴축 정책을 받아들이고 집행하였다는 것이다. 이 거시 경제적 긴축 정책은 소기업들에게 깊은 상처를 남겼다.

1983년에 마침내 수상이 된 당시 보수 진영의 소장파 나카소네 야스히로 같은 사람이 볼 때 요시다 정부의 소기업을 무시하는 대기업 정책은 정치적으로 비합리적인 것이었다. 그들은 많은 인원이 몸담고 있는 소기업 부문의 투표 잠재력을 인정하고 전일본 중소 기업 산업회(全中協)와 공동으로 요시다에게 지나치게 극단적인 조치들을 취소하도록 설

---

49) *Sandee Mainichi*, November 24, 1957. Naoki Kobavashi, "Interest Groups in the legislative Process," in Hiroshi Itoh, trans. and ed. *Japanese Politics—An Inside View* (Ithaca, Cornell University Press, 1973), p. 74에서 인용.

득하여 그의 동의를 받아냈다.[50] 결국 중의원 내에 중소 기업 진흥 심의
회가 설치되었다.

아울러 많은 보수 정치인들은 대기업에게 허용한 보호적인 카르텔의
형성을 소기업에게도 허용하도록 압력을 넣기도 했다. 그런 행동의 법적
근거는 1952년의 특정 중소 기업 산업 안정을 위한 임시 조치법이었다.
이들 카르텔은 특수 조건하에서 생산, 시장, 특정 산업에 투자할 수 있도
록 허가를 받았다. 이 법은 1953년 영구화되었다.

그와 때를 같이해서 중소 기업 일본 정치 연맹이 창설되어 소기업들을
위한 조직 포럼을 제공하였고 동시에 "중소 기업들의 단결을 강화"하는
법안을 통과시키기 위해 압력을 행사하였다. 연맹의 지도자인 아유카와
기스케는 이 연맹에 소기업들을 회원으로 무조건 그리고 강제로 가입토
록 하는 법안을 통과시키려고 했다.[51] 이 연맹은 소기업의 초기 조직 수
단이 되었고 그 법안과 관련해서 정기적으로 의회 앞의 집회에 30만 명
이상의 기업인들을 동원하기도 했다.[52] 1957년에 통과된 중소 기업 조직
법은 그 부문에 엄청난 조직적 지원을 해 주었다.[53]

조직상으로 보다 중요했던 것은, 1961년 보수주의자들이 정부 · 자민
당을 지지하고 또한 반사회주의적 경제 체제 운동을 전개하기 위한 전국
적인 조직으로 중소 기업 총연합을 창설한 일이다.[54]

---

50) Sheldon Garon and Mike Mochizuki, "Negotiating Social Contracts: State and Society in
　　Postwar Japan," in Andrew Gordon, ed., *Postwar Japan as History* (Berkeley, University of
　　California Press, 1993), p. 149.

51) Naoki Kobayashi, "The Small and Medium-Sized Enterprises Organization Law," in Itoh,
　　Japanese Politics, p. 51.

52) Kobayashi, "Interest Groups in the Legislative Process," pp. 70~73.

53) Tsujinaka Yutaka가 지적한 대로, 환경 위생법(the Law for Leagues of Environmental
　　Sanitation: Kankyo Eisei Kumiai Ho), 쇼핑 지역 홍보 협회법(the Law on Promotional
　　Associations for Shopping Areas(Shotengai Shinkyokai Ho)(1962)을 포함하여, 나중의 법
　　률들은 이 분야를 강화시킨다. Tsujinaka, *Rieki Shudan*(Tokyo, Tokyo Daigaku
　　Shuppankai, 1988), p. 57.

그리하여 1960년 초에 부문간의 다양성과 이에 따르는 여러 가지 문제에도 불구하고, 각종 조치를 통해서 소기업 부문과 자민당 사이의 경제적·제도적 교량을 설치했다. 그 후 약간의 문제는 있었지만, 이 관계는 1980년대에 이르기까지 유지되어 소기업 부문을 보수 연합 세력을 위한 가장 중요한 선거 기반의 버팀목으로 만들었다. 동시에, 대기업들은 정부나 유통 구조를 통해 비슷한 연계점을 구축함으로써 소기업과 대기업들이 경제적 행운을 누릴 수 있도록 결속시키기 시작했다.

소기업들이 조직 면에서 분산되는 것과는 대조적으로 일본의 농업 부문은 오랜 동안 고도로 통합되어 왔다. 농촌은 정치적으로나 경제적으로 가장 중요한 부문이었다. 1950년대 후반까지 일본 노동 인구의 약 절반 (48.3퍼센트)은 1차 산업인 농업에 종사하고 있었다. 농업은 또한 일본의 실제 국내 총생산의 4분의 1을 차지하였다.[55] 소기업도 그랬지만 농업도 근시안적인 정치적 안목으로 볼 때는 무시할 만한 것이었다.

조직으로서 협동 조합 운동은 농업 부문과 보수 진영을 결합시키는 데 결정적인 것이었다. 1948년 초부터 그 해 말 사이에 협동 조합 수는 900개 미만에서 2만 9,000개로 늘어났다.[56] 궁극적으로 일본 협동 조합들은 전전의 농업회(農業會) 직원들과 업무·재산을 전부 인수·장악하게 되었다.[57] 일반적으로 농협이라고 하는 조직은 "믿기 힘들 정도로 복잡하고 엉성하게 짜여 있으며 통제할 수 없는 조직"[58]으로서 7만 개의 지방

54) Garon and Mochizuki, "Negotiating Social Contracts," p. 149.

55) Kazushi Ohkawa and Henry Rosovsky, *Japanese Economic Growth: Trend Acceleration in the Twentieth Century* (Stanford, Stanford University Press, 1973), p. 283.

56) Arisawa Hiromi and Inaba Shuzo, eds., *Shiryo: Sengo nijunenshi: 2 keizai*[Source materials: Twenty years of postwar history, vol.2, Economics](Tokyo, Nihon Hyoronsha, 1967), p. 129.

57) Kajinishi Mitsuhaya et al., *Nihon shihonshugi no botsuraku*[The collapse of Japanese capitalism] (Tokyo, Tokyo Daigaku Shuppankai, 1974), p. 1381.

58) Michael W. Donnelly, "Setting the Price of Rice: A Study in Political Decisionmaking," in T. J. Pempel, ed., *Policymaking in Contemporary Japan* (Ithaca, Cornell University Press,

협동 조합으로 구성되어 있고 일본 농가의 100퍼센트가 회원으로 가입하고 있다. 농업 협동 조합의 사업은 융자의 배분부터 시작해서, 생산 원료, 농작물의 매매 기술까지를 포함하는 포괄적인 것이어서 명목상으로는 자발적이지만 농가들로서는 가입하지 않을 수 없었다. 뿐만 아니라 농업 협동 조합은 여러 형태의 정부 보조금과 융자금의 수령자이며, 일반적으로 농가들이나 농촌 지역에 있어서 그들의 경제 권력을 강화시키는 동시에 농업을 정부와 결합시키는 역할도 하고 있다.

이들 조직과 그들이 대표하는 농민들이 자동적으로 보수 정치인 지지 쪽으로 줄을 선 것은 아니었다. 이미 지적했듯이 정치적 좌익 세력은 처음에는 농촌의 지지를 얻으려고 적극적으로 활동했다. 농업 부문과 보수 정치인들 사이의 유대를 형성하는 데 가장 중요했던 것은 농업 협동 조합과 개별 보수 정치인들의 후원회 사이에 형성된 연계였다. 보수 정치인들은 국회 의원직을 이용하여 친농민 로비스트의 기능을 수행하기도 했다. 농업은 궁극적으로 보수측의 선거 판세를 좌우하는 가장 중요한 기반 중의 하나가 되었다. 스칼라피노(Robert Scalapino)와 준노스케 마스미가 주장한 대로 1960년대에 있어서 농협은 "의심의 여지 없이 가장 대중적 수준에 있는 보수주의자들을 위한 가장 중요한 조직"이었다.[59] 그러나 보수 진영을 위한 농촌의 표가 농촌 아닌 다른 지역에서의 보수 진영을 위한 지지표를 넘어서기 시작하고 대다수의 보수주의자들의 선거 지지 세력이 된 것은 1960년부터였다.

이 세 가지 부문이 보수 정치 체제를 지탱해 주는 사회 경제적 이익 단체들이나 협회의 전부를 다룬 것은 아니다. 가령, 무라마쓰 미치오, 이토 미쓰토시, 쓰지나카 유타카는 1970년 말경 일본에 252개의 주요 이익 집단이 있었다고 보고하고 있다. 그 중 과반수 정도(48.8퍼센트)는 1946년

---

59) Robert A. Scalapino and Junnosuke Masumi, *Parties and Politics in Postwar Japan* (Berkeley, University of California Press, 1962), p. 90.

222 제1부 여러 가지 체제들

에서 1955년 사이에 결성된 것들이다.[60] 그 후의 연구에서 쓰지나카는 보다 폭넓은 시각으로 1960년 당시 1만 개 이상의 민간 단체들이 일본에 있었다고 보고 있는데 그 대부분이 전문직, 경제, 농업, 노동, 과학, 행정, 기타 협회들이었다.[61] 정계와 관계의 보수주의자들은 이들 여러 이익 집단의 대부분과 접촉하려고 적극적인 활동을 폈으며 자민당이 장기 집권함에 따라 그 중 다수가 더욱 더 보수 정치인들과 조직적·사적 접촉을 가지려고 했다.

그러나 어떤 것도 위의 세 가지 부문이 유지했던 경제적·선거적 권력의 배합을 가진 것은 없었다. 다른 것들은 확실히 일본의 지배적인 사회 경제적 연합 세력의 성격을 형성할 수 있는 위치에 있지 않았다. 잘해야 그 중의 제한된 몇 개, 예컨대 일본 의사 협회 같은 것이 그들 자신의 세력권과 관련된 정책 문제를 놓고 균형을 깰 수도 있는 위치에 있었다. 그렇다 해도 그들이 보수적 연합 세력의 균형을 흔들 수야 있었을지 모르지만 균형을 만들 능력은 없었다.

위에 나타나는 연합 세력의 전체적 모습은 분명하다. 결과적으로 보수 정치 체제의 핵심적 요소들 중 가장 두드러진 것은 농민, 대기업, 소기업 모두가 밑바닥으로부터 전국 수준에 이르기까지 잘 조직화되었다는 점이다. 이것은 이미 공장과 전국적 수준에서 산산조각으로 부숴져 버린 야당의 주요 사회 블록인 노동 조합과는 대조가 되는 것이었다. 결과적으로 적색-녹색 연합, 또는 노동자와 농민의 동맹체를 형성하려던 일본 좌익의 노력은 매우 어려워졌다. 더 명확하게 말해서, 보수 정치 체제를

60) 또 다른 9.2퍼센트는 전쟁 전 시기로 거슬러 올라간다. 남은 42.1퍼센트는 1956년 이후에 형성되었다. Muramatsu Michio, Ito Mitsutoshi, and Tsujinaka Yutaka, *Sengo Nihon no atsuryoku dantai*[Pressure groups in postwar Japan] (Tokyo, Toyo Keizai, 1986). Muramatsu에 의해 Miyake Ichiro et al., *Nihon seiji no zahyo* [A diagnosis of Japanese politics](Tokyo, Yuhikaku, 1985), p. 218에 보고됨.

61) Tsujinaka Yutaka, *Rieki shudan*[Interest groups](Tokyo, Tokyo Daigaku Shuppankai, 1988), pp. 18~19.

위한 사회 경제적 기반은 야당의 잠재적 또는 실제적인 어떤 사회 경제적 기반보다 알차고 결집력이 높은 것이 되었다.

선거에서의 가능성의 창조

일본의 보수주의자들이 직면했던 가장 어려운 구조·제도적 문제는 일본을 선거 민주주의로 변모시키는 일이었다. 위에서도 논했지만, 전전의 정치 체제를 형성할 때에 전혀 무의미했던 것은 아니었지만, 선거와 정당 정치는 정치 과정에서 비교적 덜 중요하고 때로는 불편한 것이기도 했다. 전전의 44개 내각 중에서 정당 지도자가 이끌었던 것은 17개의 내각뿐이었다.[62] 정부와 경제는 규칙적 선거의 감독에서 멀리 떨어져 있었다. 그러나 전후의 헌정 민주주의하에서는 보수주의자들이 계속 집권하려면 선거구에서의 승리가 필수적이었다.

선거와 관련된 요소 가운데 특히 다음 두 가지가 중요했다. 선거 제도 그 자체와 보수적 이익들의 다양성을 수용하면서도 선거에서 다수를 확보할 능력을 갖춘 정당을 창출하는 것이었다. 그 하나하나가 치밀한 정치적 계산과 공작의 산물이었다.

선거 제도의 선택

일본의 신헌법은 보편적 남녀 선거권과 의회 민주주의, 자유 선거를 규정했다. 그러나 어떤 선거 제도를 수용할 것인가 하는 결정적인 의문에 대해서는 구체적인 안을 제시하지 않았다. 1925년부터 종전까지 사용

---

62) T. J. Pempel, "Uneasy toward Autonomy: Parliament and Parliamentarians in Japan," in Ezra Suleiman, ed., *Parliaments and Parliamentarians in Democratic Politics* (New York, Holmes and Meier, 1986), p. 117.

된 선거 제도는 중선거구제와 단일 투표라는 보기 드문 혼합 양식이었다. 그 제도는 전전의 보수주의자들에게 유리하게 작용하여 전후에도 보수주의자들은 다시 그 제도로 되돌아가기를 원했다.

점령기 초기부터 보수주의적인 일본 관료들은 점령 당국의 일방적인 주도권 행사를 막기 위해 선거의 실시를 희망하고 있었다. 미국인들 역시 전전 체제와 깨끗하게 단절하고 새로운 지도층을 선출하여 민주주의로의 변화를 상징하며 새로운 헌법의 조속한 의회 비준을 허용할 수 있는 선거가 실시되기를 원하고 있었다.[63] 서둘러 실시된 1946년 선거는 일본(또는 아마도 전세계)에서 전혀 수용해 본 적이 없는 제도였다. 새로운 선거 제도는 1900년 당시 일본의 제도와 비슷한 것으로 한 선거구에서 2명에서 14명을 뽑는 비교적 대선거구를 토대로 하였고 당선될 의원 수에 따라서 유권자가 한 번에서 세 번까지 투표할 수 있도록 했다.

전전 정치인들에 대한 대대적인 숙청과 결부시켜 이 새로운 선거 제도는 위에서 말한 대로 일본의 정치 지도층을 전반적으로 변모시키는 결과를 가져왔다. 이 첫 선거전에 대비해서 조직을 재정비했던 전전의 보수 정당들은 연합군 최고 사령부에 의한 숙청으로 붕괴되고 말았다. 재직 중이던 의원의 83퍼센트가 출마 의사를 표명하자 연합군 사령부는 그들을 출마자 명단에서 제거시켰다.[64] 나머지는 선거가 끝난 후 숙청되었다. 재건된 민정당(民政黨)은 처음에 274명의 후보를 내세웠으나 그 중 10명만이 숙청을 피할 수 있었다. 전 정우회(政友會)는 43명의 후보를 출마시키려고 했으나 그 중 33명은 자격을 상실했다. 마찬가지로, 협동당의 23명의 후보자 중 21명이 숙청으로 정치 활동이 금지되었고, 남은 두 명의

63) Michael Shaller, *The American Occupation of Japan: The Origins of the Cold War*(New York, Oxford University Press, 1985), p. 47.

64) Masumi Junnosuke, *Nihon seijishi 4: Senryokaikaku jimintoshihai*[Political history of Japan, vol. 4, Occupational reform; LDP control](Tokyo, Tokyo Daigaku Shuppankai, 1988), p. 72.

후보 가운데 한 사람은 패배했고 한 사람은 당을 떠났다. 대대적인 정당 재조직과 선거의 혼돈 상태가 보수주의 정당들에서 연이어 일어났다. 놀랍게도 공산당이 5명을 당선시켰고 사회당도 92명의 의원을 당선시켰다. 이런 사실은 장기적으로 볼 때 일본 보수주의자들에게 반가운 일은 아니었다.

우후죽순격으로 나타나는 정당들과 좌파의 약진, 그리고 의원들의 전반적인 교체 등이 일본의 보수주의자들로 하여금 전전의 단일 투표제와 대선거구제로 환원하도록 압력을 행사하게 했다. 연합군 사령부는 그 구상에 대해 완강하게 반대했다. 그러나 맥아더와 휘트니 소장은 그 결정권을 요시다에게 맡겼다. 선거법은 의회에서 강행 처리하여 1925년 제도를 약간 수정한 내용으로 개정되었다.[65] 1950년의 공직 선거법은 이런 변화를 계속 유지했고 그 때부터 1996년까지 중의원의 선거 제도로서 중선거구제와 단일 투표 제도가 존속했다.

그 제도 속에는 여러 가지 친보수주의적 요소가 내재해 있었다. 첫째, 농촌 편향의 선거구 왜곡이 매우 심했다. 둘째, 전국적으로보다는 지방에서의 유권자 동원이 우선시되었다. 어느 정당이든 의회에서 다수 의석을 확보하려면 한 선거구에서 두 명의 후보를 당선시켜야 했다. 각 시민은 한 표만 행사할 수 있는 만큼 잘 조직된 지방 유지들의 선거 유세가 국가적 차원의 정책 제안을 내세우는 덜 조직화된 측면보다 유리한 면이 있었다. 전후 초기에 보수주의자들은 특히 그런 지방 정치의 이점을 적절히 이용하였다.

셋째, 보수주의자들의 또 하나의 이점은 유권자들이 반드시 야당 후보

---

65) SCAP의 "Mr. Yoshida가 제안한 선거 제도의 장점들"이라는 1947년 3월 17일자의 글은 다음과 같이 결론짓고 있다. "제안된 체제에 비민주적인 요소가 포함되어 있는 것은 아니지만, 기존 체제와 비교해 볼 때, 그것은 명백히 현지배 정당들에 유리하며 소수당이나 여성들에게는 불리하다." Box 2032, RG 331, National Archives, Suitland, Md. Dower, *Empire and Its Aftermath*, p. 549에서 인용.

에게 투표하지 않으면서도 현역 의원들에게 반대표를 던질 수 있다는 것이다. 그 제도는 정당간의 제로-섬적인 투표 선택을 없애 버렸다. 보수주의적 후보 B에게 투표함으로써 보수주의적 후보 A에게 반대표를 던질 수 있었다. 그 결과 대정당이 정권을 잃지 않고 장기간에 걸쳐 계속 집권할 수 있었다.

마지막으로 그 제도는 소수 정당들을 만들어 냄으로써 야당의 분열을 자극시켰다. 전체 선거구 표의 12~15퍼센트만으로도 중의원 의석의 다수를 확보할 수 있었다. 따라서 적은 수지만 확고한 지지층을 가진 후보자나 정당이 자신의 정책적 또는 이념적 입장을 타협하면서까지 다른 정당이나 후보들과 손을 잡아야 할 필요가 없었다. 오히려 그들은 자신들의 특성을 유지하면서 적지만 확고한 지지층을 동원하여 의원직을 확보하려고 했다. 그렇게 하여 1960년 선거 후 민주 사회당(DSP)이 일본 사회당과 결별한 후에도 계속해서 의회에서 의석을 차지할 수 있었다. 그 선거 제도는 1960년대와 1970년대에 활발했던 여러 군소 '틈새 정당' 들의 진출을 뒷받침해 주기도 했다.

선거 제도의 수정은 자라나고 있던 좌익에게는 파괴적인 것이었고 요시다의 세력에게는 붐을 일으킬 기회를 주는 것이었다. 신문들은 1947년 단일 투표와 중선거구제의 선거 제도가 일본 사회당에게는 적어도 50석을 상실케 하는 결과가 될 것이라고 보도했다. 연합군 사령부의 '역코스'로 의기 양양해진 요시다의 자유당은 자신들에게 유리한 새로운 선거 제도의 덕을 보면서 1949년 선거에서 대승을 거두어 전체 중의원 의석의 56.7퍼센트를 차지함으로써 절대적인 다수를 확보하게 되었다.[66] 민주당이 얻은 전체 의석 수를 합치면 보수 진영의 득표율은 전체의 63퍼센트였고, 의석은 74.5퍼센트를 차지하여 득표율보다 11퍼센트의 프리미엄을 얻었다.[67] 일본의 60년 의회 역사상 다섯번째로 단일 정당이 명확한

---

66) T. A. Bisson, *Democracy in Japan* (New York, Macmillan, 1949), p. 59.

다수를 차지하게 되었다. 그 승리가 그 후 수십 년에 걸쳐 선거 과정에서 야당의 도전을 받지 않을 수 있었던 보수주의적 지배의 틀을 만들어 주었다.

보수 정당들은 계속 그들이 얻은 득표율보다 2퍼센트에서 11퍼센트 이상의 의석 보너스의 혜택을 누렸다.[68] 한편 사회주의자들은 단 한 번 잠깐 상승 기세를 탄 것 외에는 계속 쇠퇴하기 시작했다.[69] 간단히 말해서, 새로운 선거 제도는 일본의 보수주의자들에게 집권 초기와 그 후의 장기 집권 기간을 통해서 셀 수 없을 정도로 선거상의 이득을 베풀었던 것이다.

자민당의 결성

자민당의 결성보다 보수 결집의 강화를 더 잘 상징하는 사건은 없었다. 1955년 11월 15일, 자유당과 민주당이 통합을 이루어 일본의 보수주의자들은 선거에서 경쟁할 수 있는 매우 성공적인 단합된 선거 수단을 갖추게 되었다.

통합 이전에는 일본의 정치적 보수주의자들이 서로 긴밀한 결합을 이루기 어려웠다. 1952년 일본에는 진보당, 주류 자유당, 하토야마 이치로를 중심으로 한 반요시다 자유당 등 세 개의 보수 정당이 있었다. 좌익에 대한 적대감을 제외하고 이들 세 집단간에는 이렇다 할 공통점이 없었

---

67) 필자의 계산은 다음의 글에서 나옴. Yamakawa, Yoda, and Moriwaki, *Seijigaku deeta bukku*, p. 123.

68) Ibid., pp. 122~123.

69) 이러한 경향은 1990년 중의원 선거에서 역전되었다. 그 당시 사회당은 사상 최저 의석 비율인 16.6퍼센트에서 26.6퍼센트로 늘어났다. 동시에, 1990년의 그 수치는 사회당이 1967년 선거 이후 차지해 온 의석 비율보다 약간 낮은 수치로의 복귀를 의미했다. 다음을 참조할 것. Muramatsu Michio, Ito Mitsutoshi and Tsujinaka Yutaka, *Nihon no seiji* [Japanese Politics] (Tokyo, Yuhikaku, 1992), pp. 122~123.

다.

재무장, 헌법 개정, 미국과 중국과의 유대 관계, 경제 구조, 노사 관계 등의 쟁점이 보수주의자들 사이에 깊은 균열을 조성했다. 이런 분열에는 다양한 사회 경제적 정향(농업, 소기업, 대기업)과 지역 자치, 교육 정책, 천황의 지위, 일본의 여러 전전 식민지들과의 경제적 유대 등 다양한 행동 지침을 추구하려는 정치인 집단들의 상이한 입장들이 얽혀 있었다.

당원들의 다양한 개성도 분열의 요인이었다. 숙청 당시 하토야마 이치로는 당내에서 "(숙청 기간 동안) 자신의 자리를 대신 맡을 사람으로" 요시다를 선택했다. 그러나 하토야마가 공직에 복귀하려 할 때 요시다는 이미 자유당을 자신의 당으로 여기고 그에게 넘겨 주려고 하지 않았다. 그 결과 강력하고 관록 있는 두 지도자의 추종자들 사이에 장기간의 분열이 생겼다. 요시다의 자유당에 들어온 주요 신진 정치가들이 관료 출신인 데 비해 하토야마의 추종자들은 압도적으로 오랜 정치 생활을 해 온 정당 정치인들이었다는 사실이 그들간의 분열을 더욱 격화시켰다.

그 중요성을 입증하는 것으로, 1947년 중의원 선거에서 자유당 후보 중 당선자의 17퍼센트가 관료 출신이었으며 1953년 선거에서는 25퍼센트로 증가했다는 점을 들 수 있다. 참의원에서의 전직 관료들의 진출 비율은 더욱 높았다. 1953년 참의원 선거에서 당선된 보수주의자들의 40.7퍼센트가 전직 관료였고 1956년 선거의 경우 이 수치는 48퍼센트로 늘어났다. 전후 초기의 정부 내각에서도 관료 출신들이 다수를 차지했다. 요시다의 1차 내각의 경우 각료의 거의 절반이 전직 관료였으며 2차 요시다 내각에서도 전직 관료가 45퍼센트였다.[70]

정치인과 전직 관료 사이의 분열이 보수 정치인들을 갈라놓기는 했지만, 전직 관료들은 관계와의 중요한 교량 역할을 했다. 요시다가 충원한

---

70) 이 점은 다음 글에 더 자세히 설명되어 있다. Pempel, "Uneasy toward Autonomy," pp. 141~148. 전직 관료들의 비율이 제2이케다 내각(1960)과 제3사토(1972) 내각에서 약 55퍼센트까지 상승했다는 것은 주목할 만하다.

관료 출신 의원들은 그들이 과거에 근무했던 부처들로부터 결정적인 정보를 확보할 수 있도록 배치되었으며 그들 중 상당수가 행정 부처를 동원하여 보수 정치 체제의 정책을 지지하도록 하는 데 크게 일조했다.

1955년 10월 12일에 이루어진 사회주의 진영의 좌파와 우파의 통합은 보수 정치인들에게 내부 분열을 극복하도록 한 주요 요인이었다. 사회주의자들이 의회 의석의 약 3분의 1을 차지하게 되면서 최대의 단일 정당이 되었고 경우에 따라서는 의회의 제1당이 될 수도 있는 충분한 계기를 마련하였다. 그것이 헌법, 경제, 안전 보장, 이념, 선거 등 보수주의자들의 이익을 위협할 것은 명백했다. 결과적으로 마스미가 시사했듯이, "득세하는 사회주의 정당들로부터 정부를 방어하려면 보수 정당들의 합당 외에는 다른 대안이 없었다. 보수 진영은 두 개의 보수 정당을 유지할 능력을 상실했다."[71]

합당을 이끈 것은 대기업의 지도자들이었다. 보수 정당들을 위한 대기업의 기부금이 관련된 여러 금융 부정 사건이 폭로되면서 기업들은 경쟁하는 두 개의 보수 정당이나 정치인들에게 뒷거래로 계속 정치 자금을 대는 것을 꺼려했다. 또 개별 기업인들도 정치인들이 정치 자금을 얻고자 접근해 올 때 양자 중 한쪽을 택하기를 꺼려했다. 합당을 해야 정규적인 기부금을 얻는 당근이 될 수 있다는 점은 매우 호소력을 지녔다. 재계의 모든 기부금을 공급하기 위한 안전한 공급 조직으로서 경단련의 부회장인 우에무라 고코로가 이끄는 경제 재건 간담회라는 기구가 신설되었다.

그 당시 〈아사히 신문〉은, "기부금을 한데 모음으로써 재계인들이 정계를 정화시킬 수도 있다. 돈의 색채를 없애기 위해 기부금들을 마치 믹서에 넣어 섞는 것처럼 함으로써 정치인들을 단결시키고 일본 경제의 재건을 위한 정책을 집행할 수 있도록 만들 수 있다"고 논평했다.[72] 미국

71) Masumi, *Postwar Politics in Japan*, pp. 276~277.

정부 역시 자금 조달을 포함해서 합당을 지원했을 것으로 의심을 살 만한 근거가 많다(미국의 공문서는 이 문제에 대해 해제 조치를 취하지 않았는데 바로 이런 이유 때문일 가능성이 크다).

선거 제도 역시 보수 정당들의 합당을 촉진시켰다. 특정 지방의 지지 기반을 가진 개별 보수 정당 의원들이 두 당의 합당을 위해 자신들의 의석을 포기할 필요가 없었다. 또한 어떤 특정 선거구에서 보수당 후보가 경쟁한다는 결정을 할 필요도 없었다. 오히려 큰 조정 과정을 거치지 않고서도 합당한 정당에서 두 명에서 네 명까지의 후보들이 당선될 수 있었다. 이것은 1인 선거구제나 명단 기입식 비례 대표제하에서는 있을 수 없는 일이었다. 그리고 물론 그처럼 지방에 기반을 둔 선거 제도는 개별 보수 정당의 후보들에게 새롭게 결성된 통합 정당의 정책적 입장을 쉽사리 자기식으로 재해석하거나 방해할 수도 있게 만들었다. 그러나 결과적으로 개편된 선거 제도는 보수 정당처럼 중요한 정책 문제를 놓고 다양한 견해를 지닌 복수의 경쟁자들을 지닌 정당에게는 이상적인 것이었다.

그런 이점에도 불구하고 보수 정치인들 내의 다양하고 분열적인 정당의 경향이 자민당이라는 한 우산 밑에서 조용하게 남아 있으리라고 믿는 사람은 적었다. 미키 부키치는 합당 당시 자민당이 잘 가야 10년 정도 지속할 것이라고 시사했다.[73]

실제로 미국 점령 초기부터 1960년 후반에 이르기까지도 일본의 좌익과 노동자 조직들은 강세였고 장기적인 잠재력을 보이고 있었다. 과격주의가 일본 국민의 중요한 세력들 사이에 널리 퍼져 있었다. 특히 월급 노동자, 고학력자, 여성, 청년들 사이에서 선거 때마다 일본 사회당의 지지도가 급격하게 상승하였다.[74] 한편, 일본 노동 조합들은 어떤 형태의 노

---

72) *Asahi Shimbun*, January 15, 1955. Masumi, *Contemporary Politics in Japan*, p. 218에서 인용.

73) Mike Mochizuki, *Conservative Hegemony: Party Strategies and Social Coalitions in Japan* (Ph.D. diss., Harvard University, 1991), p. 1.

사간 화합도 기대하기 힘들 정도로 폭력적인 파업을 자주 벌였다.

선거와 관련된 인구학적 경향도 노동과 진보 세력들에게 유리했다. 왜냐하면 보수주의의 기반은 급격하게 줄어들고 있는 사회 집단들로 구성되어 있었기 때문이다. 자민당의 중견 의원이자 이케다 내각에서 노동성 장관을 지낸 이시다 히로세는 매우 영향력 있는 한 논문에서 여러 가지 미래 예측을 내놓으면서 선거 면에서 보수주의자들에게 불리한 사회 경제적 조건들을 제시했다. 이시다는 만일 중요한 블록의 투표 성향에서 아무런 변화 없이 현재의 인구학적 경향이 지속된다면 자민당은 1968년에 정권을 상실하게 될 것이라고 경고했다.[75]

그럼에도 불구하고 자민당이 결성되었을 때 자민당은 사회당에 비해 2대 1 비율로 다수 의석을 확보하였으며, 이 비율은 1990년대까지 지속되었다(1970년대에는 야당 전체를 합친 수에 대한 자민당의 여유는 많이 줄어들었다). 1993년 분당되기까지 어떤 정당도 중의원 선거에서 자민당보다 더 많은 의석을 얻지 못했다. 참의원 의원 수의 반을 선출하는 1989년 참의선 선거에서만 자민당이 처음으로 패배를 겪었다. 38년 동안 보수주의자들의 선거 우위는 사실상 도전 없이 유지되었다.

정부 제도에 대한 통제력을 가졌던 통합 보수주의자들은 정책 문제를 둘러싸고 일본 사회당을 무시해 버릴 수 있었다. 그럼으로써 자민당의 내부 결속을 더욱 견고하게 하였다. 공통된 적에 대한 투쟁이 내부 분쟁보다 우선시되었다. 그뿐 아니라 수적 우세를 누렸던 보수주의자들은 그 후 수십 년간에 걸쳐서 광범위한 공공 정책을 결정하고 좌우할 수 있었다.

확실히 가장 중요한 정치적 술책은 정당을 일사불란하게 지키고 붕괴

---

74) Joji Watanuki, "Social Structure and Voting Behavior," in Scott C. Flanagan et al., eds., *The Japanese Voter*(New Heaven, Yale University Press, 1991), pp. 50~51.

75) Ishida Hirohide, "Hoshu seito no bijon"[A vision of the Conservative Party], *Chuo Koron* 78, 1 (1963): 88~97.

나 분열을 방지하는 것이었다. 정부 부서들을 지배하고 공공 정책의 기본 방침을 좌우할 수 있었던 보수주의자들은 서로 서먹서먹한 사이이면서도 적대감을 접어두고 서로 협조하기로 하였다. 시간이 지나고 정기 개각과 정당 요직의 개편, 보직의 특혜 등이 이루어지면서 권력의 지위를 갈구하는 사람들에게 자민당의 구성원이 되는 것은 유일하고 확실한 직업 선택이 되었다.

정책 통합을 향해서: 정치와 융합하기 위한 경제

보주주의 정치 체제의 제도 및 연합 세력의 기반이 조성된 것은 정치 체제를 변함없이 지킬 수 있는 응집력 있는 정책 패러다임이 확립되기 이전의 일이었다. 그러나 점령기가 끝날 무렵 자본주의와 사유 재산, 그리고 미·일 양국간 안보 협정에 의해 일본에 미군 기지를 잔존시키도록 한 방위와 안보 태세를 포함한 광범위한 정책 묶음이 이미 마련되어 있었다.[76] 점령기 동안에 두 가지 중요한 경제 정책의 기본 내용이 이미 도입되었는데 그것은 그 후에도 오랜 기간 보수주의 정책들의 기본 구성 요소로 남게 되었다. 그것은 강력한 정부 주도의 경제 계획 수립과 재정 긴축, 엔화 약세, 그리고 작은 정부였다.

일찍이 1946년 3월 초부터 오키타 사부로가 이끄는 한 그룹이 일본 경제에 대한 계획을 세우기 시작했다. 그 그룹은 세 가지 가정을 전제로 시작했다. 즉 일본 정치 경제는 평화롭고 비군사화되어야 한다. 전전의 경

---

76) Hata Ikuhito, "Nihon senryo to kokusai kankyo[The Japanese occupation and the international environment]," in Takemae and Amakawa, *Nihon senryo bishi*, 2: 108~155. 일본 방위와 안보에 관한 보다 광범위한 문제에 관해서는 다음의 글도 참조할 것. Otake Hideo, *Nihon no boei to kokunai seiji*[Japanese defense and domestic politics](Tokyo, Sanichi Shobo, 1983).

제보다는 훨씬 평등주의적이어야 한다. 그리고 일본은 브레턴우즈 체제에 의해 형성된 국제 경제 구조에 전적으로 참여해야 하다는 것이었다.[77] 아이러니컬하게도, 일본에 경제 계획을 재도입한 사람들은 이른바 시장-지향적이라는 미국인들이었다. 미국의 정책이 분권화 정책으로부터 일본을 '아시아의 공장' 으로 만들기로 과격하게 전환됨으로써 미국인들은 일종의 중앙 집권적인 경제 계획을 설정하고 경제 관료, 기업 최고 경영자, 보수 정치인의 결합을 적극 지원했다.

　1950년 8월, 연합군 사령부의 경제 안전 위원회가 통산성과의 연계하에 창설한 첫 경제 협의회는 다수의 경단련 직원들로 실무진을 이루었고, 산업 단위별로 구성되어 그 후 수십 년간 일본 정부의 경제 계획을 지도했다. 경단련의 회장이 광산 및 제조업 소위원회의 위원장이 되고, 거대 무역 회사 사장이 해외 무역 소위원회의 위원장이 되고, 전국 조선 협회의 이사가 교통 소위의 위원장이 되었다.[78] 국가 산업 정책의 개발을 요구한 제안도 기업 지도자들과 경제 안전 위원회, 통산성, 대장성 사이의 긴밀한 연계를 강조했다. 그 제안의 목적은 일본의 수출을 정상화하고 경제적 자급 자족을 확대하고 국내 자본 축적을 가속화하려는 데 있었다.[79]

　통산성, 대장성, 경제 안전 위원회의 고위 간부들과 보수당 지도층, 기업 지도자들 사이에 경제 계획을 위한 긴밀한 조정을 이루도록 하려는 이러한 양식은 회합이나 교환, 제안 제출, 그리고 여러 자문 위원회간의 공개적 교류 등을 통해 진행되었다. 그렇게 해서 나온 계획들이 그 후 일본의 고도 성장의 기초를 놓게 된 것이다.

---

77) Laura Hein, "In Search of Peace and Democracy: Japanese Economic Debate in Political Context," *Journal of Asian Studies* 53, 3(1994): 758.

78) *Asahi Shimbun*, September 1, 1950.

79) Kaizai Kikakucho Sengokeizaishi Hensanshitsu, ed., *Sengo keizaishi: Sokanhen*(Postwar economic history: First edition)(Tokyo, Okurasho Insatsukyoku, 1957), pp. 296~309.

정책 추진을 위한 두번째 광범한 노력은 재정 긴축, 과도 평가된 엔화, 그리고 작은 정부라는 형태를 띠었다. 미국인들이 일본 산업의 재활성화를 허용하기로 결정한 후 첫번째 노력은 우선 생산 체제(priority production system)에 기반을 둔 것이었는데, 석탄, 철강, 화학과 같은 전략 산업들을 목표로 하였다. 이들 산업들을 위해 상당한 액수의 정부 보조금이 지출되었으며, 그러기 위해 확장 재정 정책, 적자 지출, 수요 팽창 등을 필요로 했다. 그 모두 고도의 인플레이션을 조성할 위험성을 지닌 것이었다. 인플레이션의 충격을 줄이기 위해, 점령 당국의 경제 전문가들은 개인 저축의 인출을 제한하는 데 역점을 두었고 임금 인상 억제를 위한 정책을 수립했다.[80] 그리고 외국 상품의 수입을 제한하기 위해 복수 환율제와 모든 해외 무역에 대한 직접 정부 통제 제도를 도입했다.

그럼에도 불구하고 미국으로부터의 원조액은 극도로 높았다. 일본 정부의 보조금도 엄청난 것이었다. 또한 일본 엔화의 환율은 개별 상품에 따라서 결정되었기 때문에 1948년 현재 미화 1달러당 환율은 180엔에서 800엔이라는 차이를 나타냈다.[81] 그런 혼돈스런 경제 상황 속에서 긴축 재정 정책, 작은 정부, 고정 환율 정책이 설정되었다. 미국은 디트로이트 은행의 행장이었던 존 도지(John Dodge)를 일본에 파견하여 일본의 화폐와 재정 체제를 재건하도록 하였다.

도지의 정책은 1949 회계 연도부터 시작되었는데 그의 정책을 통틀어 도지 노선이라 부르게 되었다. 강고한 디플레이션적 성격을 지닌 그의 정책은 단순히 예산을 정리하려는 것만이 아니라 국가 부채의 일부를 충당하기 위해 잉여금을 창출하고 인플레이션을 억제하기 위해 세금을 증액하는 것이었다.

---

80) 공직자의 임금 규제가 1947년 7월에 확정되었는데, 이것은 일일 1,550칼로리의 음식물 섭취 수준에 기초하여 책정되었다.

81) Shigeto Tsuru, *Japan's Capitalism: Creative Defeat and Beyond* (Berkeley, University of California Press, 1993), p. 49.

도지 노선은 배급제와 물가 통제의 종식을 가져 왔다. 동시에 마에다 야스유키가 호칭한 '실업을 통한 합리화(해고 합리화)' 정책이 실시되었다. 공공 부문에서 10만 명의 국유 철도 노동자가 해고되었고, 우체국, 일본 전신 전화국도 22만 명을 감원했다. 도산과 암시장의 종식은 잉여 노동의 주요한 흡수원을 없애 더 많은 실업자를 만들었다. 가혹한 도지 노선으로 공공 부문의 노동 조합 세력은 약화되고 노동 시장은 경직되었다. 1949년의 겨울은 전후 가장 혹독한 것이었다. 좌우간의 분쟁도 극도에 달했다. 한편, 일본의 경제적 불황은 계속되다가 한국 전쟁이 일어나자 비로소 수요를 일으키는 자극제가 제공되었다.

이 기간 동안에는 경제적 쟁점은 대체로 뒤편에 머물러 있었다. 정책 논쟁들도 주로 헌법과 그 개정 가능성, 여러 가지 외교 정책 쟁점, 일본의 재무장, 미국의 핵실험과 미군 기지, 교육 제도와 교육 위원회 위원들의 임명제를 선출제로 바꾸는 것, 공공 부문의 파업권, 국가 전복 행위 방지법의 제안 채택, 그리고 기타 비경제적 쟁점에 쏠려 있었다. 경제 그 자체는 정책 논쟁의 대상이 되지 못했다.

좌우간의 충돌은 기시 노부스케(1957~1960년)의 수상 재임 기간 동안 극치에 달했다. 기시는 1957년 2월 25일 취임하면서 공개적으로 일본 사회당, 총평과 대결하겠다고 선언했다.[82] 그 직후 기시는 여러 가지 이념적으로 민감한 쟁점들을 둘러싼 대결을 부추기고, 전국 철도 노동 조합의 위원장을 포함해서 많은 수의 조합원들을 해고했다. 한 정부 조례는 특정 범주에 속하는 공무원들의 조합 결성권을 금지하고 조합원 회비의 자동 공제도 금하고 있었다. '능률 평가 제도'가 전투적인 일본 교원 노조를 약화시키고 있었다. 석탄 광부들과 전력 노동자들의 파업을 방지하려고 제정된 임시법은 영구화되었다. 경찰을 중앙 집권화하고 권한을

82) Allan B. Cole, George O. Totten, and Cecil H. Uyehara, *Socialist Parties in Postwar Japan* (New Haven, Yale University Press, 1966), p. 61.

강화하기 위한 하나의 법이 통과되었다.[83] 미이케 광산에서의 6개월에 걸친 대대적인 파업이 전국의 기업과 노동 조직들을 극단적인 대치 관계로 몰아넣고 있었다. 그 결과는 '제2의 조합' 형성으로 나타났고 미리암 골든(Miriam Golden)이 말한 과격한 광부 노조인 탄로(炭勞)의 '영웅적인 패배'를 가져왔다.[84]

마지막으로 좌익과의 가장 극적인 대결에서 기시 수상은 미국과 일본이 1952년 점령 종료시에 채택했던 안보 조약의 개정을 추진했다. 개정안의 내용과 그것을 중의원에서 통과시킨 방법은 전후 기간을 통틀어 일본에서 좌우 사이의 최악이자 가장 긴 시간을 끈 충돌을 초래했다. 개정안의 통과는 그 후의 수개월간의 군중 항의, 대규모의 가두 시위, 한 시위자의 사망, 수십만 명의 탄원, 몸싸움, 보이콧, 의회 내 경찰 투입, 아이젠하워 대통령의 방일 계획 취소, 끝내는 기시 내각의 총사퇴를 가져오는 촉매 역할을 했다.

그 기간 동안, 일본 사회당의 원로 지도자인 가와카미 조타로는 자객에 의해 살해되었다. 한 달 후 기시도 자객의 칼에 맞아 부상당했고, 1960년 10월 12일 일본 사회당의 당수 아사누마 이사무가 텔레비전 생방송 도중 우파 청년에 의해 살해당했다. 1961년 초 지식인들 사이에 인기 있던 〈중앙공론(中央公論)〉 편집인의 살해 기도는 편집인의 아내와 가정부의 죽음으로 끝을 맺었다. 그 기간이란 의심할 여지 없이 서로 경쟁하던 진보 세력과 보수 세력간의 가장 처참한 대결의 시기였다.[85]

여러 면에서 기시 내각 시기는 좌익 세력에게 충격적인 패배를 안겨

83) 정찰 의무 법안(the Police Duties Bill) 배후의 과정에 대한 가장 훌륭한 분석 중의 하나는 다음의 글이다. Hatakeyama Hirobumi, "Keishokuho kakusei to seijiteki riidaashippu" [Reform of the Police Duties Bill and political leadership], in Otake Hideo, *Nihon seiji no soten* [Issues in Japanese politics] (Tokyo, Sanichi Shobo, 1984), pp. 71~126.

84) Miriam A. Golden, *Heroic Defeats: The Politics of Job Loss* (Cambridge, Cambridge University Press, 1997), pp. 104~108.

85) Cole, Totten, and Uyehara, *Socialist Parties in Postwar Japan*, p. 79.

주기는 했지만, 그것은 보수주의자들 사이의 분열을 더욱 악화시키기도 했다.[86] 당원들 사이에 안보 정책, 헌법 개정에 대한 가능성, 경제 정책을 놓고 대립과 분열이 일어났다. 그 과정에서 세 개의 파당이 생겨났다. 첫 번째 그룹인 요시다와 그의 추종 세력인 이케다, 사토, 후쿠다—그리고 정도의 차이는 있었지만—히로카와 고젠은 반군부적이었다. 특히 요시다는 일본 자위대의 확장을 원하는 미국의 요구를 완강히 거절했다. 동시에 전후 헌법을 개정하는 일에 대해서도 호의적이지 않았다. 이 집단은 그것으로 인해 방대한 중국 시장을 잃게 되고 강력한 군사력을 갖지 못하는 데서 기인하는 국제적 위신의 상실을 각오하면서도 미국과의 긴밀한 양국 관계를 중요시했다. 마지막으로 이 집단은 도지 노선을 강력히 지지하였으며 도지 노선이 지향한 디플레이션 예산, 정부 예산의 대폭적 삭감 정책 등을 적극 지원했다. 그들은 국가의 정치적 관심을 이념적인 성격의 쟁점에 소모하기보다 경제 정책이나 성장 문제에 집중시키기를 원했다. 그 결과 그들은 대기업, 반인플레이션, 수출 시장의 발전을 선호하였고 작으면서 능동적인 정부 관료제의 필요성을 강조했다.

이와 대조적으로 하토야마와 그의 추종자들인 미키 부키치, 오노 반보쿠, 고노 이치로, 이시바시 단잔 등이 두번째 그룹을 형성했다. 그들은 재무장, 헌법 제9조(평화 조항)의 삭제를 위한 헌법의 초안의 작성, 육군 증강, 군수 산업의 발전을 위한 정부 예산 정책을 선호했다. 결코 반미적은 아니었지만—사실 하토야마의 재무장론 때문에 존 포스터 덜레스(John Foster Dulles)는 그를 수상 후보로 선호하기도 했다—하토야마와 그의 추종자들은 요시다의 집단보다 일본 내에 미군 기지의 계속 유

86) 이 같은 자민당 내부의 분열에 관해서는 다음을 참조할 것. Watanabe Tsuneo, *Habatsu—hoshuto no kaibo*[Factions—a dissection of the Conservative Party](Tokyo, Kobundo, 1958); Watanabe Tsuneo, *Habatsu—Nihon hoshuto no bunseki*[Factions—analysis of the Japanese Conservative Party](Tokyo, Kobundo, 1962), 특히, 1장; Asahi Shimbunsha, *Seito to habatsu* [Parties and factions](Tokyo, Asahi Shimbunsha, 1968), pp. 10~14.

지 문제, 중국 시장의 상실, 그리고 소련과의 적대 관계의 지속, 의문이 제기되지 않는 미국과의 동맹 관계로 인한 혜택에 대해 훨씬 회의적이었다.[87] 특히 이시바시가 주도한 이 집단은 경제 정책에 대해서도 의욕적인 케인스식의 경제 활성화를 선호하였고, 보호주의와 정부 보조를 통해서 선거 전략상 매우 중요한 소기업들에 원조를 제공해야 한다고 주장했다. 그들은 크고 보다 적극적인 국가와 고도로 정치화된 경제 정책을 추구했다.

세번째 그룹은 민주당(전 진보당)의 잔존 세력들이 중심이 되었다. 미키 다케오, 아시다 히토시, 기타무라 다쿠타로 등이 주요 인물이었다. 미국과의 평화 강화 조약 내용에 대해 매우 비판적이었던 이들은 일본의 재무장을 주장했고 자기 당의 외교 정책에 있어서 아시아 중시의 노선을 내세웠다. 그들은 경제 정책에 있어서 대체로 가장 중도 좌파적 입장을 취했으며 '자본주의의 병폐'를 시정하기 위한 경제 계획의 확대와 노동 조합과의 보다 긴밀한 유대를 강조했다.[88]

1950년 후반과 1960년대 초반에 이르자, 경제 및 선거에 대한 쟁점에 대해 수출 주도(그러나 시장 추진)의 경제 방향을 추구하던 요시다 노선과 중앙의 계획을 통한 국내 개발 노선 사이에 가장 선명한 분열이 일어났다. 첫째 그룹은 일반적으로 경제에 우선 순위를 두는 데 관심이 있었다. 둘째 그룹은 국가 정책에 있어서 이념적으로 중요한 여러 쟁점들이 계속 중요한 역할을 하기를 바라고 있었다.

첫째 그룹인 요시다의 후예들은 중상주의적 요소가 다소 있을지라도 일본판 경제 자유주의를 원했다. 둘째 그룹은 국가주의와 사회 민주주의에 보다 가까웠다. 첫째 그룹은 외부에 초점을 두었고 '관료적 합리주

---

87) 다음을 참조할 것. Otake Hideo, *Sengo Nihon no ideorogii tairitsu*[Ideological conflict in postwar Japan](Tokyo, Sanichi Shobo, 1996), pp. 110~146.

88) Ito Takashi, "Sengo seito no keisei katei"[The origins of the postwar parties], in Ito Takashi, ed., *Showaki no seiji*[Politics in the Showa era](Tokyo, Yamakawa Shuppan, 1983).

의'이자 대체로 비정치적이었다. 둘째 그룹은 국내 경제에 집착하였고 추상적으로 규정된 '국가 이익'에는 덜 관심을 두는 대신 경제 정책이 국내 정치에 미치는 결과에 더 많은 관심을 쏟았다.[89] 요시다 그룹이 잠재적인 경제적 낙후자들에 대해서 제한된 정치적 감각을 가졌다는 것은 이케다 대장성 장관이 "가난한 사람들은 좁쌀을 먹어야 한다"라든가 그가 제안한 경제 정책이 "소기업인들 사이에 도산과 자살 사태를 가져온다 해도 어쩔 수 없는 일이다"라고 진술한 것을 보아도 명백했다.[90]

그런데 아이러니컬하게도 나중에 보수당을 단합시킨 경제 정책을 개발한 사람은 수상이 된 후의 이케다였다. 그의 정책은 적어도 세 가지 과업을 달성시켰다. 첫째, 안전 보장과 개헌 문제 같은 이념적 내용이 강한 쟁점을 둘러싼 매우 심각한 좌우 갈등을 종식시켰다. 둘째, 시장과 계획을 적절히 혼합함으로써 대기업과 소기업들을 다 같이 만족시킬 수 있었다. 셋째, 성공적으로 집행만 된다면 기업계와 선거에 예민한 정치인들의 이익을 동시에 충족시킬 수 있는 정책 방향의 터전을 마련할 수 있다는 것이었다.

이케다는 1960년에 수상이 되었다. 그는 곧 '저자세 정치'와 '생산성의 정치'를 향해 움직이기 시작했다.[91] 이런 패턴은 일본의 경제와 정치의 성공적인 결합의 모범이 되는 핵심을 형성하였고 보수 연합 세력 내

89) Otake Hideo, *Adenaua to Yoshida Shigeru*[Adenauer and Yoshida Shigeru] (Tokyo, Chuo Koronsha, 1986), 4~5장. Kume Ikuo, "Sengo rodoshi wakai taisei no keisei" [Institutionalizing labor accomodation in postwar Japan], in Nihon Seiji Gakkai, ed., *Sengo kokka no keisei to keizai hatten*[Establishment of the postwar state and economic development](Tokyo, Iwanami Shoten, 1992), pp. 187~209.

90) *Asahi Shimbun*, March 3, 1950.

91) "생산성의 정치(politics of productivity)"는 다음 글에서 사용된 용어이다. Charles S. Maier, "The Politics of Productivity: Foundations of American International Economic Policy after World War II," in Peter J. Katzenstein, ed., *Between Power and Plenty: Foreign Economic Policies of Advanced Industrial States*(Madison, University of Wisconsin Press, 1978), pp. 23~49.

의 잡다한 요소들을 결속시켰으며, 보수 정치 체제가 안정과 우위를 계속 유지할 수 있게 한 장기적인 정책 양상을 제공했다.

　기시 내각과 그의 후임자들 밑에서 보수주의자들이 국방과 안전 보장, 외교, 개헌, 경찰, 교육 재편과 같은 '이념적' 쟁점에 너무 많은 정치적 자본을 소모했다고 확신한 이케다는 정치를 경제로부터 분리하겠다고 공약했다. 보수주의자들은 이런 이념적 쟁점과 관련해서 야당이 그것들을 통해 지지층을 동원할 수 있고 정부의 관심을 경제적 개선으로부터 다른 영역으로 돌리는 가장 좋은 기회를 얻을 수 있다는 것과, 그런 이념적 대결로는 야당과의 싸움에서 상당한 정치적 · 경제적 대가를 치르지 않고서는 이길 수 없으리라는 것을 알고 있었다. 그 결과 이케다는 메레디스 우-커밍스(Meredith Woo-Cumings)가 적절히 표현한 '부르메르적인 계약'을 원하고 있었다. "총 앞에 굴복했던 루이 보나파르트 치하의 프랑스의 부르주아가 정치적 권리를 돈 벌 권리와 맞바꾼 것처럼 일본도 그렇게 했다."[92]

　관심을 고도 경제 성장 쪽으로 돌리게 함으로써 이케다는 야당들로부터 가장 첨예한 쟁점들을 빼앗아 버릴 수 있었다. 야당들은 그 동안 보수주의자들이 전전의 정치 질서를 재현하려 한다는 두려움(실제적이든 상상이든 간에)에 대한 뿌리 깊은 의구심을 자극함으로써 최대의 정치적 성공을 거두어 왔다. 그러나 좌익은 잘 짜여진 경제적 제안들을 통해서 여당과 구별되는 자신들만의 대안을 별로 제시하지 못했다. 반면에 여당인 보수주의 세력들은 1950년의 한국 전쟁 붐으로 박차를 가하게 되었고, 이케다 집권 때는 이미 10년 동안 지속된 전국적인 경제 성장의 혜택을 받기 시작했다.

　이케다가 가장 우선시한 성공적인 정책은 10년 내에 소득을 배로 늘리

---

92) Meredith Woo-Cumings, "East Asia's American Problem," in Meredith Woo-Cumings and Michael Loriaux, eds., *Past as Prelude: History in the Making of a New Order*(Boulder, Westview, 1993), p. 144.

겠다는 묵시적인 약속이었다. 이러한 약속을 하게 된 배경에는 일본 경제를 보다 더 자유화해야 한다는 외부의 강력한 요구가 있었다. 1955년 8월 일본이 GATT에 가입했을 때 브뤼셀 관세 계획에 의해 계산된 일본의 수입 자유화 비율은 16퍼센트에 지나지 않았다. 1961년에도 그 비율은 단지 26퍼센트였다. 일본 정부는 3년 내에 자유화 비율을 80퍼센트선으로 높이겠다고 약속했다.

그러나 보수 진영 내의 여러 세력들 사이에 경제 문제를 놓고 분열과 불확실성이 계속되고 있었다. 대기업, 소기업, 농업 부문은 무역 자유화가 미칠 충격을 두려워하고 있었다. 정부의 부처마다 서로 상충되는 상이한 요구들을 제시했다. 자민당도 역시 분열되었다. 자기 선거구의 장래에 대한 개별 의원들의 걱정 때문에 당내의 분열은 더욱 깊어 갔다.

통산성은 자민당 내의 여러 전직 관료들과의 연대와 대기업의 지지를 얻어 고도 성장을 선도할 산업의 재편을 원했다. 그와 대조적으로 많은 자민당 의원들, 특히 농촌에 지역구를 가진 사람들은 건설성, 지방 자치청과의 제휴로 지방의 사회 간접 자본의 확충을 요구했다. 일본의 좌파들과 노동 운동은 주택과 세금 감축, 복지 정책, 의료 보험의 확대를 요구하고 있었다. 복지 정책과 의료 보험의 증대라는 두 가지 쟁점에 대해서 좌파들은 후생성의 지원과 선거 때 소기업과 농민들에게 유리한 쟁점을 추구하는 자민당 정치인들로부터도 종국에는 지원을 받을 수 있었다.[93]

이런 큰 소용돌이 속에서 이케다는 1년 이내에 소득을 배가하겠다는 공약을 내걸었다. 이토 다이이치가 주장했듯이, 이케다의 제안은 그 형성 과정에서 여당이 제한적이나마 능동적인 역할을 수행했던 유일한 정책이었다. 적어도 경제 정책에 관한 한 1955~1965년 전후의 10년 동안에 여당이 그와 같은 능동적인 역할을 한 적이 없었다.[94] 이케다는 그 정

---

93) Otake, Sengo *Nihon no ideorogii tairitsu,* pp. 110~112.

94) Ito Daiichi, "The Bureaucracy: Its Attitudes and Behavior," *Developing Economies* 4,

책에 정치적 색채를 추가시켰지만, 그 제안의 대부분은 경제 기획청과 대장성 내의 관료들이 제시한 계획들로부터 비롯되었다. 과거에 하토야마 수상이 제시했던 구호에서 아이디어를 얻은 이케다는 전직 대장성 관료였던 배경을 바탕으로 경제적 근거에 따라 주저하고 있던 경제 계획청 내의 회의적인 관료들을 설득하여 그 안을 지지하도록 만들었다.[95]

회의론자들은 이케다의 제안을 이미 시작된 현대화와 기술 혁신에 대한 공을 자신과 자민당에게 돌리기 위한 하나의 정치적 게임 정도로 보았다. 또 어떤 사람들은 환경과 도시화의 확장이라는 고도 성장의 부정적 결과에 대해 적절한 고려를 하지 못하고 있다고 비판하였다. 그 어느 주장도 케네디 대통령이 10년 내에 사람을 달에 안착시키겠다고 약속함으로써 미국의 에너지를 집결시키고, 독일의 재무 장관인 에어하르트가 독일의 경제적 노력을 집중시켰으며, 스웨덴의 '임금 연대'를 위한 렌-마이드너 계획(Rehn-Meidner Plan)이 기업과 노동의 목표를 사회 복지 국가 내에서 고도 생산성과 고임금에 초점을 맞추도록 했던 것처럼, 이케다의 계획이 일본의 국가 에너지를 자극하고 국가적 노력을 지속적인 고도 성장으로 연결하는 데 결정적인 역할을 할 것이라는 사실은 이해하지 못한 것이다.

요컨대, 이케다의 계획은 첫번째 3년 동안에 9.0퍼센트와 연간 성장률을 7.2퍼센트로 잡는 데 목표를 둔 것이었다. 그 속에는 중공업의 합리화, 사회 간접 자본의 증대, 사회 보장의 개선, 그리고 교육과 과학, 기술 연구를 위한 예산 증가가 포함되었다. 소득 배가와 연계해서 포괄적인 국가 개발 계획이 수립되었는데 이것은 13개의 신산업 도시 건설과 여섯 개의 산업 기반 발전을 위한 대대적인 정부 지원이 주어질 '산업 시설 개발 특구' 설치를 목표로 한 지역 개발 계획이었다. 마지막으로 그 계획은

4(1968): 451.

95) Kayano Mitsuo, "Keizai-ha kanryo wa kapposuru"[The bureaucrats in the economic faction are swaggering], *Chuo Koron*, November 1961, pp. 260~268.

농업과 소기업으로부터 제조업으로의 대대적인 노동 인구 이동을 필요로 하고 있었다.

이케다의 계획은 이루 헤아릴 수 없을 정도의 정치적 기능을 발휘했다. 확장된 노동 시장, 카르텔화, 급격한 성장이 대기업에게 너무나 매혹적이었다. 통산성은 표적 산업 선정에 만족스러웠다. 지역 개발은 해당 지역은 물론 그 지역으로의 개발비 도입에 공을 세웠다고 주장하는 그 지역 출신 의원들에게도 대대적인 선물을 가져다 주었다. 건설성, 지방 자치청, 전국 건설 업계도 대만족이었다. 이 약속된 경제적 붐에서 중소 기업이나 농업이 소외되거나 낙후되지 않도록 충분한 조정을 할 것도 명백하게 제시하였다. 그리고 마지막으로, 그 계획을 여러 가지 사회 복지 조치와 연계시킴으로서 유럽의 사회 민주주의들과는 매우 다른 조치들이긴 했지만 큰 쟁점을 좌익들로부터 빼앗아 와 자신의 것으로 흡수하였고 자민당의 선거전에서의 호소력을 강화시켰다.

이쿠오 구메가 시사하는 대로, 그 정책은 '소득 배가'를 대중적인 개선과 묶음으로써 일본 시민들이 자신들이 성장하는 경제 속에 살고 있음을 실감나게 하였다.[96] 내각 관방 장관인 미야자와 기이치는 '소득 배가'를 단순한 경제적 예측만이 아니라 정치적 행동 지침으로 판 것은 이케다의 예지였다고 회고했다. 이케다의 고문이었던 이토 마사야는 "나는 정치에 있어서 국민들에게 어떤 식이든 밝은 미래를 확신시키는 것이 매우 중요하다는 것을 알게 되었다.…… '소득 배가'를 팔았던 경험이 이것을 나에게 가르쳐 주었다"고 말한 적이 있다.[97]

---

96) Ikuo Kume, "Party Politics and Industrial Policy : A Case of Japan"(the International Conference on Government-Industry Relations, Exeter, May 20~22, 1992에 발표된 보고서).

97) Ekonomisuto Henshubu, *Shogen kodo seicho no Nihon, jo*[Testimony : Japan in the era of high economic growth, vol. 1](Tokyo, Mainichi Shimbunsha, 1984), pp. 42, 66 ; Ikuo Kume, "Disparaged Success : Labor Politics in Postwar Japan"(Ph.D. diss., Cornell University, 1995), 4장, pp. 28~29에서 인용.

이 '패배자 없는 정책'[98]은 잠재적 갈등을 내포할 수 있는 다양한 이익들을 한 가지 공통된 이념적 기치 아래 불러모았다. 수출 지향적인 자유주의자와 국제 지향적인 계획자들이 합쳐졌다. 자민당, 대장성, 통산성, 경제 기획처가 정책 형성과 정책 목표에 대해 긴밀한 동맹 관계를 구성하기에 이르렀다.[99] 그뿐 아니라 정부 계획이 시장 세력과 수출 주도형 성장에 크게 의존하고 있는 만큼, 기업계의 새로운 기업가들은 보수 정치 체제의 조직 속에 보다 깊이 흡수되기 시작했다.[100] 오타케의 말대로, "정부 지도층과 국가의 개입에도 불구하고 시장의 역동성은 계속 활기를 띠었다."[101]

성장에 초점을 맞춘 것도 일본 시민들에게 매혹적이었다. 일본 소비자들이 일본의 생산 지향적 경제에서 계속 과도한 부담을 지고 있었지만 고도 성장은 마침내 개인 소비가 가능하도록 해 주기 시작했다. 그것은 지나간 20년간의 희생 기간이 끝났음을 알려 주는 신호였다. 이제 일본 시민들은 더 이상 보다 '큰 선(善)'을 위해 고생과 희생을 할 필요가 없게 되었다. 고도 경제 성장과 국가 생산의 배가는 곧바로 개인들의 수입의 배가를 추구할 수 있는 권리로 이해되었다. 사실상, 그 십여 년 간의 고도 성장은 다수의 일본인들에게 그들의 경제적 미래에 대해 큰 기대를 걸게 만들었다. 작년보다는 내년이 나으리라는 것이 보장되었다. 의심할

---

98) Kume, "Party Politics and Industrial Policy." 그 시기에 관해서는 다음을 참조할 것. Kono Yasuko, "Yoshida gaiko to kokunai seiji"[The Yoshida foreign policy and domestic politics], in Nihon Seijigakkai, ed., *Sengo kokka no keisei to keizai hatten*[Structure and economic development of the postwar state], Nenpo Seijigaku[Annals of the Japan Political Science Association](Tokyo, Nihon Seijigakkai, 1991), pp. 29~52.

99) 실제로 고노 야스코는 어떻게 계획 지향적 상무성(the Ministry of Commerce and Industry)과 수출 지향적 무역국(the Agency of Trade)에서 나온 통산성의 설립이 요시다의 수출 지향형 계획을 지원하도록 되었는지 주목하고 있다. Kono, "Yoshida gaiko to kokunai seiji," pp. 29~52.

100) Okita Saburo, *Nihon no Keizai Seisaku*[Japanese economic policy](Tokyo, Yuki Shobo, 1961), pp. 120~121.

101) Otake, *Adenaua to Yoshida*, p. 264.

여지없이 자식들 세대는 자신들보다 더 잘살 것으로 생각했다. 미래는 과거보다 원대한 약속을 하게 만들어 주는 것이었다. 그런 대중적 낙관주의의 물결보다 정치인들이나 정당에 더 좋은 행운을 안겨 주는 것이 있다는 것은 상상조차 어려운 일이다.

이 장에서는 지금까지 두 가지의 과제를 다루었다. 첫째는 전후 혼돈과 불확실성 속에서 어떻게 일본의 정치가 여러 가지 다른 방향으로 전개될 수 있었는가를 보여 주는 것이었다. 전후 초기 수년 동안에 일본의 사회 경제적 구조는 근본적으로 개편되었다. 강력한 전전의 그룹들은 제거되었거나 철저하게 약화되었다. 한편, 노동 조직들은 미국인의 전적인 지원을 받아 급속하게 팽창했다. 그리하여 1950년 일본의 노동 조합 결성률은 다른 대부분의 서유럽 국가에 비해 상당히 높은 편이었다. 그뿐만 아니라 일본의 좌익은 블루 칼라 조합들을 농민 다수와 소기업들과 연계시키려고 했다. 그 노력이 성공했더라면 일본은 스칸디나비아의 적색-녹색 연합 세력이나 1960년대 옛 서독의 사회 민주당 정부, 또는 보다 강력하고 제도화된 정치적 좌익에 의해 제약을 받는 이탈리아의 보수 지배와 유사한 정치적 색채를 띨 수 있었을 것이다. 일본은 조합주의적인 오스트리아와 유사한 쪽으로 진전할 수도 있었다. 그러나 일본은 결국 제2장에서 서술한 것과 같은 정치 체제, 즉 38년 동안의 단일 정당, 보수적 헤게모니의 지배 쪽으로 향했다.

이 장의 두번째 목적은 보수 정체 체제가 세 가지 차원의 정치 과정을 통해서 어떻게 전후 초기와 같은 형태를 형성해 갔는가를 보여 주려고 했다. 첫째, 한 가지 특이한 사회적 연합 세력이 형성되었다. 둘째, 일본

---

102) 동시에, 노조와 일본 사회당은 다같이 그 계획이 '소득 배가'가 아니라, '가격 배가'라고 비난했다. 사회당은 또한 그 계획이 한편으로는 보다 큰 기업들간에 소득 격차를 벌리고, 다른 한편으로는 농촌간 그리고 소기업들간의 격차를 벌려 놓을 것이라고 비난했다. 다음을 참조할 것. Masumi Junnosuke, *Nihon seiji shi*[Japanese political history](Tokyo, Tokyo Daigaku Shuppankai, 1988), 4: 284.

의 보수주의자들은 점령기에 재도입된 의회의 중의원을 선출하는 독특한 선거 제도로부터 많은 혜택을 누렸다. 또한 보수주의자들은 자기들에게 유리한 단합된 선거 기구에 의해 도움을 받았다. 그것은 과거의 경쟁자였고 한때는 적대 관계에 있던 두 정당이 합당하여 자민당을 결성하였기 때문이다. 셋째, 특히 이케다 수상 아래에서 시작된 일련의 경제 정책들을 위시한 여러 공공 정책들이 보수주의자들의 사회 경제적 지지 기반에 방향과 결속력을 부여했다.

정치적으로는 물론 결국에 가서는 공공 에너지를 국가의 경제 성장에 집중시킴으로써 야당들이 주장해 온 가장 강력한 쟁점들의 위력을 둔화시켰으며 그 동안 다양하게 존재해 온 보수주의적 세력들을 비교적 조화로운 관계로 융합시켰다. 이케다의 정책은 경제적 개선이라는 공통 목표를 중심으로 국민의 여러 계층들을 동원하여 집결시킬 수 있었다. 그 결과 장기적인 자민당 정부의 지배와 지속적 고도 경제 성장의 결합이 이루어졌다.

제2부

체제의 이행—
적응, 붕괴, 재구축

이행과 붕괴: 재구조화의 시대

제4장과 제5장, 제6장에서는 체제의 변모를 검토할 것이다. 여기에서 공통되는 질문은 왜, 그리고 어떻게 안정된 체제가 평형성으로부터 벗어나도록 움직였는가 하는 점이다. 보다 더 구체적으로 이 세 장에서는 왜 국가들이 1, 2, 3의 시기에는 여러 점진적인 변화와 사소한 수정과 변경의 과정을 거치고, 4, 5의 시기에는 전혀 다른 방향으로 선회하는가 하는 점을 탐구한다. 한 나라의 정치 경제에서 빈번하지는 않지만 이처럼 예리한 이행이 발생하는 것을 어떻게 설명할 것인가?

제1장에서는 비록 많은 체제들이 매우 불안정하고 유동성이 계속되더라도, 전후 산업화된 민주주의들은 제도적인 안정, 지속적인 사회 경제적 균열, 비교적 변함없는 공공 정책 양상의 특징을 지닌다는 점을 정리했다. 이 점은 이 장에서 검토할 네 나라와 제2장에서 묘사된 일본의 경우도 마찬가지이다. 그렇다고 이러한 체제들의 역동성을 부인하는 것은 아니다. 심지어 가장 안정된 체제조차도 변화는 지속적으로 경험하지만, 이러한 변화들이 그 체제의 안정성 자체에 도전하지는 않는다. 순항선이 바람을 맞으며 항로를 따라 가듯이, 국가라는 배는 한 방향으로만 계속 전진한다. 그러나 가장 안정된 체제에서도 간헐적으로 비교적 느린 이행

이 발생한다. 이것들은 새로운 연합의 구도, 제도적 형상, 또는 저변의 정책 양상의 이행으로 특징지어진다. 이보다 드물지만, 이 세 가지가 다 한꺼번에 바뀌어 체제의 대폭적인 재형상화가 발생하기도 한다. 이처럼 상이한 변화의 정도를 구별하기는 쉽지 않다. 그러나 혁명적인 변모의 순간이란 매우 드물다. 오히려 사소한 것들이 바뀌어 보다 광범위한 이행으로 나아가서, 결국 훨씬 대폭적인 변모가 초래되는 경우가 더 많다.

이 장의 첫번째 부분에서는 이전에 안정적이었던 산업 민주주의 내에서 변화를 초래한 주요 요소들을 검토한다. 두번째 부분에서는 안정된 체제 내에서 발생한 변화들을 구별하기 위한 분석적 기초를 제시한다. 이것들은 단순한 재적응으로부터 포괄적인 분절과 재형상화에 이르기까지 광범위하다. 끝으로 제1장에서 논의한 네 나라로 돌아가서, 1970년대 후반에서 1990년대 초반에 걸쳐서 네 나라의 체제가 거쳐 온 근본적인 변화들은 분석한다.

체제 안정성에 대한 도전들

평형성은 평형을 이룬 어떠한 체제도 그것을 뒤흔들 정도로 강한 힘이 존재하지 않는 한 변화되지 않은 채 지속한다는 의미이다. 그러나 변화는 안정된 산업 민주주의에조차도 항상 존재한다. 대부분 체제들은 전형적으로 일군의 잠재적인 위협에 직면하는데, 그 가운데 세 가지가 특히 중요하다. 그것은 사회 경제적 문제, 선거상의 문제 또는 민주주의적 문제, 그리고 그 체제가 보다 넓은 세계와 교류함으로써 발생하는 문제들이다. 각각은 한 체제의 정치적·경제적 행위자들의 동기를 잠재적으로 바꿀 수 있다. 그 결과들의 범위는 좁고 임시적인 적응에서부터 새롭게 형상화된 체제에까지 이를 수 있다.

사회 경제적 도전들은 다양한 지속적인 변화에 기인한다. 한 나라의 경제가 팽창하고 변화함에 따라서, 그것이 산업과 사회 경제적 부문들의 상대적 강세도 변화시킨다. 점점 더 복잡해지는 제조 과정이 단순한 과정을 대치한다. 고도 숙련 노동력에 대한 요구가 증대하는 한편, 미숙련 노동력에 대한 요구는 감소한다. 금융 기구들과 산업 동맹들이 더욱 더 복잡해져 간다. 경제 성장 역시 국민 교육 수준의 향상, 거대한 중산층의 형성, 핵가족, 고령화를 초래한다. 해외 이민과 이민의 유입 또한 인구의 구성을 변화시킨다. 간단히 말해서, 경제적 역동성은 인구적 변화를 발생시켜 끝내는 국가의 정치적 구도에서 지속적인 수정을 요구한다.

일정한 평형을 이룬 어떠한 체제라도 그 지지자들 사이에 변화하는 동기와 세력 균형에 계속해서 직면한다. 타협, 상쇄, 보상의 변화가 체제의 지지 기반을 지속적으로 수정하게 만든다.

모든 민주주의적 체제는 두번째 도전에 마주한다. 그들은 모두 선거 과정을 통해서 대중으로부터 최소한의 순응을 얻어 내야 한다. 그러나 투표는 선거와 권력간의 연계에 경계를 규정하면서, 투표하는 대중에게 정부 관리들의 구성상의 특성에 영향을 미칠 수 있는 정기적인 기회를 제공한다.

투표와 선거는 관리들에 대한 권력을 제한해 왔다. 정당과 선거 제도는 사회 집단들간의 연합을 견제했다. 정책의 형성 과정에 전반적인 영향은 거의 미치지 못하지만 경쟁적 정당들이 상호간에 결정한 광범위한 정책들 가운데서 선택을 한다. 동시에 정당들은 정부를 나누어 맡기 위해 서로간에 또는 이익 집단들과 타협을 하는데, 이 과정에 대해서는 유권자들이 거의 또는 전혀 통제하지 못한다.[1] 그럼에도 불구하고 선거 민주주의하에서 권좌에 머무르려고 애쓰는 관리들은 그들이 상당한 시민들로부터 적극적인 지지는 아니라 할지라도, 적어도 수동적 관용은 누리고 있다는 점을 정기적으로 과시해야 한다. 그리고 유권자들의 기호가

1) Herbert Kitschelt, *The Logics of Party Formation: Ecological Politics in Belgium and West Germany*(Ithaca, Cornell University Press, 1989), p. 3.

바뀌면 체제의 정치 지도자들도 반드시 그 변화에 대응해야 한다.

어떤 체제를 분석할 때 가장 흔히 고려하는 요소는 선거시의 연합이다. 즉, 특정한 경제적, 직업적, 지역적, 인종적, 계급적, 언어적, 종교적, 나이 및 성비의 구성에 따라서 표의 향방이 고정되거나 변화하는 것이다. 이러한 배열들은 한 체제의 기반을 규정하고 나아가서, 주요한 사회 경제적 재배열이 일어나는 것 역시 '핵심적인' 요소들과 전적으로 연관되어 있다.[2]

그러나 이 같은 선거상의 지지는 어떤 민주주의 체제를 아우르는 광범위한 사회 경제적 동맹 구조의 오직 한 단면일 뿐이다. 토지 소유자, 지식인, 노동, 군대, 종교 집단, 도시 거주민, 심지어 범죄 조직도 한 특정 체제에서 절대적으로 중요한 지지를 제공하는 몇몇 집단에 낄 수가 있다. 재정적 · 산업적 공동체의 각 부분들의 수동적 순응은 어느 것이나 다 가치 있는 것이다. 정부 조직이든 국제 조직이든 혹은 민간 다국적 기업이든 비국가적 행위자이든, 그들 역시 중요할 것이다. 이러한 집단들과 부문들은 그것이 도덕적이든, 재정적이든, 물리적이든 그 체제에 없어서는 안 되는 사회 경제적 차원의 지지를 제공한다. 스타인 로칸(Stein Rokkan)이 제1장에서 우리에게 상기시켜 주었듯이, "표에 의해 계산되고, 자원에 의해 결정된다." 어떤 민주 체제라도 몇 년을 주기로 선거시의 지지를 충분히 확보할 수 있는 사회 경제적 연합의 기반을 반드시 유지해야 한다.

한 체제의 사회 경제적 기반에 있어서 선거시에 고려되는 부분과 비선거시에 고려되는 부분간에는 상당히 중복되는 면이 있다. 물론, 유권자들의 마음을 끌기 위한 행동과 비유권자들의 요구에 부응하기 위해 필요한 행동간에는 긴장이 생긴다. 이 점은 민주 정부에 대한 주요한 비선거적 규제들 중의 한 가지, 즉 국가 경제를 유지하고 국내와 국제적 안전을

---

2) Walter Dean Burnham, *Critical Elections and the Mainsprings of American Politics* (New York, Norton, 1970)은 고전적 연구에 해당한다.

확보해야 할 필요성을 지적한다. 선거시의 인기와 상충하지 않으면서도 이러한 요구에 맞추어 가려면 단순히 표를 얻고 관직을 차지하는 것을 넘어서는 지지가 반드시 필요하다.

모든 근대 민주주의는 자본을 통제하는 사람들의 신뢰에 지나치게 의존한다. 시장 세력과 기업 위계 질서를 위한 수동적인 지지를 통해서이건, 구체적 부문 또는 기업을 선호하는 적극적 경제 개입을 통해서이건, 아니면 이 두 가지 방법을 다 동원해서이건, 모든 자본주의적 민주주의는 그 국가의 경제적 자산의 대부분을 통제하는 사람들로부터의 정규적인 지지에 의존한다.[3]

모든 국가들은 조금씩 차이는 있지만, '재계의 신뢰'가 침식되지 않도록, 그리고 자본이 그 나라의 국경을 넘어서 빠져나가지 않도록 (그리고 국가 관직 보유자들에 대해 비록 약하게나마 통제를) 보장할 수 있게 하기 위한, 자본주의, 사적 이익, 시장 경제, 기업 독립성의 혼합을 제공하려고 한다.[4] 재계의 신뢰와 선거 정치는 공공연하게 서로 연계되어 왔고, 이 점은 미국의 일급 정치가 중의 한 사람인 휴이 롱(Huey Long)과 그가 사는 루이지애나 주의 '재계 공동체' 간의 상호 교환에서 냉소적으로 포착되었다. 롱은 자신의 재선 가능성을 논의하기 위해 루이지애나 재계

---

3) 어떻게 그러한 업계의 능력(business power)이 종종 간과되었는지에 대한 한 가지 중요한 사례는 다음을 참조할 것. Peter Swenson, "Bringing Capital Back In, or Social Democracy Reconsidered: Employer Power, Cross-Class Alliances, and Centralization of Industrial Relations in Denmark and Sweden," *World Politics* 43, 4 (1991): 513~544. 다음의 글도 참조할 것. Jeffrey Winters, *Power in Motion* (Ithaca, Cornell University Press, 1996), 1장.

4) 이것으로 인해 사회주의 정당이 겪게 되는 딜레마는 때로는 심각하게 보였으며, 다음의 글들은 이 문제를 흥미롭게 다루고 있다. Adam Przeworski and John Sprague, *Paper Stones: A History of Electoral Socialism* (Chicago, University of Chicago Press, 1986); Adam Przeworski and Michael Wallerstein, "The Structure of Class Conflict in Democratic Capitalist Societies," *American Political Science Review*, 76 (1982): 215~238. 스웨덴에서 이 문제에 대한 재미있는 경험적 검증이 이루어졌는데, 이는 다음의 글에 들어 있다. Sven Steinmo, "Social Democracy vs. Socialism: Goal Adaptation in Social Democratic Sweden," *Politics and Society* 16, 4(1988): 403~446.

지도자들과의 모임을 공공연하게 소집했다. 그 자리에서 그는 부드럽게 말했다. "지금 이 자리에 함께 하신 분들은 큰 조각의 파이를 얻을 것입니다. 나중에 오신 분들은 그보다 작은 조각의 파이를 얻을 것입니다. 아예 안 오신 분들은 깨끗한 정부를 갖게 될 것입니다."[5]

비선거시의 지지자들의 이익과 연관되는 공공 정책들은 매우 중요하다. 안정된 금융 정책과 지속적인 이자율을 요구하는 금융과 증권 시장이 선거 전략과 종종 충돌을 일으키는 점을 고려해 보자.[6] 군대의 지휘관이나 대외 정책 전문가들이 해외 파병은 제쳐 두고라도, 군비 예산 증가, 위성 감시, 동맹 구조, 또는 비우호적인 외국 정부와의 교역 계약 등을 요구하는 것도 역시 마찬가지로 중요하다. 비우호적 동맹, 대외 교역상의 계약의 유지, 인플레이션 통제 기제, 세금, 비우호적 군대 주둔, 값비싼 군 시설, 강제적인 경찰관이나 용병, 그리고 주권에 대한 타협 등의 문제들은 경제적 건전성과 안전을 유지하면서 어떻게 선거시에 시민의 인기와 타협을 확보할 수 있는가를 생각하게 만드는 몇 안 되는 사례들이다.

재계의 신뢰를 유지하고 외부적 보호를 확보하는 것을 목적으로 하는 조치들은 선거시의 인기와 자주 갈등을 일으킨다. 비선거적 방식으로 그 체제에 기여한 많은 사람들은 '단순히 선거시에 숫자에 불과한 사람들'에 대해 정치가들이 보이는 반응에 회의적이어서 유권자 세력을 무시하면서 공공 정책에 영향을 미치려고 노력한다. 그들은 (비록 자신들의 선호에 따라 편견이 실린 효율성이지만) '효율적인' 정부를 원한다. 반대로, 유권자들과 선거 블록은 대중의 의견과 '국가적 의지'를 거스르는

---

5) Christopher Hitchens, "Pulp Politics," *New York Review of Books*, February 29, 1996, p. 25.
6) 이러한 의미에서, 클린턴 대통령의 선거 고문인 James Carvell의 언급을 참조할 것. 클린턴의 당선 이후 Carvell은 자신의 다음 생에는 '채권 시장(the bond market)'으로 태어나고 싶다고 말했다. 왜냐하면, 그 때에는 자신이 '정말로(really)' 정치가들보다 우위의 권력을 점할 것이기 때문이다. 같은 맥락에서, 일본과 미국에서 환율의 힘에 관한 다음 글을 참조할 것. R. Taggart Murphy, *The Weight of the Yen* (New York, Norton, 1996).

'특수 이익'에 대해 불만을 가진다. 이러한 갈등은 어떠한 체제에 대해서도 지속적인 도전이 된다.

체제의 안정성에 대한 세번째 중요한 도전은 국내 정치 경제와 국제체제 사이의 교류로부터 등장한다. 19세기에 많은 정부들은 국제적 압력으로부터 국내 정치를 분리시킬 수 있었다. 각 민족 국가는 마치 다른 공을 건드리지 않고 움직이는 각각의 당구공과 같았다. 반대로, 20세기를 거치면서 점차 국제적 영향력은 더욱 침투적이 되었다. 더 이상 정부 대 정부의 교류라는 단순한 형태를 취하지 않았다. 어떠한 민주주의 체제의 지도자라도 국내 활동이 그 민족 국가의 국제적 위상에 영향을 미치는 것을 인식하며, 그 체제의 국제적 행위가 어떤 식으로든 국내 핵심 행위자들의 위력과 자원에 영향을 미치게 되었다.[7]

선진 민주주의 내의 국제 경제적·안보적 조율은 1971년 브레턴우즈 체제가 붕괴되고 1973년과 1978년 두 차례의 석유 파동 이후에 특히 증대했다. G-3, G-7, NATO, GATT, IMF, 세계 은행(World Bank), 세계 무역 기구(World Trade Organization), NAFTA, APEC, EU, 그 외 다른 지역적·초지역적 기구들과 같이 다양한 형태로, 선진 민주주의는 (종종 덜 자본화된 파트너들과 협업하면서) 그들의 경제와 안보 정책의 조율을 꾀해 왔다. 이러한 행동이 계약 당사자들이 취할 수 있는 국내 정치적 대안들을 제한한 것은 그리 드문 일이 아니다.

오늘날 다국적 기업, 금융 기관, 보험 회사, 자산 거래인들은 자국 정부 부처와 국내 시장에만 매달리지 않고 자기 이익의 필요에 따라 초국가적 차원의 시장 접근을 모색한다. 동시에 국제 조직은 데이터를 수집하고, 어린이와 여성을 위한 공동 노동 관행 및 권리를 위해 압력을 가하고, 시민 자유를 감시하고, 병원, 학교, 공장을 점검한다. 이와 마찬가지로, 특정 환경, 인종, 이념, 종교, 기타의 목적에 관심을 갖고 있는 사회

---

7) Robert D. Putnam, "Diplomacy and Domestic Policies: The Logic of Two-Level Games," *International Organization* 42, 3(1988): 427~460.

운동과 비정부 조직은 국경을 넘어선 연대를 꾀한다.[8]

그 결과는 복잡하다. 한때는 외부의 압력이 국내의 지원을 고양시켰다. 그것은 정치 지도자들과 그들의 정책 양상, 사회 경제적 지지를 적지 않게 위협할 수도 있다. 비국가적 행위자들은 국내 기관들을 제치고 국가간 동맹을 모색하기도 한다.[9] 한마디로 순전히 국내의 견지에서만 분석할 수 있는 정치 경제 영역들은 축소되고, 어떤 산업 체제도 지정학적 경계를 초월하는 세력들을 마음 놓고 무시할 수 없게 되었다.[10]

이러한 세 가지 도전, 즉 투표자의 선호의 변화와 새로운 사회 경제적 구도, 선거시의 요구와 경제와 안보상의 필수 요건간의 갈등, 국내적 압력과 국제적 압력간의 경쟁은 한 체제의 안정을 흔들 만한 잠재성을 가지고 있다. 그러나 다음 절에서 살펴보겠지만 이러한 도전들에 대해 적응하는 범위는 그 폭이 매우 넓다.

적응과 붕괴

정치적 행위자들은 대안적 동맹, 전략, 정책, 제도, 전술의 이점과 불리한 점을 끊임없이 계산한다. 이전에 안정된 상태였던 것일지라도 그것이 동요할 때는 언제고 정치적 계산을 다시 한다. 자신의 이익을 유지·증대시키거나, 또는 그것에 미치는 손실을 최소화하기 위한 가장 좋은

---

8) Sidney Tarrow, *Power in Movement: Social Protest, Reform, and Revolution* (Cambridge, Cambridge University Press, 1993).

9) 이러한 입장에 대한 전통적인 설명은 다음 글에서 찾을 수 있다. Robert Keohane and Joseph Nye, *Power and Interdependence* (Boston, Little, Brown, 1977).

10) 필자는 사전 조사 차원에서 일본에서 형성되어 온 범국민적 연합을 위한 이러한 상황을 탐사하기 위해 노력해 왔다. 이것들은 다양한 다국적 은행이나 기업들, 미군, 외국의 다양한 정부 부처 등을 포함한다. 다음을 참조할 것. T. J. Pempel, "The Unbundling of Japan, Inc.: Changes in Japanese Policymaking," *Journal of Japanese Studies* 13, 2 (1987): 271~306.

방도는 무엇일까를 생각한다.

공통적으로 안정된 민주주의 내에서는 도전이 제기되어도 핵심 제도, 연합 또는 정책을 정밀하게 검토하는 식의 계산을 하도록 만들지는 않는다. 지속되는 관계들이 충분히 안정적이고 능력 있는 지도자들이 도전과 변화에 적절히 그리고 유연하게 반응할 수 있기 때문이다. 그것은 마치 비행기의 자동 항로 계기판이 세심하게 작동하여 경로를 지켜 가고 흔들리지 않게 하며, 만일 그런 식으로 주의하지 않는다면 추락할지도 모를 상황이 발생하지 않도록 잘 대응하도록 하는 것과 같다. 한 체제의 핵심 행위자가 이러한 적응을 유연하게 할 수 있을수록 그 체제는 손상받지 않고 더욱 건전하며 안정적이 된다.

완전한 예측이 불가능하다는 점은 너무나 확연하다. 때로 위기는 비록 그것이 예측할 수 있는 것이라 해도 본질적인 변화를 초래하는 도전을 수반한다. 예측이 불완전하거나 압력이 과도할 때, 대폭적인 변화는 더더욱 불가피해진다. 극단적인 결과는 광범위한 동요, 즉 궁극적으로 새로운 균형점을 중심으로 새 체제가 수립되는 것으로 귀결되는 체제의 이행이 일어날 경우이다.

따라서 한 체제 내에서의 변화는 하나의 스펙트럼상에서 측정할 수 있다. 한쪽 극단에는 변화가 없는 지속성과 완전한 평형이 놓인다. 다른 한쪽 극단에는 완전한 붕괴와 전복이 놓인다. 그 사이에는 사소한 것에서부터 본질적인 것에 이르기까지 다양한 적응이 놓인다. 부분적인 변화는 매우 빈번하게 일어나지만, 그 체제의 아주 기본적인 것들의 변경을 가져오지는 않는다. 여러 인물들이 등장하고 사라지며 새로운 정책들이 채택되고 과거의 정책들은 수정된다. 새로운 정부 부처들이 만들어지거나 통합된다. 이 같은 변화가 얼마나 피상적으로 머무는가에 따라서 그 체제의 근본적인 연합의 구도, 제도, 공공 정책의 방향은 전체적으로 수정되지 않은 채 남게 된다. 다른 극점에는 종종 기본적으로 방향 수정을 창출하는 변화들이 놓인다. 이 경우 변경된 사회 경제적 연합이 권력을 획득하고, 새로운 공공 정책 양상이 만들어진다. 새로운 제도적 구도가 과거 연합의 지지자의 권력 기반을 저해한다. 공공 정책 변화는 새로운 제도적 구도를 형성하는 데까지 확산된다. 어떠한 종류의 변화가 체제의 이행 내에 구성되는가, 어떤 것이 본질적인 것으로서 완전히 새로운 체제를 구성하는가를 결정하는 일은 결코 명확하게 밝혀지지 않는다.[11]

다만 분석을 위해서 단계별 순서를 다음과 같이 세 가지로 구분할 수 있다. 가장 단순한 차원은 제1서열의 변화로서, 어떠한 체제의 세 가지 중요한 부문 중에서 한 가지 면에서의 변화만으로 한정된다. 이러한 변화가 가장 흔한 변화이다. 그들은 그 체제에 있어서 대폭적인 재구도화를 창출하지 않으므로, 체제 내적 적응으로서 범주화할 수 있다.

중요한 공공 정책 방향의 변화나 주요 기준의 재조정은 대표적인 제1서열의 변화이다. 닉슨 대통령이 장기간 단절되어 왔던 미국과 중국간의 관계를 수정하기로 한 결정, 스위스가 1970년대 후반에 이민 노동자들을 축출하기로 한 결정, 핀란드가 1995년 EU에 가입하기로 한 결정, 영국이 1967년 스털링의 가치를 절하하기로 한 결정 등은 널리 영향을 미친 정책 이행의 대표적 사례들이다. 그러나 그러한 것들은 그 체제의 사회 경제적 연합이나 제도적 기반의 기존 질서에 중대한 변화 없이 진행되었다.

제한된 특정 사회 경제적 변경에 대해서도 대부분 이같이 말할 수 있다. 지배 정당들은 선거시 종종 작지만 새로운 유권자들에게 인기를 얻기 위해 다른 것을 잃는다. 연합은 주기적으로 재조정된다. 새 파트너들이 추가되고 과거의 파트너들은 탈락되거나 대치된다. 유럽의 많은 작은 정부들이 이러한 과정을 정규적으로 거치는데, 그것은 공공 정책이나 국

---

11) 비슷한 설명 양식으로는 구조 내 변화와 구조 자체의 변화에 대해 언급한 David Lake의 설명 양식을 들 수 있다. David S. Lake, *Power, Protection, and Free Trade: International Sources of US. Commercial Strategy, 1887~1939* (Ithaca Cornell University Press, 1988), p. 49.

가의 정치적 · 경제적 제도에 있어서의 광범위한 이행은 거의 수반하지 않는다. 이러한 이행 역시 제1서열 또는 체제 내적 변화라고 간주될 수 있다. 많은 제도적 변화도 사실상 이와 같다. 새로운 정부 부처 또는 기구들이 계속해서 추가되고, 회사들이 새로운 동맹으로 가입한다. 명목상 둘 중 어느 것도 그 체제의 근본적인 기준의 조정을 가져오지 않는다.

오히려 보다 근본적인 것은 제2서열이라고 생각되는 것들이다. 두 가지 혹은 세 가지 변수들이 상호 연관되어 있고 순환적인 이행으로 특징지어지는 이러한 변화들은 훨씬 영향력이 크다. 그 예로서, 근본적인 연금 개혁과 사회 경제적 연합에 있어서의 변경─노동과 농업간의 연계인 적색-녹색의 기반에서부터 블루 칼라와 화이트 칼라 노동자를 둘러싸고 개진된 적색-백색의 기반으로의 변화─이 결합된 1957~1959년에 스웨덴에서 일어난 이행을 고려해 보자. 그러나 그러한 변화들은 사회 민주 체제에 있어서 근본적인 것이었지만, 저변에 깔린 조합주의적 제도의 변경이나 사회 복지 국가에 대한 스웨덴의 기본적 신념에는 변경을 초래하지는 않았다.

마찬가지로, 1964년 시민권 법안에 서명하면서 존슨 대통령은 사석에서, 그가 막 "남부 민주당을 죽일지도 모르는" 법안에 서명했다고 고백했다. 역사는 그가 옳았음을 증명했다. 그 후 30년간 전국적 · 지역적 차원에서 공화당과 민주당 이면의 사회 경제적 연합에서 체계적 변화가 발생했다. 그러나 이러한 이행 역시 미국 체제 저변의 정치적 · 경제적 제도에는 제한적인 영향만을 미쳤다. 미국 체제의 전격적인 제도적 변화가 이루어진 레이건 대통령 시기가 되기까지 누구도 미국 체제에서 포괄적인 이행이 있었다고 말할 수 없었다.

끝으로 제3서열의 변화는 제도, 연합, 공공 정책의 세 가지 차원 모두에서 주된 변화가 발생하는 상황이다. 이러한 일이 일어날 때 비로소 포괄적 '체제 이행'을 이야기할 수 있다.

이러한 점에서 어떤 체제의 세 가지 핵심 변수들이란 지각 단층과 같은 것이다. 각각은 고유의 내부적 형상이 있고 고유의 운동 유형이 있다. 표면적 수정에서부터 철저한 전복이 일어나기까지 체제의 변화를 이해하기 위해서 중요한 것은, 어떻게 그것들이 서로서로 연관되어 있는가 하는 점, 그들 사이에서 이루어지는 붕괴의 정도, 그 붕괴가 일종의 지진으로까지는 가지 않으면서 분산되는 정도이다. 다양한 각 시간대에 따라서 지층은 움직임이 없이 있거나 아주 조금 움직인다. 때때로 그들이 움직이는 방향이 그들간의 붕괴를 감소시키고, 그 효과는 비교적 부드럽게 지각이 적응하는 기간을 제공한다. 그러나 다른 때에는 아주 작은 움직임조차 단층간의 붕괴를 증대시킨다. 어떠한 경우에는 계속되는 표면적인 변화에 대해 적응함으로써 이전에 존재하는 체제를 손상 없이 남아 있게 하고, 다른 경우에는 안정성이 있다는 것이 오히려 중대한 적응, 즉 더욱 극단적으로는 완전한 변모와 새로운 체제로의 움직임의 전조가 되기도 한다.

이러한 지각 단층의 이동이라는 수식어를 사용해서 본다면, 그 날 그 날의 체제 적응은 단층 내에서 단층간에 끊임없이 일어나는 거의 감지하지 못하는 적응과 비슷하다. 그것은 기껏해야 지진계에나 잡히는 아주 미세한 동요이다. 이와 대조적으로 어떤 체제의 이행이란 길이 파혜쳐지고 빌딩이 무너져 내리고 정치적 풍광의 기본적인 요소들이 완전히 뒤바뀔 정도의 강력한 지진에 훨씬 가깝다.

이러한 과정은 제1장에서 검토한 네 개의 산업 민주주의 국가들에서 발생한 체제의 적응, 균열, 변모를 살펴보았을 때 더욱 분명해진다. 이 네 나라들은 제2차 세계 대전 이후 초반 몇십 년간은 고도로 안정되어 있었다. 그러나 1970년대 후반과 1980년대 말 사이에, 시기는 각기 조금씩 다르지만 그 체제들은 모두 비교적 대폭적인 변화를 거쳤다. 이러한 이행의 원인은 각 체제마다 다양하고 서로 다르다. 몇몇 경우에 주요한 이행은 비록 확연하고 안정된 대체 체제가 등장하지 않았음에도 불구하고, 놀라울 정도로 과거로부터의 결별을 포함한다. 그러나 이 모든 경우에 체제의 수정은 적어도 몇 가지의 제1서열과 제2서열의 변화를 포함한다. 어쩔 수 없이 체제의 이행이 발생하게 되는 때는, 이러한 변화들이 제3서열에 해당하는 체제의 재형상화를 초래할 정도로 일어났을 때이다.

조합주의의 스웨덴: 블록의 붕괴

1930년대에서부터 1980년대 초반까지 스웨덴은 매우 안정적인 체제가 지배했다. 정당과 확고한 관계를 맺고 있는 주요 사회 블록은 변치 않고 존속했다. 조합주의적 관계는 매우 잘 제도화되었고 광범위하게 인정되었다. 그러나 1990년대 중반, 스웨덴은 그 이전에 지배적이었던 사회 민주적 체제로부터의 본질적인 이행을 경험했다. 조합주의적 협의는 깨지고, 그 제도적 지지 구조는 근본적으로 와해되었다. 1998년 새로운 체제가 어떤 형태를 취할지 여전히 분명하게 드러나지 않은 상태인데도 불구하고 변화는 만연하였다.

체제 변화는 단순한 선거 정치의 결과가 아니다. 1976년부터 6년 후 그들이 다시 정권을 잡을 때까지, 사회 민주주의자들은 여론 조사에서 밀렸을 때조차도 지속적인 정책 양상, 정당 체계, 정책 의제, 혹은 국가의 경제 의제를 거의 다 규정해 온 조합주의적 구도에 대한 도전이 거의 없었다. 그러나 그 후 10년간 스웨덴의 경쟁성 감소의 결과로서 지배적 사회 경제적 연합 내의 저변에 깔린 일련의 내부 긴장은 상당히 증폭되었다. 이러한 긴장은 주로 장기간 지속된 '임금 연대' 정책에 주로 초점을 맞추었다.

임금 연대는 스웨덴 노동 정책과 성장 정책의 핵심적인 포지티브-섬 혼합이었다. 그러나 국제 경제적 경쟁이 격화되면서, 제조 생산품이 국제 시장에서 더 높은 품질과 비용 기준에 지배받기 시작했다. 그러나 임금 연대에 파고든 친시장적 적응 과정의 결과로서, 스웨덴의 산업은 이러한 도전을 맞이하여 예외적으로 잘 적응하여 왔다. 스웨덴의 대기업 생산성은 어떠한 기준으로 보아도 높았다. 가령, 제조업에서 일인당 국민 소득 대비 로봇의 활용도는 세계를 선도했다. 그러나 "일하기를 원하는 사람에게는 언제나 일거리를 제공"하기 위해 공공 영역을 활용하고자 하는 사회 민주주의적 신념과 더불어 문제가 발생했다. 임금 연대가 공공 부문의 노동자들에게 가장 수익성이 높은 민간 부문 산업 노동자들과 비례해서 계속해서 임금 인상을 누리도록 보장했지만, 노동력의 확장은 공공 부문의 생산성을 형편없이 낮은 수준으로 떨어뜨렸다. 경제적 임금 차이는 점차 많은 업계와 노동 조합이 임금 연대보다는 임금 유연성을 따르도록 유도했다.

성공적인 민간 부문 회사의 노동자들은 공식적인 조합주의적 연계망과 임금 연대 정책 외부에서 자율 협상과 임금 인상을 통해서 높은 월급을 받아낼 수가 있었다. 반면에, 공공 부문 노동자들의 협상력은 훨씬 떨어졌다. 그러나 임금 연대는 두 집단간의 임금 인상을 연관지었다. 이 두 가지는 그들이 경제의 가장 경쟁력 있는 부문에서 임금을 압박하여 상승 표류하도록 만들었다.[12] 그러한 임금 표류는 저성장과 더불어 스웨덴의 많은 수출 업자들의 국제 경쟁력을 하락시켰다. 동시에 높아 가는 세금 부담은 노동 운동 내에 긴장을 더욱 촉발시켰다.

따라서 사회 민주주의 정당의 지배가 지속되고, 공공 정책에서 수정이 이루어지지 않았음에도 불구하고, 두 노동 운동 부문간의 내부 긴장은 좌익의 딜레마에 대해서 손쉬운 내부 해결을 반대하는 전투적인 경향을 보였다. 표면적으로 체제의 구도는 1950년대 후반에 자리잡은 구도와 너무나도 비슷해 보였다. 그러나 그 체제는 그것이 의존하고 있는 공공 정책의 기축에 있어서나, 혹은 세계 경제적 조건에서 장기간의 온건한 향

---

12) Jonas Pontusson, *The Limits of Social Democracy* (Ithaca, Cornell University Press, 1992).

상에 맞추어 큰 폭의 수정을 요구하는 내부 위기에 직면하고 있었다.

결국 긴장은 노동과 경영 양측의 계급적 이해 관계로부터 나온 중앙 집중화된 임금 협상의 붕괴에 의해 해결되었다. 1983년, 정상 수준의 조합주의적 협상을 피하기 위해 몇몇 스웨덴의 고용인들, 대표적으로 엔지니어 고용인 연합(Association of Engineering Employers, VF)이 노동 운동의 여러 갈래, 즉 예를 들어 제철 노동자 조합(Metalworkers' Union)에 합세했다. 그 후 몇 년간 엔지니어 고용인 연합은 정상 수준의 협상을 없애려는 요구를 하기 위해 더 폭넓은 고용인 연합(Employers' Association)에 합세했고, 1990년대 초반, "임금 협상은 정상 수준 타협과 산업 수준 타협 사이를 왔다갔다 했다."[13]

체제의 붕괴는 1990년대 초반에 일어났다. 그것은 1990년에 집권한 반좌익 정부의 성립, 스웨덴의 EU 가입 결정과 동시에 이루어졌으나, 또한 노동-경영간의 타협에 있어서의 변화와 함께 발생했다. 1976~1982년에 집권한 초기 부르주아 연합에 대비해서, 새로운 정부는 스웨덴의 경제적·사회적 정책과 정책 결정 구조를 변경하는 데 과도하게 전념했다. 공공 지출은 감소되었고, 최종 정부 지출은 낮아졌으며, 공공 부문 고용은 삭감되었다.[14] 세금 개혁과 금융 시장 규제 완화 역시 추진되었다. 마찬가지로 중요한 것은 스웨덴 고용인 연합(SAF)이 가장 위에 자리 잡은 '고용인의 공세' 였다. 1991년 SAF는 여러 국가 기구의 위원회에서 탈퇴하고, 조합주의적 구도에서 완전히 이탈했으며, 정상-업계간의 타협 기제를 해체시켰다. 이것은 스웨덴의 임금 압박을 다소 완화시켰고 또한 이전의 체제에서 중요했던 임금 연대와 국가 차원의 타협 구조를 종식시

---

13) Jonas Pontusson and Peter Swenson, "Labor Markets, Production Strategies, and Wage Bargaining Institutions," *Comparative Political Studies* 29, 2 (1996): 229.

14) Jonas Pontusson, "Between Neo-Liberalism and the German Model: Swedish Capitalism in Transition," in Colin Crouch and Wolfgang Streeck, eds., *Political Economy of Modern Capitalism: Mapping Convergence and Diversity* (London, Sage, 1997), p. 58.

켰다.[15]

동시에, 스웨덴이 EU에 가입한 것은 국내 행위자들에 대한 시장 압력을 훨씬 가중시켜서 임금 강압을 종식시키고, 노동 보상과 국제적 생산 경쟁성간의 연계를 견고하게 만들었다. 스웨덴은 EU에 가입함으로써 스웨덴의 자본과 제조업이 외부로 비행할 수 있도록 문을 열었다. 노동-비용간의 조정과 생산 경쟁성이 훨씬 중요해졌다. 거의 10.4퍼센트에 달했던 예산 적자도, 2퍼센트 예산 흑자를 낸다는 광범위한 신념을 가지고 EU 기준에 버금가는 2퍼센트 정도로 확 줄였다.

스웨덴 정치 경제의 이 같은 기초적 재편이 이전 사회 민주적 체계의 많은 요소들을 흔들리게 했지만, 조나스 폰투손(Jonas Pontusson)이 보여 주듯이 이 재구조화는 거의 초당파적이다.[16] 또한 우리의 목적에서 중요한 것은, 스웨덴에서의 이 같은 이행은 단순히 선거에서 나타난 선호에 의해서라기보다는 무엇보다도 조합주의 체계 내에서의 중요한 사회 경제적 블록들의 분산에 의해 특징지어진다. 한때 결속되었던 노동 운동이 국제 경제적 조건의 변화에 대응하면서 갈라졌다. 업계와 노동 둘 다 포함하여 국제적으로 안주한 부문은 국제적으로 안주하지 못한 부문들을 적대시했다. 궁극적으로 스웨덴의 정치 경제의 규정적 특질이었던 조합주의의 전체적 기제는 깨지게 되었다.

그것의 한 가지 중요한 지표였던 예외적으로 낮은 실업률에 대한 국가의 신념도 흔들렸다. 실업률은 1965~1967년에 평균 1.6퍼센트였고, 1980~1982년에 2.5퍼센트였으나, 1980년대 말에는 높게 치솟았다. 그러나 비록 1994년에 사회 민주당이 다시 집권했음에도 불구하고, 엄격한 재정 정책과 낮은 인플레이션이라는 새 기조로 다시 돌아가려는 주요한

---

15) Jonas Pontusson and Peter Swenson, "Labor Markets, Production Strategies, and Wage Bargaining Institutions: The Swedish Employer Offensive in Comparative Perspective," *Comparative Political Studies*, 29, 2 (1996): 223~250.

16) Pontusson, "Between Neoliberalism and the German Model," pp. 5~8.

노력을 기울이지 않았다는 점은 흥미롭다. 1996년 여름, 실업률은 9.0퍼센트로 치솟았다. 이 수치는 연수 프로그램이나 정부 지원 특별 사업에 종사하는 많은 고용인들은 포함하지 않은 것이었다.[17]

스웨덴의 경우에—미국·영국에서의 체제 이행과 대비하여—중요한 변화들이 거의 다 선거 주기와는 무관했고, 정당 체계의 재편 없이 일어났다는 점은 반드시 명기해 둘 만하다. 더군다나 몇 가지 복지 혜택은 후퇴했지만, 그 체제의 저변에 깔린 재정 지원이나 원칙들은 공격당하지 않았다. 스웨덴의 사회 복지는 다소 조정되었지만 극적으로 철회되는 일은 없었다. 바로 이 점에서 스웨덴은 다시 한 번 레이건식 경험, 대처식 경험과는 명백한 대조를 이룬다.

미국

미국에 있어서 제도적·사회적 분파는 공공 정책에서 작게 나누어진 부분들에 대해 권력을 행사하는 철의 삼각형의 네트워크와 연관되어 있어서 체제 적응들을 포괄적으로 명료하게 밝혀 내기가 어렵다. 미국에서의 체제 변화들은 스웨덴에서 본 것과 같은 분명하게 규정된 집단간의 분열 혹은 연합의 재편을 거의 포함하지 않았다. 그러나 레이건 행정부가 들어서고 나서 그 이후 15년간의 통치 기간 동안, 루스벨트 행정부 이래로 미국의 국가 정치를 지배해 온 사회 경제적 연합, 공공 정책의 양상, 제도적 구도에 있어서 현격한 변화가 일어났다.

---

17) David Cameron, "Social Democracy, Corporatism, Labor Quiescence, and the Representation of Economic Interest in Advanced Capitalist Countries," in John H. Goldthorpe, ed., *Order and Conflict in Contemporary Capitalism* (Cambridge, Cambridge University press, 1(184), p. 144; "Economic Indicators," *Economist*, September 27~October 3, 1997, p. 114.

미국의 뉴딜 체제의 동요에는 두 가지 중요한 요인이 작용했다. 첫째, 미국이 전략적 · 경제적 헤게모니로서의 역할을 지속하는 데서 생기는 어려움으로부터 광범위한 경제적 도전이 등장했다. 이 긴장은 존슨 행정부가 세금 인상, '위대한 사회' 건설 포기, 베트남전 중단을 거부함으로써 발생한 높은 인플레이션과 더불어 더욱 날카로워졌다. 더욱이 많은 미국 기반의 산업들이 특히 제조 상품에서 외국 상품과의 경쟁이 치열해지면서 그 문제들은 지속되었다.

둘째, 사회 경제적 재편이다. 이것은 1964년 시민권 법령, 1965년 투표권 법령과 더불어 시작되었으며, 이 두 가지는 다 흑인 유권자의 증대를 가져왔다. 그러나 재편은 베트남 전쟁과 그것이 민주당 내에 야기한 분산과 연관되었다. 민주당 내에 전쟁에 반대하는 사람들로 구성된 한 연합이 등장했는데, 그것은 다른 요소들도 포함되었다. 중산 계급 자유주의자들은 도시의 선거 동원 기제에 의한 지역 정치에 대해, 그리고 산업, 의회, 집행 기구간의 긴밀한 결속과 같은 '부패'에 대해 분노했다. 흑인과 다른 소수 인종들은 시민권에 의해 고조되어 지역 차원과 전국 차원에서 그들이 얻을 수 있는 것을 확대하려고 애썼다. 여성 운동원들은 정치적 영향력의 함양을 도모했다.

이러한 민주당 내의 '신정치' 운동의 아이러니는, 1968년 민주당이 의제를 포착하는 데 성공했던 것이 지금까지 '견고했던' 남부 전역에서의 강세를 저해하는 한편, 그 뒤로 24년간 행해진 대통령 선거에서 네 차례나 대통령을 내지 못하는 위치에 처하도록 이끌어 왔다는 점이다.[18] 뉴딜

---

18) 그래서, 1968년에 신정치(the New Politics) 운동은 민주당 전당 대회 규정을 개정하여, 각 주로 하여금 예비 선거와 개방형 간부 회의(open caucuses)를 통해 대표 선택을 '장려' 하도록 만드는 데 성공했다. 그렇게 함으로써, 그 이후의 당대회는 '미국의 인구 중 자신들의 존재에 합당한 관계' 속에서 흑인, 여성, 젊은이들로 이루어지도록 보장할 것이라고 믿었다. 다음을 참조할 것. Austin Ranney, *Curing the Mischief of Faction: Party Reform in America* (Berkeley, University of California Press, 1975); Martin Shefter, "Party, Bureaucracy, and Political Change in the United States," in Louis Maisel and Joseph

체제 이면의 사회 경제적 연합의 주요 부분들은 새로운 사회 집단들이 국가 권력을 획득하게 되자 완전히 민주당에서 이탈했다. 그러나 구체제가 통합되어 있고 오래 지속되는 잠재력을 지닌 본질적인 그 무엇인가로 바뀐 것은 레이건 행정부 시기가 되어서이다.

민주당은 여러 지역에서 힘을 발휘하고 있었고, (경제적으로는 비합리적일지 몰라도) 정치적으로는 가치 있는 상호 결탁 구도에 기꺼이 들어갔다.[19] 현직에 있는 개별 하원 의원들과 상원 의원들은 믿기 힘들 정도의 이득을 누리며, 그 결과 의회에서 탄탄한 기반을 다졌다. 미국의 노동력을 구분짓는 인종을 가로지르는 긴장들과의 직접적인 대결을 감소시키고, 정당 내에서 인종적 쟁점을 회피하여 역사적으로 취약하고 계속 감소하는 노동 운동이 민주당 세력의 핵심 요소로 남아 있게 했다.[20] 그러나 노동은 여러 정당의 새로운 구성 요소와 변함없이 다투었다. 줄곧 감소세를 보이고 있음에도 불구하고 조직 노동력은 그 동안의 역사적 충성을 활용하고, 그 정치적 행동 위원회를 동원하여 선거시 대거 노동력과 현금을 제공함으로써(특히 중요한 민주당 예비 선거에서) 민주당에서 전국적으로 강력한 목소리를 유지했다.

동시에 민주당과 제조업의 이해간의 주요한 연계는 특권적 하원 의원이 의원 선거구에 위치한 기업들에게 특혜를 주는 세금 조항을 편향되게 수정하는 것에 의존했다.[21] 미국의 노동이 국내 시장에서 외국과의 경쟁 증대에 직면하고, 미국 기반의 제조업들이 해외로 빠져나가면서 일자리

Cooper, eds., *Political Parties: Development and Decay* (Beverly Hills, Sage, 1978), pp. 246~247.

19) David Mayhew, *Party Loyalty among Congressmen* (New Haven, Yale University Press, 1966).

20) Michael Goldfield, "Worker Insurgency, Radical Organization, and New Deal Labor," *American Political Science Review* 83, 4(1989): 1257~1266.

21) Sven Steinmo, "Political Institutions and Tax Policy in the United States, Sweden, and Britain," *World Politics* 41, 4 (1989): 512.

가 줄어들자, 민주당의 이러한 국내적 성향은 민주당의 노동 기반과 연계되었다. 그러나 사양 산업을 선호하는 이 같은 특혜주의는 과거 자본-노동간 협약의 경제적 기반을 무너뜨리기 시작했다. 민주당이 미국 경제에서 일찍이 국제화된 부문과 맺었던 과거의 제도적 연계는, 민주당이 미국 제조업 중에서 국제적으로 가장 경쟁력이 없는 부문과 스스로 동맹을 맺고 보호주의적 임시 정책들을 체계적으로 주창하게 되자 사라졌다.

따라서 민주당은 대통령직을 얻기 위해 선거시의 지지를 확대하는 데 기울여야 하는 노력을 회피해 가면서, 다른 많은 정당들과 마찬가지로 충성스런 당원들의 정책 선호에 충실한 채로 남았다. 민주당은 조직의 동맥 경화로 곤경을 겪으며, 한때 튼튼한 기반이 무너져 내리는 것을 지켜보게 되었다. 즉 (백인) 기반이 탄탄했던 남부에서는 흑인 투표권이 확대되면서 백인 유권자들이 빠져나갔고, 전국적으로는 정당 지지자들이 경제적 · 문화적 이유 때문에 정당에 대한 충성심을 이행시켰다.[22] 사실상 민주당은 19세기 서부 농업 지대와 맺었던 동맹 관계를 거부함으로써, 점차적으로 전국적 차원에서 구산업 도시들, 그 도시의 노동 조합원인 노동 세력들, 그리고 (거의 경제적 한계층인) 소수 인종들, 이에 더하여 1960년대 후반 '신정치' 운동으로부터 남겨진 중산 계급 자유주의 개혁자들의 잔재를 보호하는 것을 중심으로 하는 일종의 외변 정당이 되었다. 국고로부터 혜택을 받아 지리적, 인종적, 혹은 계급적 노선에 따라서 이러한 유권자들에게 생색을 내는 격이었다. 민주당은 의회를 장악하고 의회 위원회 위원장직의 권력을 유지하는 한 대통령직을 선선히 양보하겠다는 듯한 태도를 보이면서, 국가의 집행부를 차지할 기회를 얻을 수 있는 사회 경제적 또는 정책적 변화를 단연코 포기했다.

---

22) 실제로, 린든 존슨(Lyndon Johnson)은 1964년 시민권법(the Civil Rights Act of 1964)에 서명하면서 다음과 같은 사실을 암시했다. 즉, 그렇게 하는 것이 한때 견고했던 남부의 종말과 민주당의 몰락이 다가옴을 의미할지도 모른다. 이러한 예상은 리처드 닉슨의 '남부 전략' (Richard Nixon's 'southern strategy')에 의해 즉시 확증되기 시작했다.

민주당이 이처럼 비틀거릴 때, 공화당은 1964년 배리 골드워터(Barry Goldwater)를 대통령 후보로 지명한 이래로 '우파 정치꾼들'의 통제하에서 마치 강고한 시대 착오적 정치 공룡처럼 보여 왔으나, 1980년대 초반 국가의 시급한 정책 의제를 가지고 새로운 전국 지배 연합을 만들어 나갔다. 공화당의 성공에 결정적이었던 것은 1972년 리처드 닉슨(Richard Nixon)이 재선에 도전하면서 활용했던 '남부 전략'이었다. 민주당이 미국의 흑인들에게 호소하면서 그들을 위한 프로그램을 만들어 지지를 구하는 쪽으로 나아간 반면에, 공화당은 그와는 반대로 이러한 복지 프로그램을 위해서 세금을 내야 하는 사람들의 표를 얻는 쪽으로 나아갔다. 미혼모에 대한 복지 혜택, 낙태, 동성애, '가족의 가치,' 인종 등과 같은 비경제적 문제를 둘러싼 쟁점들을 활용함으로써, 공화당은 이전에 확고했던 민주당 지지 기반을 조금씩 파고들어갔다.[23] 특히 서부와 남부에서 공화당은 세금 감면, 작은 정부, 보수적 사회 정책 등을 내세우면서 수출 지향적, 첨단 기술 산업을 중심으로 한 난공 불락의 연합들을 융합시켰다.

이 새로운 연합은 레이건 대통령, 부시 대통령과 더불어 집행권을 획득했다. 두 행정부는 외교 정책 면에서 미국이 "다시 강건하게 일어선다"는 약속과 함께, 작은 정부, 세금 감면, 보수적 사회 의제에 의존하여 내적으로 결속된 정책적 유대를 구축하기에 이르렀다. 이것은 과도하게 높아진 군비 지출, 그라나다와 파나마 침공, 나아가서는 이라크와의 전쟁에 의해 지속적으로 뒷받침되었다.

사회 경제적 이행은 전통적 사회 경제적 범주들에 기회주의적인 '비밀 연합'의 발달로 특징지어진다. 예를 들어, 일반적으로 친공화당적인 미국의 재계가 분열되었다. 1980년대 초반부터 공화당 진영으로 확고하게

---

23) Godfrey Hodgson, *The World Turned Right Side Up: A History of the Conservative Ascendancy in America* (New York, Houghton Mifflin, 1996). 다음의 글을 참조할 것. Kevin Philipps, *The Emerging Republican Majority* (New York, Arlington House, 1969).

이동한 최첨단 기술 산업, 서비스 지향적 산업, 금융 산업, 진취적 경영 산업들에 비해 일반 제조 산업과 기타 '녹슨 기계' 산업들은 민주당 지지로 돌아섰다. 종교적 우파, 소규모 자영업, 블루 칼라 애국자들과 같은 유권자들은, 경제적인 성격이 아니라 전통적인 유대와 심리적 · 문화적 성향의 보상을 통해서 보수당 진영으로 끌려들어갔다.

　신체제의 주요 표적은 민주당의 오랜 보루였던 노동 조직이었다. 강력한 노동 조합에 대한 레이건의 첫번째 대결은 이 점을 생생하게 보여 주었다. 레이건 대통령 초기에 취한 조치 중의 한 가지는 항로 관제 전문가 조직(PATCO, Professional Air Traffic Controllers' Organization)의 노동 운동에 가담한 1만 1,000명의 조합원을 해고하고 군 요원과 노동 조합원이 아닌 민간 요원으로 대치한 것이다. 이러한 유형이 지속되면서, 20여 년간 계속 위축되어 오던 노동 세력은 공화당의 대통령이 집권한 12년 동안 완전히 위축되었다.

　하원에서는 민주당이 여전히 강세였지만 공화당이 백악관을 통제하던 1980년대 초반 동안은 뚜렷한 경제 정책이 등장하지 않았다. 공화당은 세금 삭감과 동시에 민주당의 유권자들에게 정치적으로 혜택이 될 것으로 보이는 정부의 지출을 대폭 삭감했다. 여전히 인기가 있는 자유 방임과 시장 경쟁이라는 수식어를 유지하는 상태에서, 미국 경제는 희비 쌍곡선을 그렸다. 오랫동안 지속된 정부 프로그램을 위한 지원의 대폭 삭감은 군사비 지출의 비약적 증대로 상쇄되었다. 그 결과 뉴딜 사회 연합을 동요시키고 워싱턴 관료제의 핵심 요소를 뒤흔드는 전격적인 세금 삭감과 광범위한 적자 재정이 나타났다.

　1980년대를 거치면서, 미국의 주요 기업들은 권력 매수와 '자산 재배치'에 가담했다. 단기간에 고이율을 내지 못하는 기업의 자산은 그것이 장기간의 기업 경제와 국가 경제에 미치는 영향은 무시된 채 매각되었다. 결국, 국가가 반도체 기술을 통해 연구를 조율하려던 노력은 기업-국가간의 연계가 결여되는 바람에 실패로 돌아갔고, 미국의 주요 제철 생산 업체로 과거 미국 제철이었던 USX Corporation은 "지분 보유자들의 가치를 높이는" 노력의 일환으로 제철 업계에서 손을 떼라는 대주주들의 압력을 받았다.[24] 국가의 경제 정책은 이러한 변화들이 장기간의 직업 안정성, 지역 경제, 달러 가치의 하락, 적자의 증가, 제철과 관련된 제조 산업에서의 국가 경쟁력 등에 어떠한 의미를 지니는가에 대해 초점을 맞추기를 마침내 포기했다.

역설적으로, 반정부적 레이건-부시 대통령 집권기는 공공 지출의 대거 확장을 가져왔다. 공화당이 선호한 선거에서 인기 있는 세금 삭감과 군비 지출의 확장이, 대체로 민주당이 선호한 대중적인 복지 혜택 프로그램의 대폭 삭감으로 이어지지는 않았다. 알레산드로 피츠르노(Alessandro Pizzorno)가 미국이 아닌 다른 맥락에 대해서이지만 밝힌 적이 있듯이, "다원주의적 기제는 이익의 재정의를 위한 무제한적인 가능성을 가져오고, '공동 선' 또는 일반적으로 사회의 모든 부문이 그 자체로서 받아들여야 하는 어떤 목적을 스스로 규정하지도 못하면서, 집단적으로 공유된 사적 요구들이 일종의 '공공의 장'에 무제한적으로 접근할 수 있는 가능성을 불러온다."[25]

이처럼 조율된 정책의 결여는 그 때까지 미국 정치 체제의 분열된 특성을 강화시킨다. 뉴딜 연합은 당초부터 정책 의제를 가진 비교적 분명한 블록과 사회 부문으로 구성된 체제이다. 1960년대 후반과 1970년대 초반에 그것이 동요하기 시작하면서, 뉴딜 연합은 이익 집단 자유주의의 분열되고 닳아빠진 모사본이 되었다. 민주당과 그 동맹자들은 단순히 정부의 밥그릇을 차지하고 있다는 자부심을 즐겼다. 레이건하에서 강력하

---

24) 이러한 제의를 한 것은 대주주인 Carl C. Icahn이었는데, 그 의도는 명백히, "주가 상승을 유도할 좀 더 대담한 주도권을 갖도록" 기업에 압력을 가하려는 것이었다. "Ichan's USX Plan May Be Gaining Support," *New York Times*, March 19, 1990, pp. D1~D2.

25) Alessandro Pizzorno, "Interests and Parties in Pluralism," in Suzanne Berger, ed., *Organizing Interests in Western Europe* (Cambridge, Cambridge University Press, 1981), p. 279.

게 각광받기 시작한 신체제는 기존의 정치적 논쟁의 기축을 완전히 이행 시켰다. 1994년 선거에서 공화당이 하원에서 괄목할 만한 승리를 거둔 것에서 그 점이 확실해졌다. 공화당은 인종, 동성애, 복지에 대한 지출에 반대 입장을 표명하고 많은 정부 기구의 축소 또는 소멸로 어려움을 겪는 '중산 계급'을 위해서 세금 감면을 약속하면서 계속해서 선거시의 지지를 끌어내어 승리함으로써 뉴딜의 수명을 줄였으며, 반복지적·민영화주의 체제의 기반을 다져 그것의 앞날을 열었다.

적어도 공화당의 하원에서의 승리만큼이나 클린턴 대통령의 당선은 미국에서 체제의 이행이 얼마나 진행되고 있는가를 보여 주는 부인할 수 없는 지표였다. 뉴딜의 심장이었던 정책 양상로부터, 그리고 민주당의 역사적 지지 기반으로부터 분명하게 거리를 두면서, 클린턴 대통령은 공화당의 경제적 의제의 상당 부분을 포괄하여 민주당의 중산 계급 유권자들에게 호소해 갔다. 이것은 1996년 민주당이 공화당의 복지 제안을 수용한 것에서 분명하게 드러난다. 1930년대 이래로 발달되어 온 국가 프로그램을 완전히 잘라 버렸고, 사회 복지 수혜 조항을 축소시켰으며, 각주에 대한 이 같은 프로그램의 통제를 포기했다. '미혼모에 대한 복지 혜택', 합법·불법 이민을 표적으로 삼았다는 것은 한때 뉴딜 체제의 주요 지지자들인 도시 빈민, 최근 이민자, 소수 인종을 분명히 한계화시키는 것을 의미한다.

이러한 이행은 미국에서 빈부의 격차를 더욱 벌려 놓았다. 1982년에서 1990년대 중반까지 상위 소득 계층의 4분의 1, 특히 최상층 5퍼센트는 부와 소득 면에서 총 지분이 크게 상승하였고, 반대로 최하층 20퍼센트는 극적인 감소로 고통을 받았다. 결국 미국은 매우 빠르게 교육, 직업 기술, 거주, 인종 면에서 더욱 더 양극화된 사회로 나아갔다.

동시에 미국의 무역 보호주의가 부문별·지역별 기반하에 여전히 남아 있었지만, 해외 경제 정책의 전반적 기조는 국제주의와 NAFTA, APEC과 같은 지역 무역 구도를 포괄했다. 미국의 신경제적 국제주의는 자동차, 제철, 기계 공구와 같은 전통 산업보다는 컴퓨터, 소프트웨어, 네트워크, 텔레커뮤니케이션, 금융, 자산 거래, 의료 기술 등의 산업에 의해 추진되었다. 이에 더하여, 정부 무역 정책은 국내 시장 보호보다는 외국 시장의 개방에 더 주안점을 두기 시작했다. 기본적으로 대외 무역 정책은 보다 지역적이며 국제적 경쟁력이 떨어지는 소규모의 업계 부문이 아니라, 첨단 기술 산업, 수출 지향적인 산업, 다국적 기업을 더 선호하는 방향으로 다시 이행했다. 국내 제조업은 더욱 중요하지 않게 취급되었다.

따라서 연합적 · 정책적 · 제도적 주요 블록은 두 정당 가운데 어느 정당이라도 주도할 수 있는 신체제에서 그 나름의 자리를 차지했다. 미국 제도의 고도의 다원주의적 본질과 사회 경제적 집단의 다양성을 전제로 할 때, 어느 한 정당과 한 특정 체제의 발달 또는 유지간의 자동적인 연계는 존재하지 않는다. 민주당이 공화당이 주도했던 많은 변화들을 전반적으로 수용한 것은 미국의 신체제가 쉽게 와해될 수 있다는 것, 혹은 두 정당 중에서 어느 정당이라도 신체제를 이끌 수 있다는 것, 그리고 두 정당의 동맹체에 의해서 주도될 수도 있다는 것을 보여 준다. 단, 신체제가 크게 수정될 가능성은 없다.

영국: 보수주의 혁명

어떤 학자는 1980년대 대서양 양편에서 전개된 보수주의 혁명들간에 유사성이 있다는 점을 강조해 왔다. 마거릿 대처가 로널드 레이건보다 앞서 집권했으나, 두 사람 다 다시 활기를 띤 보수주의 운동의 선두에서 통치했다. 그들은 자신들이 이전 체제가 남긴 사회 경제적 해악이라고 인식하고 있던 것들을 해결한다는 신념을 표명했고, 강력한 노동 운동에 맞서거나 그것을 물리쳤다. 그들은 실질적 민영화, 사회 복지에 대한 공격, 금융주의의 우선, 소득 격차 확대, 실업률의 증대를 초래한 '시장 원리'로의 회귀를 추진했다. 레이건의 그라나다(Granada)는 대처의 포클랜드(Falkland)에 필적했다. 그러나 이처럼 많은 점에서 놀라우리만큼 비슷한 이 두 체제는 실적 면에서는 현저하게 달랐다.[26]

대처는 그녀의 전임자들이 포용해 온 초당적 집단주의를 거부하고, 완전히 다른 정책 의제를 밀고 나갔다. 영국의 정당 기반 체제의 특성을 전제로 할 때, 대처의 보수당의 첫번째 과업은 선거에서 이기는 것이었다. 그러기 위해서는 '노동 계급 토리들(Tories)'로 정체성이 잘 확립된 중하층 계급과 노동 계급 유권자층으로부터 상당한 지지를 모아야 할 필요가 있었다. 제임스 캘러한하에서 노동당은 노동당의 핵심 지지자들이 등을 돌릴 만한 일들을 많이 했다. 노동당의 소득 정책은 실패했고 경제는 비틀거려, 〈이코노미스트(Economist)〉지의 유명한 구절과 같이 영국을 '유럽의 병자'로 남게 했다.

대처의 선거 전략에서 중요한 두 가지 부문은 노동당의 계급적 호소를 저해하고 그것의 전통적인 지지 기반을 분산시키는 데 특히 효과적이었다. 가장 인기 있는 대처의 정책 제안 중의 한 가지는 공영 주택에 대한 공격이었다. 대처는 이러한 주택에 대한 정부의 지출은 "사회 민주주의의 '농노 제도'를 그만큼 가까이 가져온 것"에 지나지 않는다고 주장했다.[27] 그녀는 공영 주택에 대한 보조금을 없애고 그것을 현재 거주하고 있는 사람들에게 절반 가격에 팔겠다고 약속했다. 자기집 갖기를 열망하고 있던 많은 하층 계급 유권자들에게 이런 과감한 공약은 호소력을 가졌고, 특히 미들랜즈, 뉴 타운, 그리고 다른 도시 외곽 지역에서 효과가 있었다.[28]

---

26) 특정 시각에서 비교한 경우는 다음을 참조할 것. Joel Krieger, *Reagan, Thatcher and the Politics of Decline* (Oxford, Oxford University Press, 1986).

27) Krieger, *Reagan, Thatcher*, p. 74.

28) David Butler and Dennis Kavanagh, *The British General Election of 1979* (London,

대처의 두번째 주요 공약은 영국의 노동층을 미국의 노동층과 같이 나누는 쟁점인 인종과 종족의 노선에 따른 것이었다. 영국의 경우는 1950년대와 1960년대에 영국의 이전 식민지였던 서인도, 남아시아, 아프리카 등지로부터의 대거 이민이 이루어졌다. 보수주의 정책은 공식적으로는 인종간 화합을 표방하면서도 동시에 당시의 이민이 지나치게 많다는 주장을 폈다. 보수당은 영국으로 오는 이민에 대해 수적 쿼터를 정해야 한다고 강변했다. 대처는 1978년 1월 한 인터뷰에서 단도직입적으로 "국민들은 이러다가 정말로 이 나라가 다른 문화를 가진 사람들로 넘쳐나는 것이 아닌가 우려하고 있다"고 말했다. 이 발언 이후 대처의 대중 인기도는 치솟았고 그녀는 선거 기간 내내 쿼터제를 옹호했다.[29] 그 결과 많은 전통적 노동당 지지자를 흡수할 수 있었다.

주택 민영화와 이민 유입 제한 공약은 노동당의 전통적 지지 기반을 분열시키는 것을 목적으로 한 중요한 전략이었다. 마찬가지로 세금 삭감, 민영화, 공공 부문 적자 규모의 감소, 소득 정책의 종식, 공공 부문 지출 삭감 등 대처의 경제 정책은 분명해졌다. 이러한 캠페인은 성공적이었다. 1945년 이래로 노동당으로부터 보수당으로의 가장 대규모의 이동이 발생했으며(6.4퍼센트), 보수당이 제1야당에 대해서 최다 초과 의석을 확보했다(7퍼센트).

대처는 총리직에 있으면서 전쟁이 끝난 이후 노동당과 보수당 정부간에 지속적으로 존재해 온 '사회 계약'을 철회하고 나름대로 상당히 많은 정책 의제를 시행했다. 대처는 비록 노동 조합에 대해 레이건보다는 유연한 입장을 취했지만, 노동당·보수당이 완전 고용에 대해 오래도록 확립해 온 신념과는 끝내 절연했다.[30] 대처 정부는 1980년과 1982년의 고

Macmillan, 1980), pp. 53~54.

29) Krieger, *Reagan, Thatcher*, pp. 76~77.

30) Peter Hall, *Governing the Economy: The Politics of State Intervention in Britain and France* (Oxford, Oxford University Press, 1986), p. 108.

용법, 1984년의 무역 연합법과 더불어 반노동 정책들을 제도화했다. 1981년 제철 무역 연맹과 1984~1985년 전국 광산 노조의 파업을 포함해서 몇몇 주요한 파업들은 초기에 진압되었다.

엄격한 금융 정책들은 새로운 보수적 정책 의제를 유도했고, 그럴수록 정부는 이전의 케인스적 정책들로부터 급속하게 멀어져 갔다. 레이건과는 달리 대처는 세금 삭감을 추진하여 공공 부문의 적자를 낮추어 갔다. 그러나 레이건과 마찬가지로 대처 정부는 다양한 정부의 활동을 줄이고 British Aerospace, Britoil, Jaguar, British Telecom과 같은 국영 기업들은 민영화했다. 민영화는 인플레이션을 억제하고 재원을 확보하며 정부의 거시 경제적 목표를 지원하기 위한 새로운 세금의 필요성을 피할 수 있었다. 또한 민영화는 많은 영국 시민들을 처음으로 주주(아마도 그렇게 하여 보수주의 지지자)가 될 수 있게 만들어 주었다. 끝으로 외국의 직접 투자를 통제하고 민간 업계를 지원하며, 외국 자본의 유입을 독려하는 조건으로 민간 부문에 대한 규제도 완화했다.

이러한 모든 방식들을 통해서 대처와 보수주의자들은 영국 정치 경제를 위한 새로운 기반을 만들었다. 신체제는 그것이 대치한 과거의 집단적 체제에 비해서 덜 합의적이었다. 보수당은 도심 외곽의 중산 계급과 중하층 계급의 거의 대부분을 끌어들이며 선거 지지의 상당히 광범위한 부분을 형성했다. 보수당의 이데올로기와 신정책 프로그램은 보수당 지지자들에게 상당한 혜택을 제공했고, 정치적·경제적 부담을 정당의 반대자들이 지게 했으며, 조직 노동의 세력을 감소시켰다.

동시에 새로운 보수 체제는 비대한 정부를 공격하고, 초등 교육, 국민 건강, 실업 보험, 국민 연금을 위한 공공 프로그램들은 조금씩 깎아내렸으며, 보다 인기 있는 복지 국가의 요소들은 (적어도 초기에는) 약간만 줄여 갔다.[31] 대처 정부의 초기 10년 동안 사회적 지출은 실질적으로는

---

31) Ibid., p. 115.

오히려 증가했다. 그리고 동시에, 미국 레이건 정부 안보 예산의 '군사적 케인스주의식' 팽창에 필적할 정도는 아니지만, 보수주의자들은 영국의 안보와 범죄에 대한 지출을 증대했다. 신체제는 다른 무엇보다도 실업 프로그램을 더욱 축소하고 연금을 민영화하는 제안을 통해 대처의 정책 줄기를 확대해 간 존 메이저하에서 더욱 더 제도화되었다.

신보수주의 정책 의제는 복합적인 결과를 가져왔다. 대처의 집권 초기 몇 년간 영국의 경제 성장은 EU나 미국보다 훨씬 느렸다. 그러나 1980년 대 중반에서 1997년까지 영국의 성장은 평균에 이르렀다. 인플레이션은 약간 빠르게 떨어졌고, 실업률은 다른 유럽 국가들에 비해 대체로 조금 더 낮았다(비록 그것은 누가 실업 상태인가를 규정하는 영국식의 정의를 반영하기는 하지만).

가장 주목할 만한 것은 신체제의 사회적 효과이다. 피터 홀(Peter Hall) 이 지적했듯이, 생계 비용은 실업 집단과 하층 소득 집단에게 가장 과도 하게 전가되어, "부유층과 빈민층간의, 일자리가 있는 사람과 일자리가 없는 사람들간의, 부 또는 기술이 있어서 노동 시장에서 상당한 영향력 을 행사하는 사람들과 그러한 영향력을 갖지 못한 사람들간의 물질적 괴 리가 확대되었다."[32] 1990년 중반, 빈민층의 소득은 하락하거나 겨우 그 상태를 유지한 반면 부유층의 소득은 62퍼센트나 뛰어 올랐다.[33] 피터 젠킨스(Peter Jenkins)의 말을 빌리면, 영국은 "가진 자와 가지지 못한 자와 많이 가진 자"의 나라가 되었다.[34]

더욱이 1990년대 중반, 신체제가 초래한 지역에 따른 상이한 효과는 점차적으로 명백해졌다. 런던은 성공적 은행 산업의 심장부이자 분배의 중심지로서 경공업, 해외 인수, 기업 금융 서비스, 투자 은행이 폭발적으

---

32) Ibid., p. 124.

33) "Britain in 1997: Rich Nation, Poor Nation, and a Little in Between," *New York Times*, April 29, 1997, p. D4.

34) Peter Jenkins, "Thatcher's Britain," *Geopolitique* 31(autumn 1990), pp. 14~15.

로 증가하는 것을 지켜보아 왔다. 런던의 업무 주간은 뉴욕, 싱가포르, 도쿄, 상하이와 부분적으로 겹쳐서, 바로 이 점이 글로벌 경쟁자로 다시 활성화될 수 있는 런던 시의 능력을 고양시켰다. 사실상, 금융 서비스는 1984년 GNP의 13퍼센트를 차지하던 것이 1997년 20퍼센트로 상승했다.[35] 게다가 런던은 국제적으로 성공적인 의약업, 음악, 관광 산업의 중심지였다. 그러나 영국에는 이와 동시에 맨체스터, 리버풀과 같이 한때 각광받던 산업 도시의 흉터도 남아 있다. 웨일스와 스코틀랜드의 거대한 지역 역시 보수주의 혁명에 뒤처진 채 남아 있다. 동시에 많은 작은 도시들은 보수가 좋았던 공장의 일거리를 잃고, 텔레마케팅과 단순 조립과 같은 보수가 낮은 새로운 일거리를 가져온 외국 투자로부터 부분적인 혜택을 보고 있을 뿐이다.

1987년 선거에서 세번째 승리를 거둔 이후 대처는 보수당 협의를 영국의 통치 사상 '되돌이킬 수 없는 이행'이라고 공약했다. 노동당이 완전히 재건된 것과 토니 블레어(Tony Blair)가 1997년 봄 '새로운 노동'을 주장한 것은 대처가 옳았음을 증명했다. 블레어는 총리가 되기 전 몇 년간 노동당의 전반적인 변혁을 주도했다. 노동 조직은 대처가 집권했을 때 1,100만 명이었는데 1997년에는 약 700만 명으로 줄어들었다. 노동자들에게 적정한 분배를 한다는 것과 생산 수단의 공동 소유를 천명한 노동 규정 제4조를 노동당이 거부했을 때, 노동당과 노동 조합간의 끈은 더욱 약화되었다. 블레어는 심지어 보수적인 색채인 *Daily Telegraph*에서 그가 대처의 혁명과 대부분의 원칙들을 존중한다고 천명했는데, 이런 입장은 15년 전이었다면 어떤 노동당 지도자라도 상상조차 할 수 없는 것이다. 블레어는 대부분의 형태의 국유화를 거부하고, 적어도 2년간은 공공 지출을 통한 노동 계급의 토리를 위한 계획에 증액하지 않겠다는 것과, 5년간 세금을 올리지 않겠다는 약속을 포함한 대처식 경제의 광범위한 줄기를 지속하겠다는 캠페인을 전개하며 '좌익의 새 바람'을 주도했다. 1997년 노동당이 압도적으로 승리한 것은 토리의 내분, 섹스와 사소한 부패 스캔들, 그리고 다른 문제들에 대한 대중의 염증을 반영한 것이다. 그러나 그것은 또한 노동당이 그 동안 걸어온 이념적인 거리를 입증했다. 블레어와 노동당은 정책 변모 또는 사회 경제적 변경을 위한 새로운 아이디어 없이, 그리고 대처주의로부터 다시 과거로 돌아가겠다는 약속 없이 권력을 쥐게 된 것이다. 오히려 그들은 신영국 체제를 총체적으로 포괄함으로써 승리했다.

1990년대 후반, 영국의 신체제로의 움직임은 미국에서와 마찬가지로 비교적 완결된 것으로 보였다. 영국의 경우에 강조해야 할 것은 변모를 소통시키는 데 있어서 정당 체계가 중요한 역할을 담당했다는 점이다. 이 점이 영국이 미국과 다른 점이고, 이 같은 변모들이 정당 정치 외부에서 진행된 조합주의적 스웨덴과도 같지 않은 점이다. 영국에서는 제도적으로 정당 정부가 중심이었기 때문에, 미국의 경우에 비하면 이른바 철의 삼각형이 덜 집중되어 있어 그 때 그 때 등장하는 집단의 압력에 훨씬 덜 취약하다. 결과적으로 영국에서는 정당이 내세우는 공약이 국가의 공공 정책 방향에 대폭적인 변화를 포함하는 것일 때조차도 그 공약을 더욱 원활하게 집행할 수 있다.

또한 이것은 영국에서는 결국에는 의회 다수를 확보한 내각이 힘을 가지고 정책을 결정하므로 미국이나 스웨덴의 경우에 비해서 집권당이 정책 의제에 대해 타협하도록 강요받는 일이 훨씬 적다는 사실을 의미한다.[36] 간단히 말해서 영국 정치의 제도적 맥락, 즉 가장 명시적으로 나타나는 정당의 강력한 역할이 영국의 체제 변모에 있어서 결정적인 역할을 했다. 그러나 이탈리아에서만큼 정당이 중요한 역할을 한 곳은 없을 것이다.

---

36) Steinmo, "Political Institutions and Tax Policy," pp. 533~534.

이탈리아: 일당 지배의 종말

제1장에서 살펴보았듯이, 전후 이탈리아의 정치를 규정하고 토대를 만든 것은 정당들과 기독교 민주당(DC)의 지배였다. 광범위한 정당들 속에서 이탈리아 정부와 연합들은 몇 년이 아니라 몇 달 또는 몇 주 단위로 교체되었다. 그러나 빈번한 정부 교체의 저변에는 정당 체계와 체제 전반의 변함없는 지속성이 깔려 있었다. 특정 정부의 구성은 유기적 실체로서의 체제 자체에 대해서는 거의 영향을 미치지 않았다.

이탈리아의 체제는 다른 여러 나라들에서 전격적인 변화가 이루어졌던 1960년대 후반과 1970년대 초반에 걸쳐서 주요한 충격을 계속 겪었다. 첫번째는 학생들과 노동자들의 파업이 연이었던 1969년의 '뜨거운 가을'이었다. 그 뒤를 이어서 1971, 1973, 1979년에 전 산업 세계를 강타한 금융과 석유 파동이 불어닥쳤다. 그러한 위기들이 거시 경제에 매우 부정적인 결과를 초래했음에도 불구하고, 이탈리아의 정치 체제는 별다른 변화 없이 견뎌 냈다.[37]

사실상 민간 부문 내에서 경제적 역동성은 1980년대 초반이 되어서야 비로소 재등장했다. 이탈리아는 수출, GNP 성장, 노동 생산성, 기업 생산성, 신기계에의 투자, 개인 저축의 관점에서 그보다 정치적으로 안정된 대부분의 이웃 나라들에 비해 더 업적이 좋았다.[38] 그러나 이러한 역동성은 리처드 로크(Richard Locke)가 지적했듯이, 정치 체제 때문에 가능했던 것이 아니라 정치 체제에도 불구하고 가능했던 것이다. 유연한 생산, 다양한 지역 경제에서 회사들의 창의성은 이탈리아의 많은 소규모

---

37) Michele Salvati, "May 1968 and the Hot Autumn of 1969: The Responses of Two Ruling Classes," in Berger, *Organizing Interests in Western Europe*, pp. 331~365.

38) Richard M. Locke, *Remaking the Italian Economy* (Ithaca, Cornell University Press, 1995), p. 2.

민간 부문 제조업자들이 그들의 지역 노동 조합과 함께 생산성 향상과 지역 경쟁력과 국제 경쟁력의 향상을 위해 일하도록 허용했다. 기업이 갖고 있는 이러한 정치적 연계가 대부분 지역적인 것이어서 그들을 국가의 연고주의와 비호주의의 최악의 양상들에 구속되지 않게 놓아 두었다.

이탈리아의 체계 전반은 만연된 부패와 국가의 경제적 실책과 결부된 약간의 경제적 성공에 기초하고 있었으며, 1980년대 후반과 1990년대 중반에 공산주의의 몰락, 부패, 거시 경제, 지역주의라는 네 가지 힘이 작용한 결과 급진적으로 변화했다. 1986년 미하일 고르바초프(Mikhail Gorbachev)의 출현과 소련을 개방과 개혁으로 밀고 가려던 그의 노력은, 다른 지역에도 그러했지만 이탈리아에서 역시 정치의 저변에 있는 많은 전제들을 손상시켰다. 이탈리아 보수주의자들은 1989년 공산주의의 붕괴가 그들에게 혜택이 될 것으로 믿었다. 1991년 공산당(PCI)은 레닌주의에 대한 그들의 믿음을 부정하고 그 자체를 좌파 민주당(PDS)으로 탈바꿈시켜, 제2차 세계 대전 직후에 미국이 했던 반공산주의와 친기독교 민주당(DC)의 노력의 재현을 통해 이득을 얻고자 했다. 동시에 강경 소수파는 이를 거부하고 '공산주의의 재건'이라는 구호를 내걸었다. 공산주의 강경파가 없는 좌파 민주당(PDS)의 창설, 그리고 동유럽과 옛 소련에서의 공산주의의 몰락은 기독교 민주당(DC)의 지지 이면에 주요 방파제를 제거했다. 공산주의의 위협이 거의 다 공중 분해되었으므로, 특히 재계 공동체는 더 이상 '어쩔 수 없이 기독교 민주당(DC)에 투표'하지 않아도 되었다.[39]

그 다음 전반적인 체제의 변화를 위한 보다 더 직접적인 촉발 요소가 다가왔다. 즉 그 체제 전체에 퍼져 있는 부패의 가시화였다. 체제 전역에 침투되어 있는 파벌 정치, 비호, 표 교환, 이권을 전제로 할 때, 부패는 오랫동안 도저히 끊이지 않을 것으로 인식되어 왔다. 그러나 재계 공동

---

39) Gianfranco Pasquino, "Programmatic Renewal, and Much More: From the PCI to the PDS," *West European Politics* 16, 1 (1993), pp. 156~173.

체가 끊임없는 뇌물 요구에 맞서기 시작하면서 부패를 반대하는 시위의 불길이 시작되었다. 반부패의 불길을 점화한 것은 한 밀라노의 경영인이 1992년 2월에 지역 정치가에게 상납을 거부한 것이 문제가 되어 광범위한 뇌물 수수가 공공 쟁점화되면서였다. 비난과 폭로가 확산되고, 수백 명의 재계 지도자·정치가·관료들에 대한 수사가 진행되어, 뇌물 수수 사실과 범죄 조직과의 긴밀한 연계가 모두 밝혀졌다. 결국, 피아트 그룹의 금융 책임자, 페루치 그룹의 총수, 약 4분의 1 정도의 의회 의원들, 주요 정당의 수뇌부, 내각 장관 몇 명, 적어도 전직 총리 두 사람을 포함하여 정치와 경제 엘리트의 상당 부분이 연루되었다.

수면 아래 잠복하고 있는 것은 기독교 민주당이 주도하는 정책에 의해 양산된 정부의 비호로 얼룩진 경제적 문제들이었다. 이탈리아의 공공 부문은 방탕하고 낭비적이었다. 복지 연금은 젊은 사람이나 나이 먹은 사람이나 똑같이 지급되었다. 국가 관료제는 유령 직원을 수천 명 고용했다. 준국영 기업체들은 거대한 부채를 안고 운영되었다. 예컨대, IRI는 1993년 직원이 42만 명이었는데 40억 달러의 부채가 누적되어 있었다. 이탈리아의 공공 부채는 1970년부터 쌓이기 시작하여 GNP의 거의 40퍼센트에 육박해서 다른 유럽 국가들과 비슷한 수준이었다. 그러나 1992년에는 그 수치가 108퍼센트로 치솟았다. 1993년 5월 무디스사는 2년에 걸쳐 세 차례나 이탈리아의 신용을 절하하였다.[40]

1991년 마스트리히트 조약에 맞춰 대비하도록 모든 유럽 정부들에게 엄격한 기준이 부과된 결과, 대체로 1980년대 후반에 부채 문제의 중대성에 대한 희미한 인식이 형성되기 시작했다. 이탈리아가 공통 화폐의 구도에 포함될 자격을 갖추려면, 정당 지배(partitocrazia)하에서 전개한 방만하고 낭비적인 경제 정책들을 종식시켜야만 했다. 이탈리아 은행은 외화 환전과 금융 규율을 강화하기 시작했다. 그 후 들어선 정권은 서둘

---

40) "A Survey of Italy," *Economist*, June 26, 1993, p. 19.

러 세금을 부과했고, 장기간 묵인된 문제점들과 느슨한 집행에서 벗어나고자 했다. 4년 동안 GNP에 대한 총 정부 수입의 비율은 39.4퍼센트에서 43.8퍼센트로 올라갔다. 그러나 공공 지출 역시 계속 늘어나 GNP 대부채 비율은 1990년에 100퍼센트를 넘어섰다.[41] 간단히 말해서 1990년대 초반, 국가의 경제 문제에 대한 인식이 고조되었으나 그 해결에 대해서는 거의 어떠한 합의도 이루어지지 않았다.

산업화된 북부와 낙후된 남부의 지역간 격차와 그에 따른 북부에서의 새로운 지역 하위 문화의 등장은 부패와 경제적 문제들에 있어서 결코 한계적인 요소가 아니었다.[42] IRI가 주도하는 제철과 화학 프로젝트를 포함하여 약간의 산업 발달이 1960년대 기간 동안 남부에서 시작되었으나, 이후 두 차례의 석유 위기를 겪으며 원자재 가격이 폭등하자 흔들리기 시작했다. 점차적으로 공공 사업과 지역 발전에 대한 후원—대개 정당 지배, 비호, 그리고 '마피아'와 연계된—으로 북부에서 남부로 그 어떤 때보다 많은 양의 부가 이전되었다. 1990년대 초반에 그것에 저항하여 '북부 리그'가 결성되었다. 이 리그는 이탈리아의 금융 연방주의를 증가시키겠다는 공약, 혹은 실제적으로 이탈리아로부터 탈퇴하겠다는 공약에 힘입어 선거에서 순식간에 상당한 힘을 얻었다. 북부 리그는 북부 사람들의 불만이 구체제의 부패와 경제적 비효율성에 대해서 더 이상 참을 수 없을 정도가 되었다는 사실을 상징적으로 보여 주었다.

이러한 세력들은 구체제에 대한 광범위한 유권자들의 거부로 뭉쳤다. 그러나 유권자의 힘은 정당 충성심의 새로운 동원이나 이행을 통해서라기보다는, 정당들을 권력의 자리에 머물게 한 일련의 규범 전체에 대한

---

41) Michele Salvati, "The Crisis of Government in Italy," *New Left Review* 213 (September/October 1995): 81~82.

42) 이러한 분열에 관해서는 다음을 참조할 것. Sidney Tarrow, *Peasant Communism in Southern Italy*(New Haven, Yale University Press, 1979): Robert D. Putnam, *Making Democracy Work: Civic Traditions in Modern Italy*(Princeton, Princeton University Press, 1993).

의식적인 거부를 통해서 표출되었다. 저항의 핵심은 국민 투표 운동이었다. 국민 투표는 헌법적으로 보장되고 1970년대 입법화 과정을 거침으로써 내각이 의회보다도 시민들에게 호소하게 만드는 계기가 되었다. 이것은 사회주의자 크락시(Craxi) 총리하에서 일어났던 일이다. 기존의 모든 정당들의 강력한 반대에도 불구하고 선거 제도를 변화시키고, 선호 투표와 정당에 대한 국가의 재정 지원을 종식시켰으며, 몇몇 정부 기구들을 없애고, 크게는 다수결에 의한 선거구 수를 증대시킨, 시민 주도와 미디어의 지원에 힘입은 '국민 투표 운동' 이 1991년 6월에 처음으로 시도되었고 뒤이어 1993년 4월에 국민 대다수(거의 80~90퍼센트)의 지지를 얻었다.[43]

국민 투표 이후 이탈리아는 20세기 최초로 비정당 총리 시암피(Carlo Azeglio Ciampi)를 자리에 앉혔다. 이탈리아 은행장 출신인 그는 인플레이션을 잡고, 임금을 규제하고, 몇몇 국가 기구들을 민영화하고, 연금 제도를 개혁하고, 남부를 위한 특별 입법 몇 가지를 철회했으며, 전반적으로 마스트리히트 기준에 부합하는 데 초점을 맞추었다. 시암피는 즉시 정치에 개입하여 1993년 4월의 국민 투표에 맞추어 선거 제도를 개혁하고 새로운 선거 제도하에서 선거를 실시하였다.

1993년 8월에는 비례 대표제에서 의회 양원 의원의 75퍼센트를 다수 대표제를 통해 선출하는 제도로 바꾸었다. 나머지 25퍼센트는 비례 대표제를 통해서 뽑았지만, 4퍼센트를 하한선으로 하는 최소 조항이 있었다. 또한 한 정당이 후보자를 철회하면 특정 선거구에서 다른 정당에게 양보하는 프랑스식 단념(desistement)의 관행을 도입했다. 이런 요소들이 합쳐져 선거구당 후보자의 수가 줄어들고 정당들간의 협력이 증대되었으

---

43) 국민 투표와 선거 변화에 관해서는 다음을 참조할 것. Simon Parker, "Electoral Reform and Political Change in Italy, 1991~1994," in Stephen Gundle and Simon Parker, eds., *The New Italian Republic: From the Fall of the Berlin Wall to Berlusconi* (London, Routledge, 1996), pp. 40~59.

며 이탈리아를 두 개의 선거 블록으로 나아가도록 하였다.

1993년 8월 5일, *L'Unita*의 헤드라인은, "제2공화국은 제자리를 잡고 있다"였다. 선거에서 표는 정당 지배에 대한 대중의 전격적인 고발이었다. 선거 개혁과 탄젠토폴리(Tangentopoli: 말 그대로 부패 도시, 광범위한 부패를 의미함)에 대한 공격이 힘을 얻기 시작했다.[44] 캐롤 머숀(Carol Mershon)과 지안프랑코 파스퀴노(Gianfranco Pasquino)는 1993년의 상황을 이렇게 말했다. "한 체제의 이행이란 오랫동안 공식 규범들을 왜곡하고 깨뜨려 온 정치 생활과 실제 행위를 통제하는 새로운 공식 규범과 절차를 만들어 가는 과정이다."[45]

1994년 4월의 선거 결과는 과거의 정당 제도를 전복시켰다. 사회주의자들은 거의 사라졌다. 기독교 민주당은 소수 정당으로 전락했고, 새로운 중도 우파와 그보다 더 우파적인 정당들에게 승리가 돌아갔다. 약 3분의 2의 상원 의원들과 민의원들은 선거 이전에는 의회의 구성원이 아니었던 사람들이었다.[46] 1997년 중반, 전체 정당 체제는 재구성되었다. 모든 주요 정당들간에 권력을 함께 공유하는 대신에 보다 더 대결적인 체계가 등장했다. 그것은 정부와 재야간의 선을 잠재적으로 명확하게 긋고 일종의 대안의 정치를 창조하는 것이다. 1997년 두 개의 선거 블록이 확립되었는데, 하나는 중도 좌파로서 당시 집권당인 올리브 나무 동맹이고, 다른 하나는 우파로서 폴로이다.

1993년 후기의 변화를 본떠서 국가 경제의 공공 정책 양상에 본질적인 변경이 이루어졌다. 마스트리히트 기준인 GNP의 3퍼센트로 적자를 낮추기 위해 '유럽을 위한 세금'이 도입되었다. 1996년과 1997년에 혹

---

44) Carol Mershon and Gianfranco Pasquino, "Introduction," in *Italian Politics: Ending the First Republic* (Boulder, Westview, 1995), p. 41.

45) Ibid., p. 42.

46) Michele Salvati and Stefano Passigli, "Roots of the Olive Tree," *New Statesman and Society* 9, 401(1996), p. 22.

독한 예산의 수립으로 인플레이션을 연평균 2퍼센트로 대폭 줄였다.[47] 지금까지의 전국의 생활비 자동 상승 기제는 콘핀두스트리아 (Confindustria)와 노동 조합간의 두 가지 협의 결과 철폐되었고, 그에 따라 신조합주의적 임금 타결 체계로 나아갔다.[48] 비록 성장은 느렸지만 1997년 초반 이탈리아는 유럽에서 가장 큰 예산 흑자(이자 지불은 제외)를 기록했다. 복지 체계, 특히 부패로 얼룩진 연금 부문 역시 변모의 대상이었다. 물론 이러한 개혁은 연금 수령자, 사회 복지 수혜자, 일반 납세자들로부터 정부 부채 보유자—일반적으로 부유한 북부의 중산 계급과 노년층—로의 부의 광범위한 재분배를 포함했다.[49]

이탈리아의 체제 이행은 여전히 상당 부문 진행 중이다. 두 정당 블록 체계가 얼마나 갈지 분명치 않고, 과거의 경제 문제들이 수정되는지에 대한 보장도 없다. 그러나 이전의 정당 제도는 완전히 무너졌고, 정치 제도들은 개조되었으며 경제의 근본적인 탈바꿈은 이미 시작되었다. 새 체제의 모양이 어떤 것이든지, 그것은 과거의 것과는 분명히 다를 것이다.

이 장은 세 가지 광범위한 결론을 제시한다. 첫째, 자본주의적 민주주의의 정치 경제들은 각각의 출발점에 의존하여 외부의 압력과 내부의 긴장의 혼합에 서로 다르게 적응한다. 일본이 (제2장과 제3장에서 분석한 것과 같이) 전후 초기 수년간 비교적 색다른 정치 경제를 형성해 왔듯이, 스웨덴, 미국, 영국, 이탈리아 역시 그러했다. 이 다섯 나라들에서는 모두 정치 제도, 사회 경제적 분열과 연합, 공공 정책 양상의 혼합이 서로 다르게 전개되었다. 이러한 상이한 출발점은 1980년대와 1990년대에 스웨덴, 미국, 영국, 이탈리아에서 서로 다른 체제 적응의 유형을 유도하도록 했다. 각 나라의 제도적 틀—조합주의, 다원주의, 정당 교대적 의회

---

47) "Burning While Rome Fiddles," *Economist*, April 5, 1997, pp. 46~47.
48) Richard Locke, "*Eppure Si Tocca*: The Abolition of *Scala Mobile*," in Mershon and Pasquino, *Italian Politics*, p. 185.
49) Salvati, "Crisis of Government in Italy," p. 85.

주의, 일당 주도 정당 지배—이 그 나라들이 적응 방식을 결정했다.

정도는 다르지만 경우에 따라서 제1서열이나 제2서열의 적응이 이루어졌다. 미국은 뉴딜 체제하에서 많은 사소한 적응을 해 나갔지만 레이건 혁명이 있기까지 체제의 주요한 붕괴가 발생한 적이 없다. 영국은 대처의 명백한 결별이 있기까지 집단주의로부터 어떤 작은 이행도 거의 없었다. 국가의 통치 정당에 있어서의 변화가 있었음에도 불구하고, 주요한 조합주의적 블록 중 하나가 내부적으로 갈라지기 전까지, 스웨덴은 그 체제에 있어서 주요한 이행을 경험하지 않았다. 반면, 이탈리아의 정당 지배는 선거에 있어서 계속해서 유동적이었지만, 유권자 전체와 미디어의 공격이 전체 체계를 전복하기 전까지 그 체제를 규정했고 안정을 가져다 준 부패와 경제적 비효율의 기반에 의존했다.

둘째, 실제의 체제 이행 과정은 놀라우리만큼 다르다. 가령, 스웨덴의 조합주의하에서는 제한된 수의 주요 사회 경제적 블록에 있어서의 변경과 그에 따른 공공 정책의 방향 수정의 결과, 분명하게 규정된 극적인 이행이 일어났다. 1980년대와 1990년대의 변화들은 조합주의적 타협을 끝내 종식시킨 사회 경제적 블록 내에서의 이러한 실제적 분열의 결과였다. 영국에서는 주요한 사회 경제적 변모의 결과로서 제도상의 주요 이행이 일어났다. 영국에서는 제도, 정책, 사회 경제에 있어서의 변화의 혼합이 무엇보다도 선거 과정을 통해서 발생했다. 노동당에서 보수당으로 투표 지지 유형상의 사소한 변화가 전격적이고 포괄적인 체제의 이행을 가능하게 했다. 일단 보수당이 정책 방향과 정부 제도를 만들기에 착수하자 영국 의회 다수의 제도적 힘은 정책 방향과 정부 제도들에 있어서의 극적인 변모를 허용했다. 그리고 이러한 것이 제도화되는 정도에 따라 그들은 정당간 차이의 전체 축을 보다 중도 우익의 지점으로 이행시켰다.

한편, 이탈리아에서 기독교 민주주의의 연성 헤게모니와 정당 지배는 거의 40년이 넘도록 대부분 제1서열과 간간이 제2서열의 변화에 적응하도록 한정하는 데 매우 효과적이었다. 이것은 전후 대부분 동안 포괄적인 변모에 반대하여 그 체제를 보호했다. 그러나 이러한 땜질로 더 이상 재계와 미디어와 사법과 대중의 실망을 달랠 수가 없게 되었을 때, 정당 체계와 경제의 철저한 재구조화가 재빠르게 착수되었다. 영국에서의 변화와 같이, 미국에서의 변화는 우선적으로 선거 정치에 의해 주도되었다. 그러나 미국에서는 제도적 분산으로 단순히 의회의 과반수를 획득하는 것 이상으로 그 과정이 훨씬 더 복잡하게 전개되었다. 사회 경제적 변화와 정당의 변화는 지역에 따라, 제도에 따라, 그리고 개별 정책 영역에 따라 다른 속도로 진행되었다. '신공화당' 의 다수는 먼저 대통령 선거전에서 등장하고, 그 후에야 의회와 사법부의 통제권을 획득했다.

셋째, 이 모든 나라들이 직면해 온 국내와 국제의 통합적인 여러 세력에도 불구하고, 각 나라들은 다르게 적응했고 서로 다른 평형점에 도달했다. 국내 정치적 · 경제적 구도는 전체적으로 고양된 국제적 자본의 움직임, 변화하는 세계의 노동 시장, 초국가적 생산 과정, 증가하는 정치적 · 경제적 지역화 등에 의해 눈에 띄게 첨예화되었다. 그러나 이러한 변화에 대한 적응과 동시에 그것들이 이루어지는 과정은 국가 체제의 차이에 깊이 뿌리내리고 있었다. 비록 좌익이 전반적으로 이전에 비해 새로운 체제에서 그 역할을 그다지 잘하지 못했음에도 불구하고, 이탈리아의 경우에는 그렇지가 않았다. 또한 스웨덴의 좌파도 비록 약하기는 했으나 정부에서 가장 큰 세력으로 남았다. 더욱이 이 네 나라 모두에 있어서 공통되는 것으로 보이는 변화들은—아마도 '글로벌리제이션' 의 작용이라고 말할 수도 있겠지만—여전히 이 네 나라를 서로 다르게 보이도록 남겨 두었다.

이러한 결론은 일본에서도 나타난다. 앞으로 두 장에서 살펴보겠지만, 일본의 장기적 보수 지배는 본질적으로 1970년대와 1980년대를 거치면서 제1서열과 제2서열의 변화에 의존했다. 이러한 것은 그 체제의 핵심 요소들을 안정된 한 자리를 지키게 만들었다. 그러나 1990년대 초반,

1960년대의 보수 체제는 완전히 다른 무엇인가로 대치되었다. 그렇지만 1990년대 후반에도 일본은 지금까지 검토한 네 체제들 가운데 어느 체제와도 닮지 않았다.

제5장

1990년대의 일본: 분열된 정치와 경제적 혼란

　1960년대 중반의 일본은 급속한 경제 발전과 생활 수준 향상, 군사·경제적으로 미국과 가까운 나라, 성대한 하계 올림픽, 첨예한 좌·우 분열 속에서 보수가 선거를 장악한 나라로 특징지어졌다. 1990년대는 완전히 이와 대비된다. 구체제의 안정성은 상당히 흔들렸고, 새로운 균형이 확립되지 않았는 데도 불구하고 아직 체계가 잡히지 않은 새로운 체제가 부상하고 있었다.

　일본의 변모는 여러 가지 방식으로 가시화되었다. 첫째, 보수적 정치 지배를 지탱하는 조직들이 재구성되었다. 안정적이었던 정당 체계가 완전히 와해되어 한때 명확했던 여야간의 좌우 구분이 사라졌다. 정당들은 분열되었다가 정책이나 이념의 차이와는 무관하게 서로 합쳤다. 1960년대에 존재했던 정당들 가운데 자민당과 사회당만이 명목상으로 바뀌지 않은 채 남아 있었으나, 자민당은 상당한 내부 분열을 겪고 1993년 6월에 지배권을 상실했다. 보수적 선거 승리의 바탕이 되었던 선거 제도 역시 새롭게 바뀌었다. 한때를 풍미하던 일본의 관료 제도는 불합리한 형식주의, 대중의 불신, 여러 기구들의 철저한 재조직, 다양한 권력 상실, 그리고 변화가 전망되는 가운데 지속적으로 등장하는 일련의 문제들 속에서 헤매고 있었다.

둘째, 한계가 없을 것 같던 일본의 경제적 성취가 경제 거품의 붕괴로 중단되었다. 주가와 부동산가의 동반 하락은 성장을 정지시켰고,[1] 끝없이 늘어가는 국가 부채, 범체계적인 금융 위기, 그리고 1993년과 1995년 사이에 달러당 120엔에서 80엔으로 강세였다가 1995년 기습적인 대규모 개입으로 1998년 중반 갑자기 145엔으로 떨어진 불안정한 엔화 가치로 점철된 8년이 시작되었다.

반면에 여러 경제 영역에서는 기술 민족주의적 경쟁의 길이 열림과 동시에 우호적이고 종속적이었던 미국과의 기존 관계는 옛 소련, 동유럽 공산주의 등 냉전 시기의 공동의 적의 약체화로 인해 변화되었다. 그리고 1991년 일본이 유엔의 해외 평화 유지군에 병력이 참여하도록 동의함으로써, 관념상으로 중요하지만 전략적으로는 무의미한 방식으로 그 동안 행동적인 외교와 해외 파병을 회피해 온 지금까지의 일본의 정책이 바뀌었다.[2] 그리고 1996년 대만 해협 위기시에 일본은 중국에 힘을 과시하기 위한 일환으로 해상 자위대 소해정을 파병했다. 또한 일본은 자국의 군사적 신념을 확대시키기 위해서 미국과 안보 배치 노선을 다시 획정했다.

마지막으로 1990년대 사회 경제적 상황은 1960년대와는 판이하게 달랐다. 1960년대에 의심의 여지없이 좌파 정당의 지지원이었던 노동 조직은 조합원이 계속 감소하여, 계급적 수사를 포기하고 이념적인 정당으로서의 역할을 감축하는 책략 차원의 경제적 노동 조합주의로 통합되어 버렸다. 또한 한때 강고했던 보수 지지 집단 내에 내부 분열이 일어났다.

---

1) 붕괴에 관해서는 다음을 참조할 것. Noguchi Yukio, *Baburu no keizaigaku*[The economics of the bubble economy](Tokyo, Toyo Keizai Shimbunsha, 1992), p. 25.

2) Peter J. Katzenstein and Nobuo Okawara, *Japan's National Security: Structures, Norms and Policy Responses in a Changing World*(Ithaca, Cornell East Asia Series, 1993); Sato Hideo, *Taigai seisaku*(Tokyo, Tokyo Daigaku Shuppankai, 1989).

농민들은 위협적인 농산물 수입 자유화를 눈 앞에 두고 정치적으로 분열되었다. 반면 기업 공동체는 한편으로는 관료적 규제와 조세를 감축하려고 애를 쓰는 국제적으로 경쟁력 있는 기업과 부문이, 다른 한편으로는 공공 보조금 확대와 외국과의 경쟁으로부터의 보호를 제공하는 관료 규제와 세금 혜택을 계속 유지시키려고 애쓰는 경쟁력이 떨어지는 회사와 부문들이 서로 내부적으로 분열되는 현상을 보였다.

이 장에서 앞으로 밝히겠지만, 1990년대 후반 일본의 구보수 체제는 이 같은 근본적인 변화를 경험하며 '체제 이행'에 접어들었음을 확실히 했다. 이것이 실제적이고 중요한 많은 지속성을 부정하는 것은 아니다. 일본은 여전히 명백한 '보수적' 통치를 향유하고 있다. 정당 재조직은 대규모 유권자의 동원의 결과가 아니다. 그것이 과거의 정치 엘리트를 싹 밀어내고 새로운 인물들로 갈아치우는 것은 아니다. 1998년 중반에 그랬듯이, 사실상 재구축된 자민당은 중의원에서 가까스로 다수 의석을 얻어 거의 모든 각료직을 통제했다. 그리고 국가 관료제는 특히 경제와 사회의 규제에 관한 한 상당한 권력을 가지고 있다. 스티븐 보겔(Steven Vogel)이 명명한 용어를 빌리면, 일본은 '규제 완화'가 아니라 '재규제'를 경험하고 있다.[3] 또한 경제 정책에서 많은 이행이 있었음에도 불구하고 여러 일본의 기업들은 높은 이윤을 내고 있고, 일본의 외환 보유고는 세계 최고이며, 일본의 내수 시장은 산업 세계에서 가장 폐쇄된 채로 남아 있었다.

많은 사람들이 보기에 이러한 지속성은 대체로 1990년대의 일본에 관한 가장 중요한 혼네 혹은 실제 현실이었다. 겉으로 드러나는 여러 변화들은 거의 피상적인 다테마에 이상의 것이 아니다. 변화가 '현실적'인지 '피상적'인지를 결정하는 것은 어떤 기준을 적용하는가의 문제이다. 많은 관찰자들이 볼 때, 일본의 경우 '현실 경제의 변화'는 공기업의 민영

---

3) Vogel, *Freer Markets, More Rules* (Ithaca, Cornell University Press, 1996).

화, 규제 완화, 그리고 매우 민감한 국제적 시장 세력의 한도에 의해 정해진다. 마찬가지로, 일본이 양대 정당간 경쟁으로 이행하고, 부정한 이익에 덜 지배되며, 정책 지향적 토론이 더 이루어지고, 권위적인 관료들과 부패한 정치가들에 대한 정당과 시민의 통제가 강화되는 한에 있어서만 정치적 변화는 '의미가 있다.' 끝으로 '안보 정책상의 실제 변화'는 보다 더 민족적으로 의식이 있고 자신감 있는 일본, 즉 군사적 능력을 강화하고 아시아와 세계에 군사적·외교적 행동주의를 과시할 수 있는 일본으로부터 비롯되는 정치가 이루어질 것을 요구할 것이다.

두말할 나위 없이 이 같은 도식은 일본의 현실들을 다루어서 '진정으로 변화된' 일본을 만들고자 하는 어떤 기준을 제시하려는 것이므로 변화의 본질을 제대로 인식하지 못하게 하고 그것을 지나치게 단순화시킨다. 사회적 변화라는 것이 마치 공주의 키스를 받아 개구리가 갑자기 멋진 왕자로 변신하듯이 일어나지 않는다. 스웨덴, 미국, 영국, 이탈리아에서 체제 이행이 분명히 보여 준 것과 같이, 중요한 사회 경제적 변화 가운데 어떤 변화도 과거와의 연계를 완전히 끊지 않았다.[4] 사회적 변모는 그 과정이 급격하게 진행되는 때조차도 언제나 경로 의존적이다. 그렇지 않기를 기대하는 것은 어떤 정치 경제에서 변경 사항들이 매우 의미 심장한 방식으로 일어나는 것을 무시하는 것이다. 특히 일본에서의 변화는 두 발자국 앞으로 나가고 한 발자국 뒤로 물러서는 식이다. 과거의 흔적은 미래가 드리우는 그림자와 함께 겹쳐진다. 앞으로 분석하겠지만, 일본에서의 전반적이고 지속적인 변화는 그것의 궁극적인 평형점이 1960

---

4) 이전 장과 다음을 참조할 것. Also J. Rogers Hollingsworth, Philippe C. Schmitter, and Wolfgang Streeck, eds., *Governing Capitalist Economies: Performance and Control of Economic Sectors* (New York, Oxford University Press, 1994); Yasusuke Murakami, *An Anticlassical Political-Economic Analysis* (Stanford, Stanford University Press, 1996); Michel Albert, *Capitalism vs. Capitalism* (New York, Four Walls Eight Windows, 1993); Suzanne Berger and Ronald Dore, eds., *National Diversity and Global Capitalism* (Ithaca, Cornell University Press, 1996).

년대에 지배적이었던 것과는 매우 거리가 있는 새로운 체제를 자리잡도록 하고 있다.

우선, 1990년대 초반에서 중반으로 진행되는 과정에서의 주요한 사건들을 간단히 살펴보면서 시작하고자 한다. 이러한 사건들과 제2장의 초반에 논의한 1960년대에 있었던 사건들은 필자가 생각하기에 근본적으로 다른 두 개의 체제를 함축하고 있다. 그리고 나서 체제의 핵심 요소들, 즉 공공 정책 양상, 사회 경제적 연합, 정치적·경제적 제도들을 검토한다. 이러한 세 가지 면에서 중요한 양상은 제2장에서 정리한 체제의 주요한 요소들은 그대로 가지고 있지만, 그보다 더 주의를 끄는 것은 변화와 변모이다. 따라서 현재의 불확실성으로부터 어떠한 안정성이 형성될 것인가 하는 최종 결말과 관련된 지속적인 갈등에 대해서 몇 가지 검토하면서 결론을 내리고자 한다.

1990년대: 보수주의의 공포의 연대 Anni Horribili

1964년이 일본 보수주의에게 기적의 해였다면, 1990년대는 연이은 공포의 연대로 나타났다. 1990년대의 첫날부터 시작된 주식과 지가의 대폭락에 이어서, 그 다음 5년 동안 일본 경제의 성장은 연간 1.9퍼센트를 맴돌았다. 그나마 1994년과 1995년은 1퍼센트에 못 미쳤다. 1997년의 GDP는 실제로 떨어졌고, 경제학자들은 1998년에는 2퍼센트 또는 그 이하가 되리라고 예상했다. 이 기간 동안 대부분 제조업 생산성은 1990년도 지표 수준 이하로 지속되었고, 1997년이 되어서야 성장으로 돌아서기 시작했다.[5] 일본의 주식 시장은 1989년 12월 31일 기록했던 최고치의 58퍼센트로 폭락했다. 여기에는 한때 '대마불사'로 여겨지던 다수의 거대

---

5) 다음에 기초함. NEEDS(Nikkei Economic Electronic Databank System). *Nikkei Weekly*, September 22, 1997에서 인용.

기업들, 즉 야마이치 보험, 홋카이도 척식 은행, 닛산 생명 보험 회사 같은 기업들도 포함되었다. 그 결과는 1995년 총 도산 가치를 이전에 가장 높았던 수치의 거의 두 배가 되도록 만든 것이다. 공공 부문의 부채는 GNP의 100퍼센트로, 다른 산업화된 국가들보다 월등히 높았다. 사적 부문의 부채를 포함하면, 그 수치는 무려 GNP의 두 배로 치솟는다. 1990년대는 일본의 전후 역사상 경제적 제자리걸음이 가장 길었던 시기이고, 1960년대에 일본이 차지했던 위치의 정반대의 축에 있었던 가장 하위의 산업화된 민주주의들과 같은 혹은 비슷한 대열에서 헤맸던 때이다.

1960년대의 발전 과정은 최첨단 산업에 있어서 일본 기업의 국제 경쟁력 향상의 전조가 되었다. 1990년대의 발전 과정은 그와는 정반대를 제시했다. 자동차, 가전 제품과 같은 몇몇 산업에서 일본의 기업은 국제 경쟁자들을 계속 앞서나갔다. 가령, 1997년 도요타는 다른 국제 경쟁자들을 훨씬 앞서 전기-가솔린이 혼합된 엔진 차를 소개했고, 혼다는 배기 제로 모델을 선보였다. 새로운 탄소 섬유 기술과 디지털 텔레커뮤니케이션, 이동 전화 표준, 지상파 디지털 텔레비전, 심지어 도레이 섬유, NTT 이동 커뮤이케이션, 마쓰시타 전기, 이토요카도 등 여러 회사들의 적지 판매식 소매가 세계를 선도했다. 그러나 넓은 의미에서 보면 일본의 산업 경쟁성은 희생당했다. 예를 들어, 1997년 세계 경제 포럼은 일본의 국제 경쟁력을 겨우 14위로 평가했다. 그것은 일본이 세계 최고로 인정받던 1990년의 영광스럽던 날들과는 극적으로 대비된다.[6] 일본은 주요 산업들에서 뒤처져 산업화된 세계에서 케이블 접근이 가장 낮은 나라 가운데 하나였다. 퍼스널 컴퓨터 사용은 미국의 일인당 소득 대비의 3분의 1 수준이었으며 한국이나 싱가포르와 같은 나라에도 못 미쳤다. 일본인의 10퍼센트만이 업무에 컴퓨터를 이용했고 이들 가운데 13퍼센트만이 네트워크에 연결되어 있었다. 일본은 또한 거의 모든 OECD 회원국들과

---

6) *Nikkei Weekly*, July 7, 1997에서 인용.

이스라엘, 홍콩, 대만보다 일인당 소득 대비 인터넷 사용량이 가장 적었다.[7] 한때 재정 부문을 지배하던 4대 자산 거래 회사의 국내 주식 판매 지분이 1997년 8월에 25.8퍼센트로서 도쿄 주식 거래소의 21개 거대 외국 자산 거래 회사의 지분인 32.4퍼센트에 못 미쳤고, 일본의 기업은 이동 전화 통신에서 유럽과 미국의 기업에 상당히 뒤지고 있었다.[8] 일본 전신 전화(NTT)와 같은 기존의 고객들은 일본 자산 거래 회사의 참여 없이 유럽의 채권 발행을 메릴 린치와 모건 스탠리가 일괄 인수하도록 했다. 심지어 도쿄 시는 정기적으로 외국의 채권 인수 조합에게 도쿄 시의 채권을 일괄 인수하도록 했다.

전반적으로 일본 경제의 성격은 거의 일본 소유의 기업들이 중심이 되어 국내 시장을 지배하고 국내에서 움직이며 업적을 내는 것과는 연관성이 적어졌다. 오히려 명목상 '일본적'인 많은 기업들이 보호받는 일본 시장에 안주하여 수출하던 형태에서 벗어나, 해외에서 생산, 재정, 연구와 개발, 기술적 제휴를 맺는 사실상 다국적 기업이 되었다. 그 결과 그들의 성공과 실패는 1960년대의 엄격한 관료적 통제와 짝을 이루던 데서 벗어났다. 그 결과는 어디서고 일본 소유와 미국 소유 혹은 유럽 소유의 기업들간의 지구적인 파트너십, 즉 마쓰시타와 포드, 도시바, 모토롤라, 그리고 세이멘, 히타치와 텍사스 인스트루먼트, 미쓰비시와 다임러-벤츠식의 기업 연계가 이루어진 것이다. 그러나 여전히 혼다, 도요타, 캐논, 히타치와 같은 전적으로 '일본적' 기업이 대부분 아웃 소싱하여 생산해내는 경우도 있다. 또 다른 경우는, 메릴 린치, 아메리칸 인터내셔널 그룹, 월드 컴, 드레스드너 은행, Jardine Fleming Holdings, 그리고 기타 다른 비일본계 기업들이 보험, 금융, 자산 거래, 전자 통신과 같은 일본의 국내 핵심 산업에 침투하는 것을 의미한다. 1960년대에 일본의 경제

7) *Far Eastern Economic Review*, July 30, 1994, p. 47; Economist, February 21, 1998, p. 108.
8) "Payoff Scandal Threatens Reign of Big Four," *Nikkei Weekly*, September 22, 1997, p. 11.

에서 신성 불가침했던 경계들은 1990년대에는 전체적으로 넘나들기 쉬워졌다. 더욱이 일본 내에서의 경쟁 속도가 윈도 95의 마이크로소프트 사, 24시간 ATM의 시티콥, 보험의 GE 캐피털과 같은 외국 소유의 기업들에 의해 빈번하게 결정되었다.

경제적인 변모는 보다 광범위한 구체제의 분열 배경이 되었다. 38년간 정부를 지배해 온 자민당은 1993년 6월에 분열되어, 연합으로의 길을 열었다. 그 후 3년간 11개의 서로 다른 정당들이 권력을 공유하였고 4명의 수상이 출현했다. 새로운 행정 수반 가운데는 보수 반대 진영인 사회당의 지도자 무라야마 도미이치가 있었다. 정치적 변화는 결코 부인할 수 없는 것이었다.

또한 자민당은 부패 스캔들에 휩싸였다. 일본과 자민당에게는 놀랄 만한 일도 아니었지만, 다케시타 수상을 물러나게 만든 리쿠르트 스캔들(1988~1989)은 큰 액수의 돈이 선거 정치에 흘러들어갔다는 사실을 부인할 수 없게 만들었다. 그 뒤에 드러난 사가와 규빈의 사례는 이런 인식을 더욱 확고히 했다. 오랜 기간 정치적 대부이자 자민당의 수상 물망에 오른 가네마루 신이 1993년 3월 27일 막 부상하고 있던 한 운수 회사로부터 운송 규제 특혜를 대가로 5억 엔을 수뢰한 혐의로 체포되었다. 가네마루 사건은 검사가 3,000억 엔짜리 무기명 채권 증서, 수천만 엔의 은행 예금, 그리고 100킬로그램 상당의 금괴를 그의 여러 집무실, 타운하우스, 부속실에서 찾아냄으로써 특히 더 여론의 관심을 끌었다. 이 스캔들에는 또한 지방 정부의 여러 전직 공무원, 건축 회사 출신의 많은 고급 관료, 그리고 27년 만에 처음으로 의회 회기 중에 체포된 정치가가 된 전 건설성 장관 나카무라 기시로가 연루되었다.

이에 더하여, 언론은 특정한 고객에게 일정 비율의 금액이 '보장되도록' 만든 자산 거래 회사를 추적하였다. 정치가들이 개최하는 '후원 파티'에서 기업들이 낸 거액의 헌금, 자산 거래 회사, 범죄 조직, 자민당 정치가간의 명백한 음성적 관계, 중앙 공무원에 대한 지방 정부의 엄청난 접대비, 공공 건설 사업을 둘러싼 입찰, 다른 많은 '금권 정치'의 사례들도 포함되었다.[9] 이탈리아의 Tangentopoli에 비하면 일본 엘리트들이 연루된 범위는 넓지 않지만 스캔들이 연이었고, 이전에 일어났던 부패 스캔들에 비하면 훨씬 더 뿌리 깊이 시스템 차원에서 부패가 만연되어 있다는 점이 전반적으로 드러났다.

대규모의 일본 업계는 부패의 정도에 대해 특히 분노했다. 정치적 매수, 과도한 접대 비용, 비합리적이며 때로 변덕스럽게 적용되는 규제 등의 요소를 가지고 있는 국가는 사업에 막대한 비용이 드는 구조이므로 그것을 위해 정치적 개혁을 해야 한다는 요구로 이어졌다. 1993년에 미야자와 수상하의 자민당이 재계가 요구하는 개혁을 뒷받침하지 못하는 것이 분명해지자, 주요 재계 단체인 경단련은 자민당에 대한 자동 헌금을 중단했다.

비판의 기류가 드높아지면서 다수의 보수적 정치가들, 특히 오자와 이치로(그는 아이러니컬하게도 가네마루의 측근이자 사가와사로부터 뇌물을 수수한 주요 인물이다)는 '개혁의 마차'에 뛰어올랐다. 부패와 천문학적인 선거 비용의 쟁점은 많은 보수 정치가들이 오랫동안 희망해 온 것에 대한 요구와 혼동되었다. 그것은 일본의 중선거구제를 어떤 식으로든 소선구제로 바꾸자는 것이다. 당시 지지받은 것도 아니고 지지하기도 힘든 내용이지만, 일본의 중선거구 제도는 소선거구제로 바꾸면 줄일 수 있는 엄청난 액수의 돈이 든다는 암묵적인 주장이 제기되었다. 이렇게 하여 선거 제도의 개정은 '정치 개혁'과 동의어가 되었고, 드디어 1994년에 새로운 제도가 실행되었다.[10]

---

9) Chalmers Johnson, *Japan, Who Governs?* (New York, Norton, 1995), p. 224.

10) LDP의 분열에 관해서는 다음을 참조할 것. Otake Hideo, "Jiminto wakate kaikakuha to Ozawa guruupu—'seiji kaikaku' o mezashita futatsu no seiji seiryoku〔The LDP's young reformers and the Ozawa Group—two strands of political power focusing on reform〕, *Leviathan* 17 (1995): 7~29.

또한 자민당은 선거에서 큰 상처를 입었다. 1995년 4월에 도쿄 지사 선거에서 경험이 많은 전직 관료 이시하라 노부오가, 주요 정당들의 지지를 받았음에도 불구하고 전직 영화 배우 출신 후보자에게 거의 50만 표 차이로 졌다. 이와 동시에 오사카에서도 전직 관료가 전직 텔레비전 코미디언 출신 후보자에게 밀렸다. 은퇴한 관료들도 1996년 중의원 선거에서 저조했다. 1998년 7월의 참의원 선거에서 자민당은 연타를 당해 결국 경쟁을 벌인 의석의 35퍼센트도 안 되는 의석만을 얻었다.

내각과 관료제간의 원만한 관계에도 역시 균열이 생겼다. 일본에서는 전통적으로 공무원 내에서의 승진과 은퇴가 정치의 직접적 간섭으로부터 비교적 보호되면서 유지되어 왔다. 그러나 1993년 12월에 오자와의 신생당 멤버인 구마가이 히로시는 통산성의 장관이 되자 통산성 내의 비정치적 최고 직위의 유력한 후보자인 나이토 마사히사의 퇴직을 강요했다. 새로운 비자민 정부의 이 같은 노골적인 당파적 노력은, 모든 관료의 승진에 대해 이른바 '비당파적' 조치라는 이름으로 이전의 보수 체제의 핵심적 제도적 구도를 흐트러 놓았다.[11]

1990년대 중반기 동안 국가 관료제는 국가의 든든한 보증인으로서의 신뢰를 일거에 실추당하는 일련의 어처구니없는 사건들과 전례없는 부적절한 행동에 휩싸였다. 이 가운데 크게 분노를 산 몇 가지 예를 들어 전반적인 문제점을 제시해 보겠다.

1995년 1월에 대규모 지진이 항구 도시 고베를 강타해서 6,000명이 넘는 사람이 죽었다. 아무런 긴급 대비나 중앙 통제 설비도 갖추지 못한 정부 관리들은 도움을 청하는 데 나날을 소비했다. 그와 동시에 관료 기구들은 스위스의 사체 검색견이 6개월의 방역 기간을 거치지 않았다는 이유로 구조 활동을 위해 고베에 출입하는 것을 막는 말도 안 되는 규제

---

11) 뿐만 아니라, 전직 대장성 관료들 중 몇몇은 사직을 하고 신진당의 깃발 아래 선거에 출마했는데, 이것은 장기간에 걸친 대장성과 자민당간의 철벽같이 단단한 유대 관계를 부수는 격이었다.

를 집행하였다. 또한 전화기에 고베 지역에 맞는 '인증 상표'를 부착하지 않았다는 이유로 무료 이동 전화의 제공을 거부하였고, 각처에서 증정받은 물품들을 운반하여 보급할 능력을 정부가 갖고 있지 않은 것이 분명한 데도 "필요하지 않다"는 이유를 들어 외국으로부터의 혈액과 응급 물자를 거절하였다. 심지어 지역 주민들의 실제 혹은 가상의 군대에 대한 반감 때문에 긴급 자위대 요원을 시의 외곽에만 머무르게 하자, 국내적·국제적으로 그런 조치에 대한 비판이 높아 갔다. 고베 지진에 대한 정부의 대응은 일본의 공무원 서비스가 '관료적으로' 최악에 있음을 보여 주었다.

두 달 후에, 다른 기구들도 그들대로의 부적절한 행동을 드러냈다. 1995년 3월 20일, 옴 진리교의 광신도 집단이 도쿄의 가스미 가세키 지하철 역에 사린 가스를 뿌려 몇 사람을 죽게 하고 5,500명에게 상해를 입힌 사건이 일어났다. 사린 가스 사건은 그 사교 집단이 여러 해에 걸쳐 해 온 여러 행동들의 정점을 이루었다. 옴 진리교 집단은 자신들을 비판하거나 그 집단에서 빠져나가려는 사람들을 살해하고, 미국과 러시아로부터 수백만 달러의 고가 군수 장비(MI-17 헬리콥터를 포함하여)를 구입하였다. 또한 1994년 6월에도 마쓰모토 시에서 사린과 유사한 가스를 살포하여 7명을 죽게 하고 600명에게 상해를 입힌 적이 있으며, 블라디보스토크에 매입한 라디오 방송국을 통해 발신자를 밝히지 않은 일련의 경고를 내 보내고 일본 내에 옴 진리교의 묵시론적 의도를 공개적으로 방송하기 위해 그것을 이용하였다. 이 기간 동안 일본의 경찰, 세관, 여러 안보 기구들은 그들을 견제하거나 연이은 공격을 막을 수 있는 방법을 찾지 못했다.

후생성이 일본의 환자들, 특히 혈우병 환자들에게 상업적으로 공급하는 업자들과 결탁하여 HIV에 감염된 혈액을 공급해 왔음이 드러나면서 역시 큰 스캔들이 제기되었다. 후생성과 혈액 공급 회사는 깨끗하지 않은 혈액을 박멸하고 대체하는 데 드는 비용을 절약하는 데만 관심을 쏟고 안전하고 청결한 혈액 관리를 소홀히 했다. 또한 1996년 말에 후생성은 행정 사무 차관인 오카미쓰 노부하라가 여러 채의 구가옥을 관리하며 그것을 신축하기 위해 성(省)의 보조금을 물색하고 있던 회사의 사장이 제공한 1,600만 엔에 해당하는 컨트리 클럽의 회원권과 부대적인 호혜를 받은 혐의로 사임하자 다시 한 번 뉴스거리가 되었다. 그러나 오카미쓰는 빙산의 일각에 불과하였고 결국은 다른 정부 기구의 고위 관료 일곱 명이 포함되는 데까지 사건이 확대되었다. 아이러니컬하게도 HIV의 복잡한 문제를 해결하기 위해 후생성의 최고 관리직에 임명되었던 오카미쓰는 12월 초에 끝내 체포되어, 전후에 이런 운명에 처한 가장 최고위직 공무원이 되었다.

이러한 사건 가운데 가장 극적인 것은 대장성의 부적절한 행동이었다. 거품 경제의 붕괴로 일본의 재정 부문이 잠재적 능력상 회수할 수 없는 엄청난 액수의 대부에 짓눌려 왔음이 드러났다. 1995년 11월 공식적으로 인정된 문제의 대부금은 총 37조 4,000억 엔으로, 그 가운데 18조 3,000억 엔은 변제가 불가능한 것이었다. 이는 민간 부문 은행의 미결제 대부의 평균 6퍼센트는 불확실하다는 뜻이다.[12] 1998년경, 불량 은행 대부는 다 합해서 적어도 6,000억 달러에 이르렀고, 여기에 정부 기구와 공공 기업의 대차 대조표로부터 몇억 달러가 더해지고, 나아가 아직 자금 확보가 되지 않은 연금 프로그램에서 추가로 몇억 달러가 더해지게 된다.

대장성은 처음에는 모든 일본 은행의 탄탄한 신뢰와 신용이 국제적인 비난을 받게 되었다는 사실을 알게 된 정도에서 문제를 덮어 버리려고 했다. 그러나 국제 자금 시장은 일본 은행으로 가는 단기 자금의 비용에 이른바 일본 프리미엄을 부과하였고, 국제 신용 등급 기관인 무디스사는 1995년 6월에 일본 은행의 신용 가치를 불확실에 해당하는 평균 등급 D로 하향 평가하는 보고서를 냈다.[13] 게다가 국제 결제 은행(BIS)이 모든

---

12) David Asher, "What Become of the Japanese Miracle?" *Orbis*, spring 1996, p. 10.

은행들에게 총 자본액에서 적어도 8퍼센트를 현금 자산으로 보유하도록 요구하자, 일본의 은행들은 결과적으로 보유 주식이나 자산을 매각할 수밖에 없는 처지가 되어 국내 시장을 더욱 압박하게 되었다. 이런 과정을 거치면서도 일본 은행은 이해하기 어려울 정도로 낮은 수준(어떤 단계에는 0.5퍼센트)에서 공식 어음 할인율을 유지함으로써, 일본 예금주들의 거대한 예금액을 재정 긴급 구제금으로 전환시켰다.

이러한 전환들은 이른바 주센 문제에서 명확히 드러났다. 주센은 주택 임대 회사로서 농업 협동 조합과 아주 가깝고, 농림성에 부과된 몇 가지 책임을 지면서 대장성의 규제 관리하에 놓여 있다. 거품 경제가 정점에 있던 때, 주센은 대출받는 측에 무담보부 대부의 조건으로 급상승하는 지가와 주가를 활용하도록 허용하는 적극적인 대금 업자였다. 우연히도 많은 대출자들이 범죄 집단뿐 아니라 선출 관리들과 가까운 관계였음이 드러났다. 그러나 지가와 주가가 폭락하자 거의 400억 달러의 대출금이 상환 불가능하게 되었다. 1920년대 이래로 처음으로 몇몇 은행들이 망하고, 드디어 정부가 쓰러진 7개의 주센을 흡수하기 위해 지원 은행들과 예금 보험 기금으로부터 약 65억 달러를 활용하는 프로그램을 가동했다.[14] 공적 자금을 임시 방편의 일환으로 사용하는 데 대해서 대중의 원성이 높았다. 그것은 대체로 정부 관료, 선출 관리, 그들을 둘러싼 범죄 조직, 자민당 연계의 농업 협동 조합과 은행 업무 관련 공기업들의 탐욕과 부적절한 행위를 은폐하려는 수단으로 비쳐졌다.

관료들의 추잡함은 중앙 관리직과 지방 관리직에 다 영향을 미쳤다. 일본의 47개 현 가운데 20개 현의 공직자들이 도쿄에서 내려온 중앙 관리들과 함께 식사하고 술을 마시느라 수백만 달러를 마구 뿌린 일이 폭로되었다. 교묘하게 위장한 비용 계산, 방만한 여행, 유령 직원 등이 매

---

13) Ibid., p. 11.
14) 농협 은행들로부터 다양한 자금이 흘러 들어오기로 되어 있었지만, 이러한 자금이 실제로 지불되었는가는 확실치 않다.

우 뿌리깊이 자리잡은 '관행'인 것으로 드러났다. 적어도 세 군데 현의 지사가 사표를 냈고 약 1만 3,000명의 공직자가 징계를 당했다.[15] 몇몇 성청에서는 중상위직의 관료들이 구속되었고, 1998년 3월에는 급기야 대장성 재무관인 사카키바라 다카시 같은 최고위직의 관리가 체포되는 사태에까지 이르렀다. 그는 1948년 이래로 대장성 관료로서 처음으로 체포당한 사례가 되었다.

이 같은 체포 사태는 공직자들이 대개 일반직으로 훈련을 받아 왔기 때문에 이차적인 교역, 외환 유통, 텔레커뮤니케이션과 같은 분야에서, 점점 더 복잡해지고 급속하게 움직이는 민간 영역의 발전 과정을 파악할 수 있는 경제적인 면, 컴퓨터, 기술적인 면에서의 역량을 결여하여 자질이 저하되는 것과 병행하여 나타났다. 1960년대에 관료들의 예산 관련 행위들은 일본 경제의 가장 복잡한 단면을 중심으로 이루어졌다. 그러나 1990년대에 관료들은 점차 덜 복잡한 면에 관심을 가졌다. 예를 들어 비용을 450억 엔이나 들였으나 거의 사용되지 않는 후쿠이 항과 같은 공공 건설, 거의 아무 것도 없는 히타치나카의 1,800억 엔짜리 방파제, 또는 아즈마 초(町)에 사는 불과 353명의 섬 주민들이 쉽게 시장에 갈 수 있게 하기 위해 200억 엔이나 되는 엄청난 비용을 들여 섬과 육지를 이은 '농사용' 다리 건설 등이 있다.

이런 모든 사례들은 예리한 예지력과 사심 없는 헌신으로 오랜 기간 명성을 얻어 온 공무원에 대한 기존의 이미지와는 현격하게 대비된다. 1997년 〈마이니치 신문〉의 설문 조사는 응답자의 약 10퍼센트만이 정부 공직자들이 공익에 충실한 편이라고 생각한다는 대답을 했다.[16] 원래 정치가들은 항상 부패했다고 생각되어 왔으나, 관료제마저 더 나을 것이 없다는 사실은 새롭고 충격적이다.

---

15) Yomiuri Shimbun, *Washington Post National Weekly Edition*, January 13, 1997, p. 17에 서 인용.

16) Ibid.

일본은 외교 전선에서도 잘 적응하지 못하는 것으로 보였다. 1990년 8월 이라크가 쿠웨이트를 침공했을 때 일본 정부의 반응만큼 부적응을 극적으로 보여 준 사건은 없을 것이다. 그 당시 미국이 10시간 안에 취한 행동과 비슷한 행동을 하는 데 일본은 무려 나흘이나 걸렸다. 일본은 원유의 약 12퍼센트를 구입하는 산유국 이라크와, 총 수출량의 27퍼센트나 수출하며 일본의 전반적 안보를 의지하고 있는 미국 사이에서, 미국과 보조를 맞추는 것 이외에는 선택의 여지가 없었다. 그러나 정부는 재정 지원과 인력의 파견 사이에서 결정을 내리지 못하고 갈팡질팡했다. 결국 일본은 미국의 노선에 따르며 상당한 경제적 지원을 했으나 정부가 초반에 보여 준 우유부단함은 일본의 외교 정책이 체계적이고 사려 깊은 전략을 따르기보다는 그저 미국을 거스르지 않으려고 전전긍긍하는 모습으로 보였다.

당시 〈이코노미스트〉 지에서 지적했듯이, 걸프 위기는 "신세계 질서에서 일본이 단순히 편협한 경제적 틈새 이상의 것을 점유하고자 하는 의도를 보여 주었던—아마도 가장 두드러진 최초의—기회이다. 드디어 일본은 그 동안 그리도 갈망해 오던 유엔 안보리 상임 이사국의 자리를 차지할 수도 있다는 생각을 구체적 행동으로 드러내고 있는 것이다."[17] 걸프 위기는 일본이 대외 정책과 안보 정책 면에서 1964년 중국의 핵 실험을 간단히 무시하도록 만든 미국 주도하의 명확한 관계와 우선 순위의 연계망에서 훨씬 바깥으로 나갈 길을 보여 주었다. 대신에 걸프전과 더불어 일본의 국제적 열망과 능력의 불분명함은 노골적으로 드러났다.

끝으로, 1960년대 중반의 국제적 성공과 인위적이지만 상징적으로 중요한 대칭성이 있다고 인정되는 것으로는, 1996년 일본이 월드컵 단독 유치에 실패한 것과 1998년 나가노 동계 올림픽에서 노출된 당혹감을 들 수 있다.

---

17) "How Japan Missed the Boat," *Economist,* September 22, 1990, p. 35.

일본은 1993년 5월 프로 축구팀을 창단했다. 불과 수년 내에 축구는 거의 관중이 없었던 동호회 스포츠에서 자금 지원이 잘 되고 매우 이윤이 높은 전문 연맹으로 급부상했다. 새롭게 형성된 제이 리그 축구는 스타디움이나 텔레비전에서 야구보다도 더 많은 팬을 끌어들였다.[18] 이라크 팀이 마지막 순간 추첨에서 이기지만 않았더라면 일본 국가 대표팀은 1994년 월드컵에 출전할 뻔했다. 그것은 국제 경쟁에 비교적 신참자로서는 예상치도 않았던 매우 획기적인 성적이었다. 카타르로부터 중계된 경기를 텔레비전으로 본 일본의 시청자들은 30퍼센트가 넘었고, 도쿄 시민의 약 50퍼센트 이상이 최종 경기의 마지막 부분을 시청했다. 축구가 일본의 스포츠계에 전적으로 새로운 제도주의를 추가했음은 분명하다.

이러한 배경은 일본이 2002년 월드컵 개최국 경선에 나가도록 하는 발판이 되었다. 1994년 여름, 일본의 15개 도시 연합은 국제 축구 연맹(FIFA)의 월드컵 개최국 경선에서 이기리라고 확신했던 것으로 보인다. 15개 도시는 각기 경기 유치를 기대하며 새 스타디움을 건설하거나 건설할 준비를 하고 있었다. 또한 일본 정부의 위원회가 월드컵 유치를 위해 로비 활동을 하는 데 드는 비용을 지원하기 위해 각 도시는 2억 3,500만 달러를 거두었다. 그러나 2년 후, 일본은 월드컵 사상 처음으로 오랫동안 경쟁 국가인 한국과 공동 주최를 하는 방향으로 기울고 있음을 알았다.

당시 올림픽 전선에서는 경제 거품이 절정에 이르렀을 때 일본 정부가 공언한 대량의 재정 지원의 약속에 힘입어, 나가노가 1998년 동계 올림픽 개최권을 얻었다. 그러나 부상하는 일본의 번영이 돋보였던 1964년 하계 올림픽 때와는 달리, 1998년 동계 올림픽 때는 일본 경제의 문제점들이 드러났다. 거품의 붕괴와 경제의 하강으로 후원이 줄어들고 건축이 차질을 빚자, 국제 올림픽 위원회는 선수 숙소, 과도한 규제, 장비 입찰

---

18) Tetsuya Tomiya and Koichl Hazama, "The Dramatic Debut of Professional Soccer," *Japan Echo* 20, 4 (1993): 86~88.

과정, 경쟁적인 시설의 특성 등에 관해 신랄한 비판을 제기했다. 1990년 대 후반 국제 체육계에서 일본의 전반적인 위상은 1964년 올림픽에서 최 고점에 달했을 때의 상황과 극적으로 비교가 되는 위치에 있었다. 그것 은 일본의 국제적인 지위와 경제적인 명성이 전체적으로 폭넓게 하락하 고 있음을 반영하는 것이기도 했다.

일본의 국제적 지위의 지표는 유엔 안보리 상임 이사국의 자리를 차지 하는 데 실패한 것으로 나타난다. 수십 년 동안 일본은 이면에서 조용하 게 상임 이사국의 자리를 얻기 위해 애써 왔다. 1980년대 후반에 기회가 매우 좋아진 것처럼 보였으나, 1990년대 중반에 일본의 경제적인 지배력 이 떨어지고 걸프전 상황하에서 갈팡질팡하는 모습을 보이자 안보리 상 임 이사국의 문제는 보류되었다.

전반적으로 비교해 보면 명확하다. 1960년대는 일본이 정치적으로 결 속된 보수당하에서 일련의 광범위한 경제 정책과 외교 정책을 수립했다. 단단한 사회 경제적 연합과 정치적 · 경제적 제도의 독특한 혼합과 '중상 주의의 침투'의 공공 정책 양상에 의지한 보수 체제는 상당한 안정성을 확보하였다. 그러한 안정성은 정치, 국제 관계, 경제의 긍정적인 사이클 에 힘입었다. 그러나 1990년대에는 그 사이클이 하강 곡선을 그리기 시 작했다.

1990년대 후반과 1960년대를 비교해 보면 이 세 가지 체제 변수에 있 어서 다음과 같은 점이 분명하게 나타난다. 일본의 공공 정책 양상은 변 화되어 왔다. 주요 경제 제도와 정치 제도는 재편되어 왔다. 지배적인 사 회 경제적 기반과 사회 경제적 분열의 주요 노선은 이행해 왔다.

그렇다고 이전 체제의 잔재들이 모두 역사의 쓰레기통에 쏟아 버려진 다는 말은 아니다. 정치나 경제나 항상 똑바른 선을 따라 움직이지는 않 는다. 앞에서 지적한 것처럼, 일본에서도 변화에는 어디에서나 그렇듯 이, 옛것과 새것의 일률성 없는 뒤섞임을 포함한다. 다음 장에서 설명하 겠지만, 이러한 많은 변화들은 이행을 예시하는 몇몇 눈에 띄는 정화 작용과 함께 진행하는 것이다. 단기간의 급진적 변경 사례도 있지만, 거의 항상 새로운 것과 과거의 것들이 공존한다. 한마디로 일본에서의 변화는 경로 의존적이다. 즉, 과거는 현재에 끊임없이 재현된다. 그러나 그 결과는 국가의 체제를 과거의 계류지로부터 한참 벗어난 곳으로 가게 하는 것이다.

공공 정책의 양상: 중상주의의 몰락

제2장에서 일본 보수 체제의 공공 정책 양상의 특징을 '중상주의의 침투'라고 했다. 이것을 대충 검토하면 경제 정책, 사회 복지 정책, 노동-경영간의 관계, 그리고 대외 정책을 포함하는 공공 정책의 몇 가지 요소들을 다 포괄할 수가 있다. 1990년대 기간 동안 이 네 가지 영역은 과거의 유형과는 현저한 결별을 나타낸다.

경제 정책

'중상주의의 침투'는 제2차 세계 대전 이후 초기의 거의 25년 동안 '발전주의적' 추격에 의존한 거시 경제 정책들을 포함한다. 이러한 정책들은 광범위한 경제 계획, 산업의 재조직, 국내 제조업의 보호, 재정 기관과 농업, 일본 시장에 대한 해외의 침투 제한, 해외로 나가는 일본 기업에 대한 통제, 엄격하게 균형 잡힌 예산과 재정의 긴박성들을 포함한다.

이러한 목적을 위해 기능하는 정책 수단들은 많다. 대부분의 제조업 수입 물품에 대한 높은 과세, 국내 소비에 대한 엄격한 통제, 일본에 들어오고 나가는 자본과 기술의 제한, 세계 시장에서 값싸게 일본 제품을 수출할 수 있게 해 준 체계적으로 저평가된 엔의 가치, 엄격히 통제된 기업 주식 시장, 일반 시민들의 개인 예금 권장 정책, 그리고 외국 기술 매입에 강력하게 의존하는 것 등이 있다. 나아가서 정부는 세금을 낮게 책정하고, 작은 정부를 유지하며, 공공 지출을 낮추기 위해 긴축 재정 정책을 유지했다. 이에 더하여 의도적으로 낮은 수준으로 유지되는 방위비 지출은 국내 산업이 자유롭게 투자 자본을 활용하도록 했다.

중상주의의 침투를 지지하는 이러한 정책들의 범주로부터 벗어나는 것은 거의 없다. 정당들은 이 문제에 있어서 첨예하게 대립하지 않았다. 비록 구체적인 정책이 사회 경제적 영역들에 상이하게 영향을 미치지만, 대부분의 집단에게 전반적으로 혜택을 제공했다. 개인별 소득은 비교 관점에서 상대적으로 평등주의적이었으나 대부분의 개별 시민들은 향상된 라이프 스타일을 즐긴다. 한마디로 1960년대 일본의 중상주의는 정치 체제 전체에 실로 매우 깊이 뿌리를 내리고 있었다.

1990년대 중반, 이러한 정책 방향의 대부분은 극적으로 변모되었다. 일본의 자본 시장과 통화는 세계 시장에 깊숙이 통합되었다. 1947년부터 1971년까지 1달러에 360엔에 동결되었던 일본의 엔화가 1995년 이후 80엔으로 그 가치가 네 배나 절상되었고, 1998년 중반에 다시 갑작스럽게 추세가 역전되어 145엔으로 절하되었다. 대장성의 환율 조정 능력은 국제 시장과 외환 투기꾼들에 의해 크게 침범당했다. 반면, 일본의 자본 시장은 1980년의 외환 교환과 통제법의 개정, 기업 주식 시장의 규제 완화와 더불어 대폭 자유화되었다. 개개의 일본 기업과 금융 기관은 1990년대 중반에는 가장 적절한 외화로 해외에서 채권을 자유롭게 발행하여 나중에 그 차익을 엔으로 교환할 수 있게 되었다. 일본은 세계 시장에서 주요한 자본 공급원이 되었다.[19] 그리고 사실상, 1990년대 후반 개별 일본 기업들은 그 동안 달러가 지배하던 국내 업계 거래를 이제부터 재정 지원하기로 선택했다. 그것은 그들 기업의 자율성과 대장성의 감시로부터

---

19) 일본은 1996년 당시 GDP의 16.7퍼센트에 해당하는 7,420억 엔의 해외 자산을 보유한 세계 최대의 채권국이었다. "Financial Indicators," *Economist*, November 9, 1996, p. 123.

의 독립을 증명하는 것이다.

1970년대 후반까지도 일본의 투자가들은 주요 산업 국가로부터 겨우 6퍼센트의 직접 자본 거래, 2퍼센트의 주식 거래, 15퍼센트의 채권 거래, 12퍼센트의 단기 은행 차관 거래를 감당했다. 1980년 말에는 이 수치들이, 국제 외자 직접 투자 20퍼센트, 주식 25퍼센트, 채권 55퍼센트, 단기 은행 차관 50퍼센트로 늘어났다.[20]

일본의 개별 기업들 역시 더욱 활발하게 해외에 투자했다. 그 결과 이러한 변화는 많은 일본 제조업자들의 수출 성향을 변모시켰다. 1990년부터 1996년 제1분기 동안, 일본 영토로부터의 수출은 (OECD 15개국 조사에서 가장 낮은 수치인) 4퍼센트만이 늘었다(참고로 이 기간 동안 OECD 8개국이 25퍼센트 이상의 수출 증가를 나타냈다).[21] 더욱 상징적인 것은 1995년 일본 소유 기업이 국내 일본 영토로부터 수출한 액수(39조 6,000억 엔)보다 많은 액수(41조 2,000억 엔)의 물품을 제조했다.[22] 여전히 일본 소유 기업이 국제적 수출의 거점이 되기는 했으나, 그들이 만드는 생산품들이 더 이상 전적으로 (경우에 따라서는 과도하게) 일본 내에서만 제조되지는 않게 되었다. 해외 직접 투자에 대한 공식적 교역 장벽과 제한 역시 거의 다 제거되었다. 위에서 밝혔듯이, 외국의 중개인들이 도쿄의 증권 거래소에 자리를 잡았을 뿐 아니라, 일본의 4대 자산 거래 회사의 지분을 능가하는 총 시장 점유율을 차지했다. 다수의 외국 은행들은 정부 발행 채권에 관여하고, 몇몇 외국 은행은 신탁 은행에도 진출했다. 제조품의 수입을 포함해서 일본의 수입은 1960년대 이래로 꽐

---

20) Jeffry A. Frieden, "Domestic Politics and Regional Cooperation: The United States, Japan, and Pacific Money and Finance," In Jeffrey A. Frankel and Miles Kahler, eds., *Regionalism and Rivalry: Japan and the United States in Pacific Asia* (Chicago, University of Chicago Press, 1993) p. 434.

21) "Financial Indicators," *Economist*, November 23, 1996, p. 119.

22) Sumie Kawakami, "Exporting a Surplus," *Far Eastern Economic Review*, July 4, 1996, p. 45.

목할 정도로 증가했다. IBM, 코카콜라, 쉬크(Schick), 모토롤라, 텍사스 인스트루먼트, 메르세데스 벤츠, 암웨이와 같은 많은 서구 기업들은 일본 시장 내에서 1억 달러를 차지하는 기업이 되었다. 가령, 1990년대에 코카콜라는 미국에서 낸 갤런당 이윤율보다 일본에서 낸 갤런당 이윤율이 약 네 배 정도로 더 높아, 그 수익률이 세계 최고를 기록했다. Wella, Eddie Bauer, Compaq, Dell Computer, Proctor and Gamble, 맥도날드, 하겐다즈 등과 같이 소비자들에게 직접 판매하는 업체들도 성공적이었다. 외제품을 잔뜩 진열한 대형 백화점들도 훨씬 많아졌다. 서비스 부문에서도 계속해서 외국 기업들이 판매 증가를 기록했다. 1990년대 후반, 은행, 보험, 자산 거래 부문에서 수천만 달러의 외자 참여가 있었다. 분명히 일본 시장은 과거의 중상주의적 성격에서 상당히 탈피했다.

일본의 재정 정책 역시 바뀌었다. 1960년대에는 정부 재원이 거의 다 기업과 개인의 소득세에서 확보되었으나, 대장성은 보수 정치인들에게 간헐적으로 대중이 바라는 세금 인하를 선포하도록 허용함으로써, 정부의 지출을 계속해서 줄여 가는 '과도 균형 예산'을 추구했다. 그 결과, 1964년도 예산은 일반 예산의 겨우 1.35퍼센트만이 채무 변제에 지출될 정도로 균형이 잡혔다. 반면, 1995년도에는 정부 재원의 4분의 1이 소비세에서 채워지고, 예산의 4분의 1 이상을 빌려서 충당했기 때문에, 채무 변제율은 18.6퍼센트로 급상승했다.[23] 1990년대 일본의 이 수치는 미국(13.9퍼센트), 영국(17.5퍼센트), 독일(10.7퍼센트), 프랑스(17.9퍼센트)를 상회하는 것이다.[24] 더욱 놀라운 것은 일본의 공공 누적 채무가 1997년에 GNP의 거의 100퍼센트에 육박했다는 사실이다. OECD 국가들 가운데, 벨기에, 캐나다, 이탈리아 같은 몇몇 나라만이 이보다 많은

---

23) 이 수치는 다음의 글에서 나온 것이다. Nihon Kokusei Zue, *Suji de miru Nihon no hyakunen*, p. 392(1964년에 대한 데이터); Nihon kokusei zue 96/97, p. 414(1995년에 대한 데이터).

24) Keizai Koho Center, *Japan*, 1996, p. 91.

빚을 안고 있었다.[25]

　금융 정책 역시 많이 달라졌다. 1992년 정부는 거품이 붕괴되는 것을 막기 위해, 이전의 금융 제약들을 서둘러 풀어서 1990년대 중반에는 일본 역사상 가장 낮은 공식 비율 0.5퍼센트로 끌어내렸다. 더욱이, 정부는 1992년과 1995년 사이에 재정 투자 및 차관 프로그램(Fiscal Investment and Loan Program)을 통해서 지출을 적극적으로 확대하고, 금융 정책과 재정 정책을 전후 일본의 그 어느 시기보다 훨씬 더 느슨하게 만들었다.

　민영화와 규제 완화에 대한 정책 역시 변화되었다. 1990년대 일본 국유 철도(JNR)와 일본 전신 전화(NTT), 국제 전신 전화(KDD)와 일본 전매 공사가 전격적으로 민영화되었다. 항공, 에너지, 재정 부문, 기타 연금 제도와 같은 여러 산업들도 상당한 규제 완화를 경험했다.[26] 한때 과도하게 보호되었던 일본 경제의 여러 영역들이, 한편으로는 주식 보유자들의 영향하에, 다른 한편으로는 외국 기업과 외국 투자가들의 영향하에 노출되었다.

　끝으로, 1960년대 기간 동안 일본 정부는 고부가 가치가 있고 기술적으로 정교한 일본 기업들이 국제 경쟁력을 최대한 확보하도록 하는 데 노력과 정력을 쏟아부었다. 반면 1990년 말경에는 일본의 사양 산업들에 대해서 훨씬 더 공식적 차원에서 노력을 기울였다. 특히 통산성은 알루미늄, 시멘트, 페트로 케미컬과 같은 산업들의 카르텔을 적극적으로 지원했다.[27] 제철, 선박, 방직과 같이 고용률이 높은 기타 과두적 산업들에

---

25) "The Japanese Numbers Game," *Economist*, March 2, 1996, p. 71; "The New Twist in Japan," *Eoconomist*, October 26, 1996, p. 18. 일본 정부 당국은 이 수치가 일본의 우편 예금 제도와 공공 부문 연금 기금의 자산을 제외한 것이라고 주장한다. 그러나, 이러한 실질 수치마저도 급격히 증가했다.

26) Otake Hideo, *Jiyushugiteki kaikaku no jidai*[The era of liberal reforms](Tokyo, Chuo Koronsha, 1994), pt. 2부, 2, 3, 4, 5, 6장, pp. 78~161. 동시에, Steven Vogel의 주장처럼, 많은 경우에 있어서 그 과정은 '더 많은 규칙들'을 포함했다(*Freer Markets, More Rules*).

대해서는 통산성이 국내 시장의 보호를 계속 유지하는 가운데 경제적으로 적응해 가도록 배려했다.[28] 이에 따라 대장성은 경쟁력 있는 부문을 장려하기보다는 비효율적인 부문을 보호하기 위해 은행을 통한 노력을 기울였다.

아마도 1960년대와 다른 가장 놀라운 차이점은 경제 정책의 결속감과 일사분란함이 결여되어 있다는 것이다. 경제 정책은 오히려 내적 모순들로 특징지어졌다. 1997년 11월에 통과된 금융 구조 개혁법(Fiscal Structural Reform Act)은 적자를 메우기 위한 채권 발행을 줄이고 정부의 주요 지출을 막으려는 의도가 있었다. 그것은 소비세가 3퍼센트에서 5퍼센트로 인상되는 시점에 이루어졌다. 그러나 곧바로 정부는 2조 엔의 세금 삭감과 공공 사업 지출의 확대라는 완전히 모순되는 재정 정책을 입안하는 방향으로 나아갔다. 지나치게 낮은 이자율은 은행이 그들의 불량 채무를 값싸게 변제할 수 있도록 했으나, 보험 회사의 수입을 저해했다. 정부의 경제 정책은 더 이상 국가의 이익을 위한 결속력 있는 전략이 되지 못하고, 오히려 경쟁이 심한 수로를 차지하기 위해 궁여지책으로 구멍을 뚫는 것과 같은 임기응변의 노력들로 이루어졌다.

일본 정치 경제의 새로운 많은 정책 방향들은 서유럽과 북미의 주요 국가들과 비슷한 흐름을 보인다. 그 가운데는 국내와 국외의 교역과 자본의 흐름에 있어서의 장벽 제거, 국가 통화의 변동 환율 조정, 외국에의 직접 투자 증가, 정치적 수단으로 사양 산업에 대한 지원, 국가의 경계를 넘어서는 기술적·투자적 구도 등이 포함된다. 이러한 모든 영역에서 1990년대의 일본의 경제 정책은 다른 산업 국가들의 경제 정책에 상당히 근접했고, 그럼으로써 일본만의 독특성이 많이 축소되었다. 그러나 정책

---

27) Mark Tilton, *Restrained Trade: Cartels in Japan's Basic Materials Industries* (Ithaca, Cornell University Press, 1996).

28) Robert M. Uriu, *Troubled Industries: Confronting Economic Change in Japan* (Ithaca, Cornell University Press, 1996).

의 이행이 결코 일방적인 수렴의 방향으로 진행되지는 않았다.

1990년대 후반의 일본은 경제 정책에서의 변화에도 불구하고, 여전히 다른 산업 민주주의 국가들과 다음과 같은 두 가지 점에서 달랐다. 첫째, 일본 시장에서는 일본산 제품과 경쟁하는 수입품이 고부가 가치의 제조품에 한정된 채로 남아 있었다. 일본의 자료에 의하면 1995년 제조품이 전 수입의 고작 5.4퍼센트였던 것에 비해, 1990년대 후반에는 21.7퍼센트를 차지하고 있다. 이것은 매우 주요한 변화인 것 같다. 그러나 수입에서의 급상승은 석유와 다른 천연 자원 수입의 상대적인 하락과 연관되어 있고, 다른 큰 몫은 해외, 특히 동남아에 있는 일본 소유의 다국적 제조업체와의 회사간 교역의 결과이다.[29] 가령, 1990년대 중반에는 일본의 거의 40퍼센트의 수입이 일본 소유의 자회사가 만든 제품을 수입한 것이다.[30]

아직도 비교적 폐쇄적인 일본 시장의 특성은 두번째 점에 의해서 훨씬 분명해진다. 즉, 일본에서는 소위 직접 투자의 양이 매우 제한되었다는 점이다. 한 비교 연구에 의하면, 1986년에는 일본 자산의 1퍼센트만이 외국이 통제하는 기업이 소유하고 있었고, 겨우 0.4퍼센트의 노동자들이 그들에 의해 고용되었다. 이에 비해 미국에서는 외국 통제 기업이 자산

---

29) 다음을 참조할 것. Walter Hatch and Kozo Yamamura, *Asia in Japan's Embrace: Building Regional Production Alliance* (Cambridge, Cambridge University Press, 1996); Peter J. Katzenstein and Takashi Shiraishi, *Network Capitalism: Japan in Asia* (Ithaca, Cornell University Press, 1997); Peter A. Petri, "Market Structure, Comparative Advantage, and Japanese Trade Under a Strong Yen," in Paul Krugman, ed., *Trade with Japan: Has the Door Opened Wider?* rev. ed.(Chicago, University of Chicago Press, 1995), pp. 51~84.

30) 이 자료를 필자에게 전해 준 Ron Bevacqua에게 고마움을 전한다. 그는 자신이 통산성으로부터 모은 자료들을 계산한 후에 이를 필자에게 전해 주었다. MITI, *Kaigai jigyo katsudo* [Overseas enterprise activities](Tokyo, MITI, 1996). 이러한 수치들은 다음의 글에서 소개된 약간 이전 시기의 수치들과 부합한다. Yung Chul Park and Won-am Park, "Changing Japanese Trade Patterns and the East Asian NICs," in Krugman, *Trade with Japan*, pp. 98~99, 105~108.

의 8퍼센트를 소유하고, 노동자의 4퍼센트를 고용하며, 모든 판매의 10분의 1을 책임진다. 그런데 이런 미국조차도 유럽에 비하면 자급 자족형으로 보인다. 영국에서 외국 통제 기업은 총자산의 14퍼센트, 노동자의 7분의 1, 국가 총 판매액의 5분의 1을 차지했다. 옛 서독은 외국 소유의 기업이 자산의 17퍼센트, 총 판매의 19퍼센트를 차지했고, 프랑스 역시 외국 기업의 비중이 매우 컸다.[31]

더욱 놀라운 점은 1995년의 국가간 비교 수치에서 찾아볼 수 있다. 영국은 일인당 평균 3,400달러의 외자 직접 투자액을 보여 주고, 프랑스는 2,200달러, 미국은 1,700달러, 독일은 1,500달러이다. 반면에 일본의 외자 직접 투자는 일인당 135달러로 낮은 수준에 머물러 있으며, 이 수치는 다른 네 개의 산업 사회 평균치의 20분의 1에 해당한다.[32]

따라서 일본의 거시 경제적 정책이 바뀌도록 부추긴 변화들은 근본적으로 더욱 개방적인 경제로 나아가는 전조가 되는 것이었는데, 그런데도 중상주의라는 과거의 술이 아직도 국제주의라는 새 병에 담겨 있는 것이다. 여기서 두 가지 사실을 간과할 수 없다. 첫째, 비록 일본의 정부와 일본의 기업들이 과거 그들의 중상주의적 정향을 완전히 포기할 수 없다 해도, 일본 공공 정책 양상의 상당한 요소들은 지난 20여 년간의 공공 정책에 비한다면 현격하게 덜 중상주의적이었다. 둘째, 비록 이러한 변화가 있다 해도, 다수의 과거 일본의 구조와 정향의 잔재들이 일본을 여전히 대부분의 다른 민주주의 국가들과 확연하게 구분하는 증거로서 남아 있다.

31) DeAnne Julius, *Global Companies and Public Policy*(RIIA/Pinter, n.d.) "The Myth of Economic Sovereignty," *Economist*, June 23, 1990, p. 67에 인용됨.
32) 이러한 계산은 다음 글에 나타난 총 외국인 직접 투자와 인구에 대한 자료에 기초한 것이다. *Nihon kokusei zue* 1996/1997.

사회 복지 정책

일본의 공공 정책의 혼합에 있어서 사회 복지 정책은 거시 경제 정책과 마찬가지로 과거와의 연속성을 나타낸다. 비록 다른 산업 민주주의 사회들에서 복지의 후퇴가 이루어져서 일본의 복지 최소주의에 약간 근접하기는 했지만, 사회 복지 전반은 일본을 계속해서 산업 민주주의 국가 대열의 외곽에 서도록 만든다. 1960년대 일본 정부는 혜택의 범주는 전반적이지만 수혜 수준은 낮은 건강 보험과 공공 연금 프로그램을 개발했다. 연금 자격을 얻기 위해서는 너무나 긴 기간이 필요했고 의료 혜택을 받기 위해 공동으로 부담해야 하는 비용이 비싸 이 제도의 수혜 범위는 제한되었고 정부의 비용은 최소화했다. 따라서 일본에서 사회 복지에 대한 공공 지출은 지구상의 산업화된 국가들이 사회 복지를 위해 쓴 공공 지출과 비교하여 거의 모든 수치 면에서 최하위권을 차지했다는 데는 이의가 없었다. 1967~1969년이 되어서야, 사회 복지를 위한 전체 공공 지출은 GDP 대비 평균 19.2퍼센트를 기록했으나, 다른 산업 사회들과 비교하면 여전히 가장 낮은 수치였다. 스위스와 오스트레일리아만이 30퍼센트에 못 미쳤다.[33]

소득 유지를 위한 지출도 역시 낮았다. 일본은 1962년 경우 GDP의 2.1퍼센트, 1972년에 2.8퍼센트만을 소득 유지 프로그램에 썼는데, 이 수치는 OECD 평균의 3분의 1밖에 안 되는 것이었다.[34] 여러 가지 복지 프로그램에 대한 최소한의 정부 지출은 일본 정부의 전반적인 보수주의 색채와 매우 친화력이 있는 것이었다. 대체로, 보수주의자들은 사회 복지를 유동적이고 값싼 노동 시장, 기업에 대한 노동자들의 헌신, 그리고

---

33) Francis G. Castles, ed., *The Impact of Parties: Politics and Policies in Democratic Capitalist States*(London, Sage, 1982), p. 49.

34) OECD, *Public Expenditure on Income Maintenance Programmes*(Paris, OECD, 1976), p. 36.

전체적 경제 성장을 저해할 가능성이 있고 전혀 사후 보장되지 않으며 없어도 상관없는 장식에 불과한 것으로 간주했다. 대기업 노동자들은 그들의 건강과 퇴직 후의 우선적 혜택을 자신들이 근무하는 회사로부터 얻어냈다. 노동자들을 위한 이러한 프로그램은 비교적 충실해서 안정된 고용자 예비 집단과 충성스런 기업 인력을 유지하는 것으로 이어졌다.[35]

1990년대 사회 안정 정책은 그것의 포괄성과 정부의 총지출 면에서 확장되었다. 더욱이 이같이 확대된 전 부문에 대한 보조금 지급은, 1960년대에 훨씬 다양한 프로그램하에서 주어지던 혜택들간에 발생했던 전체적인 차이를 줄였다. 그러나 전체적인 균형으로 본다면, 정책들의 근본적인 정향에 있어서는 거의 변화가 없었다. 기업의 복지 프로그램이 정부의 프로그램에 비해 훨씬 조건이 좋고, 총체적이며, 중요하게 간주되었다. 일본의 사회 복지 정책은 너무나 부수적이고 이중적이면서 직업상의 지위에 따라 지나치게 분화되는 것이었다. 대기업의 특권층인 '내부인들'은, 소기업과 비정규적 고용 계약을 맺고 일하는 '외부인들'에 비해 평균 30퍼센트나 높은 혜택을 받았다.[36] 35년 근무 경력의 남자 직원이 받는 퇴직 수당은 대기업(직원 1,000명 이상)이 중소 기업(직원 30~90명)보다 약 세 배나 높다. 대학교 졸업자는 고등학교 졸업자에 비해 평균 약 20~25퍼센트 더 받는다.[37] 정부 공무원들도 이와 비슷한 특

35) 다음을 참조할 것. Toshimitsu Shinkawa and T. J. Pempel, "Occupational Welfare and the Japanese Experience," in Michael Shalev, ed., *Occupational Welfare and the Welfare State in Comparative Perspective*(London, Macmillan, 1996); 또한 다음의 글도 참조할 것. Shinkawa Toshimitsu, *Nihongata fukushi no seijikeizaigaku*[The political economy of Japanese-style welfare](Tokyo, San'ichi Shobo, 1993).

36) R. Goodman and I. Peng, "The East Asian Welfare States," in Gosta Esping-Andersen, ed., *Welfare States in Transition: National Adaptations in Global Economics*(London, Sage, 1996).

37) Japan Institute of Labor, *Japanese Work Life Profile*(Tokyo, JIL, 1990), 표 74, *Three Worlds of Welfare Capitalism*(출판중)의 일본어판의 서문인 Gosta Esping-Andersen, "The Distinctiveness of the Japanese Welfare State"에 인용됨.

권을 누린다.

그 반면, 가족 수당, 자녀 보호, 출산 휴가, 질병, 실업, 직장 알선 등과 같이 가장을 중심으로 하지 않는 복지 프로그램은 그 확장이 매우 미미해서, 유럽 연합과 다른 유럽 국가들이 8퍼센트를 기록한 것에 비해서 비교 관점에서 보아도 별로 높다고 할 수 없는 GNP의 2퍼센트 수준에 머물렀다.[38]

일본에서는 일인당 45만 5,000엔을 사회 보장을 위해 지출하는데 이 것은 OECD 국가들 가운데 최하위 수준이었다. 일본 정부 프로그램에서 사회 보장은 겨우 11.9퍼센트를 점유해서, 스웨덴(40퍼센트), 독일(27.6퍼센트), 프랑스(30.9퍼센트), 미국(21.3퍼센트), 이탈리아(25.8퍼센트), 영국(27.8퍼센트)보다 훨씬 낮았다.[39]

1964년에서 1994년 사이에 나타나는 외형적 지속성은 세 가지로 정리할 수 있다. 첫째, 1990년대에 일본은 국민 생명 보험과 연금 제도뿐만이 아니라 다양한 기업 연금 제도에 있어서도 자금 지원 부족을 겪었다. 거품 경제기의 매우 고조된 경제적 자신감에 근거하여 감당할 만한 재원도 없이 공공 차원에서와 기업 차원에서 연금과 관련하여 과도한 약속을 남발하고 말았다. 1996년 순수 연금 부채는 미국어 25퍼센트, 영국이 5퍼센트 미만인 데 비해, 일본은 개인 연금 제도의 자산이 40퍼센트나 부족한 데도 불구하고 거의 100퍼센트를 넘었다. 이러한 프로그램은 대부분 5.0에서 5.5퍼센트의 회수율을 기대하는 수준에서 구성되었는데, 사실상 정부의 장기 채권 회수율은 훨씬 더 낮았기 때문에, 펀드의 3분의 1 가량의 수혜자였던 보험 회사들은 약속했던 회수액을 거의 받지 못하고 겨우 약 2.5퍼센트만을 돌려받았다.[40]

---

38) OECD, *New Directions in Social Policy* (Paris, OECD, 1994).

39) 모든 자료는 다음 글에서 수집된 것이다. *Nibon kokusei zue* 96/97, p. 500. 자료는 1993년의 것이다.

40) Smithers and Co., Ltd. "Financing Japan's Ageing Society," Report No. 103, April 24,

둘째, 1970년대 전기간과 1980년대 초기에 있어서 일본의 사회 복지 정책은 1960년대의 정책과 근본적인 결별을 이루어 왔다. 새로운 프로그램이 소개되고 보조금 지급을 포괄하는 여러 가지 패턴이 만들어졌다. 보조금 수혜 자격과 동시 부담도 자유화되었다. 이 모든 것이 정부가 '일본식 복지 사회'라고 명명한 것의 일부였다. 그러나 1980년대 후반, 행정 개혁의 일환으로 이러한 노력들은 거의 다 후퇴하였다. 따라서 1990년대의 정책은 이전 30년간의 연속성의 궤도에 접어들기 이전의 시기로 돌아가 전혀 연속성이 없는 듯한 인상을 준다.

셋째, 1990년대에 관한 중요한 내용은 정부의 많은 기구들이 이른바 일본판 '고령화 문제'에 직면했다는 점이다. 인구 데이터는 일본이 21세기 초반 수십 년간 은퇴와 건강 혜택에 대한 심각한 요구에 직면하게 될 것이라고 보고한다. 1990년대 정부의 기구들은 연달아 제기되는 복지에 대한 관심을 다루어 가기 위해 비명을 질렀다. 전체적으로 일본 정부는 유럽식 사회 복지 제도의 창출에 대해서는 기본적으로 계속 반감을 갖고 있다. 동시에, 개별 시민들이나 그들의 가정과 기업이 막대한 수의 신규 노년층에게 계속 복지를 제공해야 한다고 간단히 요구하는 것은 분명히 더 이상 적합한 선택이 될 수 없게 되었다. 일본은 미래의 불가피성을 인식하고 과거의 정책들을 근본적으로 바꾸는 것을 고려해야 할 입장에 처했다.

1980년대에 복지 지급 프로그램의 후퇴를 겪으면서 일본은 다른 여러 민주주의보다 비용이 덜 드는 프로그램을 집행하기 위해 구조적으로 전념했다. 또한 일본의 공공 연금 제도나 민간 연금 제도는 기가 막힐 정도로 재원 부족을 겪고 있다. 앞으로 퇴직자와 고령자의 수가 더욱 급증하리라는 예측이 선다면 공약과 잠재 능력간의 격차를 줄일 수 있는 공공 정책을 고안하기 위해서는 장기적으로 세금의 증가가 절실히 요구된다.

1997, pp. 5~7

노동 정책

노동-경영 정책은 1960년대는 전체적으로 대결 구도를 보였으나 1990년대에는 협조적이었다. 노동 부문은 특히 제2차 세계 대전 이래로 1960년대 중반에 이르기까지 격렬했다. 다나카 미노루, 오타 가오루, 이와이 아키라와 같은 노동계 지도자들하에서 일본의 전국 노동 연합은 마르크스 사회주의 혹은 공산주의 중에 한 방향을 따랐다.[41] 일본 정부와 업계, 특히 일경련은 노동 조합의 와해와 임금 삭감 같은 다양한 방식으로 보복을 했다. 1960년대 거의 대부분 일본 정치에서는 국가의 정치 차원에서나 개별 현장 차원에서나 치열한 좌-우 대결과 노동-경영 대결이 큰 특징을 이루었다.[42] 노동 쟁의의 발생을 비교해 보면 다른 산업화 국가들과 매우 유사하며 그것은 일본이 결코 산업 국가의 대열 밖에 놓여 있는 나라라고 할 수 없는 통계를 보여 주는 드문 예이다. 월터 코피(Walter Korpi)와 마이클 샬레브(Michael Shalev)는 1946년에서 1976년까지 일본의 쟁의 가담 수치가 18개 산업화 국가 가운데 6위를 차지한다고 했다.[43]

그러나 1990년대 일본의 노동 관계는 시설 현장 차원과 정치 차원에

---

41) *The Evolution of Labor Relations in Japan: Heavy Industry, 1853~1955* (Cambridge, Harvard University Press, 1985)에서 Andrew Gordon은, 특히 1920년대에, 일부 선진 제조 분야에서 실제로 중대한 파업들이 발생했었다고 지적하고 있다. Sheldon Garon은 *The State and Labor in Modern Japan* (Princeton, Princeton University Press, 1987)에서 비슷한 주장을 하고 있다. 두 사람 다 20세기의 문턱에 혹독한 반노조 규제들이 처음으로 정부에 의해 시행되었고, 1925년과 1930년대에 다시 시행되었다는 점에 동의하고 있다.

42) 이 기간 동안 상대적 파업률은 다음을 참조할 것. Walter Korpi and Michael Shalev, "Strikes, Power and Politics in Western Nations, 1900~1976," in Maurice Zeitlin, ed., *Political Power and Social Theory* (Greenwich, Conn., JAI, 1980), 1: 301~334; Douglas A. Hibbs, Jr., "On the Political Economy of Long-Run Trends in Strike Activity," *British Journal of Political Science* 8, 2(1978): 153~175.

43) Korpi and Shalev, "Strikes, Power and Politics in the Western Nations, 1900~1976," in Zeitlin, *Political Power and Social Theory*, 1: 313.

서 평온했다. 대부분의 노조가 이념적으로 중도였고 새로운 노동 연맹인 연합(連合)이 광범위한 성격이었기에 투쟁적인 노동 정책과는 거리가 멀었다. 그 결과 1990년대에는 일본이 산업화 세계에서 가장 낮은 쟁의 비율을 보였고, 1990년대 초기의 비율과 1960~1970년을 비교해 보면 일본은 OECD 국가들 가운데 두번째로 가파른 하강을 나타냈다. 훨씬 낮은 기본선에서 출발한 오스트리아만이 일본보다 더 가파른 하락을 경험했다. 1979년 이후의 시기 동안만 본다면, 쟁의 참여는 200퍼센트 이상이 하락하여, 주요 산업 국가들 가운데서는 가장 급하강했다.[44] 1990년대 초반, 일본의 쟁의 비율은 조합주의적인 스웨덴만큼이나 낮았다.

더욱 눈길을 끄는 것은 한때 일본에서 매우 전투적이었던 공공 부문의 노동 조합들이 마르크스적 색채를 벗어 버린 일이다. 앞으로 살펴보겠지만, 일본 노동 조합의 대부분은 연합이라는 온건한 전국 노동 조합의 회원이 되었기 때문에, 정치적 대결을 통해서 자신들의 목표를 달성하려는 노동 조합은 드물었다. 오스트리아, 노르웨이, 스웨덴, 독일 등의 낮은 쟁의율은 대부분이 업계와 노동간의 조합주의적 타협이 가능하도록 해 주는 정부 제도들과 연관되어 있기 때문에, 일본에서의 이러한 온건성은 비교 시각에서 본다면 설명하기 힘든 현상이다. 일본에는 정부 차원에서 이러한 제도가 존재하기 않았기 때문이다.[45] 사실상, 일본의 노동-경영 정책은 대부분 정부 차원에서부터 시설 현장 차원이라는 방향으로 진행되어 1960년대에 나타났던 것보다 훨씬 더 전국 일본 노동 운동이 분산되고 탈급진화되는 과정에 놓였다.

---

44) Michael Shalev, "The Resurgence of Labor Quiescence," in Marino Regini, ed., *The Future of Labor Movements* (London, Sage, 1992), p. 105.

45) David Cameron, "Social Democracy, Corporatism, Labor Quiescence, and the Representation of Economic Interest in Advanced Capitalist Society," in John H. Goldthorpe, ed., *Order and Conflict in Contemporary Capitalism* (Cambridge, Cambridge University Press, 1984).

따라서 이같이 일본에는 국가 차원의 조합주의적 제도가 없었는데도, 1990년대의 노동에 대한 정부와 업계의 정책은 훨씬 더 조합주의적이고 협의적이 되었다. 노동 조합 대표도 여러 정부의 자문 위원회 자리를 차지하고, 정부와 현장 차원의 조정 기구에도 관여했다. 상호 신뢰와 믿음을 수단으로 하여 노동 조합 지도자들과 정부 관리들 및 보수 정당 지도자들과의 개인적 친분도 늘어났다.[46]

이에 더하여 1980년대 중반에 새로운 입법의 결과 일본 근로자들의 하루 평균 근로 시간은 대부분 다른 산업 민주주의 국가보다 높은 연간 약 400시간(연간 약 10주 더 길다)이었던 것이, 거의 미국과 영국에 비견할 만한 수준으로 떨어졌다(비록 이 세 나라는 프랑스, 독일, 그리고 유럽 대륙의 다른 나라들에 비하면 아직도 높은 수준이다).[47] 더욱이 일본의 여성은 노동 현장에서 적어도 명목적으로 입법상의 평등을 누리게 되었다. 비록 여전히 남성들이 임금과 간부직에서 여성에 비해 월등히 나은 위치에 있는 것이 일반적인 경향이지만, 여성에 대한 변화는 30년 전과 비교하면 생각할 수도 없는 것이었다.

노동-경영간 적대감의 전반적 감소나 특히 노동자측의 타협 능력의 감소라는 면이, 일본에서만의 예외적 현상은 아니다. 사실상 고정 노동 비용을 줄이고 생산성을 높임으로써 글로벌한 경쟁성을 향상시키려는 시도는 모든 국가의 지도자들이 추구하는 공통적인 것이다. 그러나 이 점에 있어서도 일본의 1960년대의 정책과는 상당히 다른 모습이 나타난다.

---

46) Ikuo Kume, "Disparaged Success: Labor Politics in Postwar Japan"(Ph. D. diss., Cornell University, 1995), chap. 7.

47) 1993년의 경우 일본은 연 1,966시간, 미국은 1,976시간, 영국은 1,902시간이다. 프랑스 노동자들은 연평균 1,678시간이며, 독일 노동자들의 경우에는 1,592시간이었다. *Asahi Shimbun Japan Almanac* 1996, p. 99.

외교 정책

방위, 안보, 외교 정책은 일본의 정치 경제에 있어서 항상 중요한 요소들이었다. 이것은 1960년대에도 그러했지만 1990년대에도 마찬가지이다. 이 영역들에서의 지배적인 정책 성향은 두 영역에서는 유사한 채로 남아 있고, 다른 세 영역에서는 변화되었으며, 그 밖의 영역에서는 혼합형으로 나타난다. 그러나 전체적으로는 국제적 수동성으로부터 점차적으로 벗어나서 보다 더 국제적 적극주의로 나아가는 조짐을 보였다.

1960년대와 1990년대의 공통점은 군사·안보 면에서 미국에게 지속적으로 의존한다는 사실이다. 미·일 안보 조약은 1960년대 개정된 이래로 주요한 면에서는 거의 수정되지 않은 채 두 나라간의 군사와 안보의 관계에 대한 광범위한 개념을 제공했다. 두 나라의 긴밀한 관계는 미군 기지가 일본 영토에 계속 머물고 있다는 것과 양국의 군사·제도적 결속, 군사 합동 훈련,[48] 기술 공유와 공동 생산의 합의, 폭넓은 정보 교환 등에 반영된다. 일본은 미국 군대가 주둔하는 데 상당한 현금 지원을 제공해 왔다. 1990년대 초반에 그 액수는 미군 일인당 연간 약 4만 5,000달러로, 미군이 주둔하는 다른 어느 나라 지역에서보다 높았다. 실제로, 도쿄는 미군 병력의 비급여 비용의 73퍼센트를 지불함으로써 미국이 병력을 본국으로 송환하는 것보다 일본에 있도록 하는 편이 더 비용이 덜 들도록 해 주었다. 1996년, 일본의 미군 집중 주둔 지역, 즉 오키나와 같은 지역에서 심각한 반미군 기지 운동이 벌어졌음에도 불구하고, 미국과 일본은 동맹의 기본 틀을 재확인했다. 양국 동맹에 대해서는 가까운 장래에 두 나라 중 어느 나라로부터도 정치적으로 보아 그리 심각한 도전이 제기될 것 같지 않다.

---

48) 가장 중요한 몇몇에 대한 개요는 다음을 참조할 것. Peter J. Katzenstein, *Cultural Norms and National Security: Policy and Military in Postwar Japan* (Ithaca, Cornell University Press, 1996), pp. 100~102.

또한 일본의 낮은 군사비 지출은 놀라우리만큼 지속적이었다. 제2차 세계 대전 이후 30여 년간 정부가 연이어 교체되어 오는 동안에도 일본은 다른 산업화 국가들에 비하면 매우 낮은 군사비 지출 수준을 유지해 왔다. 민간 산업 생산에 대한 관심과 대중 정서의 저변에 깔린 평화주의, 그리고 그리 자주는 아니지만 헌법적 한계와 법적 제약을 조건으로 항상 모든 사고가 이루어졌다. 따라서 1964년 일본은 GNP의 1퍼센트에 못 미치는 군사비를 지출했고, 그 수치는 1995년에도 변함이 없었다.

물론 시간과 국가의 경제 성장을 고려할 때 절대적인 수치 자체는 엄청나게 늘었고, 일본 자위대의 정예화와 역량도 크게 향상되었다.[49] 보통 군사 강대국이라고는 생각되지 않는 일본이지만 1990년대 중반부터는 아시아 전역에 미국보다 더 많은 전략 군사 장비를 배치했고 거의 두 배에 가까운 살상 무기를 자국 통제하에 두었다. 그러나 군 임무와 능력에 있어서 이러한 변화가 있다 해도 그것이 군의 위상을 약하게 유지한다는 기본 원칙을 본질적으로 재검토한다는 것을 의미하지는 않는다.[50]

국내에서 일본의 기업들이 군수품을 생산하는 정책은 보다 더 복합적이다. 일본의 방위 산업은 제2차 세계 대전 이후 완전히 근절되었고, 1960년대에도 규모, 기술 수준, 정치적 영향력 등에서 예외라고 할 정도로 제한적이었다.[51] 그러나 1990년대 중반, '기술 민족주의'와 외국 기술

---

49) John D. Rockefeller IV, "The Nakasone Legacy—Japan's Increase Commitment to Security". 이것은 1987년 12월 17일 미 상원에서 발표한 연설문으로 다음 글에 재수록되었다. Jon K. T. Choy, ed., *Japan Exploring New Paths* (Washington, D. C., Japan Economic Institute, 1988), p. 134. 임무는 지속적으로 확장되어 1990년대에 이른다. 다음을 참조할 것. Michael J. Green, *Arming Japan: Depense Production, Alliance Politics, and the Postwar Search for Autonomy* (New York, Columbia University Press, 1996).

50) 나카소네 수상은 일본의 군사 예산을 늘리기 위해 실제로 노력했다. 뿐만 아니라, 1980년대 초부터 중반에 이르기까지, 일본의 방위 예산 분야는 전체 예산 분야에 부과된 제로 성장 동결(the zero-growth freeze)에서 제외된 유일한 세 분야(나머지 대외 원조와 과학 기술이라는 두 분야) 중 하나였다.

51) Richard J. Samuels, *"Rich Nation, Strong Army": National Security and the Techno-*

의 '자국화'는 일본 방위 산업의 급속한 정교화에 기여했다.[52] 군수 장비의 국내 조달(국산화)은 전체 조달액의 약 90퍼센트(1960년대에는 약 75퍼센트였음)를 넘었다.[53] 그럼에도 불구하고 방위 생산은 일본의 전 산업 산출액의 약 1퍼센트에 못 미치는 수준으로서 전체 경제에서의 몫은 아주 미미한 채로 남아 있다.[54]

그러나 일본 방위 제조업은 고부가 가치의 정교한 '겸용' 기술의 전반적인 발달에 있어서 매우 중요한 역할을 하게 되었다. 가령, 일본에서 방위 생산이 그 기술을 종종 상업용에 적용하듯이, 가장 첨단 전자 제품 회사들도 군사 제품에 다양한 응용을 시도한다.[55] 몇몇 생산 영역에서는 정교화가 세계적인 수준이지만 다른 영역에서는 지나치게 큰 격차가 나타난 1990년대는 이러한 혼합 상태의 결과, 일본과 미국의 군수 물품 생산자들간에 일련의 공동 개발이 이루어졌다.

이러한 진행은 두 가지 점에서 중요하다. 일본의 군수 생산이 질적으로 더욱 더 정교화되어 왔다는 점과 생산이 순수 '국산화'에서부터 차츰 다른 개발자, 특히 미국과 제휴하는 방향으로 변화되어 왔다는 점이다. 일본 방위 산업의 대부분이 탈민족주의화하는 방향으로 실제적인 이행이 이루어졌다. 무기 생산에 있어서 고도로 '민족주의적'인 영역에서조차도 상당한 국가간 협력이 있었다.[56]

일본의 정책 변화가 확연하게 나타난 것은 다양한 국제 문제에 대해서

logical Transformation of Japan (Ithaca, Cornell University Press, 1994), 5장; Reinhard Drifte, *Arms Production In Japan: The Military Application of Civilian Technology* (Boulder, Westview, 1986).

52) Samuels, *"Rich Nation, Strong Army"*; Green, *Arming Japan*.

53) Green, *Arming Japan*, p. 15.

54) Ibid., p. 18.

55) 이러한 차이에 관해서는 다음을 참조할 것. Samuels, *"Rich Nation, Strong Army,"* pp. 18~32.

56) T. J. Pempel, "From Trade to Technology: Japan's Reassessment of Military Policies," *Jerusalem Journal of International Relations* 12, 4(1990): 1~28.

비록 조심스럽게이긴 하지만 보다 더 적극적인 지도력을 마음껏 발휘하고 싶어하는 데 있다. 그러나 대부분의 경우 이러한 지도력은 군사적 또는 외교적인 노력을 통해서보다는 주로 경제적인 수단을 통해서 행사되었고, 그런 활동은 양국간의 활동이 아니라 여러 국가들과 합동으로든가 아니면 국제 기구들 내에서 이루어졌다.

세계의 인정을 받아 내려는 노력과 국내 경제 변환에 주력하는 노력을 통해서 일본은 1960년대에 국제 관계에 있어서 의심할 여지없이 낮았던 지위로부터 벗어났다. 1990년대 일본은 아시아 개발 은행, APEC, 태평양 경제 협력 위원회(PECC), 태평양 연안 경제 위원회(PBEC), 그리고 태평양 교역과 개발 회의(PAFTAD)와 같은 많은 지역 조직에서 눈에 띄는 역할을 하는 편으로 움직여 갔다.

나아가 하나의 실례로 미야자와 계획(이어서 브래디(Brady) 계획)을 통해 제3세계 부채 문제 해결에서 지도력을 발휘하고자 해 왔다. 이것은 제3세계의 폭발 직전의 부채를 처리하기 위해 주요 은행들과 일련의 새로운 방도를 모색해 가는 것이었다. 부채-자기 보유 자산의 상쇄, 퇴출 채권, 기타의 기법으로 은행이 채무자들의 채무 변제의 부담을 덜어 줄 수 있게 했다. 또한 미야자와 계획은 채무국의 경영 안정성에 있어서 보다 큰 재정적 신뢰를 유지할 수 있도록 도왔다. 그러나 더욱 중요한 것은 그 계획이 1980년대 국제 은행 위기를 피하도록 하는 데 중요한 역할을 했다는 점이다.

일본의 외교적 리더십은 북한이 핵무기를 개발하려는 노력을 둘러싸고 발생한 긴장을 완화하는 데도 발휘되었다. 미국이 주로 군사적 · 전략적 견지에서 대응했다면, 일본은 남한과 일본이 함께 북한의 군사적 핵 잠재력을 제거하도록 한다는 상호 만족할 만한 보장을 조건으로 북한에 에너지 제공을 약속했다.

같은 맥락에서 점증하는 일본의 국제주의는 해외 원조를 통해서도 나타났다. 1960년대의 기간 동안에는 일본에 그리 충실한 해외 원조 프로그램이 없었다. 있다고 해야 규모 면에서도 약소했고 일본의 물품과 서비스를 구매하도록 하는 대개 양국 관계의 성격을 띠었다. 1990년대에는 이 모든 양상이 변화되었다. 일본의 해외 개발 원조의 몫은 일본을 전세계적으로 첫번째 혹은 두번째 공여국의 위치에 서게 했다. 1990년대 일본 원조의 증가분은 세계 은행이나 아시아 개발 은행과 같은 국제 금융 기구를 통해서 베풀어졌다. 또한 1989년에 일본의 양국 원조는 겨우 17퍼센트만이 완전히 또는 부분적으로 맺어졌다. 반면 OECD 국가의 평균은 39퍼센트였고, 미국은 평균 58퍼센트였다[57](물론 이와 동시에 일본 기업들은 정부의 원조 프로젝트에 힘입어 더 잘 나갔다. 예를 들어 1992년 일본 기업은 일본의 원조로 재정 지원되는 계약의 31퍼센트를 따냈다. 더욱이 이런 수치는 아마도 일본 기업을 개발 파트너로 하고 이루어지는 것과 일본 회사들에게 질적인 혜택이 돌아가는 기간 산업 프로젝트는 포함하지 않았기 때문에 그 연계성은 과소 평가되었을 것이다).[58]

나아가서 일본의 원조는 그 표적에 있어서도 더욱 '국제적'이 되어 갔다. 1960년대에 거의 모든 일본의 원조가 아시아로 향했던 데 비해서, 1993년에는 60퍼센트 미만만이 아시아로 갔다. 일본 원조의 가장 큰 수혜국 10개국 가운데 네 나라(이집트, 요르단, 페루, 터키)가 비아시아 국가였고, 두 나라(인도, 스리랑카)는 전통적으로 일본이 사실상 아시아라고 간주하지 않아 온 남아시아였다. 간단히 말해서, 해외 원조는 일본의 외교 정책에 있어서 국제주의가 증가하는 것을 나타내는 매우 중요한 한 가지 징표를 제공한다.

그 가운데서도 가장 극적인 변화는 일본이 자국의 병력을 해외에서 활

---

57) 동시에, 1994년 3월 방글라데시의 한 금융 관료와의 토론에서, 그는 다음과 같은 사실을 은연중에 표현했다. 즉, 비록 공식적으로는 무관하다고 하지만, 일본의 대 방글라데시 원조의 대부분은 일본 기업들로부터 구매할 것을 적어도 묵시적으로 기대하고 있다. 그리고 이러한 구매는 종종 일본 기업들에게 실질적 이윤을 보장할 수 있는 부풀려진 가격 수준에서 이루어진다.

58) "Japan Ties Up the Asian Market," *Economist*, April 24, 1993, pp. 33~34.

용할 수 있도록 허용하려는 의지를 갖고 있다는 점이다. 이러한 변화의 일환으로 1990년 걸프전에 일본의 병력 파견이 가능할지를 둘러싼 내부 논의가 이어졌다. 헌법 제9조에 대한 지금까지의 공식 해석하에서는 이러한 행동은 위법이었다.

국내 토론의 우여곡절을 겪은 다음, 1991년 일본은 자국의 병력을 매우 한정적인 조건하에서, 즉 유엔이 후원하는 비전투적 해외 평화 활동하에서 활용할 수 있도록 허용하는 법안(유엔 평화 유지 활동 협력 법안)을 통과시켰다. 그 결과 미국과 일본의 교섭이 끝난 다음 일본의 소해정이 페르시아 만의 해로로 이동했다. 이어서 일본의 군 요원이 캄보디아, 모잠비크, 골란 고원에서 유엔 평화 유지 활동에 참여했다. 유엔의 감시하에 이루어진 이러한 활동들은 헌법 제9조를 극적으로 재해석함으로써 합헌적인 것으로 생각되었다. 그러한 행동들은 좌익의 강세와, '일본식 군국주의' 징후에 대한 거부 정서와, 이러한 분위기에 대한 일반 대중들의 전적인 지지가 있었던 1960년대에는 정치적으로 생각할 수조차 없었던 일들이다. 비록 일본 군대가 주요 전투에 투입되는 것은 결코 아니고, 전세계 여러 지역 군대들이 이구동성으로 일본인의 행동이 비겁하다고 비웃는 상태이긴 하지만, 일본의 대외 활동들을 둘러싼 지표는 분명히 극적으로 변화되었다.

아마도 일본의 체제 이행을 이해하는 데 가장 중요한 것은 방위와 외교 관련 쟁점의 전체적 배열로서, 1960년대 양극화되었던 것에 비해 1990년대 중반에는 그것들이 거의 다 쟁점화되지조차 않게 되었다는 것이다. 일본 사회당의 지도자 무라야마 도미이치가 수상이 되었을 때, 그는 방위, 헌법, 미국과의 안보 구도에 관련한 사회당의 오랜 기본 입장을 대부분 파기했다. 무라야마는 자위대의 합헌성을 인정했고, 미·일 안보 조약의 정통성과 일본 영토에 미군 병력이 주둔하는 것을 수용했다. 또한 그는 헌법 9조에 대한 보수주의자들의 해석을 받아들였다. 그는 일본의 학교 내에서 한때 금지되었던 국가에 대한 경배 의식을 다시 도입하는 것을 검토했다. 기본적으로 일본의 외교 정책은 일본의 정당 정치에 있어서 한때는 가장 논쟁적인 항목으로서 전혀 합의에 이른 적이 없었으나, 일본의 주요 정당들이나 이익 집단들간에 과거 30여 년간 전개되어 왔던 의견 분열이 더 이상 발생하지 않게 되었다.

지금까지 살펴본 내용에 의하면 복합된 공공 정책 양상에서 두 가지 결론을 얻을 수 있다. 첫째, 초기 정책들로부터의 확연한 결별이다. 특히 거시 경제, 일본 통화의 국제화, 산업 생산, 재정 정책의 완화, 여러 연금 기금의 자금 부족, 보다 더 협력적인 노동-경영간의 관계, 외교와 방위 정책에 있어서의 변화이다. 1960년대의 보수주의 체계의 저변을 받치고 있던 중심 축이 질적인 변모를 겪은 것이다. 결국 최근의 정책 혼합의 특징을 찾을 때, '중상주의의 침투'는 확실히 부적절하게 되었다. 둘째, 과거로부터의 주요한 유산들은 그대로 남아 있다. 대표적으로 외국 직접 투자에 대한 장벽, 직업에 기초하는 사회 보장 제도의 유지, 미국과의 긴밀한 관계, 국가 목표를 개진시키는 데 군사적 수단을 사용하는 것에 대한 전반적으로 저조한 공식적 신념과 같은 것들이다.

그러나 이처럼 이행과 지속성의 혼합은 다른 산업 민주주의 국가들과 일본을 유사한 나라로 취급하지 않게 만든다. 1990년대 중반의 일본 정치 경제의 제도적 요소들의 검토를 통해 확인되듯이, 오히려 그러한 요소들은 일본의 공공 정책을 고도로 개별주의적인 양상을 갖는 것으로 간주하게 한다.

보수 핵심에 있어서의 제도적 분산

1960년대 기간 동안 정치적 · 경제적 제도의 구심적 편향은 보수적 안정성에 크게 기여했다. 1990년대에 이러한 제도들은 대부분 중앙 집권화하여 유지해 갈 힘을 상실했다. 분산, 분열, 이질화 등이 훨씬 더 현저하게 나타났다. 반면에 정당 제도와 선거 제도는 과거에는 매우 첨예하게 양극화되었고 보수주의자들에게 상당히 호의적이었지만, 더 이상 보수주의자들의 반대편을 분산시키지 않게 되었고 자민당에 반대하는 유권자를 동원하기도 어려워졌다.

우선 자민당 내에서의 분열을 살펴보자. 비록 자민당이 분열되고 나서 불과 2년 만에 다시 정권의 자리로 돌아왔고 1996년 9월 중의원 선거에서 다수 의석을 차지했지만, 보수주의 정치가들이 전국 선거에서 경쟁하는 데 정당이 가장 중요한 기능을 하는 기제로서의 역할을 하지 못하게 되었다.

1993년의 패배는 '보수주의자'들의 패배라기보다는 자민당의 패배였다. 1990년대 중반, 한때 영향력이 있던 정치적 좌파가 정치 세력을 두 진영으로 나누던 모든 쟁점들에 대해서 보수주의자들에게 굴복했고, 포괄적 철학으로서 보수주의는 결코 돌이킬 수 없을 정도로 사회주의에 대해 확연한 승리를 얻었다. 중도-좌익적 의제를 비호하던 정당들은 그 호소력을 잃고 말았다.

1993년의 선거는, 자민당이 정당원들의 충성심을 확보하지 못하는데도 좌파 세력의 쇠퇴로 유일한 제도적 수혜자가 되었다는 점을 반영하면서도, 동시에 자민당이 입은 제도적인 손실을 보여 준다. 1976년 여름 비교적 작은 규모(단지 6명의 의원)였지만 신자유 클럽이 이탈한 적이 있었던 것을 제외하고, 자민당은 자신들을 보수주의자라고 스스로 규정하는 정치가들을 위한 유일한 선거 기제로서 계속해서 존재해 왔다. 자민당은 보수주의 정치 지도자들이 정당의 간부들을 압박하고, 새로운 정당 혹은 연합의 변경을 통해서 나름대로 자민당을 획기적으로 바꾸어 보려는 상황을 지속적으로 회피해 왔다. 그러나 1993년에는 더 이상 이런 방식이 통하지 않았다.

1993년 선거에서 세 개의 신생 보수 정당—일본 신당(Japan New Party), 신생당(Japan Renewal Party), 신당 사키가케(New Party

Sakigake)—이 등장하여 모두 보수적 유권자를 두고 자민당과 경합을 벌였다.[59] 명목상으로는 자민당을 '지지' 하는 사람들이 1980년과 1990년 사이에 이루어진 선거에서 .859에서 .884 사이의 수준에서 실질적 정당 유권자로서 연계되었다. 그러나 1993년 선거에서는 이 연계 수치가 .756으로 하락하여 지지자들이 자민당을 이탈하는 것이 분명해졌다.[60]

그 후 몇 년간 정당들간의 지속적인 이합 집산을 통해 더욱 더 보수주의적 분산, 경영 정신, 재조직을 볼 수 있었다. 새로운 선거 제도는 이러한 정치적 유동성과 경영 정신에 기여했다. 중의원에서 중선거구는, 300명의 의원은 소선구제하에서 선출하고 다른 200명은 11개의 권역으로 나누어 정당 명부식 비례 대표제로 선출하는 방식으로 대치되었다. 구제도하에서 4대 1 정도로 농촌 지역이 과대 대표되었던 왜곡이 급격하게 감소되고, 이전에는 적어도 다섯 또는 그 이상의 가능성 있는 후보자들간의 경쟁이 이루어지던 것이 소선거구제 내에서는 적어도 두 후보자간의 경쟁이 이루어지는 구도로 바뀌었다.

1996년 새로운 선거 제도하에서 치러진 첫번째 선거에서 여섯 개의 정당이 열 석 또는 그 이상의 의석을 얻었다. 이 가운데 네 정당은 과거 자민당에서 이탈한 당원들을 대거 충원했다. 그러나 하나의 단일 조직으로서 자민당은 모든 정당들 가운데 여전히 가장 강력한 정당이었다. 총 의석 수는 11석이 축소되었지만, 선거 후의 자민당 의석 총수는 28석이 늘었다. 그럼에도 불구하고 더 이상 자민당이 한때 구가했던 보수주의를 위한 결속된 선거 기제는 아니었다.

자민당은 48퍼센트의 의석을 확보했지만, 다른 보수 정당들 역시 42퍼센트를 차지했다. 또한 자민당은 소선거구에서는 경합한 의석의 53퍼

---

59) 이러한 선거에 대해서는 다음을 참조할 것. *Leviathan* 15(1994).

60) Kabashima Ikuo, "Shinto no Tojo to Jiminto Itto Yuitaisei no Hokei"[The rise of new parties and the end to the Liberal Democratic Party's single-party dominance], *Leviathan* 15(1994): 19.

센트를 얻었으나, 비례 대표 의석에서는 겨우 35퍼센트밖에 얻지 못했다. 선거가 실시되기 불과 6주 전에 창당한 민주당을 비롯한 다른 세 보수 정당들은 선전하여 47.5퍼센트를 얻었다.[61]

이에 비해, 구사회당은 거의 절반으로 줄어들었고(30석에서 15석으로), 이전에 약 7~10퍼센트를 점하던 기타 군소 정당들은 폭넓게 집단화하는 경향을 나타냈다(공산당만이 의석을 15석에서 26석으로 늘리면서 이 같은 일반적 추세에서 벗어나는 예외로 남았다). 다른 어떤 것보다도, 1993년과 1996년 선거에서는 좌익 정당들의 사멸이 나타났다.

전반적으로 보수적인 세 정당, 즉 자민당(239석), 신진당(156석), 민주당(52석)이 주요 행위자로 부각되었다. 대체로 중의원의 거의 90퍼센트가 보수주의자로 범주화되었다. 정부-재야간의 새로운 구분은 더 이상 좌-우, 업계-노동의 전통적 구분을 따라가지 않았다. 그 대신에 양 진영을 가르는 쟁점의 명확성은 거의 없는 채, 보수 정부와 보수 재야간의 분리가 생겼다.

이와 동시에, 과거의 틈새 정당들은 소선거구제하에서는 거의 의석을 차지할 수 있는 가능성이 없어졌다. 비례 대표 선거구에서조차 군소 정당들은 불리했다. 새로운 선거 제도의 주창자들이 아마도 '불가피' 할 것이라고 예측하고 있듯이, 경쟁하는 정당들은 선명하고 확연한 정책 입장을 전혀 표명하지 않았다. 오히려, 보수 정당들은 핵심 쟁점들에 대해 수식어에 불과할 정도로 차이가 없는 서로의 입장을 애매하게 모방하였다. 결과적으로 새로운 소선거구제는 유권자들에게 불가피하게 개인 후보자를 보고서 투표할 기회를 제공했고, 투표율은 60퍼센트 이하로 떨어져 전후 선거 사상 최저를 기록했다.[62] 그러다 보니, 1990년대 중반에 선거

---

61) Akarui Senkyo Saishinkyokai, *Dai41kai Shugiin sosenkyo no jittai*[Realities of the 41st general election for the Lower House](Tokyo, ASSK, 1996), p. 38.

62) 그러나, 자민당이 소선거구에서 자기당의 후보들 중 상당수를 비례 대표 명부에 집어 넣었는데, 이는 사실상 첫 경쟁에서 패배한 이들이 자신들의 의석을 유지하도록 보장하는 것이었

에서의 경합은 시민의 관심을 불러 일으키지 못했다. 상당한 범위의 정당 재편이 진행되었으나, 그것은 근본적인 쟁점의 차이를 둘러싸고 이루어진 것이 아니고 인물을 둘러싸고 그 때 그 때 이루어진 것이었다. 그러나 핵심 인물들 가운데 전국적 호소력을 가진 사람은 거의 없었다.

여러 정당들에 대한 유권자의 지지 역시 격심한 재편을 거쳤다. 1960년대는 겨우 10퍼센트 미만만이 자신을 '무당파'라고 규정했다. 그러나 1993년 선거 무렵에는 그 수치가 거의 38퍼센트로 올랐고, 1995년 1월에는 거의 50퍼센트가 되었다.[63] 유권자들은 쉽게 동원되기도 하지만, 그것은 특정 정당이나 후보자가 그들에게 그렇게 할 만한 충분한 동기를 부여했을 경우에 한해서이다. 1996년에 그러한 동기가 있으리라고는 보이지 않았다. 그러나 이들 '이용 가능한' 49퍼센트를 감안할 때 정당들은 그들을 어떻게든 자기 편에 끌어들이기 위해 자신들의 위치를 바꾸어 가며 서로 끊임없이 뭉치고 흩어질 것이다.

보수주의적 이익 단체들 역시 점점 더 분산되면서 자민당에 대해서는 덜 충성하게 될 것이다. 1960년에 일본의 총 이익 단체 수는 1만 개를 넘었다. 그러나 1991년에 이 수치는 거의 세 배가 넘는 3만 6,000개가 되었다. 업계 단체들 역시 4,600개에서 거의 세 배인 1만 4,000개가 되었다. 이에 비해 정치 단체들은 169개에서 800개로 여섯 배나 늘었다.[64] 이러

다. 상상할 수 있듯이, 이것은 투표 결과가 나오면 분명히 유권자들의 비판을 받게 될 새로운 체제의 한 가지 특징이다.

63) Aiji Tanaka and Herbert Weisberg, "Political Independence in Japan In the 1990s: Multidimensional Party Identification during a Dealignment"(1996년 8월 29일부터 9월 1일 사이에 샌프란시스코에서 개최된 미국 정치 학회(the American Political Science Association)에서 발표된 논문), p. 1. 또한 다음을 참조할 것. Aiji Tanaka and Yoshitaka Nishizawa, "Critical Elections of Japan in the 1990s: Does the LDP's Comeback in 1996 Mean Voter Realignment or Dealignment?"(1997년 8월 17일부터 21일 사이에 열린 국제 정치 학회 세계 총회(the world congress of the International Political Science Association)에서 발표된 논문), p. 5; 그림 2.

64) Yutaka Tsujinaka, "Interest Group Basis of Japanese Global Leadership: An Examination of International/Transnational and Domestic NGOs and Interest Group Arrangement"

한 맥락에서 농업 협동 조합은 자동적으로 자민당을 지지해 오던 것을 그만두었다. 동시에 업계의 주요 연합인 경단련은 점차적으로 내적 분화를 거쳤고, 1993년에는 자민당에 대한 자동적 헌금을 종식했다. 끝으로, 상당히 많은 수의 비정당 연계의 시민 집단들, 준공적 단체들, 기타 잡다한 조직들이 대거 성장했다. 1986년에 이러한 범주는 일본에서 제일 큰 집단이 되어, 한때 가장 지배적이었던 업계에 연계된 단체들을 능가했다.[65] 이러한 변화들이 축적되어, 그 수가 몇 안 되고 전체적으로 꽤 포괄적 조직들이 존재했던 과거에 비해서, 보수 정당과 관료 기구들을 통한 정치적 조율의 과정을 훨씬 복잡하게 만드는 결과를 가져왔다. 이익 집단들, 정당들, 관료 기구들간의 상호 연계가 과거에 보수 권력의 정점기에서 그러했던 것에 비하면 그다지 자동적으로 이루어지지도 않고 쉽게 보수적이라고 예측할 수도 없게 되었다.

보수 정치인들도 더 이상 하나의 단일한 선거 우산하에 집결하지는 않고, 다양한 이익 단체가 그들이 이전에 가졌던 제도적 일치감의 일부를 상실한 것처럼, 국가 관료제 역시 더 이상 과거 경제 성장이라는 목표 앞에서 단합했던 때처럼 헤게모니적 프로젝트를 앞세워 함께 결집하지 않았다. 일본의 정부 기구들은 서로 협력하기를 꺼려한다고 오랫동안 알려져 왔다.[66] 그래도 1960년대에는 급속한 성장이 기구 대 기구의 협력을 유도했다. 그러나 1990년대에 와서는 그들을 아우르는 특정 정책 의제를 중심으로 협력이 이루어지던 풍토마저 사라졌다.[67]

(1996년 1월 4일부터 6일 사이에 하와이의 마우이(Maui)에서 개최된 SSRC/JSPC Global Leadership Sharing Project 회의에서 발표된 논문).

65) Yutaka Tsujinaka, "Interest Group Basis of Japan's democratic Regime Changes in the 1990s"(International Political Science Association, 제17차 세계 대회 발표 논문, Seoul, Korea, August 17~21, 1997), 그림 4.

66) 다음은 이것에 대한 고전적 설명의 하나이다. Tsuji Kiyoaki, *Nihon no kanryosei no kenkyu* [A study of the Japanese bureaucratic system](Tokyo, Tokyo University Press, 1969). 다음의 글도 참조할 것. Muramatsu Michio, *Sengo Nihon no kanryosei*[The postwar Japanese bureaucratic system](Tokyo, Toyo Keizai, 1981).

동시에 몇몇 기구들(특히 우정성, 농림성, 운수성, 건설성, 자치성)은 보수 정치인들에 의해, 구체적으로는 대개 자민당의 정무 조사회를 통해서, 또한 이른바 족의원 정치가(특정한 정책 기능 영역과 연관된 이익 단체와 정부 기구에 특별한 연줄을 가지고 있는 정치가들)들을 통해서, 특히 다나카-다케시다의 정치적 기계(political machine)에 의해서 거의 식민화되다시피 했다. 전반적으로 가장 잘 나가는 경제 영역에 지대한 영향력을 행사하는 기구들과 이권 정치(pork-barrel politics)에 젖어 있는 기구들은 정치가들, 이익 단체들, 정부 기구들간의 '철의 삼각형'의 연계의 가장 측근에 근접했다.[68] 한때 그들 전체의 경제 임무였던 것이 이제는 보수 정치인들과 그 측근들의 이익을 창출하려는 개별적 의욕에 점차적으로 자리를 내 주었다.

다른 기구들(대표적으로, 통산성, 대장성, 외무성, 문부성)은 이 같은 정치적 침투와 철의 삼각형에 덜 포위되었지만, 치열하게 경쟁적인 '경마'를 하지 않을 수 없는 상황이 되었다. 바이오 테크놀로지, 고화질 TV의 개발과 규제, 학교 컴퓨터 활용, 텔레커뮤니케이션 등과 같이 새로이 등장하는 기술들에 대한 각각의 책임을 둘러싼 많은 싸움으로 정부 기구들간에 분열이 생겼다.

더군다나, 고위 관료들이 자신들의 정치적 색깔을 보다 분명하게 드러냈다. 예를 들어, 몇몇 전 대장성 관료들은 1993년 오자와가 이끄는 신생당의 발족에 합세하기 위해 퇴임한 반면, 1993년의 연립 정부는 자민당

---

67) 이러한 종류의 협력에 대한 모범적인 예로는 대장성과 통산성이 각각의 임무를 수행하기 위해 상대방의 전문 지식을 필요로 하는 많은 프로젝트에서 이루어진 협력들을 들 수 있다. 다음을 참조할 것. Masaru Mabuchi, "Financing Japanese Industry: The Interplay between the Financial and Industrial Bureaucracies," in Hyung-ki Kim, Michio Muramatsu, T. J. Pempel, and Kozo Yamamura, eds., *The Japanese Civil Service and Economic Development: Catalysts of Change* (Oxford, Oxford University Press, 1995), pp. 288~310.

68) Inoguchi Takashi and Iwai Tomoaki, *"Zoku-giin" no kenkyu* [A study of the "Diettribesmen"] (Tokyo, Nihon Keizaishimbunsha, 1987); Iwai Tomoaki, *"Seijishikin" no kenkyu* [A study of "political contributions"] (Tokyo, Nihon Keizai Shimbunsha, 1990).

을 이탈할 듯한 특정 중견 관료들을 숙청하려고 시도했다. 1990년 후반, 규제 완화와 관료 재조직화에 대한 보수층 내부의 투쟁에서 특정 기구들이 그 기구의 이익을 가장 잘 대변할 것으로 보이는 한 정당 혹은 다른 정당에 자신들의 운을 거는 것을 볼 수 있었다.

놀랄 만한 일도 아니지만, 이러한 변화들은 '정치 초월'적이며 '국가 이익'을 위해서 움직인다는 관료제에 대한 이미지를 완전 종식시켰다. 이 장의 첫 부분에서 정리한 스캔들은 고위 공무원의 상당수가 만연된 뇌물 공여 구조에 깊이 연루되어 있고 자민당의 특정 정치인이나 이익 집단과 밀접하게 연관되어 있다는 점을 보여 주었다. 동시에 관료적 영향력의 많은 도구들은 이전의 강력한 힘을 상실했다. 이 점은 이윤율을 통제하는 힘과 회생 표적 산업이나 기업에 저비용의 자본이 공급되도록 할 수 있는 힘에 있어서도 그러했다. 이에 더하여, 행정 지도 속에 감추어져 있던 임의 재량이라는 영향력의 행사는 모든 정부 지침을 대중이 알 수 있도록 투명성을 지키라는 요구에 의해 축소되었다.

이 모두는 오랫동안 유지되어 온 관료의 명성이 사멸하는 데 기여했다. 이러한 하락을 파악할 수 있는 가장 단순한 방법은 고위 공무원직을 둘러싼 경쟁이다. 보수 지배와 고도 성장의 정점기에는 43명이나 되는 사람들이 한 자리를 두고 경쟁을 벌였다. 그러나 1990년대 초반에는 경쟁률이 15대 1로 줄었다.[69] 일본에서 일류에 속하는 가장 똑똑한 사람들이 점점 더 다른 분야의 일자리를 선택하기 시작했다.

보수 제도의 해체는 정치적 영역에서 제도적으로 가장 선명했던 반면, 보수적 경제 제도에 있어서도 상당한 해체가 진행되었다. 다음 세 가지에 대해 특히 관심을 기울일 만하다.

단일 사건으로서 가장 중요한 것은 많은 일본 기업들의 국제화의 확대

---

69) Japan, National Personnel Authority, 연례 보고서; 그 자료는 연도별로 다음 글에 정리되어 있다. T. J. Pempel and Michio Muramatsu, "Structuring a Proactive Civil Service," in Kim et al., *Japanese Civil Service*, p. 46.

이다. 이러한 추세에 주요 기여 요소는 엔화 가치의 급속한 신장이었다. 엔화 가치가 오르는 것을 엔고라고 부르는데 엔고는 해외에 투자하지 않는 일본의 기업들에게는 경제적으로 치명적이었다. 가령 세계 전역의 지가, 노동률, 기업 평가가 절반 혹은 그 이상으로 대폭 반감된다면 계속 국내에서만 제조 활동을 하여 엔을 기준으로 하는 기업으로서는 상대적으로 비용이 훨씬 많이 드는 것으로 계산된다. 이런 상황에서 사업하는 사람들은 어떻게 하면 우리가 최대한 이득을 볼 수 있을까라는 질문을 스스로에게 하지 않을 수 없다.

1960년대 중반에는 일본 기업의 해외 직접 투자가 거의 전무하다시피 했다. 그러나 1993년경에는 일본의 해외 투자 축적액이 총 2,600억 달러로, (5,490억 달러인 미국에 이어) 세계에서 제2의 해외 투자국이 되었다.[70] 한때는 다양한 정부의 산업 계획에 기업이 순종하도록 만들기 위해 구상된 통산성과 대장성의 지침에 종속되었던 기업들이 정부의 자본 통제의 범위에서 빠져나올 업계의 전략을 훨씬 자유롭게 추구했다. 기술 이전 협의가 정부의 서명 없이도 국가간의 장벽을 넘어서 이루어졌다. 이윤을 내는 기업들은 유지되고 있는 수입을 통해 다양한 활동을 자유롭게 재정 지원했다. 다른 기업들도 정부 지침이나 국가 산업 정책 처방안 같은 외부적 요소에 신경쓰기보다는, 기업 내부적으로 각 회사의 필요에 부응하여 결정된 전략을 우선적으로 자유롭게 추구하도록 각 회사들을 놓아 두면서, 국내 자산 시장, 해외 배당, 국제 통화 교환, 국내 채권 발행을 통해서 자본을 모집했다.

많은 하청 계약자들을 포함한 대다수 일본 기업들은 진정으로 더욱 더 다국적이 되어 갔으며, 많은 기업들은 외국 소유의 기업들과 전략적 제휴를 맺기도 했다.[71] 이것은 일본 기업과 계열 내의 내부 연계에 있어서

---

70) Jetro, *White Paper on Foreign Direct Investment* (Tokyo, Jetro, 1995).

71) 일반적인 주제에 관해서는 다음을 참조할 것. Michael E. Porter, "Towards a Dynamic Theory of Strategy," *Strategic Management Journal* 12(winter 1991): 95~117. 일본 전자

더욱 더 분산이 진행되고 있다는 징후였다. 한때 특권을 누리던 은행 부문의 핵심에서, 스위스 신용 은행은 일본 장기 신용 은행에 10억 스위스 프랑(6억 7,100만 달러)을 투자하면서 동맹을 맺기를 권유했고, Societe Generale과 미쓰이 신용은 미쓰이가 프랑스 기구로부터 획득한 상호 기금을 시장에 내놓을 수 있게 허용하면서 한 팀이 되었다. 또한 외국 보험 회사와 일본 보험 회사 및 중개 업자들도 연결되었다. 일본 항공(Japan Air Line)은 아메리칸 에어라인과 제휴했고, 전일본 항공(All Nippon Airways)은 루프트한자(Lufthansa), 유나이티드와 힘을 합했다. 동시에 제조 업체인 도요타는 GM, 기아와 손잡았고, 전자 분야에서는 후지쓰와 NEC, 히타치, 도시바가 함께 미국 · 유럽의 기업들과 연합했다. NTT와 KDD가 텔레커뮤이케이션에서 이같이 협력했고, 소프트 뱅크와 TV 아사히가 소프트웨어와 상업 방송에서 다양한 파트너를 가지게 되었다. 미쓰비시 중기는 다임러 벤츠와 벤처를 시작했고, 반면 가와사키 중기와 이시카와지마 하리마 산업 역시 다양한 군수 생산 기술 면에서 외국 파트너와 한 팀을 이루었다. 이러한 것들은 국제적 연합의 빙산의 일각에 지나지 않는다. 캐논은 회사의 슬로건을 '글로벌 파트너와의 공생'으로 채택할 정도까지 나아갔다.[72] 명목상으로는 일본 기업이지만, 그 기업의 소유와 현장 소재지를 볼 때 많은 기업들은 국적이 의문시되었다.[73]

비록 이러한 변화들이 일본 업계의 각 부분에서 일어나고 있었지만, 그것이 보편적인 것은 아니었다. 시멘트 · 건설 산업 기업들은 해외 투자를

회사들에 의한 그러한 동맹에 관해서는 다음을 참조할 것. Fred Burton and Freddy Saelens, "International Alliances as a Strategic Took of Japanese Electronic Companies," in Nigel Campbell and Fred Burton, eds., *Japanese Multinationals: Strategies and Management in the Global Kaisha* (London, Routledge, 1994), pp. 58~70.

72) Yoshiya Teramoto et al., "Global Strategy in the Japanese Semiconductor Industry," in Campbell and Burton, *Japanese Multinationals*, p. 82에서 인용.

73) 동시에, 일본의 다국적 기업들과 미국과 독일의 다국적 기업들 사이에는 중요한 차이가 존재한다. 이는 Louis W. Pauley and Simon Reich가 "Enduring MNC Differences despite Globalization," *International Organization* 51, 1(1997): 1~30에서 지적한 바와 같다.

하지 않겠다고 할 능력도 없고, 외국 기업을 파트너로 삼을 능력도 없었다. 그런 기업들은 대부분 일본 정치가들의 비호하에 억지로 따낸 국내의 공공 사업을 수행하는 데 몰두하고 있었다. 마찬가지로 일본의 거대 제조 업자의 몇몇 하청 업자들 역시 해외 작업을 수주하고 착수하는 과정에서 그러한 기업들이 해 오던 방식을 따랐다. 나아가 아주 작은 규모의 기업일 경우는 오직 국내에만 머물며 자신들의 국내 시장 지분이 흔들리는 것에만 신경을 썼다. 일본에서 제조업 부문의 일자리 수는 1992~1995년 사이에만 100만 이상이 줄어, 국가적으로 공동화 가능성에 대한 우려가 심화되었다.

보험, 중개, 심지어 상업 은행과 같은 주요 서비스 부문 내의 산업을 포함해서 대부분의 보호 산업들은 국제적으로 경쟁할 능력이 없거나 그럴 의지가 없었다. 그들은 국내 시장에 안주하여 1990년대의 금융 위기가 발생하는 데 큰 몫을 했다.[74] 이러한 모든 변화는 한때 '중상주의의 침투'의 정치를 전폭 지지했고, 자동적으로 그것의 혜택을 입었던 업계 공동체에 대해 쐐기를 박는 결과를 가져왔다.

계열과 다양한 기업들에게 특히 중요한 것은 비금융 기업들이 자금 확보의 선택지를 확대했다는 점이다. 기업의 채권 시장의 규제 완화는 이러한 과정의 핵심적 부분이었다. 1979년에는 도요타 자동차와 마쓰시타 전기의 두 회사만이 비보증 전환 사채 또는 규정 채권을 발행할 수 있는 자격을 갖추었다. 그러나 약 10년이 지난 후 약 300개의 기업이 규정 채권 또는 보증 첨부 채권을 발행할 수 있게 되었고, 약 500개의 회사들은 비보장 전환 사채를 발행할 수 있게 되었다.[75] 규제 완화 또한 많은 기업들로 하여금 주요 은행들로부터 자금 지원을 받는 부채의 원천을 채권으

---

74) Noguchi, *Baburu no kerizaigaku*; David Asher, "What Because of the Japanese Miracle?" *Orbis*, Spring 1996, pp. 1~21.

75) John Y. Campbell and Yasushi Hamao, "Changing Patterns of Corporate Financing and the Main Bank System in Japan," in Masahiko Aoki and Hugh patrick, eds., *The Japanse Main Bank System: Its Relevance for Developing and Transforming Economies* (Oxford, Oxford University Press, 1995), p. 330.

로 이행시킬 수 있게 했다. 따라서 해외에서 발행된 것까지 포함하여 채권의 역할은 증대되어 갔다. 1965년 일본 기업들은 3,910억 엔화 가치의 채권을 순전히 국내에서만 발행했다. 그러나 1989년에는 국내에서는 9조 2,840억 엔, 해외에서는 그보다 더 많은 11조 1,290억 엔의 채권을 발행했다.[76]

1960년대에는 대부분의 일본 회사들이 필요한 자본을 주거래 은행에서 빌리는 방식으로 충당했기 때문에, 당시 일본 기업들의 자기 자본 대부채 비율은 새로운 자금 유입시 거의 90퍼센트에 달했다. 그러나 1990년대에 이 비율은 69.4퍼센트로 내려갔다. 1965~1969년에는 총 기업 재정에서 은행 대출이 차지하는 부분이 거의 77퍼센트 이상이었는데, 1990~1991년에는 42.5퍼센트로 떨어졌다. 대신에 10퍼센트에 불과했던 채권의 발행은 같은 기간 42.5퍼센트로 올라갔다. 이러한 모든 변화들은 제조업 회사들의 일본 은행 부문에 대한 의존도를 낮춘 것이 확실하지만, 동시에 계열 전체의 내부 결속감도 감소되기 시작했다.

이에 더하여, 금융과 비금융 상사들에 대한 자본 요구는, 개별 회사들이 해외에서 돈을 끌어들이는 능력과 주식 자체의 액면 가치가 감소하는 것과 결합하여, 한때 신성 불가침한 것을 상징하던 소유 지분을 전격적으로 팔아 치우게 하였고, 그에 따라 계열의 내부 결속력과 다른 기업들 간의 연계성은 더욱 침식당했다. 1987년만 해도 도쿄 주식 시장에서 발행 주식의 약 72퍼센트가 이같이 회사 관계상 연계되어 있는 지분을 포함했다. 그러나 1996년에 이러한 지분은 60퍼센트로 내려갔고, 계속해서 연간 약 4퍼센트 가량 떨어지고 있다.

동시에 1990년대 후반 금융 위기시에 주은행들은 1만 2,000개 이상의 회사에 대한 채무를 회수했다. 이러한 변화들 역시 계열 내의 회사들간

---

76) J. Mark Ramseyer, "Explicit Reasons for Implicit Contracts: The Legal Logic to the Japanese Main Bank System," in Aoki and Patrick, *Japanese Main Bank System*, p. 240.

의 내부 결속감을 감소시켰고, 그것이 계열에 속해 있건 아니건 개별 회사들에게 자본 창출과 기업 전략에 있어서 더욱 더 자율성을 누릴 수 있게 했다.

결과적으로 1990년대에는 많은 수의 일본 소유 기업들은 일본 내에서 생산하여 수출하지 않았다. 대신에 일본 기업들은 국제적 차원에서 생산하고 글로벌한 차원에서 투자 전략과 재정 확보 전략을 세우는 방향으로 이동했다. 일본은 수출의 전초 기지의 자리를 내 주었다. 개별 기업들과 업계 집단들 역시 이전의 30년간에 비하면 괄목할 정도로 자본의 통제에 있어서 자유를 확보했다. 이러한 움직임은 개별 기업들에게 엄청난 이득을 가져다 주면서, 근본적으로 보수 체제의 분산와 결속감의 상실을 초래했다.

경제적 제도들에 초점을 맞출 때 잊어서는 안 되는 점은 노동이 일정한 정도로 전국적인 통일성을 획득했다는 사실이다. 일본의 가장 급진적 노동 조합들은 더 이상 존재하지 않았고, 한때 과격했던 전국 노동 연맹인 총평(總評, Japan Confederation of Trade Unions)이 그것보다 훨씬 온건한 연합에 흡수되어, 일본은 세계에서 가장 큰 단일 노동 연맹을 가진 나라가 되었다.[77] 그러나 노동의 결속은 더 이상 본질적으로 반보수주의가 아니었고, 많은 경제적 쟁점들에 따라서 개별 노동 조합들은 서로 결합하기보다는 부문별 기반에 따라 훨씬 더 분열되었다.

노동이 한때 그들과 현격한 골이 있었던 보수주의자들과 손을 잡고 어느 정도로 화평을 유지했는가는, 하시모토 수상이 1950년대와 1960년대 일본의 정치 일정 가운데 가장 극명한 반정부 · 반보수적 행사로 기록되던 노동절 축하 행사에 참석한 1996년 5월 1일에 명백해졌다. 연합의 대표인 야마기시 아키라와 일경련의 회장 나가노 시게오가 1993년 11월 5

---

77) 그러한 발달에 관해서는 다음을 참조할 것. Tsujinaka Yutaka, "Rodokai no saihen to hachijuroku nen taisei no imi"[The significance of the reorganization of labor relations and the 1986 system], *Leviathan 1*(1987).

일 함께 호소카와 수상을 방문하여, 일본 경제를 회생시키기 위해 5조 엔의 세금 삭감안을 노동-경영 합동안으로 제출한 것 역시 비슷한 수준의 상징적 사건이었다.[78] 1960년이라면 이처럼 경영-노동이 국가 경제 정책을 위해 협조한다는 것은 결코 있을 수도 없는 일이었다.

비록 1990년대 일본이 1960년대의 일본으로부터 상당히 유리되어 있지만, 그 제도적 변화들은 정책의 변화와 마찬가지로, 일본을 다른 산업 민주주의 국가들로 근접하게도 하고 더 멀어지게도 한 혼합된 성격이었다. 이와 같은 유형은 사회 경제적 연합에서도 찾아볼 수 있다.

새로운 사회 경제적 분화

보수적 정치 연합은 그것이 확실히 존재하던 때에는 잠재적 지지자들 가운데 특별히 어느 편에 서는 어려운 선택을 하지 않아도 되었다. 1955 년 이래로의 자민당하에서 보수 진영은 대기업, 소기업, 제조업, 금융, 여러 지역, 농업, 그리고 기타 사회 경제적 지지 집단과 조직으로 구성된 사회 경제적 연합이었다. 조직 노동 세력, 소수의 지식인들, 도시 거주민들, 학생들은 무기력하긴 하지만 경쟁적인 사회 경제적 연합을 구성했다. 시기에 따라 사회 경제적 부문들의 우선 순위가 바뀌었음에도 불구하고, 보수 체제의 지배적인 정치 제도와 공공 정책은 일본 사회에 폭넓게 구석구석까지 미치는 매우 매력적인 선택안을 수립했다.

또한, 보수적 사회 경제적 연합이 변하면서 이루어진 이행은 과거의 유권자를 버리는 것이 아니라 새로운 지지 집단을 추가하는 식으로 진행되었다. 높은 수준의 경제 성장으로 계속 자원을 확장하여 1960년대로부터 1980년대 후반에는 이런 새로운 지지의 추가가 비교적 쉽게 이루어졌

---

78) Kume, "Disparaged Success," chap 7.

다. 이처럼 자민당이 점차 '포괄' 정당이 되어 가자, 보수 정책의 대안들은 대부분의 집단에게 점점 더 매력을 상실했다.

결국 1990년대 초반, 보수 체제의 사회 경제적 지지는 상당히 확장되어 있었다. 다음 네 가지 변화가 특히 주목할 만하다. 첫째, 앞서 지적했듯이 한때 반대 진영의 심장이었던 조직화된 노동은, 결코 누그러뜨리지 않았던 보수주의자들에 대한 그들의 적대감을 포기하고 더 이상 이전처럼 초지일관, 자동적으로 체제의 외부에 서 있지 않았다. 둘째, 농업과 소기업은 확실히 이전에 비해 보수 진영을 덜 지지하게 되었고 보수 진영과 자동 일체화하려 하지 않았다. 많은 경우에 이 두 부문의 분파들은 보수주의자들과의 연계를 실제로 파기했다. 셋째, 도시 거주민들과 화이트 칼라 노동자들은 비록 딱 부러지게 친보수주의 또는 반보수주의로 구분하기 어렵지만, 이들이 사회 경제적으로 더욱 중요해졌다. 넷째, 거대 기업들이 내적으로 광범위하게 분화되어, 1990년대 이후 바람직하다고 생각하는 보수주의의 성향을 따라 제각기 갈라졌다.

조직화된 노동은 원래 보수 연합에 적대적인 가장 중요한 단일한 사회 경제적 영역이었다. 1990년대에, 새로운 노동 연맹인 연합은 1993년의 반자민 연합 정부의 주요한 지지자였다. 연합은 1940년대 이래 처음으로 일본에 노동 세력이 지지하는 정부가 들어서도록 힘을 실어 주었다.[79] 동시에 1990년대에 노동은 그 이전 30년 동안보다 여러 가지 쟁점에서 보수주의자들과 더 가까이 서 있었다. 노동 운동 내에서 급진 좌파는 더욱더 소외되어, 1990년대 중반에는 사적 소유권을 폐기하자는 극단적인 운동을 진정으로 지지하는 집단이 사실상 거의 없었다. 미국과의 밀접한

---

79) 연합의 초기 활동에 관해서는 다음을 참조할 것. Tsujinaka, "Rodokai no Saihen," pp. 47~72. 연합의 후기 활동에 관해서는 다음을 참조할 것. Oumi Naoto, "Gendai Nihon no makuro-kooporatizumu"[Contemporary Japanese macrocorporatism], in Oumi Naoto et al., *Neo-kooporatizumu no kokusai hikaku*[An international comparison of neocorporatism] (Tokyo, Nihon Rodo Kenkyu Kiko, 1994), pp. 278~339.

안보 관계는 내키지 않지만 받아들였고, 한 단일 산업이나 기업의 노동과 다른 산업이나 기업의 노동간의 갈등에 과거의 기업—노동의 분열이 길을 내 주었다. 간단히 말해서 노동은 이전의 반체제적 입지를 포기한 지 오래이고, 이념적으로 상당히 중도적이 되어 어떤 일본 정부가 들어서도 본질적으로 타협할 수 있게 되었다.

블루 칼라 노동자들의 선거 지지 유형은 혁신주의자들과 보수주의자들간의 격차가 줄어드는 것을 반영한다. 1960년대에는 노동 조합원의 지지를 받는 보수 정당이 매우 희박했으나, 1990년대는 상당 부분의 노동세력이 자민당을 지지했다.[80] 예컨대 1965년에는 산업 노동자의 17퍼센트가 자민당을 지지했으나, 1995년에는 49퍼센트로 높아져 자민당 전체 지지의 12퍼센트를 차지하는 것으로 밝혀졌다.[81]

농업과 소기업 역시 1960년대와 1990년대에 전혀 다른 입장을 취했다. 오랜 기간 자민당의 선거 지지층인 농부와 소자영업자들은 농업 보조금과 주요 농산물에 대한 수입 쿼터(쌀 수입 100퍼센트 금지를 포함), 소자영업자에 대한 저리·무이자 대부, 한 지역에 대점포를 내는 데 지역 상공 회의소가 거부권을 행사할 수 있도록 허용한 '대점포 반대법'[82] 과 같은 조치를 통해 광범위한 보호를 받았다. 농산물 수입 자유화에 대응하여 자민당에 대한 농민의 지지는 1986년 선거에서 56퍼센트였으나 1989년 참의원 선거에서 41퍼센트로 떨어져 뚜렷이 자민당 반대로 돌아

---

80) Sato Seizaburo and Matsuzaki Tetsuhisa, *Jiminto-seiken*[LDP power](Tokyo, Chuo Koronsha, 1986); Miyake Ichiro, ed., *Seito shiji no bunseki*(Tokyo, Sokobunsha, 1985). 이 글은 정당 지지의 초기 변동 중 몇 가지를 지적하고 있다. 시계열 비교는 다음을 참조할 것. Miyake Ichiro, *Tobyo kodo*[Voting behavior](Tokyo, Tokyo Daigaku Shuppankai, 1989), p. 88.

81) Miyake, *Tobyo kodo*, p. 88.

82) 이 마지막 법은 1960년대 초 프랑스의 Poyer Law와 매우 흡사하다. 다음을 참조할 것. Suzanne D. Berger, "Regime and Interest Representation: The French Traditional Middle Classes," in Berger, ed., *Organizing Interests in Western Europe*(Cambridge, Cambridge University Press, 1981), p. 94.

섰다.[83] 이는 한 사회 경제적 집단으로부터 자민당이 받은 가장 극심한 지지의 상실이었다.

비록 농민과 소기업이 선거시에 여전히 보수적 입후보자들의 강력한 지지자들이긴 하지만,[84] 이 두 집단 역시 규모, 경제적 중요성, 보수 정치인들에게 제공할 수 있는 선거 지지의 면에서 위축되었다. 1955년 선거에서 농민은 자민당 지지의 43퍼센트를 차지했으나, 1965년에 그 수치가 29퍼센트로 하락하였고, 1983년에는 겨우 13퍼센트였다. 소기업으로부터의 지지도 같은 시기에 자민당 전체 지지의 27퍼센트였던 것이 19퍼센트로 떨어졌다.[85] 이러한 이행은 이 두 집단과 한때 그것이 보장했던 보수적 선거 헤게모니를 더 이상 장담하지 못하게 되었다는 점을 분명히 보여 준다. 더욱이, 국가 전체의 경제 활동에서 그들이 차지하는 지분 역시 크게 줄어들었다. 결과적으로, 이 두 집단은 당파적(보수주의적인 것 포함) 선거 전략과 국가의 경제 전략에서 더 이상 그다지 중핵적인 위치에 있지 않게 되었으며, 그들은 중상주의의 침투로 오랫동안 보호받아 왔기에 경제적 변화 앞에서 과거보다 훨씬 취약해졌다.

1960년대에는 6,000만 명 이하의 일본인들이 도시에 살았지만 1990년대에는 도시 인구가 9,500만 혹은 총인구의 4분의 3으로 늘었다.[86] 그렇지만 대도시에서 보수 선거에 대한 지지는 1960년대와 1990년대 사이에 가파르게 내려갔다.[87] 그래도 자민당이 집권할 수 있었던 것은 덜 도시화

83) Miyake Ichiro, "Hachijukyunen sangiin senkyo to 'seito saihensei'" (The 1989 upper house election and "party realignment"), *Leviathan* 10(1992): 36.

84) 그래서 1990년 중의원 선거에서 농촌표의 54.5퍼센트와 자영업 표의 42.2퍼센트가 자민당에게로 몰렸다. Kobayashi Yoshiki, *Gendai Nihon no senkyo*(Elections in contemporary Japan)(Tokyo, Tokyo Daigaku Shuppankai, 1991), p. 130.

85) Miyake, *Tohyo kodo*, p. 58.

86) Nihon Kokusei Zue, ed., *Suji de miru Nihon no hyakunen* (Tokyo, Nihon Kokusei Zue, 1991), p. 68.

87) Ishikawa Masumi and Hirose Michisada, *Jiminto: choki shiji no kozo*(The Liberal Democratic Party: Structure of its long-term support)(Tokyo, Iwanami Shoten, 1989), pp.

된 지역에서 계속 지지를 얻었기 때문이다.

선거에서 농민과 소기업의 지지를 상실한 것은 보수주의자들에게는 심각한 타격이었으며, 특정한 지역의 보수 정치가들에게는 특히 더 그러했다.[88] 두 집단이 이처럼 강력한 자민당 지지층이었기 때문에, 정당이나 개인 입후보자들은 '도시 봉급 생활자'처럼 수가 더 많은 집단을 택하기 시작하면서도 그들은 저버릴 수가 없었다. 그러므로 농민과 소기업은 특정 선거구에서는 특정 정치인과 그들의 개인 후원회와의 연계를 통해서 다른 곳과 비교할 수 없는 막강한 영향력을 지녔다.

동시에 장기적으로는 전국에서 대도시 지역과 도심 주변 지역에 거주하는 유권자의 수가 점차 늘어가는 추세에 있었다. 비록, 자민당이 대도시 지역에까지 선거 지지를 확보하기 위한 길을 닦아 갔지만, 도시의 지지를 이끌어 내려는 어떤 후보자나 정당도 전통적인 부문과 농촌 지역 내에서의 지지를 상실할 가능성이 있음이 더욱 분명해져 갔다. 그래도 1980년대 전 기간에 걸쳐 자민당이 그 기반을 확대해 갈 수 있었던 반면, 1990년대에는 더 이상 그렇지 못했다. 과거의 오랜 지지자들을 거스르지 않으면서 새로운 지지자들을 만족시키는 경제 정책은 더 이상 불가능했다. 즉 신구의 잠재적 유권자들간에 서로 이익이 상치되는 것은 어쩔 수 없었다.

이러한 상호 교환은 재계 영역도 갈라 놓았다. 1960년대에 재계의 이익은 중상주의의 침투를 결집하여 지지했다. 1990년대에 이런 지지는 더 이상 존재하지 않았다. 국제적 기준으로 볼 때 일본의 기업들, 특히 전자, 공작 기계, 자동차와 같은 대규모 제조 업자들은 고도의 경쟁력을 유지했다. 그러나 폐쇄된 국내 경제는 다른 많은 일본 재계 영역들이 대결

73~85.

88) 1989년 참의원 선거에서 많은 농업 단체들은 자민당 후보들에 반대표를 던졌는데, 이는 자민당이 농산물 수입 자유화를 확대시키고, 가격 지원을 삭감한 데 대한 항의의 표시였다. 예를 들면, 다음의 글을 참조할 것. Miyake, "Hachijukyu-nen Sangiin Senkyo," pp. 32~61.

적인 국제 경쟁으로부터 피해를 받지 않도록 계속 지켜 주지 못했다. 1990년대 중반, 일본의 대기업 공동체는 사실상 두 개의 다른 공동체로 나뉘었다. 하나는 대부분 첨단의 국제 경쟁력을 갖추고 높은 이윤을 내고 있어 정부의 직접적 지원에 전혀 또는 거의 의존하지 않는 영역이고, 다른 하나는 덜 경쟁적이어서 외국의 경쟁을 정부가 막아 주길 기대하며 국내 시장에서만 확실히 이윤을 내는 영역이다. 고도 성장과 보호 정책은 보수 체제가 1960년대와 1970년대에 이 두 유권자를 위해 봉사할 수 있게 했지만, 1990년대의 저성장은 그것을 어렵게 만들었다. 일본의 재계 공동체 내에 특히 규제, 환율 정책, 조세, 정부의 조달을 통한 재정 자주책, 설비, 은행, 보험 산업, 지주 회사의 과보호와 독과점 등을 둘러싸고 예리한 내부 균열이 발생했다.

1990년대 초반의 보수 진영 내의 사회 경제적 분화는 1993년 자민당 내의 실제적인 분열에서 정점을 이루었다. 자민당의 분열은 어느 정도는 보수주의자들 내의 도시-농촌간, 경쟁적-비경쟁적 분화를 반영했다. 오자와, 하타, 다케무라와 같이 자민당에서 갈라져 나온 여러 정치인들이 농촌 출신임에도 불구하고, 그들을 따르는 많은 젊은 불만 계층은 농촌 출신이 아니었다. 더욱이, 공명당과 민사당을 포함하여 마지막으로 결성한 비자민 연합은 훨씬 더 도시적 성향이 뚜렷했다. 가령 1996년 선거에서 자민당은 농촌 지역에서 소선거구 의석의 51.7퍼센트를 얻은 반면 10만 이상의 도시에서는 겨우 28.6퍼센트를, 13개 대도시 지역에서는 30.5퍼센트를 얻었다. 이에 비해, 신진당은 농촌 지역에서는 겨우 17.8퍼센트를 얻었지만, 도시에서 26.5퍼센트를, 대도시에서는 21.9퍼센트를 얻었다. 비례 대표 지역구에서도, 자민당은 도시와 대도시 지역에서 더욱 저조했으나, 신진당은 오히려 더 높았다.[89]

보수주의적 야당은 점차 더 도시적 · 국제적 · 반규제적이 되어 간 반

---

89) Asarui Senkyo Saishinkyokai, *Dai47kai Shugiin sosenkyo*, pp. 61~62.

면, 자민당의 잔류는 주로 농촌 위주의 정치, 보조금 끌어들이기식의 정치로서 다시 등장하기 시작했다. 1996년 8월 〈문예춘추(文藝春秋)〉지는 중의원의 의식 조사를 출간했다. 그것은 자민당과 신진당의 정향간에 극명한 격차가 있음을 보여 준다. 예를 들어 결과적으로 사회 취약 계층을 위한 온정에 일격을 가하는 것을 의미할지라도 사회 경제적 규제를 급속히 완화하자는 입장과, 규제 완화에 좀 더 사려 깊게 접근하여 사회의 약자층을 보호해야 한다는 입장 사이의 선택을 해야 하는 상황에서, 신진당 의원은 오직 23퍼센트가, 신당 사키가케의 의원은 24퍼센트가 보호주의적 접근 방식을 선택한 데 비해서, 자민당 의원은 56퍼센트가 보호주의를 택했다. 비록 규제 완화가 잠재적 사회 비용을 포함하는 데에도 불구하고 신진당과 사키가케의 압도적 대다수(각각 76퍼센트, 71퍼센트)가 급속한 규제 완화를 선호했다.[90]

도쿄, 오사카, 고베, 아이치, 사이타마, 가나가와와 같은 대도시 선거구에서 자민당이 한 석도 얻지 못한 1998년 참의원 선거에서도 똑같은 양상이 나타났다. 자민당의 과도한 농촌 편향의 보조금 끌어오기는 도시 지역에서의 지지의 상실을 의미했다.

일본에서의 전후 초기의 사회 경제적 결속의 타래는 또 다른 주요한 방식, 말하자면 일본 시민들간의 소득 격차의 증대라는 방식으로 풀려 갔다. 1960년대 중반에 일본의 소득 불평등은 낮았다. 일본은 많은 스칸디나비아 국가들처럼 경제적으로 평등주의적이었다. 그러나 1990년대 중반에는 부자와 빈자간의 격차가 벌어져 갔다. 예를 들어, 지니 계수가 점차적으로 높아 갔다.[91] 1990년대에 걸쳐 실업률도 증가했고, 그것이 신규 고용자, 장기 근로자, 여성에 미치는 영향력은 특히 컸다. 모든 일

---

90) Uchida Kenzo, Kunemasa Takeshige, and Sone Yasunori, "Nihon no kiro o to"[Japan at the crossroads], *Bungei Shunju*, August 1996, pp. 96~99.

91) Somucho, *Zenkoku shoho jittai hokoku*[Report on the outlines of national conditions] (Tokyo, PMO, annual).

본인들이 같은 경제 구명선을 탔다는 사실이 점점 흐려져 갔다. 일본은 아직 미국이나 영국에서의 계급 분화와 같은 정도는 아니지만, 1990년대는 그 전 30년간에 비하면 경제적으로 훨씬 더 분화되었다.

한때, 확고했던 보수 체제의 사회 경제적 기반이 정치와 경제 양자에 서로 득이 되는 포지티브섬을 통해서 이전에는 강하게 결속되었으나, 1990년대에는 한편이 득이 되면 다른 한편이 손해를 보는 제로섬 관계가 되었다. 한 사회 경제적 부문에게 주어지는 혜택은 다른 부문에게 반드시 손해가 되었다. 경제적 자유화, 통화 이동, 해외 생산, 시장 개방 등은 농업, 소기업, 대기업간의 틈을 파고들었다. 거품 경제의 붕괴로 덜 효율적인 부문을 지원하는 데 쓸 공적 자원이 줄어들었다. 이는 결국 기본적 정책 방향에 대한 보수 진영 내의 갈등을 더욱 증폭시켰다. 1990년대에 집권한 보수 정부들은 계속 줄어드는 입지 위에서 점점 더 사이가 나빠져 가는 사회 경제적 집단의 요구에 부응하는 데 그다지 성공적이지 못하게 되었다.

결론: 1990년대의 보수주의

앞에서 한 분석은 한때 견고하게 통합된 보수 체제가 정책, 제도, 사회 경제적인 면에서 그 이전에 비해 훨씬 분화되는 길로 접어든 여러 가지 방식들에 대해 지적했다. 과거에는 원활하게 돌아가던 일본 경제 성장의 기계가 불량 부채의 늪에 빠져 소비자 신뢰를 무너뜨렸다. 또한 도저히 무너질 것 같지 않던 보수적 선거 제도가 그 한계를 드러냈다. 그리고 한때 화합적이던 국내와 국제간의 연계 역시 서로 껄끄러워졌다. 이전의 보수적 제도들은 전에 갖고 있던 유동성과 내적 결속감을 상실하여 일본을 돌이킬 수 없는 체제 이행의 과정에 접어들게 하고, 새로운 안정과 평형점을 찾기 위해 씨름하게 만들었다. 그러나 무엇이 구체제를 대신할는

지가 아직 분명하게 나타나지 않고 있다는 것이다. 사회 경제적 재조합은 여전히 진행 중이다. 정당의 재편과 선거의 재평가 역시 과정상에 있다. 제도의 재조직, 특히 국가 관료제와 재정 부문의 재구도와 재규제는 우선적인 논의 거리다. 중상주의의 침투와 고도 경제 성장에서와 같은 명료성을 수반한 공공 정책 양상은 아직 보이지 않는다. 1990년대 후반의 일본은 몇 가지 측면에서 소련과 동유럽의 구공산주의 체제와 닮았다. 즉 무엇이 구체제를 대체할는지가 자명하게 나타나지 않고 있다는 것이다. 그러나 분명한 것은 마치 넘어져서 일어나지 못하는 땅딸보처럼, 일본에서의 구체제는 과거 공산주의 국가와 마찬가지로 다시 제자리로 돌이킬 수 없다는 점이다.

다가올 10년을 숙고하면서 1990년대 후반의 일본을 관찰한 사람은 합리적 관점에서, 비록 자민당이 선거에서의 승리를 가져올 수 있는 몇 가지 수단을 가지고 있음에도 불구하고, 1955년의 자민당과는 지지 기반과 정책 방향 두 가지 면에서 매우 다르다고 전제한다. 많은 일본의 산업들은 의심의 여지없이 세계 시장들 내에서 예외적으로 계속 경쟁력을 유지하고 있다. 사실상 많은 일본의 주요 제조 업자의 기업 이윤과 시장 지분은 거품 경제가 남긴 최악의 상흔이 정리되고 나서 상당히 증가했다. 그러나 전체적으로 경제가 과거의 성장률을 회복할 가능성은 없고, '일본 주식 회사'라는 상표의 사용은 일본의 경제 제도들이 대체로 조화를 이루었을 때에 비한다면 이제는 적절하지 못하다. 일본의 관료제는 경쟁적 관점에서 본다면 중요한 권력을 계속 유지하고 있지만, 정부 기구나 공무원이 1960년대에 그들이 향유했던 것처럼, 사회적 지지는 제쳐두고 업계에 대한 통제력을 마음대로 행사할 가능성은 없어졌다. 일본은 분명히 미국과 긴밀한 전략적·군사적·경제적 관계를 계속 유지해 가겠지만, 미국은 냉전이 최정점이었던 시절 일본에게 제공했던 것과 같은 수준의 전폭적이 지원을 제공하지는 않을 것이다. 일본의 엘리트들도 더 이상 그것을 기대하지 않을 것이다.

그러나 이런 변화에도 불구하고, 1990년대 후반에도 일본은 산업화된 민주주의 가운데서는 줄곧 외곽에 남아 왔다. 지배적인 정책, 사회 경제적 지지, 정치 경제적 제도의 진화가 일본이 이전에 갖고 있던 독특성을 어느 정도 침식했다고는 하지만, 몇 개의 강하고 뚜렷한 줄기의 구심점을 향해 공통적으로 보이는 다른 산업 민주주의 체제에 수렴하지는 않는 것으로 생각된다. 물론 국제 자본의 유동성 증가는 의심의 여지없이 중앙 정부와 개별 기업들의 능력에 강력히 도전한다. 그러나 한 국가의 정치 경제의 다양한 여러 양상들은 외교 정책 정향으로부터 정치적 제도와 업계 제도에 대한 사회 경제적 구성에 이르기까지, 훨씬 더 국가별 차이의 영역에 종속된 채 남아 있다. 한마디로 20세기 말에 일본에 지배적이었던 공공 정책, 제도, 사회 경제적 연합은 앵글로 아메리카적 민주주의, 유럽 대륙의 조합주의적 사회 복지 제도, 그리고 이탈리아의 '개혁된' 정당 지배와는 모든 면에서 동떨어져 있음을 시사한다. 이런 점으로 미루어 향후 일본에서 이루어질 가능성이 가장 높은 평형점은 일본만의 독특한 구도, 즉 결론에서 논의할 주요 양상들을 지닌 형태의 정치 경제를 포함할 것이다.

이 장에서 제기한 중심적 질문은, 1960년대의 보수 체제가 어떻게 그리고 왜 그러한 속도로 그렇게 철저하게 무너졌는가였다. 무엇이 이런 이행을 설명할 수 있는가? 다음 장에서 살펴보겠지만, 보수 지도자들은 변화하는 조건에 매우 성공적으로 적응해서, 1970년대와 1980년대의 일본 정치 경제의 전체적인 틀을 만들어 가는 힘을 유지했다. 그러나 동시에 이러한 다양한 적응들이 체제 내에 긴장과 이행을 발생시켜 결국은 체제의 붕괴를 이끌었다.

제6장

적응과 해체: 구체제의 보호와 침식

　제5장에서 필자는 1990년대 후반의 일본과 1960년대 중반의 일본을 비교했다. 과거와의 결별이 급작스럽게 이루어졌으나, 1990년대의 정치 경제적 변환은 마치 하룻밤 사이에 일어난 일과 같은 것만도 아니고, 자그마한 사건들이 연이어 일어나 결말에 이른 것과 같은 것만도 아니다. 오히려 1990년대의 새로운 정치 경제는 체제의 성공적인 적응과 해체 과정이 뒤섞여 등장했다. 이 장에서는 두 가지 목적을 가지고 이러한 변환 과정을 검토한다. 첫째, 일련의 적응적 변화들이 어떻게 전반적 수정은 이루어지지 않은 채 그런 대로 그 체제의 평형점을 유지하도록 했는가 하는 점을 보여 준다. 이것은 일종의 보수주의자의 성공적 적응에 관한 이야기이다. 자민당하에서 보수적 통치는 확대되었다. 경제 지수는 계속 향상되었다. 안보와 방위 정책은 위협받지 않은 채 지속되어 아예 논의에서 제외되었다. 둘째, 이처럼 겉보기에는 성공적이었던 몇 가지 적응 사례들이 어떻게 동시에 체제에 거센 긴장을 일으켜 결국에는 체제의 분열과 실패를 가져왔는가를 추적한다. 단기적으로는 정치적·경제적으로 긍정적이었다고 판명이 난 적응들이 끝내는 구체제를 뒤흔드는 거센 변경 사항을 초래하는 데 일조했다. 따라서 이 장은 두 가지 흐름, 즉 체제의 적응과 체제의

해체를 살펴볼 것이다.

두 가지 과정 중 어느 하나도 순조롭지는 않았다. 얼핏 보면 보수적 지도자들의 뛰어난 예지의 결과로 이루어진 것 같은 적응들이 쉽게 실패할 수도 있었다. 어지러운 1990년대 중반 일본의 보수적 체제를 어처구니없게도 '내리막길'에 내버려 둔 것으로 보이는 사람들이 사실 전혀 다르게 행동할 수도 있었을 것이다. 간단히 말해, 되돌아보면 놀라우리만큼 어떠한 연계성이 나타나고, 많은 과정들이 거의 다 국제적으로 상호 강화된 것으로 보일 수도 있으므로, 이 책에서의 분석 요인들 중 어느 한 가지가 결정적이라고는 할 수 없다.

우선 1970년대 초반과 1980년대 중반 사이에 일어난 보수 체제에 대한 세 가지 도전을 검토하면서 논의를 시작하고자 한다. 하나의 도전은 일본의 외부에서 왔고, 나머지 두 가지 도전은 내재적인 것이었다. 이 세 가지 도전들이 합쳐져 지금까지의 체제의 원활함과 유동성을 저해하면서 체제 내의 긴장을 촉발했다. 이 장의 두번째 부분에서는 이러한 도전들에 맞서기 위해 취해진 가장 중요한 제1서열의 적응과 제2서열의 적응들을 분석한다. 대부분의 적응들은 체제의 정치적 기반을 건전하게 지탱하면서, 급속한 경제적 성장을 지속해 가기 위한 것이었다. 그러한 적응 조치들은 대체로 성공적이었으나, 장기적으로는 1980년대 후반과 1990년대 초반에 결국은 체제가 와해되는 결과를 초래했음이 드러났다.

보수적 지배에 대한 도전들

제4장에서 살펴보았듯이, 어떤 민주주의 체제도 항상 세 가지 핵심적 딜레마에 직면해 왔다. 첫째, 사회 경제적 딜레마이다. 다양하게 퍼져 있는 사회 경제적 지지자들이 서로 다른 것을 원하고, 그들의 힘과 영향력은 계속 이행한다. 경우에 따라서 행동의 어떤 한 가지 경로가 경쟁적ㆍ

유동적인 요구들을 다 충족할 수도 있다. 그러나 더욱 빈번하게는 연합의 유지가 끊임없는 타협과 교환과 욕구 충족의 유예를 요구한다. 잠정적인 득실은 상호간에 상쇄되고 그에 따라 상호 균형이 바뀐다. 둘째, 민주적 또는 선거상의 딜레마이다. 좋은 정치가 종종 좋은 정책과 조화를 이루지 못하고, 선거상의 활력을 도모하기 위해 취한 행동이 국가의 경제적 안녕과 안보를 위해 바람직한 것과는 충돌을 일으키곤 한다. 셋째, 국제적인 딜레마이다. 국내적으로는 잘 기능한 것이 국제적으로는 그렇지 못하다거나, 그 반대의 경우가 생긴다. 제4장에서 1970년대 중반과 1990년대 초반에 스웨덴, 미국, 영국, 이탈리아에서 이러한 딜레마가 어떻게 서로 혼재하며 나타나 왔는가를 살펴보았다.

가장 원활하게 작동하던 1960년대조차 일본의 보수 체제는 심한 내적인 분열의 와중에 있었다. 그럼에도 불구하고, 일본의 주요 정치적 단층선은 체제의 지지자들 사이에 있었던 것이 아니고, 두말할 나위 없이 보수주의자들과 정치적 좌파 사이에 있었다. 시간이 감에 따라 그러한 틈은 보수주의자에게 유리한 쪽으로 메워졌다. 중상주의의 침투, 고도 경제 성장, 제한된 군사적 입지, 이 모두가 보수적 선거의 승리를 둘러싸고 있었다. 보수 지지자들은 직접적으로 또는 보조금 지출을 통해서 총체적인 평화와 번영의 혜택을 누렸다. 대체로 국제적 영역은 일본의 보수 체제의 정책 방향, 제도, 연합 구성에 이바지했다.

1970년대와 1980년대의 기간 동안 이 세 가지 딜레마에 대한 대응은 점점 더 힘들어졌다. 경제적 성공과 변모는 많은 주요한 사회 경제적 집단들의 상대적 힘과 유인력을 변화시켰다. 새로운 정당, 독자적인 운동, 선거 유형에서의 변화 등이 보수의 선거 헤게모니에 도전했다. 국제적인 영역은 일본의 국내 체제의 구도에 전보다 훨씬 덜 친화적이 되었다. 결과적으로, 보수적 정치와 경제 내부의 갈등이 이전의 좌-우 분열을 능가하기 시작했고, 보수 진영 내의 핵심적 관심은 이러한 변화가 체제의 기본적 결속을 저해하지 못하도록 하는 데 있었다. 그러나 그렇게 한다는 것은 더욱 더 갈등적이 되어 가는 개별적 정치 행위자들의 목표와 체제의 지속이라는 폭넓은 목표 사이에서 지속적인 균형을 찾는 작업을 뜻한다.

사회 경제적 도전들

선거 과정과 정부의 관직에 있어서의 보수 지배는 체제의 사회 경제적 기반을 보강하고, 정치적 반대자들을 인정하지 않으며, 공공 전체의 지지를 증대시키고, 타협의 필요성을 줄여가면서, 정치적 관직을 통제할 수 있는 보수의 역량을 증진시키는 공공 정책을 창출했다. 제1장에서 서술했듯이, 그 결과는 경제와 정치의 성공이 상호 강화하는 일종의 '선순환 사이클' 이었다. 그러나, 이 같은 사이클이 체제의 평형성에 도전하는 사회 경제적 변화를 초래했다. 보수적 경제 정책은 특정 반대자들의 힘을 키우고, 많은 지지자들의 힘은 극명하게 약화시키면서 국가의 사회 경제적 구성을 변환시켰다.[1]

여기서 특히 네 가지 변화가 중요하다. 그것들은 농사와 소기업에 의존하는 인구층의 비율의 현격한 감소, 평균 수명의 연장, 노동 공급의 축소, 무라카미 야스스케가 "일본의 신중간 대중"이라고 부른 일본 시민 대다수를 탈바꿈하게 만든 도시화였다.[2]

1950년대에는 일본 노동력의 거의 절반이 경제적으로 농업과 어업에 종사했다. 1970년대에는 그것이 약 17퍼센트였고, 1990년대 중반에는 6퍼센트 이하가 되었다. 반면에, 제조업 종사자는 1950년에 22퍼센트밖

---

1) 이러한 사고 방식은 다음 글에 나타난다. Robert Bates, *Beyond the Miracle of the Market: The Political Economy of Agrarian in Kenya* (Cambridge, Cambrige University Press, 1989), Peter Evans, *Embedded Autonomy: States and Industrial Transformation* (Princeton, Princeton University Press, 1995). 그러나, 궁극적으로 부르주아지는 자신의 무덤을 파는 이를 프롤레타리아라는 모습으로 부를 것이라는 카를 마르크스의 주장을 반영한다.

2) Murakami Yasusuke, *Shinchukan taishu no jidai*[The age of new middle mass](Tokyo, Chuo Koronsha, 1984).

에 되지 않았는데, 1970년경에는 35퍼센트로 증가하여 1990년대까지 그대로 유지되었다. 그런데 3차 산업 부문은 같은 기간 동안 30퍼센트에서 48퍼센트로, 그리고 60퍼센트로 확장되었다.[3]

1947년에는 20퍼센트가 자영업에, 40퍼센트의 노동력이 가계 기업에서 일했다. 오직 40퍼센트만이 회사원이었다. 1970년경에는 그 수치가 각각 18퍼센트, 16퍼센트, 66퍼센트가 되었다. 1985년경부터는 회사가 일본 노동력의 80퍼센트 가까이를 고용하였다.[4]

비교적 크고 기술적으로 세련된 산업들과 서비스 섹터의 기업들이 국가 경제에서 점차 더 중요하게 부각된 반면, 농업과 소규모 기업 섹터는 초기에 보수 지배 체제 선거 연합의 초석이었고, 값싼 노동력과 대량 생산된 소비재의 분배자이며, 마지막 은신처로서의 고용인 집단이었지만, 그 수와 경제적 중요성은 대폭 축소되었다.

동시에 향상된 건강 관리와 산아 제한으로 평균 가족의 규모가 줄었다. 한때 가파랐던 인구 피라미드가 납작하게 변하고 말았다. 전쟁 직후 일본은 60세 이상의 인구가 약 5퍼센트에 불과한 보기 드문 젊은 인구의 구성이었다. 1970년대에도 그 수치는 7퍼센트 정도로서 다른 산업화된 국가들의 숫자에 비하면 여전히 낮았다. 그러나 1995년경에는 60세 이상의 인구가 14퍼센트를 넘었다. 1970년에서 1995년까지 25년 동안 일본에서 그 수치가 두 배로 늘었는데, 프랑스에서는 그렇게 되는 데 115년이 걸렸고, 미국에서는 66년 걸렸다.[5] 더욱이 고령 인구의 증가도 급속하게 진행되어, 은퇴 인구 대 노동 인구의 비율이 1970년대 7 : 1에서 2000년에 4 : 1로, 2015년에는 3 : 1로 바뀔 전망이다.

---

3) Bank of Japan, *Comparative International Statistics*, 여러 연도.

4) *Suji de miru Nihon no hyakunen*[One hundred years of Japanese statistics](Tokyo, Kokuseisha, 1991), p. 78로부터 계산함.

5) Akiko Hashimoto, *Gift of Generations: Japanese and American Perspective on Aging and the Social Contract* (Cambridge, Cambridge University Press, 1996). 다음을 참조할 것. Keizai Koho Center, *Japan, 1992* (Tokyo, 1992), p. 9.

경제적 성공과 변해 가는 인구의 연령 구성은 노동 시장을 더욱 수축 되게 만든다. 전후 초기에는 귀환 병사, 해외 귀향자, 베이비 붐 시대에 태어난 사람들, 지방 거주자의 유입이 제조업과 도시 서비스 직종에서 저비용의 젊고 고도로 숙련된 노동력의 증가를 창출했다. 그러나, 이런 정황이 지속되지는 않았고, 이미 1969년경을 시작으로 노동 시장이 축소 되면서 협상의 키가 경영자로부터 노동자측으로 넘어갔다.[6]

이런 모든 변화들이 오래 지속되어 온 정책과 제도의 구도를 단절시켰 다. 원래 있었던 구체제의 연합 구도가 변하지 않은 채 그대로 남기는 어 려워졌다. 이런 변화들이 궁극적으로 중요한 경제적 효과를 냈지만, 자민 당에게 부과한 선거상의 도전을 통해서 훨씬 더 확실한 역할을 했다.

선거상의 도전

거의 반자동적인 보수적 투표 집단이 숫자상으로 위축됨에 따라 과거 에 힘이 있었던 농촌 조직들, 농업 협동 조합, 청년 · 여성 단체, 지역 기 업 조직들의 동원 능력 역시 하락했다. 특히 20대와 30대 여성, 오랜 도 시 거주자 출신의 유권자들은 점점 더 자신들을 무당파층이라고 규정했 다. 1974년경 이러한 무당파층은 자민당 지지자의 수를 넘어섰다.[7]

일본의 선거 유권자층의 특성이 변함에 따라서 선거시의 선택안들도 변해 갔다. 1955년 보수자의자와 사회주의자가 확고하게 자리잡은 이후

---

6) 다음 글의 자료에 기초함. Rodosho, *Rodo hakusho*(White paper on labor)(Tokyo, Okurasho Insatsukyoku, annual).

7) Miyake Ichiro, *Nihon no seiji to senkyo*;(Tokyo, Tokyo Daigaku Shuppankai, 1995); *Tohyo Kodo*(Voting behavior)(Tokyo, Tokyo Daigaku Shuppankai, 1989); Murammatsu Michio et al., *Nihon no seiji*(Tokyo, Yuhikaku, 1992), p. 126; Kobayashi Yoshiake, *Gendai Nihon no senkyo*(Tokyo, Tokyo Daigaku Shuppan, 1991) pp. 52~59. Gerald Curtis, *The Japanese Way of Politics*(New York, Columbia University Press, 1988), chaps. 1, 6.

의 초기 몇 차례의 선거에서는 두 개의 거대 정당이 전체 투표 수의 85퍼센트 이상을 얻었다. 1967년의 선거에서도 두 정당이 86퍼센트의 의석을 점했다. 그러나 민주 사회당과 공명당의 형성, 1976년 자유 민주 클럽의 결성, 그리고 공산당이 '사랑받는' 정당으로 변모함으로써 선거시 선택의 대안이 늘어났다.[8] 그로 인해 자민당과 사회당의 양당 독점 구도가 와해되었다. 1977년에 군소 정당이 선거에서 얻은 대중 지지의 총합은 25퍼센트의 벽을 돌파하여 의석의 21퍼센트를 얻었다.[9] 자민당은 비사회주의적 대안임을 내세우는 것만으로는 더 이상 지지를 끌어 모으지 못하게 되었고, 마찬가지로 사회당도 자민당에 대한 대안 정당이라는 것만을 내세울 수 없었다.

정당 수가 늘었다는 것은 다른 개별 정당에 비하여 자민당이 상대적으로 강세를 보일 수 있다는 의미지만, 신생 정당들은 영향력을 점점 축적하여 보수적 선거 헤게모니를 위협하게 되었다.[10] 반대편이 힘을 합해 의회의 다수를 점유하게 된다면, 상대적으로 강세라는 것이 아무런 의미가 없었다.

1967년에 자민당은 총투표의 과반수에 모자라는 표를 얻었다. 그러나 선거 제도상의 게리멘더링과 왜곡은 자민당에게 과분한 보너스를 주어 여전히 의석의 57퍼센트를 점유했다.[11] 그럼에도 불구하고, 1960년대 후반부터 1970년대를 통틀어 자민당 지지율의 실질적인 하락은 부인할 수 없다(〈그림 1〉 참조). 국가 전체에서 자민당의 우세는 1970년대 말에 의

---

8) Masumi Junnosuke, *Gendai seiji*[Contemporary politics](Tokyo, Tokyo Daigaku Shuppankai, 1985), 2: 540~541, 650~653; Kamishima Jiro, *Gendai Nihon no seiji kozo* [The Political structures of contemporary Japan](Tokyo, Horitsu Bunka, 1985), pp. 178~179.

9) Richard J. Samuels, *The Politics of Regional Policy in Japan*(Princeton, Princeton University Press, 1983), p. 215.

10) Kamishima, *Gendai Nihon no seiji kozo*, pp. 170~178.

11) 다음 글의 자료에 기초함. Muramatsu et al, *Nihon no seiji*, pp. 122~123.

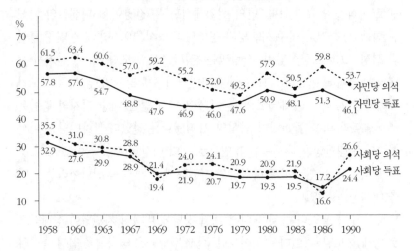

〈그림 1〉 중의원 선거의 투표 결과

출처: 무라야마 미치오, 이토 미쓰토시, 쓰지나카 유타카, 〈日本의 政治〉(東京: 有斐各, 1992), 122~123.

석 수에서 50퍼센트 이하로 낮아져,[12] 여야가 거의 평등한 시대가 열렸다.

거의 반자동적으로 조성된 자민당 지배는 오랫동안 보수 지배 집단들 간의 긴밀한 관계를 가능하게 했다. 자민당 지배와 반대 진영의 분열은 보수적이지 않은 사람들과의 타협의 필요성을 최소화하였고, 나아가서 보수 정치인들이 자민당과 결속하도록 도왔다. 더욱이 10 또는 11퍼센트의 연간 성장률은 보수 지지층들이 서로 순조롭게 공존하는 데 크게 도움을 주었다. 그들은 기술적으로 선진적인 기업과 후진적인 기업, 수입 업자와 수출 업자, 도시와 농촌의 이해 관계, 그렇지 않았더라면 갈라졌을 관료, 기업 지도자, 이익 집단, 정치가이다. 별 혜택이 제공되지 않는

12) Ishikawa Masumi, *Sengo seiji kozoshi* (Tokyo, Nihon Hyoronsha, 1978), p. 148: 또한 Yamakawa Katsumi, Yoda Hiroshi, and Moriwaki Toshimasa, *Seijigaku deeta bukku* [Political science data book] (Tokyo, Sorinsha, 1981), p. 122.

경제하에서는 제로섬이 되었을 갈등들이 보조금 지급, 보상, 교환을 통해서 보다 쉽게 해결되었다.

보수 체제의 지지자 대부분은 자민당에 대한 선거시의 위협에 대처할 필요성이 있다는 데 동의했다. 만일 자민당이 의회 다수당의 위치를 상실한다면, 선거에서 진 보수파 의원들은 의원으로서 받는 봉급, 촌지, 권력, 명성을 잃을 것이 뻔하다. 체제 전체에 보다 위협적인 것은 기존 정부를 대신해서 들어설 어떤 정부라도 일본의 거대한 금융 회사, 일반 회사, 알선 회사, 보험 회사를 위한 친재계적 성향이 강한 기류를 계속 유지하고, 미국과의 긴밀한 안보를 지금과 같이 지지하고 정책을 지속할 가능성이 없다는 것이다. 마찬가지로, 많은 고위 관료들은 비록 명목상으로는 비정치적 위치에 있다고 해도, 비자민 정부가 들어서면 직장을 잃지야 않겠지만 적어도 그리 혜택을 보지는 못할 것이 분명하다.[13] 보수 체제 내의 성원들 가운데 자민당을 버리고 다른 정당을 택하는 것을 심각하게 고려하는 예는 아주 드문 경우이고, 거의 지지도 받지 못한다. 따라서 자민당에 대한 선거상의 위협은 그들이 어떤 성향이든 모든 보수주의자들의 관심의 대상이다.

그러나 새로운 선거 지지를 어떻게 끌어내느냐에 대한 대안은 그다지 자명하지 않았다. 여기에는 두 가지 가능성이 있다. 첫째, 보수주의 진영과 혁신 진영간에 오랜 동안 지속되어 온 이념적 틈을 전제로 할 때 별로 자연스러운 표적은 아니라 할지라도, 보수 진영이 전통적으로 민주 사회당과 사회당에 보내온 조직 노동 세력의 지지를 빼내 오도록 시도할 수

---

13) 1993년 자민당이 갈라지자 이러한 관점은 고위 관료들에게 가슴 깊이 다가왔다. 그 자신이 전 통산성 관료였던 통산성 장관 구마가이 히로시는 통산성 국장으로서 산업 정책국(the Industrial Policy Bureau)을 이끌던 나이토 마사히사의 사임을 강요했다. 신생당원이자 오자와 이치로의 동맹자였던 구마가이는 나이토가 전 여당이었던 자민당과 지나치게 가깝게 연루되어 있다고 생각했다. 다음을 참조할 것. Kaga Koei, "Kumagai Tsusansho yo, hinsei geretsu wa anata no ho da," [MITI minister Kumagai: You are a man without character], *Shukan Bunshun*, February 24, 1994, pp. 182~185.

있었다. 둘째, 보다 가능성이 높은 것은 보수 진영이 일본의 '신중간 대중', 즉 정당에 대한 약한 지지 또는 어떤 단일 정당에도 전혀 지지를 하지 않는 비교적 덜 조직화되고 뚜렷이 구분되지 않는 화이트 칼라 도시 거주자에게 지지를 호소하는 것이었다.

도시에서 지지율은 1955년 약 32퍼센트에서 1975년에는 18퍼센트로 떨어져 자민당의 위력은 하강 추세에 있었다. 그럼에도 불구하고 1970년 대의 선거에서 도시 거주자들은 반대 진영을 적극적으로 지지하기보다는 투표를 하지 않을 가능성을 더 강하게 보였으므로 숫자상의 변화는 도시 거주민들을 무시할 수 없는 힘으로 만들었다. 도시에서 무투표자는 1955년 33퍼센트였던 것이 15년 후에는 약 43퍼센트로 증가했다. 이시카와 마스미가 지적했듯이, "중요한 것은 혁신주의자들이 도시에서 강했던 것이 아니고 보수주의자들이 도시에서 워낙 약했다는 것이다. 그리고 보수주의자들은 무투표층에서 대다수 잠재적 지지자들로부터 표를 얻을 기회를 놓쳤다."[14] 이러한 무투표층과 밀접하게 연관된 층이 무당파층이다. 무당파층은 정치와 정당에 대해 무투표층보다 덜 무관심하므로 투표는 하지만 확고한 정당 소속감을 거부한다. 이들 두 집단이 합하여 대도시와 주요 도시 내의 거대한 잠재적 자민당 지지자들을 대표했다.

정당이 이 같은 잠재적 지지층의 관심을 끌기 위해 어떻게 해야 하는가는 두말할 나위 없이 논쟁이 되는 문제이다. 노동자, 도시 거주민, 점증하는 중산층에게 호소력이 있는 두드러지는 정책 대안들은 대부분 기존의 보수 지지층에게 도전이 되는 것들이다. 정부 결과는 정당으로서 끊임없는 딜레마이다.

정부와 야당간의 간격이 줄어들었고, 그것은 내각이 주도한 법안을 인준하는 데 의회가 거의 자동적으로 정부 편에 선다는 보장을 축소시켰다. 제2장에서 살펴보았듯이 1955년부터 1970년까지 일본에서 성공적

---

14) Ishikawa, *Sengo seiji kozoshi*, pp. 116~118.

으로 통과된 법률안의 90퍼센트 이상이 정부가 발의한 것이다. 그 중 20 퍼센트 미만만이 수정 과정을 거쳤다.[15] 정부 제안은 입법 과정에서 그저 형식상의 저항 이외에는 거의 반대에 부딪히지 않았다. 의회 내의 정치는 연좌, 투표 지연, 총무 발언 방해, 저돌적 당원과의 몸싸움, 사퇴 협박 등의 형태로 서로 간간이 부딪쳐서 잠시 중단되기도 하지만 의례적이고 지리한 토론으로 통과되는 지극히 상징적인 것이었다.

1970년대에는 이 모든 것이 바뀌었다. 개인 의원 법안은 반대당이 후원하는 입법 과정을 위해서는 핵심적 수단인데, 이런 법안이 1960~1965년과 1975~1980년 사이에 거의 20퍼센트나 늘었고 정부 법안 통과율은 78퍼센트에서 70퍼센트로 감소했다. 정부 법안은 연간 약 170개에서 75개로 줄었다. 1975~1980년에 통과된 법안 가운데 21퍼센트 이상이 수정되었다.[16] 의회는 더 이상 정부 법안의 자동 인준기의 역할을 하지 않았다. 의회와 정당 지도자들은 자기 정당 내에서만이 아니라 정당 노선간의 거래도 끊으라는 압력을 받았다.[17]

그러나 수정은 타협을 낳았고 모든 야당은 정부 법안에 대한 그들의 반대표를 급격하게 줄였다. 1966년의 수치와 비교한 1979년 통과 비율은 지지가 올라갔음을 보여 주었다. 민사당은 80퍼센트에서 90퍼센트를 훨씬 넘었고, 공명당은 80퍼센트에서 85퍼센트로, 사회당은 63 퍼센트에서 75퍼센트로, 그리고 공산당은 10퍼센트에서 60퍼센트로

---

15) 예를 들면, 다음을 참조할 것. Nakamura Akira and Takeshita Yuzuru, *Nihon no seisaku katei* [The policymaking process in Japan] (Chiba-ken, Azusa Shuppansha, 1984), p. 32.

16) T. J. Pempel, "Uneasy toward Autonomy: Parliament and Parliamentarians in Japan," in Ezra Sueiman, ed., *Parliaments and Parliamentarians in Democratic Politics* (New York: Holmes and Meier, 1986), pp. 118~137; Kishimoto Koicho, *Nihon no gikai seiji* [Parliamentary politics in Japan] (Tokyo, Gyosei Mondai Kenkyujo, 1976)

17) 그러한 협력의 메커니즘에 관해서는 다음을 참조할 것. Ellis S. Krauss, "Conflict in the Diet: Toward Conflict Management in Parliamentary Politics," in Ellis S. Krauss, Thomas P. Rohlen, and Patricia G. Steinhoff, eds., *Conflict in Japan* (Honolulu, University of Hawaii Press, 1984), pp. 243~293.

올랐다.[18]

자민당이 의회에서 덜 독주하게 되면서, 보수적 의제의 핵심 양상들이 볼모로 잡혔다. 정당 전체를 가로지르는 이념적 틈이 줄어들자 많은 정책 쟁점에서 자민당과 야당간의 구분이 흐려지기 시작했다.

자민당의 선거 헤게모니는 지역에서도 도전을 받았다. 여러 혁신 정당으로부터의 연합 후보자들은 지역의 의회와 그보다 큰 현과 주요 도시에서 선거의 승리를 맛보았다.[19] 보수 후보자들은 1964년에서 1966년의 기간 동안 현의 지사의 83퍼센트를 장악했고, 1968~1970년 선거에서는 87.5퍼센트를 차지했다. 그러나 1972~1974년에는 그 비율이 61.9퍼센트로 내려갔다. 지역 차원에서의 이행은 야당들이 강력한 지역 기반을 다질 수 있게 했고, 유럽 일부 국가에서처럼 국가의 보수적 지속성에 도전할 역량을 향상시킬 수 있는 정부 운영의 경험을 갖게 했다.[20]

끝으로, 보수적 통치는 1960년대 후반과 1970년대 초반 기간 동안 시민 운동과 학생들의 저항에 의해 도전을 받았다. 이들 대부분은 정치에 대해 기존 정당들의 정책 프로그램과 연관되지 않은 구체적 행동을 요구하며 비정당적 접근을 취했다.[21] 이러한 운동들은 두 가지 결과를 초래했다. 첫째, 이전에는 정치적 의제가 되지 않았으나 새롭게 문제가 되는 쟁점들을 제기했다. 둘째, 선거의 주기와는 전혀 무관한 쟁점을 둘러싸고

---

18) Nakamura and Takeshita, *Nihon no seisaku katei*, p. 73. Iwai Tomoaki, *Rippo katei*[The legislative process](Tokyo, Tokyo Daigaku Shuppankai, 1988). Muramatsu et al., *Nihon no seiji*, p. 174.

19) Miyake Ichiro et al., *Nihon seiji no zahyo*[Diagnosis of Japanese politics](Tokyo, Yuhikaku, 1985), pp. 135~142.

20) 프랑스와 이탈리아의 사례에 관해서는 다음을 참조할 것. Sidney Tarrow, *Between Center and Periphery: Grassroots Politicians in Italy and France*(New Haven, Yale University Press, 1977).

21) 예를 들면, Yokohama Shimin Undo Rengo, ed., *Shimin undo tanjo*[The birth of a citizens' movement](Tokyo, Rodo Junposha, 1969); Ohashi Hisatoshi, *Shiryo: Daigaku no jichi* [Source materials: University autonomy](Tokyo, San'ichi Shobo, 1970), p. 265.

선거와 상관없는 시간대에 사람들을 동원했다. 물론 선거 시기에 야당은 보수적 의제를 강도 높게 비난하며, 선거 캠페인에서 보수주의자들이 무시하고 싶어하는 쟁점들을 자주 들고 나왔다. 그러나 유권자가 중요한 만큼, 보수주의자들은 적어도 다음 선거 때까지 그들의 의제를 추진해 갈 수 있게 통치를 위임해 줄 것을 호소했다. 그 때까지 자민당은 대개 의회에서 쟁점들에 대한 자신들의 입장을 효율적으로 주장할 수 있었다. 제2장에서 지적했듯이, 정치가들은 선거 기간을 제외하고는 어떤 쟁점에 대해서도 시민들을 거의 동원하려고 하지 않았고, 시민 단체들은 대부분의 관심사를 밀고 나갈 수 있는 제한적인 힘만을 갖고 있었다. 그러나 학생들과 일부 시민층은 저항 운동을 통해 선거의 시간표를 무시하고 다수의 새로운 쟁점들에 대해 압력을 가하여, 정치적 예측력에 대해 지대한 위협을 제기했다.

따라서 선거상에서와 의회 과정에 있어서의 과도한 보수 지배는 1970년대와 1980년대에 도전을 받기 시작했다. 1970년대에 이러한 변화된 상황에 직면했다는 자체가 자민당과 그 지지자들에게는 끊임없는 정치적 문제가 되었다. 1979~1980년 선거가 되어서야 자민당은 이런 문제들을 성공적으로 다룰 수 있게 된 것처럼 보였다.

국제적 도전들

미국의 점령 통치가 끝나고부터 1970년대 초반에 이르기까지 국제적 조건들은 보수적 체제에 전폭적으로 우호적이었다. '역코스'에 접어든 이래로 자본주의 세계 내의 미국의 헤게모니는 도전받지 않았고, 일본에 대한 미국의 외교 정책은 미국의 외교 정책 목적에 맞춰 가면서 자본주의 경제 정책을 따르는 체제의 창출과 유지로 향했다.[22]

---

22) 이것에 관한 글은 방대하다. 지속적인 주장을 가진 폭넓은 개관을 보려면 다음을 참조할 것. Meredith Woo-Cumings, "East Asia's American Problem," in Meredith Woo-Cumings and

1970년대 초반부터 세계는 일본의 보수주의자들에게 덜 우호적이 되어 갔다. 외부 조건들은 정치에 도전적이었고, 보수적 사회 경제적 지지를 위협했으며, 어떤 경우에는 기존의 제도들을 저해하기도 했다. 이러한 도전들 중에서 특히 다음 세 가지가 중요하다. 첫째, 일본의 기존 환율 정책의 안정성에 여러 가지 도전이 가해졌다. 둘째, 국제 원자재 가격이 급등하면서 에너지 집약적인 제조업에서의 일본 중상주의의 수익성을 훼손시켰다. 셋째, 일본 수출품의 구매자, 특히 미국은 여러 가지 일본의 관행들과 방위 및 안보 정책의 변화를 요구하며 압박을 가했다.

아마도 1971년에 있었던 닉슨 대통령의 중국 방문, 브레턴우즈 금융 교환 체제의 와해, 미국의 수입 관세 부과, 1973년 유가가 네 배로 치솟은 일 등 이 시기만큼 이렇게 단기간에 일본의 보수적 체제에 대해 집중적이고 근본적인 도전들이 제기된 시기는 없었을 것이다. 불과 2년이란 시기에 이러한 회오리가 일본 전역에 몰아쳤다.

1971년 6월에 닉슨이 발표한 중국에 대한 정책은 특히 일본을 심하게 강타했다. 전후 전 기간 동안 일본의 보수주의자들은 외교 문제에 있어서는 미국의 리더십을 존중했다. 그래서 일본의 보수주의자들이 현실적으로 베이징과 경제적 관계를 증진시키기를 바라 왔던 것보다는 그 진행이 훨씬 더디게 이루어졌던 것이다.

1968년에서야 일본은 유엔에서 대만을 제치고 "중국의 자리"를 인정한다는 미국의 결의를 지지했다. 1969년 11월 사토-닉슨간의 합동 교서에서 두 나라는 "대만 지역에서의 현상 유지와 안보"를 공동 지지한다고 발표했다. 그런데 닉슨의 텔레비전 공식 발표가 있기 겨우 10분 전에 사토 수상은 급작스럽게 완전히 새로운 미국의 대중국 정책을 통고받았다.

Michael Loriaux, eds., *Past as Prelude: History in the Making of a New World Order* (Boulder, Westview, 1993), pp. 137~158. 다음의 사실도 주목해 볼 만하다. 미국 정부의 폭넓은 정책 지원뿐만 아니라, CIA(the Central Intelligence Agency)는 명백히 자민당의 중요한 자금 기부자였다.

이것은 대만을 지지하고 중화 인민 공화국을 고립시킨다는 20년간의 양 국 협력에 대한 도전이었다. 외교 정책상 미국의 리더십에 대해 일본이 순응한다는 기존의 상식과 보수 체제의 전체적 안보 전략이 갑자기 의문 의 대상이 되었다.[23]

1971년 8월 15일, 닉슨 대통령은 달러의 태환을 정지하여 브레턴우즈 체제의 붕괴를 초래했다. 그 결과는 산업 사회 전체에 깊숙히 파급되어 일본에서는 기존 교환율인 달러당 360엔에 엄청난 영향을 미쳤다. 일본 의 금융 서클 내에서 360이라는 숫자는 일종의 불가사의한 위치를 차지 했다.[24] 원래 균형 지출의 근거에서 정당화되었던 고정 환율제는 일본의 수출을 촉진하고, 일본 시장에 외국인의 진입을 봉쇄하며, 국내에서도 소비자들보다는 제조 업자와 생산자를 우선시함으로써 부가적인 잠재력 을 얻었다.[25] 그 결과 일본 정부 관리들은 달러를 지키고 환율을 보호하 려고 애썼다.[26] 정부가 자국의 화폐 가치가 상승하는 것을 막으려 하는 행위는 흔치 않은 것으로 주목할 만하다. 일반적으로 정부들은 대체로 투자가, 수입 업자, 소비자, 국가 위신을 고려하여 자국 화폐의 가치가 오르게 하려고 개입한다. 그러나 비록 향상된 소비자의 구매력을 희생하

23) 다음을 참조할 것. Haruhiro Fukui, "Tanaka Goes to Peking: A Case Study in Foreign Policymaking," in T. J. Pempel, ed., *Policymaking in Contemporary Japan* (Ithaca, Cornell University Press, 1977), pp. 60~102.

24) 다음을 참조할 것. Ando H., *Sekinin to genkai: Akaji zaisei no kiseki*[Responsibility and limits: An analysis of deficit finance](Tokyo, Kinyu Zaisei Jijo Kenkyukai, 1987), 1: 205.

25) 예를 들면, 다음을 참조할 것. Richard J. Samuels, "Consuming for Production: Japan," *International Organization* 43, 4(1989): 625~646.

26) 대장성 내부에서, 크롤링 펙(a crawling peg: 환율을 자주 조금씩 조정하는 일: 역자 주)을 통 해 일련의 엔화 재평가를 달성하려는 소위 알파 플랜(Alpha Plan)이라는 것이 돌고 있었다. 사 무 차관인 하야시 다이조가 허가한 그 계획은 일본 경제의 급격한 변동을 전제로 "지불 잉여의 균형을 통한" 장기적 성장을 예측하고 있었다. 대장성 내부의 많은 비평가들은 근년의 이윤이 주기적인 것에 불과하다고 믿고, 어떠한 재평가에도 강력히 반대했다. 다음을 참조할 것. Hayashi, "'Arufuu—yen kiriage—sagyo shimatsuki 1~2"[Behind the scenes in the Alpha Plan to float the yen], *Kinyu Zaisei Jijo*, June 24, 1974, pp. 14~17; July 1, 1974, pp. 14~17.

기는 하지만, 화폐 가치를 낮게 유지하는 것이 일본의 수출 산업에는 유익했다. 미국의 대금 청구가 쇄도하고, 달러 가치가 수직 하강하고, 일본의 외환 보유고가 급격히 고갈되면서, 일본 정부의 노력들은 수포로 돌아갔다. 그 해 8월에서 12월 사이에 일본 경제에 25억 달러의 손실이 생겼다.[27] 결국 엔화가 동요하기 시작하여 1970년대 중반에는 거의 3분의 1 가량이 절상된 달러당 약 240엔에 이르렀다.

엔화 가치의 재평가에 대한 네 차례 주요한 순환은 1970년대 후반, 1980년대 중반, 1990년대 초반과 중반에 이루어졌다. 그 결과 엔화는 1977년 초에 달러당 290엔이었던 것이 1978년 10월에는 170엔으로 치솟아, 채 2년이 안 되는 기간 동안 거의 40퍼센트가 상승했다. 1985년 9월의 G5 플라자 합의의 결과로 110엔에서 120엔으로 조정되었다가, 1995년에는 80엔에 못 미치는 수준에 이르렀다. 브레턴우즈가 와해된 이후 1990년 중반까지의 기간 동안 엔은 산업 사회에서 가장 고평가된 통화였다(〈그림 2〉 참조).

그러나 1995년과 1998년 사이에는 그것이 역전되어 달러당 145엔이 되면서 세계에서 가장 급속하게 가치 하락을 나타낸 통화가 되었다. 일본의 보수주의자들이 일본의 수출 업자들을 돕는 동시에 외국의 수입을 저지하기 위해 더 이상 저평가된 통화에 의존할 수가 없었다. 이와 마찬가지로 중요한 것은 일본의 통화 가치의 붕괴를 막을 수 있는 정부의 능력이 소멸되면서 갖가지 장비가 담긴 일본 경제의 도구함으로부터 한 가지 주요 장비가 제거되었고, 희소한 외환의 분배 활용이 경영 행위를 구축하는 한 가지 방식으로서 활용되기 어려워졌다.

브레턴우즈가 일본 체제의 몸통에 강타를 날린 것이었다면, 1973년 석유 가격이 네 배로 상승한 것은 그것의 턱을 올려친 어퍼컷이었다. 일본은 석유에 대한 높은 수입 의존도 때문에 다른 산업 국가들보다 훨씬

---

27) Toshio Shishido, "The Framework of Decision-Making in Japanese Economic Policies," in Allen Taylor, ed., *Perspectives on U.S.-Japan Economic Relations* (Cambridge, Ballinger, 1973), p. 205.

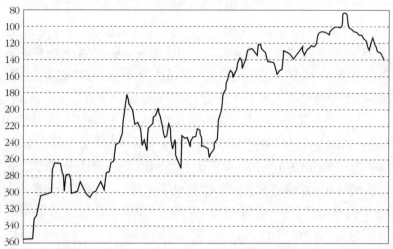

〈그림 2〉 엔/달러 교환율의 변동(1971~1998)

출처: IMF 국제 재정 통계(테이프로 보관)

유가의 움직임에 취약했다.[28]

1950년대에 일본 정부는 국내 광산 채취의 고비용과 석탄 광부 노조의 전투성에 직면하여, 막 싹트고 있던 산업 생산의 에너지를 공급하기 위해 값싼 세계의 석유를 바람직한 대체 에너지원으로 선택했다.[29] 세계

---

28) Kusano Atsushi, "Kokusai seijikeizai to Nihon"[The international political economy and Japan], in Watanabe Akio, ed., *Sengo Nihon no taigai seisaku*[The foreign policies of postwar Japan](Tokyo, Yuhikaku, 1985), pp. 265~267.

29) 이러한 변화에 대해서는 다음을 참조할 것. Kanamori Hisao, *Seminaa: Nihon keizai no joshiki*[Seminar: Making sense of the Japanese economy](Tokyo, Nihon Hyronsha, 1976), pp. 16~18; Hayashi Shintaro and Watanabe Fukutaro, *Kokusai keizai kyoshitsu*[A primer on international economics](Tokyo, Yuhikaku, 1973); Noguchi Ichiro, *Nihon no keizai nashonarizumu*[Japanese economic nationalism](Tokyo, Daiyamondosha, 1976).

적으로 수송 비용이 낮았고 더욱 저렴해지고 있어서 석유의 이점이 더 많아졌다. 그러자 수입 원자재에 대한 일본의 뿌리 깊은 의존도는 갑자기 예기치 않은 이득으로 바뀌었다. 가격이 급상승할 가능성이 크고 부정적인 정치적 결과가 있을지 모르는 국내 원자재원에 의존하는 대신에 일본 무역 회사들의 확장된 연계망을 통해서 에너지를 팔고자 하는 측으로부터 가장 좋은 가격에 필요한 에너지를 공급할 수 있었다.

석유 파동이 일어났을 때, 일본은 필요한 에너지의 70퍼센트를 석유에 의존하고 있었다. 석유는 거의 전부(99퍼센트)를 수입하고 있었으며, 그 대부분(약 80퍼센트)은 중동과 근동에서 수입하는 것이었다. 이 정도로 해외 에너지원에 대한 의존도가 높은 나라는 이탈리아와 덴마크뿐이었다. 나아가서 일본은 아랍과 이스라엘간의 전쟁시에 이스라엘을 지원하지 않았고, 일본의 주요 기업들은 의도적으로 이스라엘 시장 외부에서 활동해 왔는데, 아랍 국가들이 일본에 석유 공급을 줄이겠다고 하자 일본의 지도자들은 당황할 수밖에 없었다. 또한 일본의 석유 공급은 미국과 영국의 대형 석유 회사들을 통해서 이루어지고 있었는데 이들 대기업들이 자국의 고객들을 우선시함으로써 일본 정부 관리들은 상황이 일본에 불리해졌다는 것을 깨달아야 했다.

1974년 한 해만 해도 석유 가격이 네 배나 올라 일본에서 산유국으로 일본 GNP의 약 3.1퍼센트에 달하는 약 140억 달러가 나갔다. 석유 파동은 국내 인플레이션이 이미 높아질 대로 높아진 고도 경제 팽창기의 막바지에 들이닥쳤다. 에너지 가격의 급등은 일본 경제 전체에 걸쳐 영향을 미쳤다. 1974년 2월, 도매 가격은 이전 연도에 비해 37퍼센트 올랐고, 소비자 물가는 봄에서 가을 사이에 25퍼센트나 치솟았다. 소비자들은 등유, 비누, 화장지 등 일상 용품을 정신없이 사재기 시작했다.[30]

---

30) Ryutaro Komiya, *The Japanese Economy: Trade, Industry, and Government* (Tokyo, University of Tokyo Press, 1990), pp. 319~320.

인플레이션은 제쳐두고라고, 석유 파동은 전후 처음으로 흑자로 바뀌기 시작한 일본의 수지 균형에 위협을 가했다. 달러 가치로 환산한 1974년 일본의 수입은 전년도에 비해 50퍼센트나 올랐다.[31] 동시에 국내 생산성, 특히 제조업에서의 국내 생산성은 가파르게 떨어졌다. 1975년 3월 일본 제조업 산출은 절정기에 비해 20퍼센트에 못 미쳤으며, 이 수치는 주요 산업 민주주의 국가들 가운데 가장 급락한 것이었다. 생산성의 저하와 국내 비용의 급상승은 일본 수출의 지속적 성공에 가장 심각한 위협이 되었다. 수출 가격에서 어떤 주요한 증가 요인이 발생하면 수출의 해외 지분 전체를 침식했다. 일본도 대부분의 다른 민주주의 국가들을 끌어 내리는 것과 똑같은 경제 침체에 처할 운명으로 보였다.

1979~1980년의 2차 석유 파동은 석유 가격을 더욱 인상시켰다. 이번에는 약 2.8배 올랐다. 약 2년 남짓 확산되고 나서 석유 파동은 진정되었고, 인플레이션에 미치는 영향력도 적어졌다. 그렇지만 값싼 원자재의 무한 공급을 전제로 했던 이전의 일본의 정책을 계속 위협하였다.

끝으로 세번째 도전은 그것보다는 덜하지만 일본이 유럽의 상품 시장에 침투하는 것을 막으려는 유럽측의 압력 증가로 나타났다. 전후 일본은 경제와 안보의 우선 순위에서 늘 경제를 우선시하였으나, 미국의 전후 초기 외교 정책과 반공주의는 상업적 · 경제적 관심보다는 항상 군사적 · 안보적 고려를 더 중시했다. 닉슨은 안보 중심의 반공산주의라는 큰 줄기를 벗어나지는 않았지만, 미일 관계의 토대가 되어 온 것에 대해 처음으로 도전한 대통령이었다. 이 점은 그가 일본과 벌인 섬유를 둘러싼 협상과 1972년 일본 수입품에 10퍼센트 추가 관세를 매긴 것에서 잘 나타난다. 닉슨 이후의 대통령들은 대부분 국내의 산업과 노동에 대한 정치적 고려를 중시하면서 일본으로 하여금 수출과 투자 정책을 변경하도록 1990년대에 이르기까지 계속 압력을 가했다.

---

31) Ibid., p. 319.

미국은 자국의 '국제주의적' 시각에 보조를 맞추면서 일본의 관세, 수입 쿼터, 기타 여러 가지 비관세 장벽을 제거하는 데 초점을 두었다. 즉, 일본으로 하여금 일반적으로 수용되고 있는 무역 규범을 따르도록 촉구했다. 장기간에 걸쳐 GATT 라운드는 일본의 공식적 제한들을 신속히 줄여 가도록 유도했다. 그러나 미일 양국간의 무역 적자는 계속 확대되었고, 그에 따라 미국의 압력은 양국 관계와 점점 더 구체적 부문으로 향했다. 미국이 이른바 자발적 수출 제한(VERs, voluntary export restraints)을 통해 제철, 기계 공구, 텔레비전, 자동차, 컴퓨터 부문 등에 압력을 가했다.[32] 나중에는 다양한 국내 정치적 이해 관계에 반응하면서, 미국이 일본 시장을 개방하도록 구상한 여러 정책들을 이행했다. 그것은 1985년에 합의를 본 시장 지향적, 부문별 구체적(MOSS, market oriented, sector specific)[33] 대화, 1989년 구조적 장벽 해소 조치(SII, Structural Impediments Initiative), 1994년의 기본 합의 대화(그 뒤를 이어서 엔-달러 조정 업무팀), 1986년부터 1992년에 양국의 반도체 무역 합의에서 구체화된 '차선책으로서 관리 무역'을 위한 가시적 노력을 포함했다.[34] 또한 미국 정부는 일본 시장에 진출하기를 원하는 모토롤라, 담배, 자동차, 의료 기술 회사, 플로리다 열대 과일 산업, 워싱턴의 사과 재배자, 뉴욕의 와인 상인들과 같이 이름만 들어도 알 수 있는 특정한 미국의 회사

---

32) 유럽 국가들은 자발적 수출 협정(voluntary export agreements)에 대한 미국의 주도에 따랐다. 이 국가들 중에서 프랑스는 컬러 TV, 브라운관, 자동차, 경상용차, 지게차, 오토바이, 전자 시계, 오디오 기기 등의 분야에서, 일본으로부터 수출을 제한하겠다는 동의를 얻어냄으로써 대단히 성공적인 협상을 거두었다. David Yoffie, "Protecting World Markets," in Thomas K. McCraw, ed., *America versus Japan* (Boston, Harvard Business School Press, 1986), p. 66.

33) 시장 개방 조치를 위해 네 가지 산업이 선택되었는데, 임산품, 의료 장비 및 의약품, 전자 제품, 통신 장비 및 서비스가 그것들이다. 협상과 그 결과에 대해서는 다음을 참조할 것. Edward J. Lincoln, *Japan's Unequal Trade* (Washington, Bookings, 1990), pp. 148~151.

34) 이 구절은 사실상 미국 회사들에게 20퍼센트의 시장 점유율을 제공한 반도체에 관한 미-일 협상의 공인된 성공에 관해 언급한 다음 글에서 나왔다. Laura D'Andrea Tyson, *Who's Bashing Whom? Trade Conflict in High-Technology Industries* (Washington, Institute for International Economics, 1992), pp. 133~136.

나 지역을 비호하여 직접적 압력을 행사했다. 이런 식으로 해서 미국과 미국보다 정도는 약했지만 유럽의 정부들은, 일본의 경제 정책의 핵심 양상과 간접적으로는 그 체제 전체에 대한 기본적인 변화를 유도하기 위해 꾸준한 압력을 가했다.[35]

일본과 미국의 국가 경제의 성공에서 드러난 불균형에 대한 관심은 무역에서 방위로까지 확대되었다. 따라서 1970년대와 1980년대의 기간 동안 미국의 몇몇 관리들은 점차 일본이 안보 면에서 '무임 승차'하고 있다는 불만을 토로했다. 미군이 일본에서 병력을 유지하는 데는 비용이 든다. 이른바 미국의 핵우산도 마찬가지이다. 일본은 GNP의 겨우 1퍼센트만을 국방비로 지출하기 때문에, 많은 미국 정치가들은 만일 일본이 안보에 더 많은 비용을 지출했다면 민간 부문에서의 성공은 분명히 줄어들었을 것이라고 결론내린다.

서구로부터의 이러한 압력은 당연히 일본이 군사 대국이 되기를 바라지 않는 한국·중국과 같은 아시아 인접국들이 가하는 압력과 부딪쳤다. 일본의 보수주의자들을 보면서 전전에 일본의 군국주의 때문에 자신들이 겪었던 끔찍한 경험을 상기하게 되는 아시아 국가들의 태도는, 일본의 군대가 더 적극적이고 강력해지기를 바라는 미국의 압력에 대해 일종의 국제적 견제력으로 작용했다.

경쟁적인 압력들이 서로 교차했으나, 그것들은 1991년 걸프전 기간 동안 특히 확연해지기 시작했다. 앞 장에서 정리했듯이, 미국의 정부 관료들은 일본에게 미군을 지원하기 위해 적어도 명목상의 군대를 파병하라고 압력을 가했다. 몇몇 일본의 정책 분석가들은 일본이 걸프 지역에 소규모 병력을 파병하는 것이 합리적이고 현명할 것이라는 의견을 폈으나, 그들은 국내의 논쟁에서 밀려났다.[36] 파병이라는 행동에 대한 대중의

---

35) Watanabe, *Sengo Nihon no taigai seisaku*, p. 258. Kusano Atsushi, *Nichi-Bei: Massatsu no kozo*[Japan-U. S.: The structure of friction](Tokyo: PHP, 1984).

36) Thomas U. Berger, "Norms, Identity, and National Security in Germany and Japan," in

강력한 반대를 의식하면서, 그리고 일본의 병력 사용을 제한하는 기존의 규범을 거론하면서 일본 정부는 이의를 제기했다.[37] 대신에 일본은 결국에 가서 130억 달러를 내놓았다. 그러나 전쟁이 끝나고 나서 일본 내에서 전개된 논쟁은, 정치와 경제를 분리하고 안보 문제에 대해서는 소극적 자세를 취한다는 과거의 정책들이 보수 체제에서 더 이상 이전과 같이 받아들여지고 있지 않으며 그대로 유지되기도 어렵다는 점을 분명히 드러냈다.

일본의 보수 체제의 평형성은 외부의 압력, 도전, 공격 때문에 파열되었다. 새로운 경제적 · 안보적 조건들은 보수 체제의 정책 양상을 위협했고, 그것은 핵심적 사회 경제적 지지자들 내에 긴장을 파급시켰다. 이러한 압력이 거의 20년 넘도록 적응의 물결을 유도했다.

놀랄 것도 없지만, 이러한 각양 각색의 도전에 대한 보수주의자 내부의 반응은 합의를 이루거나 의견이 모아지는 것과는 거리가 멀었다. 오히려 보수 연합 내의 경쟁적 요소들은 그들의 이해 관계에 맞게 여러 가지 시도를 하면서 처음에는 한 방향으로, 다음에는 그와 다른 방향으로 정책과 정치를 몰고갔다. 이런 이행은 제1서열의 변화이다. 이와는 달리 보다 더 전격적이고 격심한 이행이 제2서열의 변화이다. 그러나 제1서열의 변화와 제2서열의 변화는 둘 다 대체로 체제가 손상되지 않은 채 평형을 찾도록 하는 변화이다. 보수 지배의 지속과 경제적 성공의 연속은 보수 체제가 결속감, 통제력, 방향성을 유지할 수 있다는 약속을 하는 듯이 비춰졌다. 정책 양상, 연합의 구조, 또는 제도적인 면에서 전격적인 변화는 없었다. 그러나 장기적으로 보아, 이렇게 적응을 했어도 근본적인 변화를 막을 정도로 충분하지는 않았음이 증명되었다. 오히려 적응을

Peter J. Katzenstein, ed., *The Culture of National Security: Norms and Identity in World Politics* (New York, Columbia University Press, 1996), p. 322.

37) 단 10퍼센트의 일본인들만이 자위대의 제한 사용을 지지했으며, 심지어 자민당 지지자들조차 3:1의 비율로 그러한 사용을 반대했다. *Nikkei Shimbun*, October 15, 1990.

한 것이 체제 내에 존재하는 경직성을 증대시키고, 내부 긴장을 해소시키지 못하게 했으며, 끝내는 그 체제를 해체하도록 이끌었다. 그러면, 그런 결과들 자체를 검토하기에 앞서서 변화에 대해서 검토해 보도록 하자.

제1서열과 제2서열의 변화: 적응과 손상

제1서열의 변화는 앞으로 다시 거론하겠지만, 한 체제의 세 가지 체제 구성 요소 중에서 대체로 오직 한 가지에만 영향을 미치는 이행인 반면에 제2서열의 변화는 적어도 두 가지 요소에 영향을 미치는 것이다. 1970년대와 1980년대의 기간 동안에 이 두 가지 유형의 적응은—종종 서로 교대하는 식으로—자민당이 집권할 수 있게 했고, 경제가 팽창하도록 해 주었으며, 외국의 동맹 국가들과 비교적 원만하게 지내도록 했다. 일본 보수 체제의 정책 양상에서 제1서열의 이행의 사례는, 제1차 석유 파동 이후 미국의 중동 정책으로부터 훨씬 더 독립적이 되어 친아랍의 입장으로 나아간 것, 금융과 재정 정책에서 여러 가지 단기적인 이행, 학원 내의 소요에 대한 엄중한 대처, 일본 군대의 역할을 확대하려는 온건한 적응을 포함한다. 또 다른 제1서열의 대응은 일본에서 더러운 산업과 천박한 서비스업에 종사하는 불법 외국인 노동자들에 대해 보수 체제가 눈 감아 온 것도 포함한다. 이러한 많은 변화들이 중요함에도 불구하고, 체제의 연합 기반과 제도에는 큰 영향을 미치지 않았다.

보수 체제의 사회 경제적 지지를 지탱하려는 여러 가지 시도들 또한 제한적인 반향만을 불러일으켰다. 1973년 소점포법 도입과 1982년 그 법의 강화는 일본의 소규모 유통 업자들을 국내와 외국의 백화점과 대상인들로부터 보호할 수 있게 했다. 마찬가지로 농부들이 고부가 가치 작물을 생산하고자 하는 의욕과 의료 직종에서의 이윤을 높이려는 구체적인 행정적 변화들도 제한된 영향만을 미쳤다. 국가의 정책 양상에서 근본적 방향 수정이 표명되거나 중요한 제도적 변화를 야기하는 일은 없었다.

제1서열의 제도적 변화도 몇 가지 있었다. 1971년 환경청, 1973년 천연 자원과 에너지청, 1974년 국토 개발청이 창설되었다. 중의원 의석에도 몇 석이 추가되어, 도시와 농촌간의 지나친 불균형을 다소 줄였다. 그러나 이런 변화들 역시 그 체제의 정책 양상 또는 연합의 기반에 제한적인 영향만을 미쳤다. 그것들은 단지 부수적이고 사소한 항목들을—가령 단기적 문제들을 신속히 처리하고, 친구들에게는 보상을 해 주고, 적들에게는 벌을 주는 식의—땜질하거나, 체제 내부의 응집력과 권력의 통제에 있어서 최소한의 이행만을 가져왔다. 앞으로 더 논의하겠지만, 그것들은 체제의 안정성에는 그다지 지대한 영향을 미치지 않았다.

실제로 중요한 것은 체제의 내부의 역학을 근본적으로 바꾸는 제3서열의 이행이다. 이것은 모빌에서 한 조각이 움직이면 그로 인해 다른 조각도 움직이게 되는 것과 같은 움직임이다. 여기서는 가장 중요한 이행들을 중심으로 조명하고, 그것들이 단기적으로는 체제의 지속성에 어떻게 기여하며, 장기적으로는 체제의 종식에 어떤 씨앗을 뿌리는가를 밝힐 것이다.

다음과 같은 여섯 가지 변화가 특히 논의할 만한 가치가 있다. 첫째, 이전의 긴밀했던 정책 양상의 구성 요소들간의 결속력이 차츰 약화되어 갔다. 국가의 축적적인 성장을 집단적으로 이끌었던 정책들이 점차 서로의 목적에 따라 교차적으로 움직였다. 둘째, 일본은 회사 수준에서의 경영-노동간의 협력을 더 강하게 추구하는 쪽으로 나아갔다. 그럼으로써 국가의 노동 운동을 약화시키고, 정부와 야당간의 이념적 격차를 줄였다. 셋째, 정부는 경제적 표적보다는 정치적 표적을 중요한 목표로 삼아, 처음에는 적자 재정을 감싸 안았지만, 나중에는 그것에서 탈피했다. 넷째, 계속 팽창하는 부채에 대응하면서 보수주의자들은 '행정 개혁'과

1989년 소비세의 도입으로 악명 높게 기억되는 재정 긴축과 민영화의 단계를 거쳤다. 다섯째, 많은 강력한 일본 기업들, 특히 제조 기업들이, 전통적인 국내 기반으로부터 빠져나와 다국적 생산 업자와 유통 업자가 되었다. 끝으로 주요한 변화들이 방위와 안보 정책에서 발생했다.

이 혼합은 일률적인 방향성을 가지고 있지 않았다. 그것이 지그재그로 움직인 것은 어떻게 해야 체제의 문제에 가장 잘 적응하는가에 대한 보수주의 진영 내부의 투쟁이 있었음을 잘 반영한다. 일단 한 방향이 정해지고 나서도 다시 상황이 변하면 종종 그 방향이 바뀌거나 변경되었다. 그러나 시간이 감에 따라서 이러한 지속되는 적응은 그 체제의 미묘한 전체 균형을 손상시켰다.

경제 정책의 정치화

특혜가 없는 정치는 정치가 아닐는지 모른다. 관직 후보자는 지지자들에게 어떻게 "더 해 줄 것인가"에 대해 경쟁적으로 공약을 제시한다. 많은 유권자들은 대체로 사심없이 투표를 하지만 이것이 하나의 규범은 아니다. 주요 이익 단체, 거대한 사회 경제적 블록, 대규모 기부자들은 전형적으로 그들이 지지한 것에 대한 응분의 대가를 기대한다. 1960년대 중반 지배층 보수주의자들의 정책 양상은, 사회의 광범위한 부문에 전반적인 혜택을 제공했다는 점과 전체 경제의 성장과 발전주의하에서 예측되었다. 1970년대와 1980년대에 들어서면서 점차 이런 현상들이 바뀌었다. 대체로 일본의 인구 변화, 자민당 헤게모니에 대한 도전, 특히 보수 체제 내에서 다나카 가쿠에이와 연관된 경력 정치가들의 영향력 증가가 포함된다. 그 결과 많은 경제 정책들은 점점 더 그 표적이 정해지고, 더욱 더 뚜렷이 정치적이 되어 갔다.

주요한 정책 이행을 통해서 자민당을 떠받쳤던 매우 중요한 노력 중의 하나는 당시 통산성 장관인 다나카 가쿠에이가 주장한 일본 열도 개조

〈표 2〉 주요 국가들의 GNP에서 기간 설비 지출이 차지하는 비중

단위: %

연도	일본	미국	영국	독일	프랑스
1970	4.5	2.6	4.7	4.4	3.6
1975	5.3	2.1	4.7	3.6	3.7
1980	6.1	1.7	2.4	3.4	3.1
1985	4.7	1.7	1.9	2.3	3.1
1990	5.1	1.7	2.3	2.2	3.3
1991	5.1	1.8	2.2	2.3	3.4
1992	5.7	1.8	2.1	2.3	3.5

출처: 일본 경제 기구, 보고서 4A, 1996, 2, 2, p. 3

계획이었다.[38] 1969년에 착수된 이 계획은 일본의 경제 자원들의 근본적 방향 수정을 요구했다. 고부가 가치 제조업 제품 수출의 성공에서 모든 지역을 위한 광범위한 공공 기반 시설 투자로 우선 순위가 바뀌었다. 이권 개입과 기반 설비 산업 투입 액수 면에서 일본은 다른 모든 산업 민주주의 국가들을 오랫동안 앞질러 왔는데(〈표 2〉 참조), 다나카의 제안으로 이 격차는 훨씬 확대될 것으로 보였다. 일본 열도 개조 계획은 국가의 경제 성장이 정치적으로 연계된 건설과 부동산 부문으로 흘러들어가는 거대한 정부 예산에 의존하도록 만들었다. 다나카의 제안은 그가 그의 지역구인 니가타를 위해서 수십 년간 해 온 것과 같은 일을 국가 차원에서 하겠다는 것이었다. 광범위한 도로, 터널, 철도, 고령자 센터와 같은 공공 사업 프로젝트는 지역 사회를 활성화시키고 일자리를 창출하며 라이프 스타일을 향상시키고, 일본 열도 개조 작업을 수행하는 특혜를 받은 업체들로부터 자민당과 개별 정치가들에게로 흘러들어가는 막대한

---

38) Tanaka Kakuei, *Building a New Japan: A Plan for Remodeling the Japanese Archipelago* (Tokyo, Simul, 1969).

현금을 만든다. 또한 오랫동안 자민당의 선거 거점이었으나 지리적으로 저발전된 지역에 보상을 해 준다.

그러나 다나카의 계획은 끝내 이룩하지 못했다. 다나카는 '닉슨 쇼크' 가 막 터지고 석유 파동이 발생하기 직전인 1972년 8월 수상에 취임했다. 결국 다나카의 제안은 제럴드 커티스(Gerald Curtis)의 말대로, "인플레이션, 땅 투기, 정부 적자의 팽창으로 끝나고 말았다."[39] 다나카의 인기는 이전의 어떤 수상들보다도 빠르게 추락했다. 수상 취임시 62퍼센트의 지지율은 보였던 것이, 겨우 8개월 지나 27퍼센트로 내려갔다. 이는 모두 1973년의 석유 위기, 인플레이션, 그리고 다나카가 특히 록히드 사와 연루된 것이 폭로되기 이전의 일이다.

세계 경제 조건의 갑작스런 변화와 일본의 성장률 저하는 지금까지는 연간 10~15퍼센트의 자동 증가를 창출해 온 일본의 정부 예산이, 5년 전에 비해 대규모의 정부 지출의 가능성이 훨씬 축소되어 선거에서나 경제적으로나 대기하는 수밖에 없다는 것을 의미한다. 그런데도 그 다음에도 비록 다소 범위는 줄었다고 하지만 다나카 파벌은 20년이 넘게 건설 산업, 공공 사업, 국고, 자민당을 상호 연계시키려는 데 계속 심혈을 기울였다.

그러나 일본은 다른 산업 국가들에 비해서 GNP 대비 공공 건설에의 지출 비율은 상당히 높았지만 기간 설비를 더 잘 만들지는 못했다. 일본에서의 건설은 건설 회사들간의 빈번한 담합, 정치가들에게 주는 뇌물과 리베이트, 정기 상납과 같은 것 때문에 다른 산업 국가들에 비해 거의 두 배의 비용이 들었다.

경제 정책의 명백한 정치화는 자민당 내에서 '경력 정치가' 들의 영향력과 식견이 중요해지고, '전직 관료 출신들' 이 상대적으로 힘을 잃어 가는 현상을 반영했다. 기시, 이케다, 사토 내각의 시기(1957~1972)에

---

39) Curtis, *Japanese Way of Politics*, p. 65.

전직 관료들은 늘 내각 요직의 50퍼센트 이상을 점유했다. 1971년 제1차 다나카 내각 시기에는 30퍼센트로 내려갔고, 그 후 미키, 후쿠다, 스즈키 내각에서는 그보다 더 낮게 유지되었다. 더욱이 자민당 내의 전직 관료 출신들은 전후 초기에는 보수 정치가 기술-경제적 초점을 갖도록 하는 데 도움을 주는 대장성, 통산성, 운수성과 같은 기술적 · 경제적 · 행정적 성청의 출신이 많았으나, 점차 우정, 통신, 노동, 경찰, 건설, 농업과 같이 '정치화된' 정부 기구 출신들이 더 많아지고 있었다.[40] 게다가 1970년대와 1980년대에 이러한 전직 관료 출신들은 20대 후반이나 30대 초반에 공무원직을 떠나 전업 전문 정치가의 길을 택했을 가능성이 컸다. 간단히 말해서 자민당 지도부의 특성은 거시 경제적 성장에 대한 관심보다는 자신의 지역구와 재선에 우선적인 관심을 갖는 경력 정치가들이 강세를 나타내기 시작했다.

당연히 개별 선거 지역구 내의 개인 후원회의 발달과 제도화가 이루어졌고, 이것은 개별 보수 정치가들에게 과거에 허용되었던 것보다 훨씬 더 정당 지도부로부터 상당할 정도의 독립성을 갖도록 해 주었다. 시간이 가고 제도화되면서 이들 개인 후원회는 아버지로부터 아들에게(혹은 조카, 개인 비서, 사위 등에게) 승계될 수 있는 정도로 응집력을 가지게 되었다.[41] 1958년에서 1990년 사이에 이처럼 승계된 의석 수는 34석에서 105석으로 늘어나, 자민당 의원의 36퍼센트에 이르렀다.[42] 전문 정치가들은 전보다 더 자동적으로 자민당에서 나오고, 정치적 경력은 점차 일종의 문중 가업의 성격을 띠었다. 지역 네트워크를 만드는 데는 돈이 들기 때문에 정당으로서 자민당이 필요로 하는 조건과, 국가 경제 차원

---

40) Pempel, "Uneasy toward Autonomy," pp. 142~144는 이러한 변화들 중 몇 가지에 대해 상세히 설명하고 있다.

41) Ichikawa Taichi, 'Seshu' daigishi no kenkyu[A study of 'hereditary' parliamentarians] (Tokyo, Nihon Keizai Shimbunsha, 1990).

42) Kitamura Shinichi, Jiminto: Seikento no sanjuhachinen[The LDP: Thirty-eight Years as the party in power](Tokyo, Yomiuri Shimbunsha, 1995), p. 137.

에서의 필요성과, 개별 후보자들의 필요성은 서로 부딪힐 수밖에 없었다.

정치 비용의 급작스런 증대는 일본을 세계에서 가장 비싼 선거 정치의 나라로 만들었다. 1993년 한 연구는 일본의 일인당 국민 소득 대비 선거 비용이 다른 선진 민주주의 국가의 세 배나 된다고 밝혔다.[43] 또 다른 연구는 1992년 국회 의원 한 사람이 선거가 없는 해에도 활동하는 데 연간 11억 4,000만 엔(140만 달러)이 필요하다고 밝혔다. 세비와 정당 보조금이 약 40만 달러이므로 나머지 약 100만 달러는 빚을 질 수밖에 없는 것이다.[44] 대부분의 보수 의원들이 중선거구 제도 내에서 다른 보수주의자들과 격렬한 선거 경쟁을 벌여야 한다는 사실은 개별 의원들이 항상 더 많은 자금을 모아 두어야 할 필요성을 증대시켰다. 자기 파벌의 지지자들을 도와줄 책임이 있는 파벌 지도자들은 이보다 훨씬 많은 지출을 감당해야 했다.

자금 확보의 확실한 표적은 업계와 조직적인 이익 단체, 그리고 말할 나위도 없이 국고였다. 그러나 어떤 집단이 기다렸다는 듯이 돈을 기부할 것이며, 무엇을 대가로 기부하겠는가? 주요 기업 연맹과 무역 단체들은 오랫동안 회원들로부터 돈을 거둬 두었다가 자민당에게 기부해 왔다. 그러나 선거 비용이 늘어 가자 많은 개별 정치가들은 자신들이 스스로 자금원을 확보하고자 했고, 개별 회사와 부문들은 이 점을 이용하여 거시 경제의 호조건으로부터 생기는 혜택을 넘어서는 특별 대우를 기대하며 그들에게 과도한 액수의 현금을 건네 주곤 했다.

결국 이러한 현상은 국가 관료제와 국가 경제 정책을 심각할 정도로 정치화시켰다. 예산 과정은 점차적으로 정치적 개입에 종속되었다. 동시

---

43) Chalmers Johnson, "Puppets and Puppeteers: Japanese Political Reform," in Johnson, ed., *Japan: Who Governs? The Rise of the Developmental State* (New York, Norton, 1995), p. 215에서 인용. 그가 제시한 수치는 일본 1,698엔, 독일 506엔, 미국 403엔, 그리고 영국 94엔이다.

44) Iwai Tomoaki, *"Seiji shikin" no kenkyu*[A study of "political money"](Tokyo, Tokyo Keizai, 1990), chap. 5.

에 다나카와 그의 파벌은 마침내 많은 정부 기구들, 특히 국토 개발, 농수산, 운수, 우정, 건설 분야의 정부 기구들을 '식민화' 시키기에 이르렀다. 또한 그러한 기구의 고위 관료들은 다나카와 그의 파벌과 긴밀히 연계하여 그들의 특혜주의적 정책의 요구를 확실히 챙겼다. 다른 자민당 국회 의원들도, 그렇지 않았으면 비밀에 속해서 접근할 수 없는 성청의 업무에 대한 자세한 사항들을 기꺼이 제공해 주는 개별 기구에 속한 사람들과 유사한 연줄을 만들어 갔다.

그 결과 족의원(문자 그대로 말하자면, 부족 국회 의원)으로 알려진 개별 국회 의원이 등장했다. 이런 개인들은 주로 자유 재량으로 쓸 수 있는 막대한 공공 지출을 가지고 있는 특정한 정책 영역에서 전문가가 되었다. 이러한 정치가들은 그들의 전문성을 이용하여 그들이 상대해야 하는 이익 단체, 산업, 기업, 정부 기구간의 거래를 중개했다. 따라서 운수족, 방위족, 국토 개발청 관련족, 노동족, 통신족, 농업족 등이 생겼다.[45] 그 결과 정치와 정책에서 분파주의가 더욱 고양되었다. 정치가들이 규제 기구, 관료와 또는 국고로부터의 특혜를 특정 이익 집단, 부문, 회사에게 제공하는 이른바 '철의 삼각형' 이 등장했다.

이 과정에서 돈과 다른 특혜들이 정규적으로 오고갔다. 찰머스 존슨(Charlmers Johnson)이 설명했듯이, 정치가들은 "관료들을 대체하고, 규제를 줄이거나 없애려고 하지 않았다. 오히려 그들은 규제를 피해 보려는 업계로부터 뇌물을 요구하거나 받아서 자신들의 주머니를 채웠다."[46] 정치가들은 다른 자금 확보 수법도 발전시켜 갔다. 창구에서 직접 현금을 기부하던 것이, 신속한 토지와 자산의 이전, 공공 계약으로부터의 직접적 부당 이득, 공식으로 판매된 주식을 그 거래에 관여한 중개소나 회사가 조작하여 현금에 목마른 정치가들에게 싸게 사서 비싸게 팔 수 있는

---

45) Inoguchi Takashi and Iwai Tomoaki, *"Zoku-giin" no kenkyu*[A study of the "Diet-tribesmen"] (Tokyo, Nihon Keizaishimbunsha, 1987), p. 150.

46) Johnson, "Puppets and Puppeteers," p. 214.

권리를 보장해 주는 소위 '앰뷸런스 주식' 등의 다양한 기법으로 대치되었다.

그 결과, 이전에는 국가 차원에 훨씬 더 초점을 두던 공무원과 1960년대 한때 팽배했던 정부 기구들과 이익 집단들간의 직접적인 관계, 그리고 경제 정책의 주요 양상들이 노골적으로 정치화되어, 선거상 유력한 자민당과 개별 의원들이 그러한 현상들과 더욱 뒤섞였다. 이 과정은 단기적으로는 자민당과 개별 보수 정치가들에게 상당한 이득이 되는 것으로 드러났다. 그러나 다른 예와 마찬가지로 이런 식의 적응도 대개는 부패 스캔들과 정부 경제 정책의 비효율성이 증대된 결과 궁극적으로는 1990년대 보수주의자들이 무너지는 데 일조했다.

회사 차원의 소득 정책과 노동의 완화

초기 형성 단계에서는 정치적인 것과는 거리가 멀었지만, 1971년 엔화 가치가 급등하고, 1973년 갑작스럽게 유가가 인상되자, 임금-가격 인플레이션을 억제하려는 시도가 정부와 업계에 의해 추진되었다. 그러나 결국에는 그 밑바탕에 경제만이 아닌 정치적 결과가 있었음이 드러났다.

제2장과 제3장에서 명시했듯이, 일본의 노동-경영 관계는 전후 초기, 특히 1950년대와 1960년대 초반까지는 큰 갈등을 보였다. 보수 진영은 노동, 그 중에서도 민간 부문 노동의 가장 전투적인 요소를 무너뜨렸다. 이 모두가 쌓여서 좌익 세력의 위축과 동시에 일본 민간 부문 노동의 온건화를 가져왔다.[47] 1970년대, 민간 부문 노동 조합은 점차 노동 계급의 결속감보다는 개별 기업 대차 대조표의 기본 내용과 자신들을 더 일치시켰다. 국가의 노동 공급이 줄어들고 제조 부문의 생산성이 치솟자 민간 설비 부문의 노동자들은 협상력의 향상과 상당한 임금의 상승을 이룩할

---

47) 공공 부문 노동, 특히 운송, 교육, 통신, 사무직 분야는 심지어 1980년대 중반까지도 노동 투쟁의 대들보처럼 보였다.

수 있었다.

1973~1974년 외부 요인에 의한 인플레이션은 급속한 물가 상승 비용을 상쇄시키려는 노동측에게 큰 폭의 임금 상승 요인과 그것을 요구할 수 있는 힘을 부여했다. 그러나 이렇게 되면서 일본의 제조 회사들은 수출품의 가격 경쟁력 면에서 심각한 손상을 입었고 나아가서 국가의 경제 성장을 위협했다. 세 가지 측면의 실질적 '소득 정책'이 신속하게 구상되었다. 민간 부문 노동은 기업이 노동 조합원의 직장 안정성과 유지를 위한 프로그램을 보장해 준다는 대가로 어떠한 임금 요구도 완화한다는데 합의했고, 반면 정부는 낮은 세금, 반인플레이션 정책, 노동자 훈련과 산업 재구조화를 위한 재정 지원을 보장했다.[48]

이러한 구도는 곧 임금-가격 인플레이션을 저지했고, 일본이 성장을 잠시 중지한 후 곧 1970년대 초반의 경제적 충격에서 벗어나 제자리로 돌아갈 수 있는 최초의 산업 국가가 되도록 해 주었다.

또한 이 구도는 일본의 거대 민간 회사들의 경영진과 노동 조합원인 블루 칼라 노동자들간의 연계를 강화하여, 노동 운동과 정치적 좌익의 편에서 계급에 대한 잠재적인 호소력을 약화시켰다. 그것은 국가 차원의 정치에서 민간 부문 노동의 이해 관계 역시 감소시켰다. 노동 투쟁의 관심은 차츰 현장 차원으로 집중했다. 이와 대비하여, 많은 공공 부문의 노조는 극좌의 편에 서서 이념적 입장을 계속 견지했고, 민간 부문과 공공 부문 노조간의 간격은 더욱 벌어졌다. 결국에는 민간 부문 노조가 내부 투쟁에서 승리하여 제4장에서 정리했듯이 노동 운동은 대체로 비정치적이고 경제적 의제를 중시하는 단일의 연맹인 연합으로 재조직되었다.[49]

48) Shinkawa Toshimitsu, "Senkyuhyaku nanajugonen shuntoto keizai kiki kanri"(The 1975 Shunto and the management of economic crisis), in Otake Hideo, ed., *Nihon seiji no shoten*(Problems in Japanese politics)(Tokyo, Sanichi Shobo, 1984); Ikuo Kume, *Disparaged Success* (Ithaca, Cornell University Press, 1998).

49) Tsujinaka Yutaka, "Rodokai no saihen to hachijurokunen taisei no imi"(The significance of the reorganization of labor relations and the 1986 System), *Leviathan* 1 (1987), pp.

경제적 이해 관계가 이행하면서 상당한 수의 블루 칼라 노동자들이 보수주의 입후보자들을 지지하는 방향으로 옮겨 갔고 선거 행태도 따라서 움직였다.[50]

따라서 노동-경영간의 적응은 그 체제에 전격적인 영향을 미쳤다. 1970년대 중반에 이루어진 이런 거래는 일본에서 나머지 산업화된 세계를 포위했던 불황 문제를 확실히 해결할 수 있게 했다. 그러나 경제를 넘어서서 그것은 이미 결렬된 노동·야당간의 관계를 근본적으로 와해시켰고, 노동-경영간의 관계에 상당한 평온함을 가져왔으며, 정당 정치 내에서 이념적인 분열을 유화시켰고, 자민당으로 하여금 유권자의 추가적 지지를 축적하게 했다. 보수주의자의 사회 경제적 기반을 위한 새로운 지지가 기존의 보수주의 지지자들에게는 어떠한 손실도 가져오지 않았다. 오히려 노동 내에 보수주의가 증가함에 따라, 적어도 단기간은 보수주의자의 사회 경제적 기반 구조에 아무런 실제적인 부담도 초래되지 않았다.

사회 기반 설비의 증진을 위한 적자 재정

일련의 상이한 변화들은 '삶의 질'의 향상을 포함한다. 도시민들에 대한 보수주의자들의 호소력을 높이고, 자민당의 선거 기반을 확대하고, 잠재적으로 중요한 쟁점들에 대해 정치적 좌파들이 묵인하도록 만들기 위해 취한 노력, 그리고 거의 20년간의 고속 경제 성장은 도시화와 그에 따른 환경 오염과 교통 혼잡, 또한 연령 피라미드에 있어서 주요한 이행을 불러왔다. 이 모든 것은 일본의 성장이 아직 태어나지도 않은 미래 세

47~72.

50) Sato Seizaburo and Matsuzaki Tetsuhisa, *Jiminto-seiken*[LDP power](Tokyo, Chuo Koronsha, 1986); Miyake Ichiro, ed., *Seito shiji no bunseki*[An analysis of political support](Tokyo, Shokubunsha, 1985).

대의 삶을 위해서가 아니라, 지금 이 시대를 살고 있는 시민들의 삶의 향상에 곧 반영되어야 한다는 광범위한 대중의 정서가 바탕이 되었다.

보수적 경제 정책은 처음에는 경제 성장과 선진 국가의 추격에 초점을 맞추었다. 질병, 실업, 고령, 장애자 등과 연관된 사회 복지의 문제들은 국가의 책임이 아니라, 가족과 마을, 어느 정도는 회사의 책임으로 간주되었다. 가족과 마을의 부조를 제쳐 둔다면, 일본에서 대부분 개인들의 고령화와 의료에 도움을 주는 일차적 자원은 역사적으로 직장에 기반을 둔 복지 체제였다.

게다가 인구가 밀집된 섬나라인 일본에서 급속한 경제 성장은 환경에 미칠 영향은 거의 고려하지 않고 자리잡은 중공업, 특히 화학, 석유 화학, 제철, 전기 발전 설비, 산업 시설 밀집에 의해 추진되었다. 경제적 성공과 소비주의 역시 자동차 사용의 증가를 초래하여 부수적으로 공해를 유발하였다. 일본 보수주의자들은 처음에는 이런 환경에 대한 규제를 느슨하게 다루었다. 그러나 정부는 일단 앞서 지적했던 광범위한 시민 운동의 전개와 공해 피해자들에게 유리한 판결이 내려지자 곧 엄격한 배기 제한을 도입했다. 또한 정부는 반공해 장비 제조·구입 비용의 일부를 지원하기 시작했고, 앞으로 자세히 살펴보겠지만 심각한 공해 산업은 해외로 내보내 재배치하도록 촉구했다.[51]

사회 복지에 대한 국가의 정책을 수정하는 단계도 밟았다. 이러한 재평가를 위한 중요한 촉매 중 하나는 널리 인기를 끈 사회 복지와 공해 통제 조치를 정착시키고 있던 혁신 지방 자치 단체들의 호소였으나 보수주의자들은 갈등적 쟁점을 회유하고 이 같은 복지에 대한 요구를 피해 가기를 원했다.[52] 그러나 전반적인 국가의 복지 프로그램에 의해 회사 차원

51) T. J. Pempel, "Environmental Pollution : Turning Adversity to Advantage," in *Policy and Politics in Japan : Creative Conservatism* (Philadelphia, Temple University Press, 1982, pp. 218~254)은 이러한 전 과정을 다루고 있다.

52) Toshimitsu Shinkawa, *Nihonteki fukushi no seiji keizaigaku* [The political economy of Japanese-style welfare] (Tokyo, Sanichi Shobo, 1993).

의 이익이 부분적으로 손해를 보게 될지도 모르는 일본의 대기업조차도, 정부에게 보수주의의 잠재적 선거 패배를 방어하기 위한 한 가지 방책으로서 복지를 증진하는 정부 활동을 독려했다.

사회 복지는 정부가 스스로 '복지 시대의 원년'이라고 부른 1973년의 국가 예산에서 최우선 순위를 차지했다. 혁신적인 지방 자치 단체들이 먼저 제공하기 시작했던 고령자를 위한 무료 의료 혜택을 국가 차원에서도 도입하였다. 두 가지 공공 보험 프로그램 지출이 총 의료 비용에서 차지한 부분은 17.2퍼센트(1966~1972)에서 27.3퍼센트(1973~1975)로 증가했다. 고용 연금 제도와 국민 연금 제도의 지불 수준 역시 크게 향상되었다.[53] 고용자 혜택은 평균 소득의 약 45퍼센트로 거의 두 배가 되었고, 국민 연금 역시 그 비율에 따라 증가했다. 이보다 더 중요한 것은 생활비에 따른 지표가 이 두 가지 제도에 도입된 것이다.

분명한 것은 이러한 조치들은 평등주의적인 시민권의 제도화를 중시한 사회 민주주의적 정부로부터 비롯된 것이 아니라, 보수주의 정부가 선거 때 받게 될 도전을 미리 내다보고 그것을 의식하여 취한 것이라는 점이다. 이런 면에서 그들은 베버리지적이 아니라 비스마르크적이었다. 국가 예산과 GNP의 비율에 따른 사회 복지 지출은 1973년부터 1980년대 초반까지 서서히 증가해 갔다. 그런데도 1980년까지도 일본에서 사회보장 이전 지출은 GNP의 10.9퍼센트로서 낮은 상태로 머물렀다[54](참고로 비교하면, 프랑스가 22.9퍼센트, 독일이 15.3퍼센트, 이탈리아가 15.8퍼센트였다). 일본 보수 체제는 적당한 선에서 많은 시민들을 위한 한 가지 중요한 개선책을 제공하고, 선거에서 긍정적 반향을 불러일으켰다. 또한 그들은 정부 지출의 증가분을 독점하기 시작했다.

---

53) Fujita Sei, *Fukushi seisaku to zaisei*[Welfare policies and public finance](Tokyo, Nihon Keizai Shimbunsha, 1984), p. 30.

54) Noguchi Yukio, "Public Finance," in Kozo Yamamura and Yasukichi Yasuba, eds., *The Political Economy of Japan*(Stanford, Stanford University Press, 1987), p. 188.

만일 이 복지의 시대가 10년 넘게 지속되었다면 일본은 틀림없이 시민권에 기반을 둔 비교적 '제도화된' 복지 국가로 나아갔을 것이다. 직업에 기초한 복지는 줄어들고, 결국 경영진이 고용인에 베푸는 혜택에 대한 통제를 약화시키며, 사회 복지에 대한 차별적인 접근도 줄일 수 있었을 것이다. 그러나 1980년대 중반에 시작된 재정 긴축과 함께 더불어 복지 개혁이 눈앞에 다가왔다. 이러한 양상들을 검토하기 위해서 사회 복지에 대한 재정 지원, 그리고 반공해 및 도시와 라이프 스타일의 향상에 대한 기타 재정 지원을 살펴볼 필요가 있다.

처음에 정책 결정자들은 20년간 지속된 일본의 고도 성장이 계속되기를 기대했고, 새로운 사회 프로그램(그리고 다나카의 국토 개조 계획)에 필요한 자원을 공급할 수 있기를 바랐다. 그러나 일본의 새로운 '복지 시대의 원년'이 석유 파동과 겹치자, 일본의 성장 전망은 곧 어두워졌다. 자민당의 정치적 위상 약화와 결부된 저성장과 정부 세금 재원의 감소는 새로운 프로그램이 세금 인상이나 적자 재정으로 충당되어야 한다는 사실을 의미했다. 세금이 인기가 없다는 사실은 정치적 선택을 용이하게 해 주었다. 1970년 일본의 적자 의존율은 약 4퍼센트를 넘었으나, 1971~1974년에는 11~16퍼센트로 급속히 늘어났다. 1976년, 1977년에는 30퍼센트를 약간 밑도는 수준까지 올라갔으며, 1978년에는 37퍼센트로 치솟아 1979년에는 거의 40퍼센트에 육박했다.[55]

적자 재정은 일반 대중에게는 세금상에서의 주요 인상에 비하면 훨씬 눈에 덜 띄는 것이었다. 그러나 공공 적자가 산적하자 재계와 대장성은 서구식 복지 프로그램을 줄여야 한다고 주장했다. 더욱이 정책의 변화는 야당이 환경이나 복지 쟁점을 활용하여 보수주의자들을 공격할 수 있는 기회를 빼앗아 버렸다. 사실상, 1979년 중의원 선거에서 자민당은 20년

55) Kozo Yamamura, "The Cost of Rapid Growth and Capitalist Democracy in Japan," in Leon N. Lindberg and Charles S. Maier, eds., *The Politics of Inflation and Economic Stagnation* (Washington, Brooking, 1985), pp. 497~498.

간 하락하던 유권자 점유율을 만회할 수 있었다. 1980년 그 유명한 '동시 선거'에서 자민당의 의석 점유율은 49.3퍼센트에서 57.9퍼센트로 뛰어 올랐고, 야당들은 결과적으로 뒤편으로 밀려나고 말았다. 동시 선거의 결과는 보수주의자들이 '라이프 스타일 정책'으로부터 재정 긴축으로 다시 돌아갈 수 있게 해 주었다.

행정 개혁, '일본식 복지'와 재정 긴축

보수주의자들이 선거의 강세를 다시 회복했고, 야당이 더욱 한계화되었으며, 민간 부문 노동 조합과 경영진간의 긴밀한 관계가 다시 되살아났다. 이 모두가 결합하여 보수주의자들은 1979년대 중반에는 과거 선거에서 그들이 차지했던 위치보다 훨씬 더 강력한 위치에 설 수 있었다. 그결과 재정 내핍을 새로운 프로그램 지원으로 바꾸려던 급진적 새출발에반대해 왔던 보수주의 지지자들은, 지금까지 거의 소개된 적이 없는 최소한의 복지 및 라이프 스타일 프로그램으로 복귀하는 입장을 취했다.

보수 지식인들은 과도한 복지 서비스는 '선진국 병' 또는 '영국 병'을일으킬 것이라고 주장했다. 그들은 공공 프로그램의 확장이 사람들로 하여금 국가에 과도하게 의존하게 만들고, 일하려는 의욕을 감소시키며, 생산성에 대한 투자 의욕을 약화시킬 것이라고 주장했다. 더욱이 일본의인구 구조는 고령화와 더불어 건강과 은퇴 프로그램을 위해 점점 더 많은 비용을 지출해야 하는 나라가 되고 있음을 나타내고 있다.[56] 보수주의지식인들은 일본은 다른 선진 민주주의와 다르며, 복지란 우선적으로 가족과 회사에 맡겨야 한다는 명제를 끌어들여, '활력 있는 복지 사회'의

---

56) Koyama Kenichi, *Eikokubyo nokyokuni*[Lessons from the English disease](Kyoto : PHP, 1978) ; Kanbara Masaru, *Tenkanki no seiji katei*[Politics at the turning point] (Tokyo, Rodo Kenkyujo, 1986), pp. 118~143.

건설과 '일본형 복지 사회'의 창출을 주장했다.

1970년대 중반에 이미 자민당과 정부는 이러한 새로운 시각을 채택했다. 자민당 정무 조사회는 복지는 자조에 기반을 두어야 한다고 권고하면서 복지를 강조하다 보면 공공 지출의 확대가 초래될 위험이 있음을 경고하고 '평생 복지 계획'을 발표했다. 경제 기획청은 1977년 처음으로 '일본형 복지 사회'라는 구호를 공식적으로 담은 보고서를 발표했다.[57] 오히라 수상은 1979년 1월 의회에서 행한 정책 연설에서 이와 같은 요지를 거듭 강조했다. 그 해 8월 정부의 신경제 계획과 7개년 사회 계획의 발표와 함께 그 목표는 정부의 공식 정책이 되었다.

정부는 고령자를 위한 무료 의료 혜택이 병원을 '노인들의 사랑방'[58]으로 바꾼다고 주장하며 1982년 공동 부담제를 도입하고, 지방 정부가 노인 환자를 위한 의료 혜택을 증진하는 데 주도권을 행사하지 못하도록 압력을 가한 노인 건강법을 통과시켰다. 고용인 연금 계획은 1985년 혜택의 증가를 줄이고, 기여금을 높이며, 정부 보조금을 삭감하는 방향으로 수정되었다. 연금 제도는 모든 시민들을 위한 기본 연금이 있고, 그 위에 직업과 결부된 임금에 따른 연금의 두 가지로 구성되어 있었다.[59] 정부 공무원을 위한 연금 역시 이와 비슷하게 나뉘어져 있었다.

이 모든 방식에 따라서 정부의 비용은 감소하여 1970년대에 시작된 지출 증가 추세를 바꾸었고, 서로 다른 부문에서 서로 다른 규모의 기업들이 제공하는 퇴직에 대한 혜택을 다양하게 재조직했다. 그러나 또한 사회 보장과 의료 혜택을 위한 지출의 증대를 넘어서는 변화들이 일어났

---

57) 비록 경제 기획청이 처음에는 기업 복지에 반대했지만, 회사와의 관계가 친족과 이웃과의 관계보다 중요하다고 언급하면서, 후속 보고서에서는 관점을 바꾸었다.

58) *Asahi Nenkan*, 1983, p. 440.

59) Kato Junko, "Seisaku kettei katei kenkyu no riron to jissho: Koteki nenkin seito kaikaku to iryo hoken seido kaikaku no kesu wo megutte"[A theoretical and empirical study of the policymaking process: Analysis of the reform processes of the public pension and health insurance system], *Leviathan* 8(1991): 165~184.

다. 이러한 비용은 1980년대에 국가 예산의 약 2.7퍼센트의 수준을 유지했으나, 건강과 소득 보장에 대한 지출분은 1982년의 18퍼센트에서 1990년에는 6.3퍼센트로 약간 떨어졌다.[60]

1980년대 초반 스즈키 내각하에서 행정 개혁이 시작된 것은 이러한 맥락에서였다. 행정 개혁은 당시 행정청장이었던(이후 수상이 됨) 나카소네가 1981년 설립한 제2차 임시 행정 조사회(임조)로 이관되었다.[61] 경단련의 회장을 역임한 재계의 원로 도코 도시오가 임조의 회장으로 추대되었다. 근검한 개인 생활과 도덕적 성품을 가진 사람이라는 평판은 국가의 내핍의 모델로서 도코의 역할에 특히 신뢰감을 부여했다. 임조의 직원들은 나카소네와 가까운 측근들로 충원되어 그가 미치는 영향력을 더해 주었다. 나카소네와 도코는 임조가 발표한 일련의 보고서를 통해서 행정 개혁의 목적을 추진하고 반대자들을 설득해가는 데 긴밀하게 협조했다.

행정 개혁은 정부의 비용 급등과 자동적 사회 복지 혜택 프로그램으로 인해 적자가 확대될 가능성에 대해 분노하는 사람들과, 회사 차원의 혜택으로 노동자들과 기업을 연계하는 방식에 대한 정부의 도전을 못마땅해하는 사람들과, 일본의 '독특한 민족적 특성'이 저해되리라고 우려하는 재계, 관료, 유권자를 달래기 위한 근본적인 체제간 이행을 포함했다.

제2차 임조는 예산 적자와 정부의 복지 정책을 엄중히 공격했다. 제2장에서 정리했듯이, 일본 정부의 지출은 1970년대까지는 GNP의 20퍼센트를 넘지 않아 안정적이었다. 차츰 이 수치는 35퍼센트 가까이 확대되었다.[62] 그 결과 채권 의존도가 가파르게 상승했고, 엄청난 부채 상환 비

---

60) Keizai Koho Center, *Japan, 1992*, p. 80.

61) 행정 개혁에 관해서는 다음을 참조할 것. Noguchi Yukio, *Gyozaisei kaikaku*[Administrative and financial reform](Tokyo, PHP, 1981); Gyosei Kanri Kenkyu Center, *Gyosei kalkaku no bijon*[A vision of administrative reform], 3 vols.(Tokyo, Gyokankyu Center, 1979).

62) Provisional Commission on Administrative Reform, *The Fifth Report on Administrative Reform — The Final Report*(Tokyo, Institute of Administrative Management, March 1984), p. 1.

용도 연간 예산에 기본 항목으로 포함되었다. 이자 지불은 1966년 GNP 의 0.12퍼센트에서 1970년도에는 0.39퍼센트, 1978년에는 1.56퍼센트, 그리고 1982년에는 2.94퍼센트로 증가했다.[63] 이러한 팽창을 줄이기 위해 1982~1984년 국가 예산을 제로 성장률 또는 저성장이나 마이너스 성장률의 상태에서 유지하여, 복지 프로그램 팽창과 비율, 그리고 시민 서비스의 증가를 단호하게 줄여 갔다.

이런 식으로 예산을 줄이는 것은 정치적으로 중립적이지 못했다. 개별 기구의 요구는 자민당의 당 3역이 조율하였다. 전반적 예산 감축에도 불구하고 공공 사업에 대한 보조금은 계속 늘어났다.[64]

임조는 예산에 초점을 맞추는 것을 넘어서서 국유 철도, 통신 사업, 담배와 소금 독점 기업, 일본 항공 일부, 기타 다른 공공 기업들의 전반적인 민영화에 착수하여, 일본 정부 활동의 규모 · 범위 · 비용을 줄였다. 민영화는 많은 공공 부문의 전투적 노동 조합의 정치 경제적 세력을 가차없이 위축시켰다.[65]

결과적으로 행정 개혁은 여러 가지 기능을 했다. 그것은 정부 지출을 삭감하라는 재계와 대장성의 요구에 부응했으며, 일본을 좀 더 신중한 거시 경제적 재정 정책으로 회귀하게 만들었다. 동시에 그것은 일본의 마르크스주의와 반미 외교 정책과 대결 정치의 마지막 보루인 공공 부문 노조 운동을 무력화시켰다. 역설적이게도 행정 개혁의 고삐를 조였음에도 불구하고 그 프로그램은 국가적 결속감의 분위기를 만들었고, 재정에 대한 책임감을 과시함으로써 보수 체제의 인기도를 높였다.

임조의 재정 긴축에 부응하여 1989년 광범위한 기반의 3퍼센트 소비

63) Economic Planning Agency, *Yearbook of National Account Statistics*(Tokyo, Government Printing Office, annual), Noguchi, "Public Finance," p. 202에 인용됨.

64) Shindo Muneyuki, *Zaisei hatan to zeisei kaikaku*[Financial collapse and tax reform] (Tokyo, Iwanami Shoten, 1989), pp. 55~57.

65) 다음을 참조할 것. Otake Hideo, *Jiyushugiteki kaikaku no jidai*[The period of liberal reforms](Tokyo, Chuo Koronsha, 1994), chaps. 2~5.

세가 도입되었다. 1987년 미국과 더불어 일본은 국가 차원의 소비세가 실시되지 않고 있었던 유일한 OECD 국가로 남아 있었다. 소비세의 도입은 대장성이 재정 긴축을 위한 싸움에서 무기를 갖게 하고, 개인과 기업의 세금에 대한 예산상의 의존도를 낮추게 함으로써, 정부 예산의 흐름에 주요한 이행이 이루어졌다는 것을 의미했다. 당시 논평가들이 지적한 대로, 그리고 1997년 5퍼센트 세율 인상으로 드러났듯이, 정부 관리들이 재원 확보의 증대가 필요하다고 판단했을 때 (비록 정치적 비용이 안 들었던 것은 아니지만) 이런 제도는 비교적 손쉽게 확장을 허용했다.[66]

아이러니컬하게도, 소비세는 즉시 피부로 느낄 수는 없지만 도시 봉급 생활자와 기업의 세금 부담을 경감시킨 반면, 농민과 소규모 기업의 부담을 늘렸다(자민당이 소규모 기업에게 세금을 징수했지만, 집행 초기에는 그들이 정부에 낼 것을 전제로 하여 판매액을 '조정'할 수 있도록 빠져나갈 구멍을 허용했다. 그 결과, 비록 단기간이지만 소기업에게 예기치 않던 큰 행운을 가져다 주었다).[67] 그러나 도시 거주민은 거의 세금상의 변동을 환영하지 않았다. 결과적으로 그것은 1989년 소비세가 도입되고 불과 3개월 후에 치러진 참의원 선거에서 자민당에게 불리하게 작용했다. 결국 그 선거에서 자민당의 분열이 시작된다. 요컨대, 대체로 공공 채무를 통해 재정 지원된 삶의 질을 위한 이전 프로그램의 결과로 선거에서 보수주의가 더 큰 행운을 누렸던 것이다. 결국 일본의 보수주의자들은 긴축 재정 정책으로 되돌아갔다. 그러나 이러한 변화로 인한 심각한 부산물은 정책 이행의 상대적 부담과 혜택에 대한 보수주의자들 내부의 갈등의 증폭이었다.

---

66) Shindo, *Zaisei batan to zaisei kaikaku*, pp. 207~236.

67) 세금의 정치학에 관해서는 다음을 참조할 것. Junko Kato, *The Problem of Bureaucratic Rationality: Tax Politics in Japan* (Princeton, Princeton University Press, 1994).

해외 투자

1940년대와 1950년대 기간 동안 외화 교환에서의 입장이 취약했던 일본 정부는 원자재 채취와 연관된 벤처를 제외한 일본 기업의 직접 해외 투자를 저지하는 엄격한 조치를 제도화했다. 결과적으로 1951년부터 1971년까지 일본의 직접 해외 투자는 총 40억 달러를 넘었고, 그 중 1969~1971년도분이 거의 60퍼센트에 달했다.[68] 1972 회계 연도를 통해 일본의 제한된 해외 투자의 거의 3분의 1이 비제조업 부문의 벤처였다.

엔화의 가치가 급등하자 해외 투자에 대한 정부와 기업의 동기 유발이 다시 형성되었다. 엔화 강세는 많은 기업들이 자동적으로 해외에 투자하도록 유인력을 제공했다. 미국과 유럽에서 일본의 수입품에 대한 보호주의적 장벽이 증가한 것도 역시 같은 작용을 했다. 닫혀 있는 국내 시장에서 생산 설비를 구축하는 데 어려움을 느끼던 일본인 소유 기업들에게 일본의 수입에 대한 잠재적 장벽을 무시하도록 허용한 동시에, 엔화 가치의 상승은 해외로의 확장 비용을 덜 들게 만들었다. 일본의 노동 인력 부족과 깨끗한 환경에 대한 일본 국내의 요구는 해외 직접 투자를 더욱 자극했다. 수출품을 제조하는 많은 회사에게는 해외로 설비를 확장하는 것이 매우 바람직해졌다.

정부 역시 외국 직접 투자를 위한 조건의 자유화를 통해 변화하는 기업의 요구에 부응하려고 했고, 국내에서 지속되어 온 보수적 지배에 대해 대체로 위협이 되지 않는 한에서 무역 정책에 대한 외국의 강력한 비난을 누그러뜨리고자 노력했다. 따라서 일본 정부와 일본의 많은 민간

---

68) 다음 글에서 약간 다른 수치와 계산이, 같은 강도로 제시된다. Lawrence B. Krause, "Evolution of Foreign Direct Investment: The United States and Japan," in Jerome Cohen, ed., *Pacific Partnership; United States — Japan Trade — Prospects and Recommendations for the Seventies* (New York, Japan Society and Lexington Books, 1972), pp. 166~168.

기업들의 이해 관계는 세계의 새로운 금융 · 무역의 조건들과 조화를 이루었다.

1971~1972년 당좌 계정의 잉여분이 많아지자 정부는 일본의 회사들이 해외 직접 투자를 할 수 있도록 특정 조건들을 자유화했다. 엔화가 평가 절상되자 정부 규제는 더욱 완화되었고 일본의 회사들은 이에 대해 민첩하게 대응했다. 1973~1976년 총 투자액은 이전 20년 동안의 거의 두 배에 달했다.[69] 이런 투자는 계속해서 늘어나 1980년에는 47억 달러, 1985년에는 122억 달러, 1988년에는 8년 전에 비해 거의 10배에 달하는 470억 달러에 이르렀다.[70]

일본의 투자는 대규모 자산, 채권, 유럽과 미국에서의 정부 보유채는 말할 것도 없고, 제조업의 거의 전 분야에서 이루어졌다. 일본의 거대 금융, 상업, 제조업의 기관들이 해외로 진출했으며 다른 용역 회사들과 소규모 회사들도 따라 나갔다. 1980년대 후반 일본은 미국에 이어 세계 최대의 채권국이자 세계 제2위의 해외 투자국이 되었다.

투자 붐은 광범위한 결과를 가져왔다. 해외 활동(특히 아시아에서)으로 일본의 기업들은 노동 비용을 절감했고, 북미와 유럽에서의 투자는 더 큰 규모의 시장에 대한 접근 기회를 만들어 주었다. 해외 활동은 많은 일본 기업들이 정부 감시로부터 벗어날 수 있게 했다. 일본 내에서 조직 노동은 더욱 약화되었다. 동시에 많은 2차, 3차 용역 회사들은 한때 그들이 수직적 계열의 계약을 통해서 공급하던 부품과 서비스 시장을 빼앗기고 말았다. 많은 제조업자들이 재정 적자에서 주거래 은행에 대한 의존도를 낮추기 시작했다는 점은 계열에서도 중요한 진행이 이루어지고 있

---

69) Keizai Koho Center, *Japan 1987: An International Comparison* (Tokyo, Japan Institute for Social and Economic Affairs, 1987), p. 56.

70) 대장성의 수치가 다음 글에 제시된다. *Japan, 1990: An International Comparison* (Tokyo, Japan Institute for Social and Economic Affairs, 1990), p. 56. 이러한 급등이 그다지 기념비적인 것은 아니지만, 그래도 엔화로 환산해 보면 여전히 인상적이다.

다는 것을 증명했다.[71] 간단히 말해서 해외 투자의 확대는 일본 경제 구조 면에서 정부와 재계의 관계와 일본 내의 노동 시장에 전격적인 변화를 가져왔다.

일본 경제의 많은 부분에 의한 해외 투자의 확대는 일본 경제 공동체 부문간의 격차를 더욱 벌어지게 했다. 해외로 팽창하는 부문은 일본 내에서만 운영되는 부문에 비하여 국제 시장의 조건들에 훨씬 더 직접적으로 직면하지 않으면 안 되었다. 그들은 모두 경쟁력을 증진시키기 위해 내부 투쟁을 추진했다. 그러나 일본 내의 생산과 판매에 계속 우선적으로 초점을 맞추는 부문들은 과두적 네트워크, 팽창적 규제, 정부의 보호에 의존함으로써 이 같은 수정이 이루어지는 것에 저항할 수 있었다.

일본인 소유 회사들이 일본으로부터 탈출하여 나갈 수 있는 조건들이 신속히 자유화되었다면, 외국 생산품과 기업들이 일본으로 들어오는 움직임은 훨씬 느리게 변화되었다고 할 수 있다. 일본의 시장에 더욱 접근하려는 외국의 압력은 정부로 하여금 관세를 평균 2.5퍼센트로 낮추게끔 했다. 정부가 거의 모든 공식 출판물에서 발표했듯이, 이는 일본의 공식 관세 장벽이 EU의 2.7퍼센트, 미국의 3.5퍼센트, 캐나다의 4.2퍼센트에 비해 낮았다는 의미이다.

남아 있던 수입 제한도 감소되었다. 1960년대는 약 490개의 상품에 제한을 두었으나 1975년 2월 그 수치는 29개(제조 부문 7개, 농업 부문 22개)로 줄었다.[72] 1992년경 농산품 제한은 13개로, 제조품 제한은 1개로 줄어서 다른 산업화 국가들보다 적었다.[73]

---

71) Nakatani Iwao, *Nihon keizai no rekishiteki tenkan*[Historical change in the Japanese economy](Tokyo, Toyo Keizai Shimbunsha, 1996), chap. 5.

72) Economic Affairs Bureau, Ministry of Foreign Affairs, *Statistical Survey of Japan's Economy*, 1975(Tokyo, Ministry of Foreign Affairs, 1975), p. 53.

73) 이러한 수치들은 GATT와 JETRO로부터 나온 것으로, 다음 글에 제시되어 있다. *Japan*, 1990, p. 44. 어떤 면에서 똑같은 모습을 제시하는 다른 수치들이 다음 글에 들어 있다. Watanabe, *Sengo Nihon no taigai Seisaku*(Tokyo, Yuhikaku, 1985), p. 258. 와타나베는 제

그러나 공식 장벽에 있어서 이러한 감소가 중상주의의 침투의 완전 거부를 인정했다거나, 재계 지도자와 정부 관리들이 갑자기 자유 방임의 시장 철학과 제한없는 무역을 받아들였다는 의미는 아니다. 1990년대 초반까지도 수입이 자유화되지 못한 두 가지 부문으로 높은 수준의 제조 부문과 농업 부문이 남아 있었다.

1980년대 후반에 제조품 수입은 일본 전체의 수입에서 유난히도 낮은 비율을 유지해 오던 것에 비하면 급속히 확대되었다.[74] 일본 소유의 회사들이 수출 업자인 항목의 생산품은 거의 수입되지 않았다. 1980년대 후반까지 수입 제조 상품은 국내 시장을 두고 일본의 수출 업자와 거의 경쟁하지 않았다. 더욱이 일본 제조 업자들의 해외 투자 증가와 아시아에서 일본 회사들과 지역을 중심으로 핵심적으로 통합된 생산 설비의 발달은 일본 제조품 수출에서의 전반적인 증가가 단순히 일본이 해외에서 설비를 소유하게 된 결과만은 아니다. 기업 내 이전 또는 자국 내의 설비와 시장으로의 판매를 포함한다는 의미이다. 따라서 진정한 해외 침투는 수출 전체에서 아주 작은 부분이었다.

제4장에서 명시했듯이, 1980년 외화의 교환과 통제법상의 변화는 일본에서 외국 회사들의 직접 투자를 허용했다. IBM-Japan, Coca-Cola, Nestle와 같은 일본의 전통적인 기업들에 더하여 서구의 자산 거래 회사, 은행, 제품 카탈로그를 통한 사업, 요식업 프랜차이즈, 다양한 소비자용 비내구제 판매 회사가 일본 진출에 합세했다. 1990년대 초반에는 Royal Dalton, 메르세데스 벤츠와 같은 많은 수의 유명 회사들도 가세했다. 그러나 보험, 건설, 에너지, 항공, 통신을 포함하는 중요한 보호는 여전히

조업에서 5개 항목을 포함한 27개 항목을 유지한 것으로 일본을 언급하고 있다. 이 후자의 수치는 다음 글의 수치와도 일치한다. Leon Hollerman, *Japan, Disincorporated: The Economic Liberalization Process* (Stanford, Hoover Institution, 1988), p. 44.

74) Edward Lincoln, *Japan's Unequal Trade* (Washington, D. C., Brookings Institution, 1990), pp. 18~25.

남아 있었다. 제조업 제품의 수출과 더불어 광범위한 외국 투자 역시 예외로 남아 있었다. 1990년대에 들어서도 일본 경제에서 일인당 외국인 투자는 다른 산업화 국가들에 비해 미미한 상태였다.

농업 부문에서도 일본은 자유 무역을 거의 인정하지 않았다. 일본은 세계에서 다양한 농산품을 가장 많이 수입하는 나라 중의 하나로, 식품과 농산품이 전체 수입의 약 15퍼센트를 차지했다. 지금까지 일본은 미국 농산품 수출의 가장 큰 시장으로 두번째, 세번째, 네번째 되는 시장을 합한 것보다 더 많은 물품을 구입하는 나라였다. 1980년대 말, 일본은 쇠고기, 열대 과일, 가공 치즈, 파인애플 통조림, 오렌지 주스를 포함하여 한때 매우 예민했던 품목들을 자유화했다.[75] 이 모든 것은 보수 체제의 고유한 지지자인 농촌을 희생시키고 서구의 압력에 대해 정치적으로는 고통스럽지만 굴복할 것을 요구하였다. 그러나 쌀은 좀 더 신중히 검토해야 할 유일한 예외로 남아 있었다. 일본은 우루과이 라운드가 종식될 때까지 "수입 쌀은 한 톨도 안 된다"는 정책을 고수하며, 쌀 수입 자유화를 끈질기게 반대해 왔다. 그러나 일본은 결국 우루과이 라운드에 따라서 쌀 수입 허용으로 나아갔고, 신성 불가침이었던 쌀 시장을 천천히 개방했다.

해외 투자와 무역에서의 변화는 중상주의의 침투의 약점을 드러냈다. 정부 대 기업, 은행 대 기업의 많은 연계망들이 약화되었고, 경제에서 덜 경쟁적인 부문들—대개 보수주의자들을 지지했던—은 심각한 경제적 위협에 직면했다. 그럼에도 불구하고 일본은 산업화 세계 내의 국가들 중에서 외국의 직접 투자에 가장 폐쇄적인—끈질긴 중상주의의 침투가 만연되어 있음을 증거하는—나라로 남았다. 그러나 심지어 국내 시장의 온건한 개방과 결부된 해외 투자에서의 전반적인 팽창은 자민당의 사회 경제적 지지 기반을 손상시키고 한때 보수 체제를 단단하게 결속했던 견

---

75) Kusano, *Nichi-Bei: Massatsu no kozo*.

고한 유대를 약화시키기 시작했다.

방위와 안보

1970년대부터 1990년대 후반까지 일본의 보수주의 체제는 낮은 군비 지출, 안보에 있어서 최소주의 입장, 미국과의 안보 조약에 대한 의존, 미국의 핵우산, 제7함대에 대한 신념을 유지했다. 극좌파를 제외하고 이 신념에 도전하는 일본인들은 줄어들었다. 이러한 정책에 대한 국민의 전반적인 지지가 늘어 갔다. 사실상 1970년대와 1980년대 초반의 몇 가지 결정은 오래 지속된 요시다 노선을 재천명했다. 그것은 세 가지 비핵 원칙, 무기 수출의 제한, GNP 대비 방위 지출 1퍼센트 제한에 대한 신념의 지속, 비핵확산 조약이었다. 1983년 나카소네 수상은 윌리엄스버그 경제 수뇌 회담에서 "우리 나라의 안보는 결코 침해당하지 않는다"고 주장하기에 이르렀다. 1996년 클린턴 대통령과 하시모토 수상은 안보 조약에 대한 두 나라의 신념을 재확인하고, 1997년 9월 개정 안보 가이드라인을 공표했다.

그러나 전체적으로는 그 체제가 거치고 있던 과정을 그대로 따라가게 두는 것과, 변화의 씨를 뿌리는 것의 두 가지 이행이 일어났다. 나카소네 수상은 일본이 세계적 사안들에서 군사적으로 좀 더 중요한 위치에 설 수 있도록 애썼다. 일본의 자위대는 그들의 군사적 임무를 조금씩 확장했다. 1998년 일본과 미국은 군 기술을 공유하는 합의에 도달했고, 많은 정부와 업계 관리들은 군수 장비의 국내 생산 증진을 옹호하기 시작했다. 그러나 일본의 보수주의자들이 방위와 안보 면에서 해 온 적응은 대개가 다 1950년대 이래로 지속되어 온 광범위한 틀 내에서 이루어진 것이었다.

한 가지 지적할 만한 일탈은 '총합 안보' 정책의 채택과 더불어 발생했다. 석유와 에너지 위기, 방위비 지출을 늘리라는 미국의 압력에 대응하면서, '총합 안보'는 방위의 논의를 총과 동맹의 문제를 넘어서 에너지, 식량 안보, 외국 원조의 영역으로까지 가지고 갔다. 그 정책은 오히라 수상의 주도하에 있던 한 연구 모임이 〈총합 안보 보고서〉를 추진했던 1980년에 구체화되었다.[76] 이 보고서는 미국 군대의 우월성이 종식되었고 미국이 더 이상 동맹 국가들에 대해 지원한다고 보장할 수 없다면서, 이제부터 일본의 안전은 군사적인 힘 이상의 것에 의존해야 하고 경제적인 안녕과 천연 자원에 대한 접근까지 포함해야 한다고까지 주장했다. 이 보고서는 일본의 방위 정책이 세 가지 차원에서 수행된다고 주장했다. 첫째, 세계적 사안들에서 긍정적인 기류를 형성하려는 전반적인 노력, 둘째, 외부 위협에 대처하려는 자구적인 노력, 셋째, 일본의 이상과 이익을 공유하는 국가들과의 더욱 긴밀한 유대에 의존하는 것이다.[77]

그 결과 국가 안보에 대한 새로운 시각을 제시했다. 해외 원조, 에너지와 원자재, 음식, 해양 운송, 과학과 기술, 경제 계획, 군사적인 사안, 외교를 총합해서 안전이라는 하나의 우산 아래 두는 것이다. 그 정책은 비군사적 수단을 통해서 외교 정책을 추진하려는 공식적 신념을 강조하는 동시에 다양한 일본의 정부 기구들이 그들의 임무를 '안보'에 연계하는 합리화를 제공했다. 이와 더불어 일본 관리들은 군사 안보에 일본이 그다지 강한 신념을 표명하지 않는 것에 대한 문제를 비켜 가면서, 대신에 일본의 '부담의 공유'를 거론할 수 있었다. 구체적으로 일본의 해외 원조는 그 동안 미국의 외교 정책과 더욱 더 보조를 같이하는 정치적 목적으로 향하고 있었기 때문에, 이 정책은 일본이 "안보 면에서 무임 승차"한다는 미국의 비판을 벗어나게 해 주었다.

'총합 안보'는 1930년대식의 수식어보다는 '동맹', '방위', 또는 '군비 지출'에 가까운 온건한 느낌의 인상을 주었으므로, 좌파의 전통적인 평화주의적 호소들에서 뇌관을 제거하는 효과도 가져왔다. 일본 안보의

---

76) 이 보고서는 1977년의 노무라 연구소의 보고서로 거슬러 올라간다.

77) Comprehensive National Security Study Group, *Report on Comprehensive National Security* (Tokyo, Foreign Affairs translation typescript, 1980)에 나타남.

중요한 요소에 해외 원조의 증대를 포함시켜, 아시아 국가들이 강변해 온 '일본 군국주의'에 대한 비판 역시 유화시켰다. 그것이 가져온 효과 역시 중요하다. 비록 총합 안보 정책은 과거의 정책과 제도들로부터 그 다지 벗어난 것이 아님에도 불구하고, 일본의 경제적 이해 관계와 안보적 이해 관계를 매우 긴밀하게 결부시켜서 다양한 보수주의 집단들 내에 지금까지 느슨해지고 있던 연계망을 단단히 조였다.

간단히 말해서, 1970년대와 1980년대의 기간 동안 보수 체제의 정책 양상, 연합의 구도, 제도적 기반의 여러 국면에서 적응과 이행이 일어났다. 이러한 적응과 이행은 정치적·경제적 성공을 지속하게 했지만, 1960년대 그 체제를 결속했던 많은 특질을 저해했다. 그러면 보수 체제의 붕괴를 검토하기에 앞서, 우리는 1980년대 후반경에 그 체제가 어떻게 해서 성공적으로 적응하는 듯이 보였는지를 살펴볼 필요가 있다.

'성공적' 적응의 암시적 표출

1980년대 후반 동안, 일본의 보수주의는 지배적인 체제의 지속과 성공을 보장하는 적응을 해 가는 듯이 보였다. 이 점은 특히 선거의 차원에서 더욱 그러했다. 자민당은 화이트 칼라 유권자, 도시 거주민, 조직 노동의 일부분으로부터의 새로운 사회 경제적 지지를 상당히 끌어들였다. 이런 새로운 지지로 노동과 군소 업계의 잘 조직된 부문에서의 핵심 보수 지지를 상실하지는 않았다. 1980년 말이 될 때까지 정부는 이전의 이러한 핵심 지지자들을 다치게 하는 정책 행동을 취하지 않았다. 그러자 그래도 자민당이 거시 경제적 성공을 유지할 수 있는 유일한 정당이라는 인식이 생겼다. 여러 해 동안의 훌륭한 경제적 업적은 자민당의 정치적 장악력을 강화시켰다.

1979년과 1980년의 선거에서 자민당은 20년간 줄곧 하락하던 추세를 역전시켰고, 1980년대는 10년 동안 자민당 지배에 아무런 도전이 제기되지 않았다. 일본 사회당은 전체의 20퍼센트에 못 미치는 표만을 얻었고, 다른 군소 정당들도 두 선거에서 연이서 10퍼센트를 넘지 못했다. 예컨대 1986년 중의원 선거에서 자민당은 총 투표의 51.3퍼센트를 얻었고, 총 의석에서 59.8퍼센트를 차지했다.

이와 함께 기억해 둘 만한 일은 명백한 경제적 적응의 성공이었다. 일본은 석유 파동과 노동 부족 문제를 다른 나라들에 비해서 성공적으로 처리했다. 주요 제조 회사들은 훨씬 더 강하게 부상했다. 엔화 급등은 그들 대부분을 '수출 업자'로부터 '투자자'로 초점을 바꾸도록 부추겼다. 결과적으로 다수의 일본 회사들은 석유 파동, 엔화 절상, 해외의 보호주의 증가에도 불구하고 번창했다. 자산 보유자들은 특히 그것의 수혜자였다. 1986년에서 1990년 사이에 토지 가격과 도쿄의 주식 가격은 폭등했고, 일본의 관광객들은 계속 절상되는 엔화 뭉치를 싸들고 루이비통 여행 가방에 외제 물건을 잔뜩 채워 세계를 돌아다녔다. 글리치 긴자(Glitzy Ginza) 찻집에서는 금가루를 뿌린 초콜릿을 제공하며 벼락 부자들을 대접했다. 일본의 언론들은 일본의 황궁이 자리잡은 사방 5킬로미터의 땅 값이 캘리포니아 주 전체보다 더 비싸다고 떠들어 댔다. 세계의 고층 건물 구입은 일본인에 의해 이루어졌다. 1985년에서 1989년간 연간 실질 성장률은 4.5퍼센트로서, 다른 산업 민주주의 국가들과 동등한 비율이거나 약간 앞섰고, 무역이 붐을 일으키고, 당좌 예금이 팽창했으며, 해외 자산 보유액은 기하학적으로 확장되었다. 세계의 10대 은행 중에서 9개가 일본인 소유였다. 일본은 현찰이 넘치는 가장 큰 채권국이 되었다. 일본 경제는 경제적 경험과 경기 순환을 비교 연구하는 데 도전이 되는 사례처럼 보였다. 일종의 승리주의가 일본을 뒤덮었다.

자민당의 선거에서의 승리와 일본 경제의 지속적인 성공과 특히 1980년대 후반 5년간에 기념비적인 업적은, 재편되고 적합하게 조정된 보수 체제가 정권을 계속 유지하리라는 점, 대외 정책 문제들은 거의 사소한 쟁점으로 남을 것이라는 점, 일본의 경제 업적은 다른 모든 주요 민주주의 국가들의 업적을 계속 뛰어 넘을 것이라는 점, 그리고 자민당이 앞으로도 계속 지배할 것이라는 점을 보여 주었다. 그러나 겉으로 드러난 이러한 현상들은 곧 사실이 아님이 판명되었다. 다음 장에서 살펴보겠지만, 1990년대는 경제적 거품이 제거되고, 끝없는 부채, 디플레이션, 수요감소, 반산업화 사이클로 특징지어진다. 자민당의 분산과 자민당을 뺀 모든 정당들의 연합이 자민당을 대치한 것은 정치적으로 구체제가 종식되었다는 사실을 확실하게 만들어 주었다. 여기서 그 동안 매우 성공적으로 적응한 듯이 보이던 10년이란 기간이 지난 후, 어떻게 그리도 강하고 갑작스럽게 붕괴가 일어난 것인가에 대한 의문이 남는다.

자민당의 분열과 거품의 제거: 체제 붕괴

경제 거품의 제거와 자민당 내부의 분열은 장기간 평형을 유지해 온 일본 보수주의 체제를 산산조각냈다. 이 두 가지 사건의 저변에는 체제의 적응과 눈금 재조정에 따라서 감소되기보다는 오히려 증폭된 두 가지 핵심적 긴장 요소가 있었다. 그 체제의 사회 경제적 지지 기반 내에서의 분열의 확대와 점증하는 제도적 분산이 그것들이다.

우선 첫번째 점에 대해서는 이미 앞서 정리했듯이, 1970년대와 1980년대 선거에 있어서 보수주의자들이 적응을 하여 과거의 지지자들을 소외시키지 않으면서 새로운 지지자들을 끌어들였다. '보수주의'의 경제적 기반은 지속적으로 확대되었으나 결코 재편된 것은 아니었다. 더욱이 정부와 야당간의 이념적 분리가 협소해짐에 따라서, 유권자들은 한 정당 또는 다른 정당·블럭과 자신들을 확고하게 일치시키지 않게 되었다. 그 결과 어디에도 편승하지 않는 유권자 수가 급속히 증가하였다.

1980년대의 기간 동안 자민당은 이러한 새로운 선거구민들의 상당 부분을 끌어들일 수 있었지만, 그들이 자민당의 정규적이고 지속적인 지지자로 융합되도록 하는 제도적 틀이나 연속된 경제 정책 프로그램을 제공하지는 못했다. 따라서 1980년대 말경, 자민당의 지지는 폭은 넓었지만 깊이가 없었다. 경성(hard) 정책을 선택하지 않는 한, 그리고 경제적 업적이 뛰어난 한, 지지의 깊이는 문제되지 않았다. 그러나 경제 문제가 심화되고 경성 정책의 선택이 불가피해지면서, 대안적 시나리오하에서 승자와 패자가 보다 더 확연하게 드러나기 시작했다.

그러면 이런 상쇄 작용이 일어난 다섯 가지 사례들을 살펴보겠다. 위에서 지적했듯이, 중의원 선거 제도는 도시 지역을 심각하게 무시한 결과가 되었다.[78] 그러나 도시 지역에 더 비중을 두는 선거 제도의 재편은 당시 보수주의(또한 야당의) 정치가들의 끈질긴 반대에 직면했다. 가격 인하 공약은—도시 유권자들과 조직 노동자들에게는 큰 호소력을 지녔으나—국내에서 생산되는 농산품과 식료품을 위한 보호의 감소, 카르텔화된 산업의 대거 규제 완화, 외제 소비 제품에 대한 수입과 투자 장벽의 제거라는 위협으로 받아들여졌다. 이런 움직임은 농업 협동 조합, 많은 대기업, 공공 에너지 회사, 많은 소기업, 그리고 자신의 재선의 전망이 이러한 조직들과의 강한 조직적 관련성에 달려 있는 많은 보수 정치가들과 같은 핵심적 보수 지지자들의 이익과 직접적으로 부딪치는 것이었다. 게다가 이와 같은 정책의 이행은 어떠한 것이라도 자신들의 권력이 보호주의적 정책들의 조직과 집행에 달려 있다고 생각하는 정부 기구들에게 직접적인 위협을 가하는 것이었다.

세금 개혁도 마찬가지로 분열을 가져왔다. 일본의 조세 제도는 일종의 9-6-4제라고 널리 비판을 받아 왔다. 그것은 임금과 월급을 받는 사람은

---

78) 사실상, 선거 제도의 편견은 도시 지역의 표가 농촌 지역의 표(a rural vote)의 단 60퍼센트에 해당하는 가치밖에 없다는 것을 의미했다. Ishikawa Masumi and Hirose Michisada, *Jiminto-shoki shihai no kozo*[The LDP — structures of long-term support](Tokyo, Iwanami Shoten, 1989), p. 85.

자신들이 내야 할 세금의 90퍼센트를 내고, 자영업자들은 60퍼센트만을 내고, 농민은 40퍼센트만을 낸다는 의미이다(더욱 냉소적으로는 9-6-4-1라는 표현도 있는데, 마지막 10퍼센트의 수치는 정치가들이 내는 세금이라는 것이다).[79] 따라서 월급을 받는 고용인들을 고려한 어떠한 세금 정책이 집행된다면 그것은 분명히 핵심적 보수 지지 집단의 부담을 증가시키는 결과가 되고 만다. 그리고 새로운 세금의 부과는, 1989년에 부가세가 그러했듯이, 그것이 지니는 재분배 효과와는 무관하게 그 자체로서 인기가 없다.

공공 복지 혜택의 팽창 역시 보수주의적 지지자들을 분열시켰다. 이른바 '사회적 임금'의 팽창은 역사적으로 소득의 직접적 향상과 가격의 인하에 대한 호소력 있는 대치물이었다.[80] 후생성과 같은 특정 정부 기구들이 이러한 조치들을 뚜렷이 선호하는 반면, 정부의 비대화는 추가적으로 적자 재정을 이끌게 되므로 대장성, 민간 금융 부문과 기업 부문, 농민 집단과 자신들이 이러한 프로그램으로부터 혜택을 가장 덜 받을 것 같은 소규모 기업 조직들의 저항을 받았다. 환경을 정화하는 것과 건강하고 깨끗한 주변을 제공하는 것조차도 그것이 선거상 바람직함에도 불구하고 문제시되었다. '오염'을 좋아하는 정치가는 없겠지만, 대부분은 구체적으로 어떤 오염 물질과 쓰레기를 대상으로 삼을 것인지, 어떤 부산물이 유해한 것인지, 청소 비용은 어떻게 조달할 것인지에 대해서는 전반적으로 의견이 나뉘었다. 쓰레기를 많이 배출하는 제조 산업들은 쓰레기 배출이 거의 없는 작은 기업들과 전혀 다른 시각에서 이 문제를 보았다. 노동 부문도 양분되었다. 반공해 조치에 의해서 표적이 된 업무와 산업

---

79) 1985년 대장성의 한 조사에 의하면, 자영 업자의 단 40퍼센트 그리고 농부의 단 20퍼센트만이 세금을 내는 데 반해, 임금 노동자는 86퍼센트가 세금을 낸다고 한다.

80) 이러한 관점은 노동 조합에 의한 임금 압박을 누그러뜨리기 위한 수단으로서 스웨덴에서 사회 민주당 정부가 광범위하게 취해 왔다. 일본에서도 1970년대 중반 임금 급상승을 요구한 노동자의 요구를 누그러뜨리는 것이 표명되었다.

에 종사하는 노동자들은, 공기 중의 이산화탄소나 물에 함유된 수은보다는 자신들의 일자리와 소속 회사에 대해서 훨씬 더 많은 관심을 가졌다.[81] 핵 시설 설비, 유독성 쓰레기 매립, 쓰레기 재처리장 시설, 공항, 고속 도로, 철도와 같은 시설의 설치에 대해서도 구체적으로 확정된 지역이 없었다. 다른 나라에서도 그렇지만 일본에서도 이런 문제에 대해 '최적의 이해'에 따른 해결에 반대하는 강력한 NIMBY(Not In My Back Yard) 의식을 가진 사람들의 저항을 낳았다.[82]

구체제가 붕괴하는 데 이에 못지않게 중요했던 것은, 개별 자민당 의원이 자민당 전체에 영향을 미칠 수도 있는 유권자들의 이행으로부터 자신들을 보호함으로써 그들의 지역구 차원의 지지 기반(후원회)을 강화시킨 방식이었다. 이러한 개인 권력 기반은 종종 정당의 집단 이익에 역행해서 작용하여, 점차적으로 개별 자민당 평의원들의 선거시의 이익과 정당과 정당 지도부의 선거시의 이익이 결합되지 못하도록 방해한다.

자민당의 선거시의 문제가 보수 내부의 다양한 긴장을 드러냈듯이, 국제적 · 경제적 · 안보적 도전들 역시 그러했다. 통화 자율성의 감소, 유가 상승, 일본의 수출에 대한 미국의 압력 등은 그것들이 보수 체제 구성원들의 갈등적 이익을 표출시키면서 중상주의의 침투에 대한 그 체제의 신념에 도전했다. 가령, 엔화의 상승은 석유를 포함한 수입 원자재 가격의 상대적 저하를 의미했으나 이와 동시에 세계 전역의 일본 제조 상품의 비용을 상승시켰다. 따라서 엔화의 상승은 수출 업자와 수입 업자를 분열시키고 다량의 에너지 사용자와 그렇지 않은 사람들간의 분열을 야기

---

81) 이러한 관점은 구마모토현 미나마타의 치소(신일본질소비료)의 사례에서 명확해진다. 지역 주민들이 그 지방에 있는 만에 메틸 수은을 투기해서, 물고기를 중독시키고, 궁극적으로는 대량 인명 피해를 낸 혐의로 치소를 고소했을 때, 치소의 노동자들은 자신들 중 일부가 그러한 질병에 시달리고 있었음에도 불구하고, 경영진에 항의하는 주민들을 공격하고 비난하는 데 협조했다. 다음을 참조할 것. Honda Junsuke and Kataoka Noboru, *Kogai to rodosha* [Pollution and workers](Kyoto, Horitsu Bunkasha, 1971).

82) Hayden Lesbirel, *NIMBY Politics in Japan* (Ithaca, Cornell University Press, 1998).

하여 이전에 성립되었던 업계의 조화를 위협했다. 더군다나 서구 보호주의와 결부되어 엔화의 상승은 많은 일본 회사들, 특히 제조업 부문의 회사들이 해외로 진출하도록 유도했다. 회사들은 해외에서 생산하여 노동 비용을 절감하고, 최종 시장에 더 쉽게 근접할 수 있게 되었으며, 잠재적 교역 장벽을 낮출 수가 있었지만, 건설, 공공 에너지, 알루미늄과 같은 덜 유연한 생산 능력을 가지고 있는 여러 기업 집단들은 그러한 선택안을 가질 수가 없었다. 반면에 해외 투자는 때로는 국내에서의 일자리 감소와 경영 기회의 축소를 가져 왔다.

여러 차례에 걸친 미국의 경제 개방의 요구에 응하는 것이 국가 경제로 보아서는 전략적으로 현명한 것이었고, 많은 도시 소비자층에게 경제적으로 이익이 되었으며 또한 선거에 있어서도 이득이 되는 것이었다. 그러나 일본 국내 기업의 실질적인 자유화가 업계 공동체에 일률적인 결과를 가져오지는 않았다. 섬유, 알루미늄, 대부분의 유통 부문, 농업, 건설, 시멘트, 금융 부문과 같이 경쟁력이 떨어지는 부문보다는 자동차, 전자, 광섬유, 반도체와 같은 국제 경쟁력이 있는 산업들이 훨씬 활발하게 자유화를 추진하는 입장에 있었다.

업계 공동체 내에서의 분열은 계속되는 정부의 경제 규제의 상대적 이점에 따라서도 등장했다. 일반적으로 이러한 통제는 종종 외국 기업이 일본에 수출하는 것을 가로막기 위해 사용되었으나, 그렇게 하면 외국 기업만 손해를 입는 것이 아니라 값싼 수입 부품으로 혜택을 볼 수 있는 일본의 산업들도 손해를 입게 된다. 더욱이 국내적 · 국제적으로 경쟁력을 갖게 된 업계들은 기존 규제 정책에 대해서 반발하게 된다. 이에 해당하는 한 가지 예로서 은행, 무역 회사, 주요 제조 업자들이 거의 대부분 유동하는 엔화 때문에 심각한 외환 교환의 취약성에 직면했으므로 엔화 가치의 저평가는 심각한 규제 문제를 제기했다. 일반적으로 국제 사회에서 각국이 자국의 많은 사람들이 받게 될 위험을 최소화하기 위해 일종의 울타리 전략을 써 왔는데 일본에서 이러한 제한 조치가 제거되자 민

감한 반응을 보였다. 많은 새로운 기업들은 소니, 캐논, 혼다와 같은 주
요 제조 업체를 포함하는 일본의 조합주의적 계열 구조와 직접 연계되지
않았다. 그러나 동시에 아오키 국제 상사, 아오야마 무역과 같은 대형 할
인 매장이나 다이에 그리고 최근에 떠오르는 몇몇 화장품 회사와 같은
새로운 상호의 도매 업자들을 비롯하여 정부의 통제가 존속하는 데 반대
하는 집단도 있었다.[83]

그러나 다른 산업에서처럼 그들은 정부의 감독을 재빨리 받아들였다.
국제 경쟁력을 한 번도 누려 본 적이 없거나, 국제 경쟁력을 상실한 기업
과 부문들은 정부가 인증하는 보호 카르텔을 환영했다. 정부가 기업의
자유를 한정하지만 이러한 카르텔이 장기적인 시장의 지분과 전반적 이
윤 가능성을 위해서 제공하는 혜택을 고려하면 오히려 정부의 관여가 유
리한 것이었다.[84] 많은 기업과 부문들은 그들의 시장 지분과 이윤 가능성
을 보호하기 위해서 규제와 외환 통제를 바랐다.

금융의 긴축과 같이 그대로 받아들여질 것으로 보이는 것조차도 논쟁
이 되었다. 대장성 관료들은 긴축을 기꺼이 받아들였다. 그러나 긴축은
무차별 세금 삭감, 프로그램의 확장, 주요 선거구민 집단과 지역을 위한
보조금, 공공 연구와 개발, 첨단 기술과 공공 업무를 위한 지원과 같은
정치적으로 인기가 있는 조치들에는 위협이 되었다.

결과적으로 1950년대와 1960년대의 기간 동안 보수 체제 대부분의 부
문 내에 널리 형성되었던 상호간의 조화는, 1970년대와 1980년대의 기
간 동안에는 부문별 · 회사별 등 구체적이고 다양한 압력에 차츰 자리를

---

83) 이것들 중 일부에 대해서는 다음을 참조할 것. Charles Smith, "Opening Time," *Far Eastern
Economic Review.* May 5, 1994, pp. 62~70.

84) 예를 들면, 다음을 참조할 것. Richard J. Samuels, *The Business of the Japanese State:
Energy Markets in Comparative and Historical Perspective* (Ithaca, Cornell University Press,
1987); Mark Tilton, *Restrained Trade: Cartels in Japan's Basic Materials Industry* (Ithaca,
Cornell University Press, 1996); Robert Uriu, *Troubled Industries* (Ithaca, Cornell
University Press, 1996).

내 주었다. 즉 여러 집단들이 서로 반대 방향으로 나아가려 했기 때문에 —가령, 보호 확대 또는 보호 축소, 이익 유도 정치의 확장 또는 금융 규제의 강화, 높은 엔화 가치의 유지 또는 엔화 가치의 인하와 같이—보수 지지 기반의 모든 부문을 동시에 만족시킬 만한 경제 정책을 고안하기가 훨씬 힘들어졌다.

이러한 사회 경제적 분파들과 연계된 두번째 문제는, 한때 단단히 묶여 있던 구체제의 응집력이 와해되는 현상이다. 경제적으로는 일본의 많은 안정 성장형 기업, 건전한 재정, 해외 투자, 금융 규제의 완화, 주거래 은행 역할의 저하, 자기 자산 시장의 역할 증대와 일군의 다른 변화들이 업계 내에서, 그리고 자기 업계와 정부간의 연계를 훼손시켰다. 다수의 일본 기업들이 개별적으로 정한 업계의 계획에 맞춰서 기업을 운영하기 시작했으며, 그것은 정부 정책이나 다른 업계나 부문의 필요성과 항상 일치하지는 않는 경쟁적 전략을 추구해 가기 시작했다는 것을 의미한다. 정부와 야당간의 이념적 노선이 불분명해지면서 자민당은 그것이 가졌던 결속감을 상당히 상실했다. 자민당과 다른 정당들과의 이념적·정책적 차이는 더 희미해졌다. 사회 경제적 지지 집단은 그 때 그 때 목표와 전략에 따라서 뚜렷이 나뉘었다. 탄탄한 지역적 지원과 독립적 재정 확보가 가능한 자민당의 개별 의원들은 자신이 선거에서 이기기 위해서 자민당에 덜 의존하기 시작했다.

궁극적으로 보수 체제의 동요는 세 가지 단순한 명제로 정리할 수 있다. (1) 경제적 거품은 지속되지 않는 것으로 판명이 났다. (2) 부패와 경제적 실패가 정당으로서의 자민당을 위협했다. (3) 자민당의 많은 개별 의원들은 침몰하는 배와 함께 침몰하는 것을 두려워하며, 당내의 서열을 깨고 나와 새로운 정책 목표를 가진 다른 정치 경제적 기반하에서 보수주의를 재조직하려는 선택을 했다.

경제의 거품과 그것의 종식은 복잡하지만 자주 거론되는 화제이다.[85] 경제 거품은 1985년 플라자 합의 이후 엔화 가치의 급상승과, 교환율과 금융 정책의 연이은 이행으로 시작되었다. 이러한 것들은 일본 은행 제도의 몇 가지 독특한·특성과 겹쳐졌다.

제4장에서 살펴보았듯이, 레이건 행정부는 전격적인 세금 삭감과 결부하여 특히 군사 부문에서 정부 지출 증대 정책을 추구했다. 금융 전문가들이 예견한 것과 같이 세금 삭감으로 정부의 재원을 확보하는 데 실패하자, 미국의 팽창적 예산 적자는 재원을 마련하도록 요구했다. 보험 회사, 신탁 은행, 일반 회사, 지역 은행을 포함하는 일본의 제도들은 미국의 국고에 상당한 액수를 투자하면서 관여하기 시작했다. 이러한 투자는 일본이 수출에 성공하여 얻은 국가 잉여의 확장을 통해 가능하였다. 일본 정부는 일본이 수출하여 번 달러를 미국의 부채를 재정 지원하는 데 돌림으로써 양국간의 무역 불균형에 대해 못마땅하게 생각하는 미국의 감정을 다소 누그러뜨렸고, 또한 미국의 이자율을 낮추는 데에도 기여했다. 그러나 결국에는 엔화의 가치가 기하 급수적으로 강해지자 달러 위주의 보유액 가치는 엔으로 보유하는 것에 비해 하락했다.

일본의 대장성은 엔화 강세가 미국의 부채 보유자와 일본의 수출 업자에게 이윤 면에서 미칠 효과를 두려워했고, 동시에 팽창하는 소비자 경제의 정치적 · 긍정적 후광을 유지하는 데 민감했기에, 엔화 가치를 낮추기 위해 전례없이 느슨한 금융 정책을 고안하여 선택했다. 대장성은 "일본 은행에게 금융의 문을 열어 두도록 지시했고, 일련의 금융 정책안과 우편 저축 기금의 투자 확대를 통해서 신규 지출액의 물량을 경제에 대거 주입했다."[86]

공식 할인율이 전후 전체의 시기 중 가장 낮은 2.5퍼센트를 유지하면

---

85) Noguchi Yukio, *Baburu no keizaigaku*[The economics of the bubble](Tokyo, Nihon Keizaishimbunsha, 1992) ; Christopher Wood, *The Bubble Economy* (New, York, Atlantic Monthly Press, 1992) ; R. Taggert Murphy, *The Weight of the Yen* (New York, Norton, 1996).

86) David Asher, "What Became of the Japanese Miracle?" *Orbis*, spring 1996, p. 2.

서, 자산 시장은 이미 예측했듯이 천정 부지로 상승했다. 상업적 재산 가치도 급등했다. 닛케이 다우 지수는 1985년과 1989년 사이에 세 배가 되었고, 주식 시장은 현금을 끊임없이 쏟아내는 기계로 탈바꿈했다. 증권 회사들은 주식을 회전시키느라 제정신이 아니었다. 때로는 주고객들(종종 정치 거물 또는 조직 범죄 집단)에게 자산 거래 회사가 아무런 손실도 가져오지 않음을 보장한다는 약속까지 했다. 개별 기업들은 재테크(말 그대로는 최첨단 금융이라는 뜻)라고 알려진 복잡한 금융 수법에 현찰을 들고 끼여들었다. 도요타와 같은 기업들은 제조업보다는 재테크를 통해서 더 많은 이윤을 얻었다. 상승하는 주식 보증서가 딸린 유로 채권을 발행하거나, 달러로 지급된 것을 엔으로 바꾸어서 '여유 돈'을 만들 수 있었다.

동시에 금융 자유화와 함께 주요 회사들이 국내나 해외의 자기 자산 시장을 통해서 돈을 끌어들일 수 있는 기회가 늘어남에 따라서, 은행들은 신용 있는 대출자를 많이 잃고 점차 신용이 탄탄하지 않은 고객들에게도 돈을 빌려 주기 시작했다. 정부가 이자율을 다시 통제하였으나 은행과 기업들은 상승하는 토지가와 주식 가치를 담보로 서로 과도하게 빌리고 꾸어 주었다. 막대한 자금이 점차 정치가, 농업 협동 조합, 땅 투기꾼, 건설 회사, 종종 조직 범죄와도 연계된 아리송한 벤처에 투입되었다.

싼 자금이 계속해서 과열된 경제를 지탱하리라는 믿음이 확산되었다. 당시 모든 사람이 신호등을 어기고 함께 길을 건너면, 아무도 다치지 않는다는 말이 유행하기도 했다. 이 말은 국민의 기고만장이 어떻게 일본의 '독특성'을 일본의 불굴의 능력인 것처럼 인식하도록 바꾸어 놓았는가를 보여 주는 사례였다.

불과 5년 만인 1989년 5월 일본 은행은 마침내 신용 대부를 단속하기 시작했다. 1990년 8월경 공식 할인율이 2.5퍼센트에서 6퍼센트로 올라갔다(140퍼센트 상승).[87] 경제의 상승 곡선은 이제 하향 곡선으로 바뀌었고, 회사들은 서둘러 자본의 지출을 축소하기 시작했다. 토지 가격은 급격히 붕괴되었고, 주식 시장은 1989년 마지막 날 최고 3만 8,918엔이었던 것이 1992년 1만 4,820엔으로 폭락했다. 동시에 최근 국제 결제 은행(BIS, Bank of International Settlement)의 자기 자본 비율 조사 결과 비율이 크게 하락한 것으로 나타나 일본 은행들은 자산을 처분하도록 압력을 받았다. 하향 곡선은 계속되어 많은 자산 거래 회사와 몇몇 주요 은행이 도산했다. 주센(주택 전문 회사) 문제 처리를 위해 대량의 정부 자산의 처분도 요구되었다. 주요 증권 회사들은 고위 경영진의 전격적 해고를 단행했다. 무디스사, 스탠더드 앤 푸어스사와 같은 국제 신용 평가 회사들은 일본 은행의 신용 가치를 하향 평가했다. 국제 시장은 일본의 금융 기구들이 돈을 빌리려 할 때 이른바 '일본 프리미엄'이라는 것을 붙였고, 외국의 뮤추얼 펀드는 일본의 주식을 급매도했다. 이러한 일들이 연이어서 일어났다. 1998년 중반까지 적어도 금융 부문에서는 어떤 이렇다 할 회복이 눈에 띄지 않았다.

거품이 제거되자 거품에 수반했던 부패가 선명히 드러났고, 그에 따라서 일본의 관료제와 자민당의 경제 통치 능력에 대해서 일반 시민들과 업계가 가지고 있던 전적인 신뢰감이 손상되었다. 거품이 일본 사회 전체에 이처럼 폭넓은 영향을 미친 것은 어쩔 수 없는 일이었다. 토지 소유자들과 증권 보유자들은 그들의 순자산이 부푸는 것을 보았고, 이런 자산을 보유하지 못한 다른 사람들은 즉시 뒤처졌다. 놀랄 만한 일도 아니지만 한때 고도로 평등주의적이었던 일본의 지니 계수는 거품으로 인하여 완전히 역전되어 버렸고, 일본의 소득 수준에서 불균형의 확대를 노출시켰다. 그리고 토지와 증권 가격이 폭락하자 그 동안 지가와 주가 상승으로 새로 번 돈을 잃은 사람들은 어떻게든 정치적 보복을 가하려는 모색을 했다. 동시에 소비세는 특히 보수 정치인들의 인기를 잃게 만들었다.

---

87) Ibid., p. 4.

부패는 보수 정치가들에게 항상 문제가 되어 온 것이었다. 그러나 거품이 제거되고 때마침 몇 가지 대형 스캔들이 노출되는 시점에 소비세가 되입되었다. 리쿠르트와 사가와 규빈 스캔들은 엄격한 일본의 규제 규범들에 예외를 허용해 주는 대가로 정치가들과 고급 관료들이 뇌물을 매우 체계적으로 받아 왔다는 것을 부인할 수 없도록 증명하였다. 이러한 스캔들은 경제적 혼란의 와중에 밝혀져서, 단지 정책상 혜택을 주고 작은 대가를 받은 것에 불과하다고 적당히 변명하고 넘어갈 수가 없게 되었다. 그 동안 일본 정치의 '대청소' 라는 것은 거의 10년마다 한 번씩 예측 가능한 주기로 표면에 등장했다가는 비슷한 속도로 사라지곤 했다. 그러나 이번만은 일본 정치의 외양간(Augean stables: 그리스 신화에 나오는 엘리스왕 아우게이아스의 불결한 외양간으로 30년간 한 번도 청소를 하지 않아 헤라클레스가 강물을 끌어들여 말끔히 치웠다는 것에 비유)을 깨끗이 청소해야 한다는 구조적 변혁에 대한 귀에 거슬리는 요구가 멈추지 않고 들려 왔다.

거품과 부패는 보수적 지지 집단들 내의 저변에 깔린 긴장을 악화시켰다. 자민당은 그 선거 기반과 사회 경제적 기반을 어떻게 재구축할 것인가 하는 문제를 오랫동안 방기해 왔다. 1980년대의 선거에서 자민당이 승리하고 그 기반을 확장하자 강경책을 취할 필요성을 도외시하고 포괄적 접근을 이상적으로 받아들였다. 그러나 점차 경쟁적이 되어 가는 국제 경제적 조건과 경제의 하락으로 이제는 그 문제가 표적이 되었다. 자유화는 소비자, 노동자, 도시 거주민에게 혜택을 주는 것이고, 반면 보호는 농업, 공공 에너지, 고전을 면치 못하는 여러 산업, 소기업, 독과점 기업에게는 없어서는 안 되는 것이다. 그런데 보수주의자들은 더 이상 이 두 가지를 동시에 추진할 수 없게 되었다. 자민당은 국제 경쟁력의 이름으로 도시 거주민, 블루 칼라와 화이트 칼라 노동자의 편에 서서, 농부 소기업가, 사양 산업을 버려야만 하는 것인가? 아니면 외국의 압력에 저항하여 수출 제조업을 보호하며 그에 따른 보복의 결과를 수용해야 하는 것인가? 은행과 주센을 살리기 위해 드는 비용은 누가 댈 것인가? 이익 유도 정치가 장기 불황 기간 동안에도 감퇴되지 않고 지속될 것인가? 부패는 어떻게 해결해야 하는가? 구조적 변화를 추구할 것인가? 아니면 축소시켜서 본보기를 보일 것인가?

경제적 성공의 지속은 보수주의자들에게 일본의 덜 경쟁적인 부문 내에서 수정을 가하라는 압력을 완화시켜 주었던 일종의 안전 잠금 장치였다. 몇 가지 조치들이 마지못해서 도입되긴 했다. 예컨대, 1990년의 구조 장벽 조치(Structural Impediments Initiative)하에서 미국이 압력을 가한 주요 표적이 되었던 경제 부문들을 자유화하기 위해, 소규모 자영 업자들이 거세게 반발했음에도 불구하고, 이른바 대점포법이라는 것을 개정했다. 대형 슈퍼마켓, 체인점, 할인점, 통신 판매점, 거대 유락 센터가 번창하기 시작했다. 몇몇 소규모 자영 업자들은 새로운 체제하에 적응해 갔지만 대부분은 적응하지 못했다. 그러나 경제 전반을 통해 보호받아 온 비효율성의 산업 지대는 상당한 부문이 그대로 남아 있었다.

동시에 농민들은 훨씬 더 총체적인 변화에 직면했다. 식량 통제 체제의 구조가 조정되고, 이전에 비해 쌀 보조금이 획기적으로 삭감되었으며, 육류와 열대 과일의 수입이 자율화되었고, 토지 다경작 프로그램은 농민들이 거의 땅에서 손을 떼거나 쌀 이외의 작물로 바꾸도록 만들었다.[88] 한편으로 일본은 우루과이 라운드에서 끝까지 농산 부문을 보호하기 위해 애쓰면서, 다른 한편으로 잘 보호받아 온 일본 농민의 심장부를 다치게 할 쌀 수입에 관세를 부과하기 위해 준비 작업에 착수했다.

농업 협동 조합은 회원들에게 1989년 선거에서 저항의 한 수단으로서

---

88) 이 문제는 다음 글에서 좀 더 자세히 분석되고 있다. T. J. Pempel, "The Unbundling of 'Japan, Inc.': The Changing Dynamics of Japanese Policy Formation," *Journal of Japanese Studies* 13, 2(1987), pp. 287~288. 다음 글도 참조할 것. Michael Donnelly, "Conflict over Government Authority and Markets: Japan's Rice Economy," in Ellis Krauss et al., eds., *Conflict in Japan* (Honolulu, University of Hawaii Press, 1984).

보수주의 후보자들과의 연계를 끊도록 촉구했다. 이어서 전 농민의 농업당을 새로 만들자는 제안이 나왔다. 농민 표의 이러한 움직임은 1989년 선거에서의 이행을 이끈 가장 큰 블록이었다. 소비세와 부패 스캔들 확산과 더불어, 이런 상황은 자민당이 참의원에서 다수 의석을 상실하게 만들었다.[89]

참의원의 참패로, 자민당은 불굴의 능력을 가졌고 자민당에 대한 충성만이 그들에게 평생직을 보장해 준다는 개별 자민당 의원들의 신념은 무너지고 말았다. 정치가 개인들이 각자 살아남기 위한 적자 생존 투쟁이 전개되었다. 많은 사람들은 같은 선거구 내에서 보수주의자들간의 싸움을 위해 거대한 돈을 쏟아 붓게 만드는 중선거구제가 바로 부패의 원인이라고 지목했다. 이 경우는 중선거구제를 바꾸는 것이 곧 개혁이다. 또 다른 사람들은 선거 개혁이 자민당의 지지 기반을 조정할 수 있는 방도 중 하나라고 했다. 또 어떤 사람들은 보다 이상주의적 입장에서 돈, 정치, 정책간의 연계를 전격적으로 약화시켜 갈 것을 주장했다.

일본의 대법정은 기존의 선거 제도가, 심한 경우에는 거의 4대 1의 비율로 농촌 지역 선거 유권자들을 과다 대표하기 때문에 위헌이라는 판결을 내렸다. 그러나 법정은 새로운 제도에 대해서는 아무런 언급도 없이, 그 결정을 정치가에게 넘기고 말았다. 자민당 지도부는 거론된 대부분의 방안들 중에서 자민당에게 고도로 유리하게 작용할 소선거구 선거 제도가 채택되기를 오랫동안 열망해 왔다.[90] 그러나 비례 대표제여야 생존이 가능하다는 것을 인식하고 있는 군소 야당들은 자민당의 대안에 반대했다. 어느 정당의 정치가라도 자신의 정치적 입지를 희생시키는 개혁을

---

89) 그 선거에 관해서는 *Leviathan* 10(1992) 특별호를 참조할 것.

90) 1956년에 하토야마 수상은 승자 독식 체제인 소선거구제의 도입을 제안하였다. 이것은 소위 맥아더 헌법이라고 불리는 헌법을 개정할 수 있도록 자민당이 3분의 2를 득표할 수 있게 하게 위해 고안되었다. 마찬가지로 1973년 다나카 수상은 총의석의 40퍼센트를 비례 대표로 선출함으로써, 소선거구제의 도입으로 귀결되었을지도 모르는 제안을 내놓았다.

원할 리 없다. 결과적으로 선거 개혁이 신속하게 진행되기가 어려웠다. 가이후 수상과 미야자와 수상은 그 이슈를 두고 갈팡질팡했다. 이 두 수상은 선거 개혁을 약속했으나 의회에서 통과될 만한 법안을 제출할 수가 없었다.

자민당의 분열이 확대된 것은 이러한 맥락에서였다. 앞서 지적했듯이, 1989년 선거는 많은 개별 자민당 정치가들에게 정당에 밀착하는 것이 더 이상 항구적인 정치적 입지를 보장하지 않는다고 믿게 만들었다. 그 결과로 일군의 보수 정치가들이 전문 정치 경영자로 빠져 나온 것이다. 그들은 자신들이 스스로 노력하여 즉각, 과거에 보수 주도의 변화를 통해서 힘을 얻었던 노동 연맹인 연합과 같은 집단으로부터 원군을 찾았다. 만일 부패 문제에 사람들이 관심이 더 기울어진다고 판단되면 전문 정치 경영자들은 이른바 '개혁'을 지지할 것이다. 또한 만일 정부의 경제 정책이 자신의 지역구의 핵심 유권자에게 인기가 없다면 그들은 그것을 반대할 것이다. 그리고 관료제가 부적합하게 보이면 그들은 즉각 행정 재조직을 외치고 나올 것이다. 이 모든 것의 결과는 광범위한 정당 체제의 재편으로 나타났다.

처음에는 세 개의 개별 집단이 자민당을 떠났다. 호소카와 모리히로와 일본 신당(Japan New Party)의 당원으로서 의석을 획득한 사람들은 대부분 이상주의적 개혁주의자들이다. 뿌리 깊은 부패에 진정으로 염증을 느끼며 매우 도회적인 그들은 보다 책임 있는 정당 정치, 보다 규제 완화된 경제, 보다 국제화된 일본을 추구했다. 두번째 성향은 비교적 젊은 의원들 13~15명으로 자민당에서 나와 사키가케(Harbinger Party)를 만든 사람들이다. 이들은 비교적 선거에서 안전한 '2세' 의원들로서 재선을 보장해 주는 강력한 개인 후원회를 가지고 있었다. 이들은 모두 전격적인 개혁, 특히 공무원의 핵심부에 부패가 만연되는 것을 종식시키려는 신념을 가지고 있었다. 그들은 막대한 선거 운동 자금을 감소시키리라는 다소 안이한 믿음으로 소선거구제의 창출을 선호했다. 그들은 무엇보다도 청산에 대한 자신들의 요구가 자민당의 간부들(고토다 마사하라와 이토 마사요시와 같은 소수를 제외하고)에 의해 무시되자 자민당을 탈당했다. 끝으로 세번째 집단은 오자와 신생당의 그룹으로서 하타 쓰토무와 함께 이끌어 갔다. 오자와는 국가의 장기 전망에 관심을 둔 정치가 중 한 사람이라고 평가되었다.[91] 이렇듯 오자와는 집권당의 엽관 제도의 광범위한 전용, 경제적 보호주의, 그리고 낮은 국제적 위상에 대한 반대 입장을 표명하였다. 대신에 오자와는 그런 개혁과 광범위하게 결부된 표현을 빌려 일본을 이른바 '정상 국가'로 만들려고 애썼다. 오자와 집단은 전체적으로 소선거구를 선호했다. 그러나 이런 오자와는 사실상 전형적인 '금권' 정치인이었다. 그는 속속 드러나고 있던 대형 스캔들에 깊이 연루된 다케시타와 가네마루 같은 사람들에게서 정치를 배웠다. 오자와는 일본의 마키아벨리로서 자민당의 간사장을 역임했고 능력 있는 기금 모집가였으며, 그의 정책적 입장은 국가에 대한 통제를 획득하기를 원하는 자신의 바람과 긴밀하게 연관되어 있다.

이러한 집단들이 갈라져 나온 것은 첫번째 이탈의 물결이었으며, 뒤이은 몇 달 동안 자민당은 더욱 분산되었다. 1955년 이래로 첫번째 비자민 정부의 수장으로 뽑힌 사람은 가장 정점에 위치한 호소카와였다. 그러나 일반 대중의 강력한 지지와 바로 지금이 변화를 위한 시점이라는 인식이 널리 퍼져 있었음에도 불구하고 호소카와의 집권은 단명하였다. 1994년 4월, 일련의 선거 개혁 제안을 통과시키지 못하고, 자민당원들의 행동과 유사한 금융상의 부적절한 행동으로 인해 기소되어 흠집이 생긴 호소카와는 자신의 내각의 일원이며 신생당 소속인 하타 쓰토무에 의해 교체되었다. 그런데 단일 최다수 정당이었던 사회 민주당(사회당)이 비자민 연합으로부터 뛰쳐나가 이념적인 차이를 넘어 그들의 오랜 복수의 대상이

---

91) Otake Hideo, "Jiminto wakate kaikakuha to Ozawa guruupu"[The young reformers in the LDP and the Ozawa Group], *Leviathan* 17(1995): 17.

었던 자민당과 연합을 이루자, 하타의 연합은 겨우 2개월 집권하고 분열되고 말았다. 그로부터 일관된 프로그램이나 방향에 의해서라기보다 이념적으로는 다르지만 권력 상실에 대한 두려움 때문에 하나로 뭉친 신정부가 1996년 결성되었다.

불과 5년 동안 일본은 7번째 수상을 맞이했는데 그는 사회주의자 무라야마 도미이치로서 1947년 이래 사회당 출신 첫 수상이었다. 사회당의 알맹이를 전부 빼내 버리고 나서 그는 사임했고 자민당의 새 수상 하시모토 류타로가 들어섰다. 결국 1996년 10월 중의원 선거에서 하시모토는 자민당 주도의 단일 정부로의 복귀를 기획했다(비록 자민당은 의회의 양원에서 다수 의석에 못미쳤음에도 불구하고 그러했다).[92] 급진적인 정치적 격변의 기회는 개혁 정부의 종식, 야당의 분열, 자민당의 복권과 더불어 한 차례 지나간 것처럼 보였다. 그러나 비록 덜 극적이기는 했지만 변화에 대한 구조적인 압력은 계속되었다.

일본의 새 선거 제도는 1928년 이래로 겨우 두번째로[93] 1994년 1월 말 입법 과정을 통과했다. 새로운 중의원 선거 제도는 두 제도를 합친 것이었다. 300명의 의원들은 소선거구 다수 대표제로 선출한다. 나머지 200명은 11개 선거구를 기초로 정당 지명 명부식 비례 대표제로 뽑는다. 시민들이 두 번 투표하여 그들의 표가 갈리게 함으로써 군소 정당도 의석을 차지할 수 있도록 허용한 방식이었다. 이 제도가 1996년 10월 선거에서 처음 도입되어, 적어도 4개의 정당들이 '보수주의자'로서 경쟁했다. 자민당이 다수를 차지했고 다른 보수주의 집단도 그들이 선거를 치르기 전의 의석과 거의 비슷한 수의 의석을 확보했다. 가장 의석을 많이 잃은 정당은 사회 민주당, 즉 과거의 사회당이었다. 한편, 자민당은 1990년대

---

92) Yamaguchi Jiro, *Nihon seiji no kadai: Shinseiji kaikakuron*(Current issues in Japanese politics: A new approach to political reform) (Tokyo, Iwanami Shinsho, 1997).

93) Soma Masao, *Nihon senkyo seidoshi*(A history of the Japanese electoral system) (Fukuoka, Kyushu Daigaku Shuppankai, 1986).

중반에 다시 정권에 복귀했지만, 당의 장악력은 그다지 안전하지 못했다. 정당 재편의 위협이 계속되었고, 정당 제도는 막을 수 없을 정도로 변모해 갔다.

자민당의 선거 장악력은 1998년 6월의 참의원 선거에서 17석이나 되는 엄청난 의석을 잃음으로써 더욱 훼손되었다. 약 60퍼센트의 투표율을 보인 이 선거에서, 자민당은 경합을 벌인 126석 중 겨우 44석을 차지하여 61~65석 정도를 목표로 했던 것에 크게 못미쳤다. 이 선거에서의 패배는 하시모토 수상의 사임과 정당 내부의 이탈 가능성을 확대시켰다.

1998년 중반, 일본의 정치 경제는 일종의 유동 상태였다. 고도의 정치적 변화 시기에 단기간의 미래를 예측한다는 것은 보나마나 위험한 일이지만, 자민당 일당 지배의 시기는 분명히 끝난 것 같았으며, 일본의 경제는 비견할 수 없었던 과거와 같은 성공의 대열로 다시 복귀할 것 같지 않았다. 이전의 체제는 이렇게 종식되고 있었다.

어떠한 신체제가 등장한다 해도 그 모습은 사회 경제적 집단들이 형성한 새로운 동맹 관계, 그들이 함께 결속하여 만들어 갈 새로운 제도적 구도, 그리고 그들이 고안할 공공 정책의 특정한 혼합에 의존할 것이다. 이러한 변화의 주요 가능성은 결론의 장에서 상세히 소개할 것이다. 그러나 이미 지금, 변화와 개혁의 과정이 피상적인 기반이 아니라 보다 근본적인 기반 위에서 진행 중이다. 허만 슈와츠(Herman Schwartz)가 지적한 대로, "재조직하는 사람들은 기존 규범의 맥락에서 단지 자신들이 원하는 결과를 추구하기보다는 게임의 규칙 자체를 변화시키고자 시도하는 일종의 전략 정치에 관여하고 있다."[94]

그러나 평형성을 이룬 체제가 그 나름의 정체성을 갖추기 전에 분산의 진행과 재편, 또는 잘못된 과정이 다시 전개될 가능성도 있다. 사실상 어떤 명료성이 곧 나타나게 된다고 보장할 수도 없다. 영국이나 미국보다

---

94) Herman Schwartz, "Small States in Big Trouble : State Reorganization in Australia, Denmark, New Zealand, and Sweden in the 1980s," *World Politics* 46, 4(1994): 529.

는 스웨덴과 이탈리아에서 새로운 안정 체제가 자리잡지 못하고 있는 것을 보더라도 그렇다. 그러나 두 가지만은 확실히 뚜렷하다. 하나는, 어떤 정당도 가까운 장래에 과거 40년 가까이 자민당이 누렸던 것과 같이 거의 제약을 받지 않는 헤게모니를 획득할 가능성은 없다는 것이다. 또 하나는, 국가의 경제가 '중상주의의 침투'의 정점에서 구가했던 식을 줄 모르는 성공으로 쉽게 되돌아가지는 못할 것이라는 점이다. 이런 식으로 구체제는 분명히 사라지고 있는 것이다.

[결론]

변화하는 세계 경제에서의 여러 체제들

1997년 말 태국 전역에 걸쳐 주식 시장, 은행, 부동산 가격, 국가 외환이 붕괴되었다. 불과 몇 주일 만에 태국의 문제는 말레이시아, 인도네시아, 싱가폴, 필리핀으로 확대되었다. 말레이시아의 총리 마하티르(Mohamad Mahatir)는 말레이시아를 곤란에 처하도록 만든 불투명하고 음모적인 여러 '외부 세력'들을 공공연하게 지목하며 강도 높게 비난했다. 그러나 말레이시아의 외환과 주식 시장을 묶어 두려는 그의 노력은 국제 투기자들 앞에서 무력함을 드러냈다. 그리고 얼마 지나지 않아 일본과 유럽과 북미에서 몇 년 전에 멕시코에 외환 위기가 발생했을 때와 마찬가지로 주가가 폭락했다. 많은 사람들은 이러한 일련의 사건이 세계 곳곳에 있는 여러 자산 보유가들에게 타격을 주고, 국제 시장이 점점 더 긴밀하게 융합되어 간다는 생각을 더욱 확고하게 하는 것으로 받아들였다. 그 결과 경제적 글로벌화의 제 세력은 경제를 좌지우지하는 효과적 힘을 지속적으로 발휘하여 어떠한 국가나 정부도 자율적으로 의제를 설정하기 어렵게 만들었다.

이 책에서는 국가간의 수렴보다는 국가간의 차이에 주목했다. 부분적으로 그것은 이 책에서 고려한 시간대에 따른 결과이다.

변화하는 세계 경제에서의 여러 체제들 423

이 책의 제1부는 제2차 세계 대전 직후의 30년간을 중점적으로 살펴보았고, 제2부는 1970년대 후반 이래로 체제가 이행해 온 과정에 초점을 맞추었다. 필자의 관심은 각 국가가 어떤 식으로 공통되는 적응을 했는가에 대해서보다는 어떤 상이함을 보여 주었는가에 있지만, 아마도 글로벌리스트들은 이 책을 국내의 제도와 연합에 대해 국제적 경제 세력들이 행사하는 힘이 증가하고 있다는 사실을 밝히고 있는 것이라고 이해할지도 모르겠다.

이제 이 책의 내용이 시사하는 점에 시선을 돌려, 특히 국가 내의 제세력과 국제적 세력간에 서로 상쇄하는 점이 지니는 의미를 검토하며 결론을 맺고자 한다.

그러기 위해서 다음 세 가지 문제에 집중하고자 한다. 첫째, 비교 연구를 위하여 체제라는 개념이 지니는 전반적 적용성의 문제이다. 둘째, 향후 일본 정치 경제의 전개에 관한 문제이다. 셋째, 글로벌리제이션과 국제화의 쟁점들과 이 책에서 필자가 탐구한 내용간에 어떤 연계가 가능하겠는가의 문제이다. 필자는 세계적 차원의 압력에도 불구하고 일본의 경우도 포함하여 체제들간의 국가적 차이점이 앞으로도 지속되리라는 점을 밝힌다.

분석의 개념적 도구로서의 체제

국가 대 사회, 국내적 대 국제적, 선출 대 비선출, 변화 대 지속, 국가 대 시장 등의 이분법이 오늘날의 정치 경제 연구를 지배한다. 필자는 특정 체제들이 이처럼 확연하고 양분법적 힘들을 어떻게 융합하여 통합하는가에 초점을 맞추면서 이 같은 양극화의 경향을 누그러뜨리고자 한다. 국가와 시장이 어떻게 상호 작용하는가? 국가가 사회를 지배하는가? 아니면 국가가 사회에 의해 침윤당하는가? 이런 것들이 한 특정한 체제의 특성을 드러낼 수가 있다.

그러나 체제를 이해하는 데 있어서 핵심이 되는 것은 국가 구조, 시장, 사회 조직이 서로 지속하며 유지해 가는 특성이다. 마찬가지로 체제 분석은 어떠한 요소가 시공을 넘어서 다른 모든 요소들을 압도하는가보다는, 한 단일 국가에 있어서 국내적 요소들과 국제적 요소들이 어떻게 결부되어 있는가를 보여 준다. 이 책 전체에 걸쳐서 산업 민주주의 국가들에서 이 같은 연계성이 어떻게 상호 강화하며, 계속 출현하고, 서로 평형을 이루어 가는가를 줄곧 관심있게 살펴보았다. 이러한 체제의 특성이란 이것이냐 저것이냐의 방식으로보다는, 이것이면서 동시에 저것이라는 방식으로 더 잘 묘사된다.

포괄적 체계로서 체제를 검토하는 것은 각 국가들의 정치 경제에 깊게 자리잡은 고정 관념과 권력의 핵심을 마치 큰 붓으로 그림 그리듯이 비교할 수 있게 한다. 처음에는 개별적 체제들이 각기 독특하게 구축된다. 그러나 그런 모습을 갖게 하는 세력과 드러나는 결과는 유사한 경우가 많아서 상이한 정치 세력들이 장기간에 걸쳐 닮아 간다. 1930년대 유럽의 많은 작은 나라들에서 등장했던 조합주의적 체계가 이런 사례에 해당하고, 유럽의 다른 나라들에서의 파시즘에 대한 언론의 입장도 그러하다.[1]

조합주의적 스웨덴, 집단주의적 영국, 다원주의적 미국, 정당 지배적 이탈리아 등의 국가는 모두 각기 다른 전후의 정치 경제를 구축했다. 각 체제는 오랫동안 존속해 온 각각의 사회 경제적 분파, 그들 나름의 정치 경제적 제도의 혼합성, 그리고 독특한 공공 정책의 양상을 가지고 있다. 그 결과 이들 민족 국가들의 정치 경제는 한 세대나 그 이상에 걸쳐 지속적이고 예측이 가능하다.

스웨덴에서는 1930년대 중반부터 1980년대 중반까지 하나의 구체적인 사회 경제적 연계—처음에는 노동 조직과 농업간의 적색-녹색 연계,

---

1) 다음을 참조할 것. Gregory Luebbert, *Liberalism, Fascism, or Social Democracy* (New York, Oxford University Press, 1991).

이어서 블루 칼라 노동자와 화이트 칼라 월급 수령자간의 녹색-백색 연계—가 선거를 지배했다. 조합주의적 협상 기제가 노동과 기업 부문의 가장 대표적인 단체간에 서로 이득이 되는 포지티브 섬 게임으로의 경제적 협상을 촉진하였다. 그것은 생산성 향상에도 크게 기여했으며 국가가 운영하는 사회 복지 프로그램을 광범위하게 기획하도록 하는 동시에 스웨덴의 기업 경쟁성도 고양시켰다. 반면에 스웨덴의 정책 양상과 공식 제도는 사회 민주주의적 좌파와 노동 운동이 스웨덴의 기업과 자본 내에서 광범위한 정통성을 확보하도록 함과 동시에 그 정치적·경제적 힘을 향상시켰다. 즉, 그것은 마커스 차일드(Marcus Childs)가 스웨덴의 '중도(middle way)'[2]라고 부른 것에 대해 말할 수 있는 바탕이다.

영국의 집합주의 역시 어느 정도 기업-노동간의 협력과 과거에 존재했던 좌-우 정치적 격차의 희석을 포함했다. 그러나 영국에서의 혼합형은 스웨덴의 유형에 비해 짧았고 제조업에서 국가 경제의 동력을 유도하는 데는 훨씬 못 미쳤음이 판명되었다. 노동 조합과 노동당은 영국의 집단주의의 전개 과정에서 중심적이지만, 영국의 노동 구조는 스웨덴의 노동 구조만큼 포괄적이지도 않고 조합주의적이지도 않으며, 노동 조합의 목적을 기업 생산성의 향상으로 연결하는 구조적인 유인력을 거의 가지고 있지 않다. 영국의 노동당은 스웨덴의 노동당만큼 탈상품화된 사회 보장 혜택을 만들어내는 데 전념하는 정책 내역을 형성한 적이 없다. 반면에 영국의 자본은 노동에 비해 훨씬 더 내적으로 결속되어 있고 동시에 금융과 제조업의 통제를 더 많이 받는다. 끝으로 본원적으로 양대 정당 경쟁 제도로부터 등장한 서로 교체하는 영국의 의회제적 정부가 정당들을 아우르는 비교적 넓은 범위의 합의가 있음에도 불구하고, 정책들은 노동당 정부와 보수당 정부를 왔다갔다 하는 현상을 보여 준다는 사실이다.[3]

---

2) Marcus Childs, *Sweden: The Middle Way on Trial* (New Haven, Yale University Press, 1980).
3) 다음을 참조할 것. Sven Steinmo, "Political Institutions and Tax Policy," *World Politics* 41, 4

1970년 말 영국에서도 몇몇 제조업 부문 기업만이 최소한의 국제 경쟁력을 보유하고 있었고, 국가 경제는 대부분의 OECD 국가들에 뒤처져 '유럽의 병자'라는 지탄을 받았다. 영국의 확연한 질병의 징후는 무엇보다도 경제적인 것이었지만, 정치가들과 관심 있는 층의 일부 사람들은 영국의 체제 전체가 치명적인 상태여서 전격적인 대수술이 필요하다고 인식했다.

미국의 예외적인 제도적 다원주의와 그것의 경제적·문화적 혼재는, 1940년대에서 1970년대에 이르기까지 대부분의 기간 동안 특수주의적이고 분권화되었으나 고도로 안정적인 정책 양상을 만들어냈다. 의회의 차원에서 민주당과 공화당은 영국의 양당제에서와 같은 결속력을 거의 누리지 못했다. 또한 루스벨트에 의해 짜여진 복잡한 뉴딜 연합이 거의 손상되지 않은 채로 남아, 개별 이익 단체, 관료적 중간자, 의회의 위원회가 그들만의 양당적 철의 삼각형을 밀고 나갈 때조차도, 민주당측이 대부분의 정책 아젠다를 수립했다. 제2차 세계 대전 이후 거의 30여 년간 미국의 제조업자들은 국내에 강력한 생산성과 고용률을 보장하면서 외국의 경쟁자들보다 우월한 위치에 있었다. 거대 제조 업계의 노동 조합은, 노동 조합원 가입 수준과 국가가 제공하는 복지 프로그램이 산업화된 세계에서 가장 낮았는데도 불구하고, 주목을 끄는 노사 화합으로부터 혜택을 입었다. 그 결과 국가 노동력은 지역에 따라서 일정치가 않았고 산업별로 각기 달랐다. 그 모두를 통해서 미국은 국제 금융과 교역 체계 및 친서방 동맹 구조를 발전시키고 유지하는 데 이례적으로 활발한 역할을 수행했다. 미국의 체제를 구성하는 중요한 요소들은 다른 여러 정치 경제보다 훨씬 다양한데도, 갖가지 부분으로 이루어진 하나의 복잡한 모빌과 같이 서로 잘 연계되어 있다.

전후의 이탈리아는 좌파의 힘이 제한되었는데도 불구하고 스웨덴에서

(1989): 500~536.

와 같은 정도의 사회적 혜택을 제공하는 체제를 발전시켰다. 그러나 이러한 혜택은 영국이나 스웨덴에서와 같이 정치적으로 중립적인 국가 체계에 의해서가 아니라, 기독교 민주당에 의해 연고주의와 비호주의를 통해서 베풀어졌다. 이탈리아에서는 영국, 스웨덴과는 달리 좌파가 분산되었고 우파가 훨씬 결속되어 있다. 미국에서와 같이 외교 정책, 종교, 문화의 쟁점들이 경제적 분파를 능가하여 압도한다. 지정학적으로 이탈리아는 소규모와 중간 규모의 제조업이 몰려 있는 고도로 생산성을 내는 북부 지대와 로마의 연고주의적 수혜에 기대고 있는 어느 지역보다 정체된 남부 농업 지대로 나뉜다.[4] 이탈리아는 사실상의 통치체를 결여한 하나의 체제인 것이다.

이들 네 체제 내의 정치적·경제적 행위자들은 지배적인 연합의 구도와 제도와 공공 정책 양상을 받아들였으며 다시 판을 짤 힘은 없었다. 그 결과 네 체제 모두 제2차 세계 대전 이후 거의 30년 내지 그보다 더 오랫동안 안정성을 보여 주었다. 네 체제는 주요한 면에서 서로 다르긴 하지만, 이 점에서는 서로 비슷해 보인다. 스웨덴은 노르웨이, 덴마크, 오스트리아와 매우 비슷해 보인다.[5] 영국의 집단주의는 뉴질랜드와, 어느 면에서는 캐나다, 오스트레일리아와 상당히 비슷한 면을 갖고 있다. 이탈리아의 정치 체제는 대부분 전후 프랑스의 제3공화국, 독일 바이마르와 비슷했다. 또한 이탈리아는 정당의 중심적 역할, 반공주의, 종교의 관점

---

4) 이들 두 지역은 경제적 측면뿐만 아니라, 두 지역간의 시민 문화도 다르다. 이들의 전개 양식에 관한 논쟁에 대해서는 다음을 참조할 것. Robert D. Putnam with Robert Leonardi and Raffaella Y. Nanetti, *Making Democracy Work: Civic Traditions on Modern Italy* (Princeton, Princeton University Press, 1993).

5) 다음을 참조할 것. Peter J. Katzenstein, *Small States in World Markets: Industrial Policy in Europe* (Ithaca, Cornell University Press, 1985); 또한 Gerhard Lehmbruch, "Concertation and the Structure of Corporatist Networks," and David Cameron, "Social Democracy, Corporatism, Labor Quiescence, and the Representation of Economic Interest in Advanced Capitalist Countries," in John H. Goldthorpe, ed., *Order and Conflict in Contemporary Capitalism* (Cambridge, Cambridge University Press, 1984).

에서는 심지어 미국과도 꽤 비슷한 점을 가지고 있다.

　미국이야말로 이러한 유사성에서 가장 벗어나는 예외이다. 전략적 · 경제적 헤게모니국으로서, 가장 높은 GNP와 이질적인 인구를 가진 나라로서, 어떤 나라도 미국에 필적하지 못한다. 동시에 미국의 양당제 정치는 앵글로 색슨 국가들의 정치에 가깝다. 미국의 강력한 농업-재계 부문은 캐나다, 오스트레일리아와 닮았다. 미국의 문화적 복잡성은 캐나다, 스위스, 심지어는 프랑스, 영국과도 공통되는 점이 있다. 미국의 개방적 교역과 투자 정책은 대부분의 산업 세계에서 모방했다.

　여기서 검토하는 체제 가운데 가장 독특한 체제는 일본의 체제이다. 1950년 중반부터 1980년대 후반에 걸쳐 일본의 체제에서 조직 노동 세력은 주요 정부 활동의 참여에서 배제된 반면, 그 반대의 연합, 즉 대기업과 소기업, 조직된 농업이 정치 경제를 지배했다. 단순히 통산성이나 외무성만이 아니라 국가 관료 기구들은 국가 경제 발전에, 특히 전후 초기 수년간 국가 경제 발전에 대한 강력한 규제적 통제권을 행사했다. 다수의 제조 업체와 금융 업체는 대기업이건 소기업이건 광범위한 계열 연계망을 통해서 그들의 경제적 부의 확충을 서로 연관시켜 왔다. '중상주의의 침투'라는 정책의 양상은 많은 제조 업체가 공격적 수출을 통해서 점점 더 확장된 국제 시장 점유율을 차지하는 위치가 되도록 하면서 국내 경제를 주요 외국의 침투로부터 보호했다. 일본의 사회 복지는 미국의 경우에서보다도 훨씬 더 부수적이고, 자산 상태와 생업 여하에 의존한다. 일본은 예외적으로 급속한 경제 성장을 향유했으나, 그것은 중도 좌파 정부가 없었는데도 불구하고, 국가가 저성장 부문과 농업 및 영세 기업, 경쟁력을 상실해 가는 부문에 공적 활동 프로그램을 실시하고 보조금을 지급한 결과 고도로 평등주의적임을 증명하는 방식으로 이루어졌다. 모든 체제에서 그렇듯이 일본의 체제를 구성하는 개별적인 조각들은 서로 강화하는 효과가 있으나, 그들의 특정한 조합은 일본 정치 경제에 독특한 편견과 정치적 좌표를 제공했다.

어떠한 사회적 평형성이라도 모두 변화하는데 특히 정치-경제적 구도가 복잡할 경우 그 이행은 더 현저하다. 앞에서 밝혔듯이 지속성과 변화 간의 겉보기에 상호 모순적인 적대성이란 어떤 체제에서고 서로 맞물려 있다. 외부 조건의 변화는 핵심적 정치 경제 행위자들의 선호를 바꾼다. 지속적으로 바뀌는 상황과 주요 정치 경제 행위자들간의 상대적 힘의 균형도 마찬가지의 효과를 낸다. 제2차 세계 대전 이후에 수년에 걸쳐 이들 체제에 정착된 어떠한 구도도 1990년대 후반까지 간 것은 없다. 오히려 다섯 체제 모두 이전에 구축된 평형 지점으로부터 상당히 벗어나는 방향으로의 이행을 거쳤다.

글로벌리스트들이 빈번하게 강조하듯이, 이 모든 체제들은 빠르게 변화하는 국제 경제의 제 세력들의 탈평형의 힘에 종속되었다. 가령, 이탈리아와 스웨덴의 체제는 유럽 통화 연합을 위한 마스트리히트 조약 (Maastricht Treaty)에 맞춰야 한다는 필요성을 의식하고 그것 때문에 흔들렸다. 물론, 국제적 압력이 필자가 분석하려는 체제의 이행을 가져오는 유일한 원인은 아니다. 구체적인 국내의 긴장 역시 기존 구도의 붕괴를 초래하는 원인이 된다. 따라서 이탈리아의 정당 지배가 그렇게 순식간에 완전히 붕괴된 것은 탄젠토폴리(Tangentopoli)와 연계된 부패 스캔들을 고려하지 않고서 거의 상상할 수가 없다. 그것은 마치 스웨덴의 변화를 공공 부문의 노동 조합과 사부문의 노동 조합간의 긴장을 이해하지 못하고서는 도저히 알 수가 없는 것과 마찬가지이다. 아마도 미국이 재정적 글로벌화에 가장 용이하게 연관지어지는 사례일 것이다. 이런 미국에서도 시민권 운동, 여성 운동, 반전 시위—그리고 그에 더하여 기독교 근본주의자들이 국가적 의제로 밀고 나간 낙태 반대 운동과 '가족의 가치'—에 대한 문화적 적대성을 포착하지 않고서는 공화당의 집권을 창출한 정치적 변화를 거의 이해할 수가 없다.

이처럼 변화의 구체적 결정체가 경우에 따라서 다르듯이 체제들을 갈라놓은 메커니즘도 각기 다르다. 새로운 선거 연합이 영국과 미국에서는 이탈리아와 스웨덴에 비해서 훨씬 더 중요한 결정적 변화 요인이었다. 일본에서는 정당의 분화, 가장 두드러지게는 자민당 내의 분화와 자산 거품의 내부 붕괴가 가장 결정적이었다.

물론 공통적인 국제 정치 경제의 압력이 한때 안정적이었던 다양한 산업화된 민주주의 체제들에 부과되어 그 체제들을 그들의 안정 구도에서 벗어나게 하는 주요 요인으로 작용했다. 그러나 이러한 압력이 일률적으로 가해진 것은 아니고, 국내의 제도와 정치적 구도를 통해서 일률적으로 여과되지도 않았다. 더군다나 각각 다르고 서로 닮지 않은 각국 내의 변화들이 이행의 결말에 강력하게 작용했다. 그렇기 때문에 세기가 바뀌는 시점에, 위의 다섯 체제들 사이에서 어떤 공통점을 찾는다고 해도, 각 체제는 고도의 개별성과 국내의 특이성을 보유하고 있다는 점을 결코 부인할 수 없다.

영국과 미국이 1990년대 후반에 분명하게 새로운 평형 지점을 구축한 반면, 이탈리아, 스웨덴, 일본은 여전히 새로운 안정의 유형을 향하여 불확실한 긴장 속을 일정치 않게 왔다갔다 하고 있다. 그러나 세 체제가 새로운 균형점에 도달했다 해도 서로 비슷하리라고 말하기는 힘들다. 일본에 대해 가장 가능성이 높은 전망을 해 본다면 이 점은 더욱 명확해진다.

일본의 새로운 체제에 대한 전망

1990년대 말의 일본의 체제는 앞서의 20년 전이나 30년 전과 너무나도 뚜렷하게 대비된다. 경제 자체와 경제적 정책이 변모했고 국가 예산도 깊은 적자의 늪에 빠졌다. 공식 할인율은 50년 동안 가장 낮았고, 엔화 가치도 굴곡이 심했다. GNP 대비 국가 부채는 다른 어떤 산업국보다 높았다. 공식 실업률은 이전 30여 년에 비해 빠른 속도로 늘어 갔다. 제조업의 생산성은 거의 7년간 정체 상태였다. 국가 재원은 재정 부문 전체에 퍼져 있는 부실 채권을 상쇄하기 위한 거대 규모의 지원 요구에 직면해 왔다. 자금 확보가 되지 않은 연금 기금은 재조정되어야 하는 처지에 놓였고, 공공 영역에서의 이자 지급이 산적해 있었다. 선거에 두려움을 가지고 있는 정치가들은 자신의 지역을 위해 연고주의적으로 사업을 끌어오는 데 지나치게 경도되어 있었다. 국가 경제가 1990년부터 1997년까지 거의 피폐화되었는 데도 불구하고, 정부 관료들은 그 난관을 타개하기 위해 공통된 정책에 대한 합의에 이르지 못했다. 오히려 계속되는 그들 내부의 갈등 때문에 정책들이 재정 긴축 노력과 재정 확대 시도 사이를, 그리고 규제 완화의 약속과 재규제의 현실 사이를 오갔다.

물론 가장 큰 관심을 끈 것은 성장을 멈춘 일본의 경제이지만, 1990년대 말에는 다른 많은 변화들이 일본의 보수 체제에도 일어났다. 그러한 변화들이란 새로운 선거 제도, 탈바꿈했으나 매우 유동적인 정당 제도, 유권자의 대규모 지지 변화, 일본의 가장 강력한 계열과 연관된 수직적·수평적 연계의 약화와 점증하는 외국 소유 기업의 존재, 경제 관료들이 활용했던 정책 기제들의 수와 위력의 심각한 축소, 급진 노동과 좌파 조직의 양순화와 위축, 조직화된 농업 세력의 경제적, 광범위하게는 정치적인 한계화, 평균 연령의 증대, 정당에 대한 유권자 충성도의 점차적 와해이다.

1980년대 후반, 기업과 노동간의, 보수주의자와 사회주의자간의 고전적인 구분은 역사적으로 정착되었다. 이념이 적합성을 갖지 않을 수는 없으며, 역사가 종언을 고할 리도 없다. 그러나 과거의 고전적인 투쟁은 대부분 평정되어 그것들이 주요한 정치적 활동을 활성화시킬 수 있는 힘은 거의 소멸되었다. 마찬가지로 미국과의 안보 관계를 둘러싼 광범위한 문제와 민족주의와 평화주의에 관한 문제도 다소 해결되어 정치 시간표에서 제외되었다. 일본 사회당이 무너져 내리면서 역사적으로 가장 강력하게 보수주의에 대한 반대를 표명해 온 세력이 힘을 잃은 한편, 50년간의 경제적 변화와 냉전의 종식은 그것들을 침묵하게 했다. 그렇다고 이

것이 앞으로 일본에서 경제적 배분의 쟁점이나 헌법, 군비 지출, 미군 병력, 또는 일본 민족주의의 상징에 관한 쟁점들을 둘러싸고 정치적 투쟁이 일어나지 않을 것이라는 의미는 아니다. 그러나 향후 10년 또는 15년 동안에는 이러한 쟁점들에 관한 표현이 지난 40~50년간에 걸쳐서 제기되었던 형식과는 다른 모습으로 전개될 것이 확실하다.

간단히 말해, 구체제의 사회 경제적 · 제도적 · 정책적 기반이 이행했고, 변화는 더 이상 거역할 수 없는 것처럼 보인다. 정치적 행위자들이 바람직한 변화의 정도와 방향을 두고 서로 싸우지만, 어떤 명확한 의제에 대해서도 전폭적인 지지를 끌어내지 못하고 있다. 새로운 평형에 이를 일본의 체제는 새로운 정치 사회적 균열, 이러한 정치 사회적 균열이 나타낼 제도, 그들간의 원활한 해결과 상호 작용을 찾기 위해 구축할 공공 정책 양상으로부터 만들어지게 된다.

지난 세기 말 일본이 직면한 가장 중심적인 사회 경제적 균열은 국제적 경쟁력이 있는 부문 · 기업 · 집단과 경쟁력이 없는 부문 · 기업 집단들간의 균열이었다. 한쪽 끝에는 국제적으로 성공한 일본이 서 있다. 국제적으로 경쟁력 있는 상품을 만들고 높은 이윤을 내기 위해 숙련 노동력을 활용하고 시장 점유율을 높여 가면서 세계를 제패한 기술적으로 뛰어난 고부가 가치의 기업들, 그리고 이와 같은 편에 일본의 코스모폴리탄들이 보인다. 교육을 잘 받아 시장성 있는 고도의 기술을 가지고 있으며 넉넉한 수입의 소비 지향적 생활 양식에 강하게 매료되어 있는 시민들, 그리고 여러 기업 조직, 사적 영역의 노동 조합, 소수 정부 기구나 준정부 기구가 여기에 속한다. 그들은 모두 국제화, 경제 개방, 규제 완화의 확대란 우려할 것이 아니라 오히려 매력 있는 것이라고 받아들인다.

다른 한쪽 끝에는 보다 보호적이며 낮은 기술에 덜 숙련된 비효율적 노동력이 뒤섞인 기업, 즉 국제 시장 경쟁력보다는 정치적 보호와 정부 보조금의 기능에 더 많이 의존하여 이윤을 내는 기업들이 자리잡고 있다. 여기에 속하는 개인은 교육 수준이 낮고, 최첨단의 기술을 적게 보유하고 있으며, 그래서 소득이 적고, 급속한 경제적 변화로 인한 위험에 대해 예민하다. 예로써 건설, 시멘트, 의약업, 농업, 다수의 유통업, 농촌 거주자, 반숙련 기술 노동자, 보험, 자산 거래, 은행 부문 등이 있다. 그들은 자신들의 관심에 맞추어, 정부의 많은 규제 기구, 다수의 토착적 이익 집단, 심지어는 '소비자들'을 생각한다고 주장하는 여러 집단들과 함께 규합한다.

이러한 구분은 오래된 것이다. 그것은 일본의 정치 경제의 미래는 서로 경쟁하는 이들 제 세력간에 벌어지는 제로-섬 게임이 되리라는 점을 보여 준다. 따라서 일본의 미래는 저널리즘의 표현을 빌린다면, 일본이 경제를 규제 완화할 것인지 아닌지, 교역과 투자를 본질적으로 더 개방할 것인지 아닌지, 그리고 나아가서는 일본이 세계 경제 발전 과정에서 최첨단의 위치를 다시 차지할 것인지 아니면 규제적 관료 검열, 보호주의, 소비자의 착취라는 미궁에 빠진 채로 남아 있을 것인지로 정리될 것이다. 이 같은 일차원적 관점에서 본다면, 새로운 체제에 대한 어떠한 전망도 앞으로 나아가거나 뒤로 후퇴하거나, 규제를 그대로 두거나 풀거나, 개방하거나 닫아걸거나 하는 이중적인 것이 될 것이다.

그러나 이러한 사회 경제적 균열만이 중요한 것은 결코 아니다. 일본은 외교 정책에서 전폭적으로 평화주의적 자세를 지켜갈 것인지, 아니면 보다 '정상적'이 되려고 할 것인지에 대해서 분열되어 있다. 이에 더하여 강력한 시민 단체는 만연된 부패를 종식시키기 위해 부심하고 있다. 연금 재원, 환경, 정보의 자유, 이민, 에너지, 지역 자율성과 관련된 쟁점들은 국가의 공공 정책 의제를 더욱 복잡하게 만든다. 이런 많은 문제들은 1990년대 후반기 동안 선거 쟁점으로 대두되었다. 또한 다른 문제들은 각 시기마다 유권자의 관심을 극적으로 완화시켜 왔고 앞으로도 그럴 전망이다.

물론 사회 경제적 제 세력들이 제도적 공백 또는 정책적 무풍 지대에서 작동하는 것은 아니다. 사회 경제적 균열이 정치적으로 첨예한 중요성을 띠려면 대안적 정책을 제시할 수 있는 제도적 목소리를 내야 한다. 지금까지는 보호주의자들과 국제주의자들이 확연히 분리될 정도의 제도 또는 분명한 정책안이 제시된 증거는 없다.

분명한 것은 어떤 주요한 일본의 관료 기구도 규제파와 국제파간의 연합을 위한 제도적 주창자로 등장하지 않았다는 점이다. 외무성, 일본 공정 거래 위원회, 일본 경영 조정 기구는 오랫동안 일본의 국제주의자들이 거의 다 선호하는 정책들을 주창해 왔다. 그러나 이들은 모두 정치적 게임에서는 상대적으로 취약하다. 그 밖의 다른 성청들—문부성, 건설성, 내무성, 운수성, 농림 어업성—은 내부 지향적이고 선거 지역구 지향적이다. 이들 중 어느 하나도 정책과 관료 구조의 규제적 · 국제주의적 혼합을 강력하게 주창하지 않는다.[6] 통산성은 외무성처럼 어느 정도 혼합적이었다. 그러나 통산성과 외무성, 특히 외무성은 전통적인 유권자의 보호와 더불어 그들의 규제적 틀의 보호를 선호해 왔다. 특히 외무성은 비교적 비경쟁적인 일본의 금융, 보험, 자산 거래 부문들을 국제 경쟁에 노출시키는 것을 달가워하지 않았다.

그러므로 일본의 관료제로부터 경제적으로 보다 더 국제주의적 체제를 위한 잠재적 · 제도적 뒷받침은 생겨날 것 같지 않다. 오히려 보겔(Ezra Vogel)이 지적했듯이, "1980년대와 1990년대에 관료적 규제 제안의 가장 두드러진 양상은, 성청들이 새로운 시장 진입의 시기와 조건을 정하는 자신들의 능력을 활용하여 산업에 대한 그들의 지렛대를 써서 강력한 새로운 자원을 산출하게끔 보호적으로 유인함으로써 자유화를 전도시키려고 노력하는 과정"[7]으로 특징지을 수 있다. 따라서 광범위한 규제 완화 또는 전면적인 시장 개방을 계속해서 주창해 온 일본의 성청은

6) Muramatsu Michio, Ito Mitsutoshi, and Tsujinaka Yutaka, *Sengo Nihon no atsuryoku dantai*[Interest groups in postwar Japan](Tokyo, Toyo Keizai Shimposha, 1986), esp. 특히, 4, 5장. 관료의 재조직화에 관한 제안에 의하면, 보다 보호주의적인 기관들 중 일부(예를 들면, 농어림성, 건설성, 운수성)를 통일하여 국토 개발성으로 단일화할 수도 있는데, 이렇게 되면 규제 감독을 위한 훨씬 더 큰 요새를 만드는 셈이다.

7) Steven Vogel, *Freer Markets, More Rules: Regulatory Reform in Advanced Industrial Countries* (Ithaca, Cornell University Press, 1996), p. 257.

거의 없다. 이런 조치들이 자신들의 규제적 힘을 감소시키리라고 보일 때는 특히 그러하다. 이와 마찬가지로 관료들에게 퇴직 후에 자리를 제공해 온 공기업(또는 공기업의 예산)을 일부러 나서서 건드리는 상급 관료도 없다.

그러나 몇몇 정치적 영역 내에서 '규제 완화주의자' 와 '국제화주의자' 들이 등장해 왔다. 1993년 정당의 재조직은 구체제를 갈아치우고 그것을 보다 개방적이며 덜 규제적인 체제로 바꾸자는 주장을 할 수 있는 기회를 제공했다. 호소카와 수상의 연립 정부의 구성원들은 대부분 개혁을 강력하게 주장하지 않았어도 연립 정권 자체는, 비록 모호하긴 했지만 개혁 아젠다에 전념했다. 호소카와 연립 정부는 새로운 제도로 이어질 수 있는 제안들을 만들어 냈으나, 그가 추진한 시도는 너무나도 단명에 그치고 말았다.

뒤이은 하시모토 수상과 행정 개혁 위원회는 관료 구조 조정, 예산, 경제 구조, 금융, 교육, 사회 복지 부문 등 6개의 광범위한 분야에서 규제 완화를 주장했다. 가장 획기적인 제안은 저축 예금의 민영화, 대장성의 독점적 책임하에 있어 온 업무의 기능 분리, 여러 공기업의 축소, 정부 기구의 대폭적 감축이다.[8] 또한 은행, 금융, 보험계의 규제를 완화하려는 것은 '빅뱅' 에 맞먹는 것이었다.[9]

비록 이러한 제안과 공약이 매력적이긴 했지만 제도적 지지가 약해, 수개월간의 정치 공론화와 토론을 거친 후 대부분은 정치적으로 뒷전에 밀리게 되었다. 어떤 정당도 이런 제안들을 확고하게 선호하지 않았다. 당시 두 주요 정당인 자민당과 신진당(New Frontier Party)은 1997년 광범위한 제도적 · 정책적 개혁에 대하여 입장이 상반되었으나 어느 정당도 자신의 입장을 분명히 하지 않았다.[10] 1998년 좀 더 국제주의적인 신

---

8) "Reform Proposals Get Mixed Start," *Nikkei Weekly*, August 25, 1997.

9) "'Big Bang' Program Taking Clearer Shape," *Nikkei Weekly*, June 16, 1997.

10) Uchida Kenzo, Kunemasa Takeshige, and Sone Yasunori, "Nihon no kiro o to"[Japan at the crossroads], *Bungei Shunju*, August 1996, pp. 06-99. 자민당의 "보수주의" 는 공공 지출 프로그램으로 인해 막대한 부담을 안고 있던 1996년 예산에서도 명확하게 드러났다.

진당은 분열되었고, 그것을 계승한 세력들은 그들이 제도적 결속력을 가질 수 있는 국제주의적 정책 의제를 찾느라 고심했다. 결국 1990년대 말에 일본의 국제주의자들은 그들의 이익을 추진할 수 있는 강력한 수단을 갖고 있지 못했다.

아마도 이 같은 선거 수단은 쉽게 얻을 수 있을지도 모른다. 정당 재편이 계속되고 다수의 기업, 시민, 지역 선거구민이 있음을 전제로 한다면, 규제가 완화되고 개방이 확대된 상황에서 혜택을 볼 수 있는 새로운 정치 전문 경영자가 나와 새 정당, 새 정책, 혹은 선거 경쟁을 통해서 규제 완화와 국제주의적 이익을 추구해 갈 것을 기대해 봄직도 하다.

1994년의 중의원 선거 제도는 이전의 체계보다 더욱 더 양극성의 선호를 보이고, 국제주의자의 의제와 규제 완화의 제도적 변화를 주창한 정치적 전문 경영인의 등장을 가능하도록 만들었다. 자리를 둘러싼 경쟁은 쟁점의 분열로 정착된다. 그러나 개별 선거구 내에서의 이러한 분열이 항상 국제주의자 대 보호주의자의 형태를 취할 것이라고 기대할 수는 없다. 사실상, 새로운 단순 소선거구는 이전의 선거구에 비해 매우 작고 짜임새는 있으나 선거시의 지역주의와 경제적 지역주의를 그 어느 때보다 더 부추길 소지를 제공한다.

전후 기간 동안 일본의 영향력 있는 개별 정치가들은 가까운 장래에는 사라질 것처럼 보이지 않는 강력한 지역 선거구와 기반이 확고한 개인 후원회를 가지고 있다. 그러므로 규모가 작은 새로운 선거구는 그들의 주된 지역 성향을 유지 또는 확대해야만 한다. 한 지역구에서 둘 이상의 후보자가 경쟁하는 경우는 국가 경제 전반에 대한 폭 넓은 비전을 표명하는 것보다는, 그것이 보호주의적인 것이든 국제주의적인 것이든 지역 경제에 도움이 되는 공적 지원을 따 오겠다는 공약과 약속을 앞다투어 하려고 할 가능성이 크다. 따라서 어떤 지역에서는 선거시에 둘 이상의 후보자들이 서로 맞서서 지역 보호를 주창하고, 또 다른 지역에서는 경쟁 입후보자들이 규제 완화와 시장 개방의 확대를 요구하는 데 서로 앞

장서려고 할 것이다. 소선거구제의 기반에서 다수 의석을 차지한 정당은 어느 정당일지라도 보호와 개방을 주창한 사람들이 섞여 있는 혼합 정당이 될 가능성이 있다.

선거 제도에서 비례 대표 부문은 정당간에 뚜렷한 정책의 분리에 대한 유인력을 제공한다. 그러나 여기서도 만일 정당들이 1996년 선거에서처럼 소선거구 제도에서 의석 확보에 실패한 후보자들을 비례 대표 의석에 앉히려 한다면 국가 경제 정책에서 정당간에 차이가 날 가능성은 제한된다.[11]

과거의 선거 제도는 반도시적 편견을 가지고 있었다. 대도시 지역에서 의석을 차지하려면 농촌에서 의석을 얻을 때 필요한 표의 거의 4배를 얻어야 했다. 새로운 제도는 도시 지역에 보다 더 유리해서 농촌 지역의 엄청난 과다 대표성은 한두 배에 지나지 않게 되었다. 그러므로 도시 소비자들은 선거시에 목소리를 낼 수 있는 잠재적 가능성을 더 갖게 되었다. 그러나 곳곳에서 강조했듯이, 이와 동시에 어떤 주요 정당이 만들어져 도시적·국제주의적 열망을 잠식시킬 수도 있다. 일본의 잠재적 국제주의자들이 선호하는 아젠다를 내세우는 뚜렷한 정당이 없는 한, 국제주의적 방향으로의 변화가 일어날 가능성도 없다. 키(V. O. Key)가 몇 년 전 언급한 대로, "사람들의 음성이란 단지 하나의 메아리일 뿐이다. 이런 메아리방에서 나오는 것은 투입과 불가피하면서도 무관한 관계를 맺는다…… 사람들의 판단은 그들 앞에 제시되는 대안과 전망 중에서 한 가지 선별한 것의 반영일 뿐이다…… 만일 사람들이 악당들 중에서 하나를 선택하도록 되어 있는 것이라면 그 중 한 악당을 택할 것이 분명하다."[12]

---

11) 정당들은 우선 복수의 후보들을 동일한 지위에 놓은 다음, 이들간의 소선거구 경쟁의 결과에 기초하여 선거 후에 선택함으로써 이렇게 할 수 있었다. 다음을 참조할 것. Margaret McKean and Ethan Scheiner, "Can Japanese Voters Ever Throw the Rascals Out? Electoral Reform Enhances Permanent Employment for Politicians"(1996년 11월 8일부터 9일, Duke University에서 열린 동아시아에서 있어서 민주 제도에 관한 회의(the Conference on Democratic Institution in East Asia)에서 발표된 논문.

12) V. O. Key, *The Responsible Electorate: Rationality in Presidential Voting: 19*

이 말은 보호주의자에 대해서도 적용할 수 있다. 만일 일본의 유권자들이 보호주의 성향의 입후보자들만 나온 가운데 한 사람을 선택해야만 한다면, 어떻든 그들은 보호주의자를 뽑을 수밖에 없을 것이다. 한마디로 도시적·국제주의적·규제 완화적 의제를 내세우는 정당이 부재하는 한 사회적 지지가 아무리 강하다 해도 그런 정책들이 나올 리 없다.

분명히, 국제주의적 세력과 보호주의적 세력간의 궁극적인 균형에 있어서 그리고 어떤 새로운 체제의 종국적인 구도 형성에 있어서 한 가지 핵심적 요소는 일본의 업계이다. 일본의 관료와 정치가 중 누가 더 영향력이 있는가에 관한 지리한 논쟁에서 업계는 거의 완전히 무시된 요소로 남아 있다. 그러나 자본주의 비교에 관한 포괄적인 문헌들에서는 업계의 경제적 요구에 부응하고 '업계의 신뢰'를 유지하는 것에 대한 정치적 중요성을 지적해 왔다. 이 책의 앞 장들에서 일본 대기업의 위력은 1990년대에 부실 대출을 만회하기 위해 공공 재정을 끌어 쓴 주요 은행들과 주센의 성공에 대해서 설명할 때 분명히 밝혔다.

일본의 업계는 작은 정부, 규제 완화, 세금 제도 개혁이라는 광범위한 의제를 두고 전체적으로 단결해 왔다. 일본에서 가장 국제적으로 성공한 재계의 기업들은 전기 설비, 운송, 전신 통신, 금융 등을 규제 완화할 가능성이 있는 정치 체제와 선출 정치가들을 지지하고자 하는 강력한 유인을 가지고 있다. 시멘트, 건설, 금융, 보험, 소매업 부문의 많은 업계들은 국내 시장의 규제 완화와 경제적 개방으로 인해 큰 타격을 입을 것이다. 세제 개혁은 어떤 기업에 대해서는 보조금을 줄이고 다른 기업에 더 많은 이권이 가도록 한다. 그 결과 주요 재계 조직인 경단련은 규제 완화의 원칙에 명목적으로 지지하지만, 구체적인 사안에 대해서는 내적으로 분열되어 있다. 이런 점에서, 경단련 조직은 그 구성원 내에 존재하는 매우 뿌리 깊은 분열을 반영하고 있다.

36~1960(New York, Vintage, 1966), pp. 2~3.

특히 1960년대에서부터 1980년대 후반에 걸쳐서 일본의 정치와 경제는 서로 긍정적 상승 곡선에 연계되었다. 정치는 일본의 경제적 변환과 기업이 이윤을 낼 수 있는 역량을 고양시켰다. 그러나 이제는 더 이상 그런 상태가 아니다. 1980년대 말, 일본 정치는 부패와 보호와 오로지 제한된 업계 부문에만 혜택이 주어지는 이권의 혼합체였다. 국가 경제 성장의 진정한 동력은 정치가와 관료들과는 별개로 작동했다. 1990년대 말, 많은 기업들이 이윤 감소와 경쟁력 약화로 경제의 구조적 결함의 결과들을 감지하고 있었다. 정치계에 대한 대기업의 실망은 1993년 경단련이 자민당에 대한 자발적 헌금을 종식하겠다고 결정한 것에서 가장 예시적으로 나타났다.

일본 재계 지도자들의 앞으로의 정치적 태도는 전반적으로는 일본의 경제의 업적, 좀 더 구체적으로는 각 기업과 각 부문의 업적에 의해 좌우될 것이다. 만일 일본과 일본의 가장 성공적인 기업이 상대적으로 높은 성장을 다시 이룩할 수 있다면, 폭넓고 급속한 정치 개혁에 대한 재계로부터의 압력은 소리를 죽일 가능성이 있다. 반대로, 1990년대 전체에 일본의 금융 부문과 서비스 부문을 특징지었던 저성장과 경쟁력 저하가 지속된다면 그것이 정책 선택의 자율적 촉진이든 로비이든 혹은 심지어는 정당 제도의 재편성이든, 정치적 변화에 대한 재계의 압력이 촉발될 것이다.

지금은 1960년대에서 1980년대에 고도 성장이 했던 것과 같은 방식으로 일본의 보수주의의 갈등적인 유권자를 만족시킬 새로운 정책 표상을 구상하기가 어렵다는 점은 확실하다. 1990년대 후반 일본이 직면하고 있는 경제 정책은 과거에 비해 훨씬 제로-섬적이다.

그렇지만 일본의 미래 체제에 대한 의문점은, 저변에 깔린 이중적 균열, 한편에는 규제 완화와 국제주의, 다른 한편에는 규제와 민족주의로 갈라선 균열이 어느 정도 정치적인 역할을 할는지 하는 것이다. 첫번째의 규제 완화와 국제주의 경향은 기껏해야 정부 상층부 내에서 제한적인 목소리를 내고 있을 뿐 분명한 선거의 우세를 확보하고 있지는 않다. 규제 완화의 목소리가 재계 최고 지도층 내에서는 좀더 강력할지 모르지만, 지금까지 이러한 정책을 선호하는 대부분의 업계는 그들의 시각을 정치적으로 제도화시키는 과정을 추진하지 못했다.

전문 경영 의식, 기회, 행운의 적절한 조화가 정당 체계를 변화시키고 두 가지 경제적 아젠다간의 분명한 선택안을 유권자들에게 제공할 수 있을지도 모른다. 즉 어떤 한 정당이 등장하여 규제 완화와 개방성에 대해 일본의 상당한 유권자에게 호소력을 발휘하여 선거 과정에서 승리할 수도 있다. 정책적 제안과 정치가의 입장이 그리 명확하게 양분되지는 않았지만, 이것이 1990년대 초반 정당 체계의 재편기에 일어났던 일이다. 이 같은 재편과 함께 규제 완화를 선호하는 연합이 만일 규제 완화를 집행할 수 있을 만큼의 기간 동안 권력을 잡고 있게 된다면, 일본의 정치 경제를 전환시킬 수 있을지도 모른다. 그러나 현재는 제도적 힘이 이러한 행동을 개진시키는 방향으로보다는 그 힘을 저지하는 쪽으로 동원되고 있음이 분명하고, 또한 규제 완화적 연합이 그 힘을 막을 수 있을 것 같지 않다. 사실상, 보호주의에 대한 강력한 정치적, 관료적 주장, 그리고 심지어 재계의 목소리가 존재하는 것이 거의 확실하다. 그러나 보호주의적 목소리가 정치적 헤게모니를 장악할 가능성은 없다. 그렇게 되면 너무 많은 유권자와 주요 업계들이 심각한 불이익을 당하게 될 것으로 보이기 때문이다.

따라서 일본의 새로운 체제에 대한 가장 개연성이 있는 첫번째 시나리오는 규제, 민족주의, 중상주의의 지속과 이를 누그러뜨리는 규제 완화, 국제주의, 경제적 개방을 절충하여 선거에서 그런 방향으로 정당에 의해 주도되는 혼합형에 중심을 두는 것이다. 미래의 정당 재편은 일본의 국제적 기업, 수출 산업에 종사하는 노동 조합, 그리고 보다 더 개방적인 일본의 시장에서 혜택을 볼 사람들(가령 도시 거주 소비자들)을 고려하는 한 정당 또는 여러 정당을 만들어 낼 수도 있다. 이런 축의 반대쪽에는 좀더 편협한 민족주의적이고 소규모 자영업, 농부, 사양 산업이나 경쟁력이 떨어지는 산업, 그리고 외국의 직접 투자와 수입은 좋아하지 않는 한 정당 또는 여러 정당들이 있다.

정당 체계 내에서의 이러한 양극성은 많은 신진당 당원의 비교적 산발적인 '국제주의적' 정향과, 그와는 반대되는 자민당의 좀더 '보호주의적' 편견과 그 정당의 지역구에 반영되었다. 신진당은 분열상을 드러내는 반면 민주당은 소비자 중심적·국제주의적 기초를 포착하고자 애쓰고 있다. 그러나 지금까지 그 세력은 소수로 남아 있다. 만일 민족주의적-국제주의적 연계가 새로이 이루어져 거대 정당이나 연합의 형태를 띤다면 그것은 분명히 민족주의와 국제주의 양자의 혼합을 포함하게 될 것이다.

이 같은 정당간·아젠다간의 상대적 균형도 정당 체계 내에서의 변화와 선거의 결과에 바탕을 둘 것이다. 그러나 둘이나 세 개의 정당이 지속 또는 변화에 대한 확실한 대안을 제공한다면, 일본 정치 경제가 아마도 한 집단이나 다른 집단을 선호하는 일시적인 일련의 에피소드를 거치게 될 것이다. 이 시나리오에 따르면, 규제 완화와 국제화를 지지하는 정부라 하더라도, 규제 완화된 새로운 제도로 피해를 보는 사람들을 위한 추가 보조금과 어떤 형태로든 사회 안전망을 계속 유지하라는 압력은 강하게 받을 것이다. 이런 조항들은 일본이 현재 직면하고 있는 지지 부진한 저성장 상황에서 본다면 매우 비용 부담이 되는 일이지만, 정치적으로는 회피하기 어려울 것이다. 또한 이러한 체제는 그것으로 말미암아 경제 성장이 더욱 늦추어지고 훨씬 어렵고 고통스러운 정치적 선택을 초래하리라는 것을 알면서도, 재정적 난관을 타개할 재원과 연금 자금 확보를 원활하게 하라는 엄청난 요구에 부응해야 할 것이다.

일정한 기간이 지난 후 주요 정당들은 비교적 공통된 중도적 입장으로 모일 가능성이 있다. 만일 동유럽식의 '쇼크 요법'과 같은 방식이 적용된다면 고통받을 사람들의 뿌리 깊은 제도적인 저항에 직면할 것이기 때문에, '시장 원리'를 완전히 포용해야 한다는 레이건-대처적인 압력은 정치적으로 보아 거의 행사될 가능성이 없을 듯하다.

그러나 적지만 개연성이 있는 것은 1970년대나 1980년대의 이탈리아와 비슷하게 정당들과 정치가들이 혼합을 이루는 두번째 시나리오이다. 정당들이 경제적 의제에 대한 광범위한 대안을 제공하기보다는, 고도로 분열된 경제적 입장으로 말미암아 조직화되지 않은 채로 남아 있는 것이다. 개별 정치가들과 관료 기구들은 너나할것없이 공공 사업비의 남용을 도모하여 계속 자기들 지역구를 보호하려고 할 것이다. 일본의 농민, 소기업가, 소외된 지역, 비경쟁적 부문, 곤란을 겪는 산업을 위한 보호는 변함없이 지속될 것이다. 그러므로 1996년 선거에서와 같이, 투표소에서 고를 선택안이 너무 제한되었다는 데 불만을 가진 유권자들은 아예 투표하지 않는 반면, 위에서 말한 것과 같이 혜택을 입은 유권자들과 기업들은 선거시에 그들의 보호자들에게 계속 후원을 보낼 것이다.

반면에 외국 기업들은 일본 자본 시장에 상당한 지분을 얻게 되고 개별 일본 기업들과 결합을 추진할 것이다. 경제와 정치의 두 세계가 단단하게 결합했던 과거에 비하면 정도가 훨씬 약해질 것이다. 국제적으로 성공한 기업과 다국적 기업들은 그들의 활동을 막는 정치와 관료적 규제의 과도한 간섭과 의존으로부터 벗어나서 기업을 운영해 갈 것이다. 유능한 국제 회계사가 이런 기업들이 과도한 세금 부담을 피할 수 있도록 해 주는 한, 이런 기업들은 국제 시장에서의 자금을 늘리고 다른 세계 기업들과 제휴함으로써 일본에서였더라면 늘어날 공공 지출의 최악의 결과들로부터 벗어날 수 있을 것이다. 간헐적으로 한두 가지 규제 완화 조치가 시행되기도 하겠지만, 그것으로부터 부정적인 영향을 받는 사람들에 대해 관심을 기울여야 하고 또한 그들을 위한 상당한 규모의 지출을 수반하게 될 것이다. 변화는 매우 느린 속도로 진행될 것이다. 국가 경제는 계속 양분화될 것이다. 어떤 기업과 부문은 예외적으로 잘 지내겠지만, 대부분의 다른 기업은 느린 성장을 할 것이다. 거시 경제는 급속하게 늘어가는 정부 지출과 공공 부채에 직면할 것이다. 일본 정부가 감당해야 할 국제 부채 비용은 매우 높아질 것이다. 엔화 가치는 하락하고 장기 부채는 산적할 것이다. 의욕을 잃은 많은 일본의 시민들은 이민을 갈 수도 있다. 그러나 체제가 일본에서 그 동안 경제적 업적을 이룩하는 데 기여해 온 사람들에 대해 가혹하게 작용하지 않는 한, 일본의 시장 개방을 요구하는 국제적 압력이 분산된 채 제품에 따라 분산되어 다르게 가해지는 한, 이러한 상황은 꽤 오랫동안 지속될지도 모른다. 20년 전에 일본이 이룩했던 것과 같은 이례적인 경제적 변화와 고성장을 다시 창출할 수 있으리라고 보이지는 않지만, 거의 30년간 이탈리아에서 그랬듯이 그리 심각한 도전을 받지 않은 채 그것에 파묻혀 있을 수도 있다.

끝으로 세번째 시나리오를 생각해 보자. 그것의 핵심은 기존 정당 체계 외부에서의 사회적 운동이 발생할 가능성이다. 사실상, 경제적 조건이 아주 나빠져서 재정 체계와 연금 체계의 개혁이 계속 지체된다면, 그리고 해외 확장과 개별 기업의 구조 조정으로 실업률이 상당히 높아지게 된다면, 정치가와 공무원이 공동체 전체를 위한 기제를 사리사욕을 위해 이용한다는 인식을 없애지 못하게 된다면, 국민의 불만은 프랑스의 민중주의 운동인 Poujadist나 Le Pen 운동, 영국의 스킨헤드 운동, 미국의 기독교 우파, 일본에서의 전후 직후의 급진적 노동 운동, 1960년대 후반의 학생 운동, 혹은 1930년대의 민족주의의 운동 등에서 특징적으로 나타났던 무정당 정치로 표현될 수도 있다. 이러한 시나리오가 일본에 영구하게 뿌리 내리지는 않을 것 같지만, 일본의 체제가 보다 확고한 평형점에 다시 도달하기까지 역사 과정의 전 단계로서 그런 현상이 등장할 수는 있다.

글로벌화하는 정체 경제에서의 체제

국제 금융과 제조업은 점점 더 글로벌화되어 가고 있다. 다수의 다국적 기업들이 생산, 서비스, 판매를 글로벌화하고 있다. 거의 1조 2,000억 달러가 넘는 외환이 날마다 일본의 국경을 넘어 이동하고 있다. 모든 산업화된 민주주의에 강하고 지속적인 압력이 가해지고 있다. 그것은 이러한 관행들에 대한 그 국가들의 규제 장벽을 낮추라는 압력, 자본과 일자리를 창출할 산업을 끌어들이라는 압력, 조직화된 노동과 사회 보장 제도가 점점 더 이동이 심하고 회수에 민감한 자본으로부터 수익을 끌어낼 수 있는 역량을 제한하는 압력이다.

동시에 공식 할인율은 어디서나 같지가 않고, 심지어는 국가의 경계를 넘어서 수렴하고 있다. 그렇다고 다국적 제조 기업들이 무조건 값싼 노동력의 원천으로 쏠리는 것은 아니다. 만일 그렇다면 브리스톨이나 보스턴보다 방글라데시에서 훨씬 많은 일자리가 창출되었어야 하겠지만, 현실은 그 반대이다. 많은 다국적 기업의 상부 경영진 내부는 강고하게 단일 문화에 의존하고 있다. 따라서 외국 출신 이사진의 비율은 1991년 미국 주요 500대 기업에서 그 이전 10년 전과 마찬가지로 겨우 2.1퍼센트에 지나지 않는다. 프랑스에서는 최고 200대 기업의 총수의 절반이 6개의 grandes école(국립 고급 엘리트 양성 교육 기관)에서 교육받은 사람들이다.[13] 또한 특정 지역이 다른 지역을 제치고 각 산업의 거의 전부를 지배한다. 영화 산업의 할리우드, 컴퓨터와 네트워크의 실리콘 밸리, 패션과 디자인의 프레토(Prato)와 파리, 금융과 보험의 뉴욕과 런던이 그러한 예이다.

이러한 국가별·지리적 차이점은 아무리 글로벌한 세력들이 퍼져 나간다고 해도 가까운 장래에 사라질 것 같지 않다. 그들은 글로벌한 세력들을 걸러내는 매우 중요한 기능을 계속할 것이다. 특히 작은 규모의 국내 시장과 개방 경제를 가진 나라들은, 더 빠르고 급속한 적응을 강요받을 것이다. 큰 국가들은 느긋하게 대응해도 되는 시간적 여유를 누릴 것

---

13) "Big Is back: A Survey of Multinationals," *Economist*, June 24, 1995, p. 14

이 확실하다. 그러나 가장 신속하게 적응한 나라들도 기존의 국내 정치 · 경제적 구도와 조율하면서 적응을 계속해 갈 것이다. 가령, 오스트리아는 스위스와 완전히 다르게 적응해 갈 것이다.[14] 마찬가지로 일본이 스웨덴과 다른 채로 남아 있을 것이고, 영국에서 등장할 어떤 안정된 체제도 이탈리아에 등장할 체제와는 여전히 다를 것이다.

그러나 국제주의적 세력들은 계속해서 특정한 민족적 체제에 영향을 미칠 것이다. 산업화된 민주주의 내에서 안정된 체제들은 1950년대나 1970년대에 그랬던 것보다 훨씬 의식적으로 국제적 압력에 적응해 갈 것이다. 국제주의와 글로벌리즘의 도전은 본질적이다. 그러나 그 도전은 국내 변화에 의해서 영향을 받고, 그 가운데 몇몇 도전만이 국가의 국경을 넘어서서 시작된 활동과 연관되어 간다. 정치적 행위자들은 그들이 직면하는 기회와 도전에 대해 지속적인 평가를 하는 데 있어서 최소한 다음 두 방향을 동시에 고려하게 될 것이다. 그들은 그들이 정치적 · 경제적 전략을 계산하는 것과 같이 국가적 영역과 국제적 영역에 모두 민감할 것이다. 그러나 궁극적으로 그들의 갈등적인 시각은 국내의 사건과 선택에 의해 거의 다 형성되다시피하는 자국의 정치 경제의 틀 내에서 성숙되고 활성화될 것이다. 요컨대 제도, 연합, 정책 양상은 무엇보다도 먼저 특정 국가의 경계 내에서 형성될 것이고, 그럼에 따라서 각각의 개별 체제는 그들의 특정한 강점과 취약점을 계속 반영할 것이다. 그러므로 상이한 체제들에 대한 깊이 있는 연구는 비교 관점에서 정치 경제를 이해하는 데뿐만이 아니라 우리가 살고 있는 세계 전반을 이해하는 데 앞으로도 중요한 자리를 차지할 것이다.

---

14) Peter J. Katzenstein, *Coporatism and Change*(Ithaca, Cornell University Press, 1985).

옮긴이 최은봉

이화여자대학교 정치학과 졸업
미국 오하이오주립대학교 정치학 박사
현재 강원대학교 정치외교학과 교수 · 일본 쓰쿠바대학교 연구 교수

저서: 〈일본 · 일본학〉, 〈한국 현대 정치사〉, 〈일본의 NGO 연구〉 외
역서: 〈포스트 산업 사회론〉, 〈일본 특이론의 신화 깨기〉,
    〈모든 정치는 당신이 사는 지역에서 시작된다〉 외

현대 일본의 체제 이행

지은이/ T. J. 펨펠
옮긴이/ 최은봉
펴낸이/ 정진숙
펴낸곳/ (주)을유문화사

초판 제1쇄 인쇄/ 2001년 1월 10일
초판 제1쇄 발행/ 2001년 1월 15일

등록번호/ 1-292
등록날짜/ 1950. 11. 1.
주 소/ 서울시 종로구 수송동 46-1
전 화/ 734-3515, 733-8151~3
FAX/ 732-9154
E-Mail/ eulyoo@chollian.net
    ey@eulyoo.co.kr
인터넷 홈페이지/ www.eulyoo.co.kr
값/ 13,000원

ISBN 89-324-6066-3 03300